NCS

직업기초능력평가
+
직무수행능력평가

대졸
채용

NCS

대졸 채용(직업기초능력 + 직무능력평가)

초판 1쇄 발행	2020년 01월 10일
개정판 1쇄 발행	2022년 01월 17일

편 저 자	취업적성연구소
발 행 처	(주)서원각
등록번호	1999·1A·107호
주 소	경기도 고양시 일산서구 덕산로 88-45(가좌동)
대표번호	070-4233-2507
교재주문	031-923-2051
팩 스	02-324-2057
교재문의	카카오톡 플러스 친구[서원각]
영상문의	070-4233-2505
홈페이지	www.goseowon.com
책임편집	성지현
디 자 인	김한울

Preface.

우리나라 기업들은 1960년대 이후부터 현재까지 비약적인 발전을 이루고 있습니다. 이렇게 급속한 성장을 이룰 수 있었던 배경에는 우리나라 국민들의 근면성 및 도전정신이 있었습니다. 그러나 빠르게 변화하는 세계 경제의 환경에 적응하기 위해서는 근면성과 도전정신 외에 또 다른 성장요인이 필요합니다.

최근 많은 기업체에서는 기존의 직무 관련성에 대한 고려 없이 인·적성, 지식 중심으로 치러지던 필기전형을 탈피하고 산업현장에서 직무를 수행하기 위해 요구되는 능력을 표준화한 NCS를 기반으로 하여 채용공고 단계에서 제시되는 '직무설명자료'상의 직업기초능력과 직무수행능력을 측정하기 위한 직업기초능력평가, 직무수행능력평가 등을 도입하고 있습니다.

이러한 사회적 변화 흐름에 따라 본서는 NCS 직업기초능력평가에 대한 중요 핵심이론과 출제예상문제를 수록하여 수험생들의 이해를 돕고 문제에 적응할 수 있도록 하였습니다. 또한 직무수행능력평가 및 면접 평가를 소개하고 이를 대비할 수 있는 예시문항을 수록하여 전반적인 취업 준비에 도움이 되도록 구성하였습니다.

합격을 향해 고군분투하는 당신에게 힘이 되는 교재가 되기를 바라며
달려가는 길을 서원각이 진심으로 응원합니다.

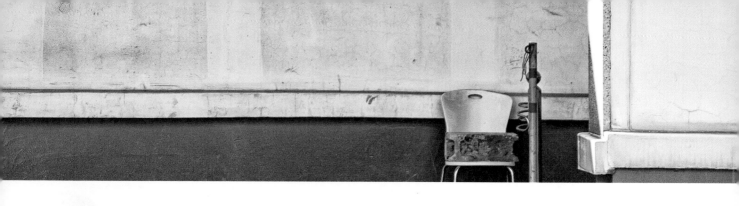

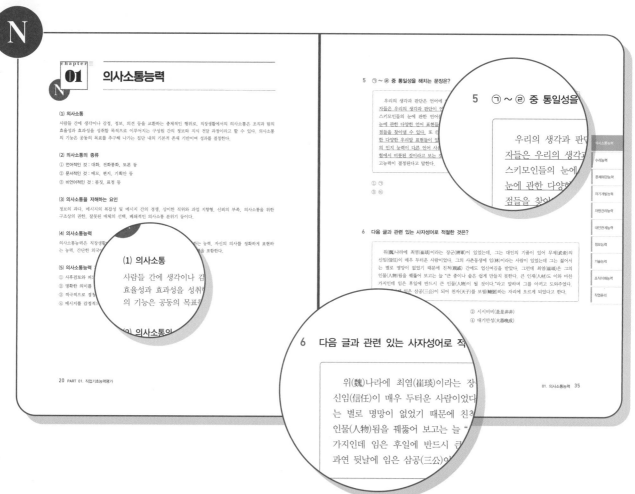

핵심이론정리

NCS기반 직업기초 능력의 10개 영역에 대해 반드시 알아야 할 핵심 이론을 정리하여 단기간에 학습할 수 있도록 하였습니다.

출제예상문제

NCS기반 직업기초능력의 10개 영역에 대해 출제가 예상되는 핵심적인 문제들로 구성하여 문제 유형을 파악할 수 있도록 하였습니다.

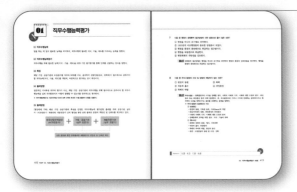

직무수행능력평가

직무수행능력평가에 대한 이해를 돕는 이론과
전공시험에도 대비할 수 있도록 출제예상문제를
수록하였습니다.

기출동형문제

고득점과 고난이도 시험에도 대비할 수 있도록
고난이도 기출동형문제를 수록하였습니다.

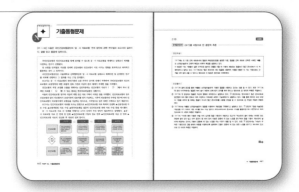

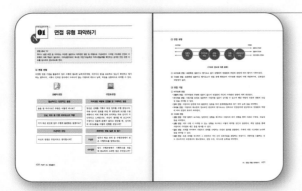

면접 유형 파악하기

NCS기반의 면접 평가에 대한 이해를 돕는 이론
과 기업체에서 사용하는 유형별 면접 예시를 수
록하여 취업의 마지막 관문 면접까지 대비할 수
있도록 구성하였습니다.

Contents.

01 직업기초능력평가

02 직무수행능력평가

03 면접평가

04 기출동형문제

05 정답 및 해설

Planner.

1순위 기업	2순위 기업	3순위 기업
🗀 기 업 명:	🗀 기 업 명:	🗀 기 업 명:
🗀 시험 접수: / ~ /	🗀 시험 접수: / ~ /	🗀 시험 접수: / ~ /
🗀 지원 분야:	🗀 지원 분야:	🗀 지원 분야:
🗀 필기 시험: /	🗀 필기 시험: /	🗀 필기 시험: /
🗀 필기 영역:	🗀 필기 영역:	🗀 필기 영역:
🗀 1차 면접: /	🗀 1차 면접: /	🗀 1차 면접: /
🗀 2차 면접: /	🗀 2차 면접: /	🗀 2차 면접: /

Study Tip.

	목표를 확실히	Check!
01	NCS 준비기간을 줄이는 가장 효율적인 방법은 목표를 확실히 하는 것이다. 전체 목표, 오늘의 목표를 분명하게 세우고 이에 맞춰 공부습관을 기르도록 하자!	☐

	꾸준히, 반복 학습	Check!
02	매일 꾸준히 공부하는 것이 중요하다. 또한 한 번 풀고 정답 확인만 하는 것이 아니라 정답도 오답도 다시 풀어보자! 유형별 문항당 몇 분이 소요되는지도 확인하여 NCS에 대한 감을 유지하자!	☐

	해설지와 대조하기	Check!
03	오답만 확인하지 말고 정답인 문제까지 확인하여 풀이 방법을 확인하도록 하자! 어느 부분에서 어떤 풀이가 효율적인지 확인하여 내 것으로 만든다면 문제풀이는 더욱 수월해질 것이다.	☐

	모든 영역 파헤치자	Check!
04	물론 채용공고에 명시되어 있는 영역이 제일 중요하다. 그러나 10개 영역이 구분되지 않고 종합적으로 출제되는 경우도 더러 있다. NCS 전반을 이해하기 위해서는 모든 영역을 공부하는 것이 좋다.	☐

4주 Plan

	1일	2일	3일	4일	5일	6일	7일
1주차	PART 1 NCS Chapter 1 의사소통 능력	PART 1 NCS Chapter 2 수리능력	PART 1 NCS Chapter 3 문제해결능력	PART 1 NCS Chapter 4 자기개발능력	PART 1 NCS Chapter 5 자원관리능력	PART 1 NCS Chapter 6 대인관계능력	PART 1 NCS Chapter 7 정보능력
	8일	9일	10일	11일	12일	13일	14일
2주차	PART 1 NCS Chapter 8 기술능력	PART 1 NCS Chapter 9 조직이해능력	PART 1 NCS Chapter 10 직업윤리	PART 1 NCS Chapter 1 의사소통 능력	PART 1 NCS Chapter 2 수리능력	PART 1 NCS Chapter 3 문제해결능력	PART 1 NCS Chapter 4 자기개발능력
	15일	16일	17일	18일	19일	20일	21일
3주차	PART 1 NCS Chapter 5 자원관리능력	PART 1 NCS Chapter 6 대인관계능력	PART 1 NCS Chapter 7 정보능력	PART 1 NCS Chapter 8 기술능력	PART 1 NCS Chapter 9 조직이해능력	PART 1 NCS Chapter 10 직업윤리	PART 2 직무수행 능력평가
	22일	23일	24일	25일	26일	27일	28일
4주차	PART 2 직무수행 능력평가	PART 3 기출동형문제	PART 4 면접유형 파악하기	오답노트 만들기	오답노트 만들기	복습 하기	복습 하기

	1일	2일	3일	4일	5일	6일	7일
1주차							
	8일	9일	10일	11일	12일	13일	14일
2주차							
	15일	16일	17일	18일	19일	20일	21일
3주차							
	22일	23일	24일	25일	26일	27일	28일
4주차							

Information.

국가직무능력표준(NCS : National Competency Standards)은 산업현장에서 직무를 수행하기 위해 요구되는 지식·기술·소양 등의 내용을 국가가 산업부문별·수준별로 체계화한 것으로 산업현장의 직무를 성공적으로 수행하기 위해 필요한 능력(지식, 기술, 태도)을 국가적 차원에서 표준화한 것을 의미한다.

※ 2021년 기준 1,039개의 NCS가 개발되었으며 클라우드플랫폼 구축, 수소연료전지제조, 스마트공장 시스템설치 등 미래 일자리 변화에 대응한 직무도 포함

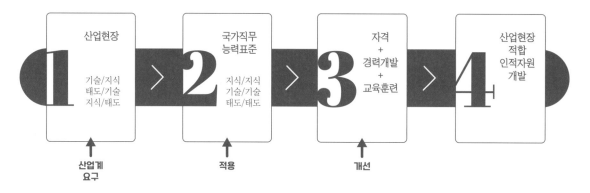

🌵 NCS 활용영역

01 국가기술자격을 직무 중심(NCS 활용)으로 개선하여 실제로 그 일을 잘할 수 있는 사람이 자격증을 딸 수 있도록 해준다.

02 교수자(교육훈련기관, 교사, 교수 등)는 NCS를 활용하여 교육과정을 설계함으로써 체계적으로 교육훈련과정을 운영할 수 있고, 이를 통해 산업현장에서 필요로 하는 실무형 인재를 양성할 수 있다.

03 취업준비생은 기업이 어떤 능력을 지닌 사람을 채용하고자 하는지 명확히 알고 이에 맞춰 직무능력을 키울 수 있어 스펙 쌓기 부담이 줄어든다.

04 기업은 NCS를 활용해서 조직 내 직무를 체계적으로 분석하고 이를 토대로 직무 중심의 인사제도를(채용, 배치, 승진, 교육, 임금 등) 운영할 수 있다.

분야	내용	기대효과
채용	NCS 직무기술서를 바탕으로 지원자의 역량을 평가할 수 있는 채용 프로세스 설계 및 도구(채용공고, 서류, 필기, 면접) 개발	✱ 직무능력중심 인재채용(기업·지원자 미스매칭 해소) ✱ 입사 시 재교육비용 절감
재직자 훈련 (교육)	직급별로 요구되는 직무중심의 교육 훈련 이수 체계 마련	✱ 체계적인 교육·훈련시스템 마련 ✱ 직무 맞춤교육으로 생산성 향상 ✱ 근로자의 학습참여 촉진
배치·승진	✱ NCS 사내 경력개발경로 개발 ✱ 배치·승진 체크리스트 개발	인재에 대한 회사의 기대와 근로자의 역량 간 불일치 해소
임금	NCS를 기반으로 한 직무분석으로 연공급 중심의 임금 체계를 '직무급' 구조로 전환	근로자의 직무역량과 능력에 따라 적정 임금 지급

🌵 NCS 분류체계

01 국가직무능력표준의 분류는 직무의 유형(Type)을 중심으로 국가직무능력표준의 단계적 구성을 나타내는 것으로, 국가직무능력표준 개발의 전체적인 로드맵을 제시

02 한국고용직업분류(KECO:Korean Employment Classification of Occupations) 등을 참고하여 분류하였으며 '대분류(24) → 중분류(80) → 소분류(257) → 세분류(1,022개)'의 순으로 구성

※ 분류 체계 마련을 위해 직업분류, 산업분류 및 자격분류 전문가, 해당산업 분야 전문가 대상 의견수렴 방법을 통해 직종구조분석 시행

03 세부 분류기준

분류	분류기준
대분류	직능유형이 유사한 분야(한국고용직업분류 참조)
중분류	✱ 대분류 내에서 직능유형이 유사한 분야 ✱ 대분류 내에서 산업이 유사한 분야 ✱ 대분류 내에서 노동시장이 독립적으로 형성되거나 경력개발경로가 유사한 분야 ✱ 중분류 수준에서 산업별 인적자원개발협의체(SC)가 존재하는 분야
소분류	✱ 중분류 내에서 직능유형이 유사한 분야 ✱ 소분류 수준에서 산업별 인적자원개발협의체(SC)가 존재하는 분야
세분류	✱ 소분류 내에서 직능유형이 유사한 분야 ✱ 한국고용직업분류의 직업 중 대표 직무

Information.

🌵 NCS 수준체계

01 국가직무능력표준의 수준체계는 산업현장 직무의 수준을 체계화한 것으로, '산업현장·교육훈련·자격' 연계, 평생 학습능력 성취 단계 제시, 자격의 수준체계 구성에서 활용

02 국가직무능력표준 개발 시 8단계의 수준체계에 따라 능력단위 및 능력단위요소별 수준을 평정하여 제시

8수준
해당분야에 대한 최고도의 이론 및 지식을 활용하여 새로운 이론 을 창조할 수 있고, 최고도의 숙련으로 광범위한 기술적 작업을 수행할 수 있으며 조직 및 업무 전반에 대한 권한과 책임이 부여 된 수준

7수준
해당분야의 전문화된 이론 및 지식을 활용하여, 고도의 숙련 으로 광범위한 작업을 수행할 수 있으며 타인의 결과에 대하 여 의무와 책임이 필요한 수준

6수준
포괄적인 권한 내에서 해당분야 의 이론 및 지식을 사용하여 매우 복잡하고 비일상적인 과업을 수행하고, 타인에게 해당분야의 지식을 전달할 수 있는 수준

5수준
포괄적인 권한 내에서 해당분야 의 이론 및 지식을 사용하여 매우 복잡하고 비일상적인 과업을 수행하고, 타인에게 해당분야의 지식을 전달할 수 있는 수준

4수준
일반적인 권한 내에서 해당분야 의 이론 및 지식을 제한적으로 사용하여 복잡하고 다양한 과업을 수행하는 수준

3수준
제한된 권한 내에서 해당분야의 기초이론 및 일반지식을 사용하여 다소 복잡한 과업을 수행하 는 수준

2수준
일반적인 지시 및 감독 하에 해 당분야의 일반 지식을 사용하여 절차화되고 일상적인 과업을 수행하는 수준

1수준
구체적인 지시 및 철저한 감독 하에 문자이해, 계산능력 등 기초적인 일반 지식을 사용하여 단순하고 반복적인 과업을 수행 하는 수준

🌵 기존 채용과의 차이

	BEFORE	AFTER
평가 요소	✳ 각 회사의 인재상, 공유가치 등에서 ✳ 도출한 채용선발평가 요소 및 기준 적용	✳ 직업기초능력 + 직무수행능력 (회사 고유의 평가요소 및 기준을 매칭하여 적용)
채용 선발 도구	✳ 일반 입사지원서 ✳ 인 · 적성검사 ✳ 전공시험 ✳ 역량면접/인성면접	✳ 능력중심입사지원서 ✳ 직업기초능력 평가 ✳ 직무수행능력 평가 ✳ 직업기초능력 면접/직무수행능력 면접

🌵 능력중심 채용 프로세스

분석단계	설계단계	개발단계	실험단계	평가단계
✳ 채용 대상 직무 NCS 분류에서 확인하기 ✳ 채용 대상 직무 관련 능력단위 확인하기 ※ 요구능력단위도출 → 필수 KSA 도출 → 관련 자격 도출	✳ 채용 프로세스 설정하기(선발기업 산정 및 적용단계 결정) ✳ 채용 프로세스별 선발기준 설정하기	✳ NCS 기반 채용공고문 개발하기 ✳ NCS 기반 입사지원서 개발하기(입사지원서, 직무능력소개서 등) ✳ NCS 기반 필기문항 개발하기(직업기초능력, 직무수행능력) ✳ NCS 기반 면접문항 개발하기(직업기초능력, 직무수행능력) ✳ 인사담당자 및 면접관 교육하기	✳ 필기 평가 시행하기 ✳ 면접 평가 시행하기 ✳ 합격자 선정하기	✳ NCS 기반 채용과정 평가하기 ✳ NCS 기반 채용성과 평가하기

Information.

🌵 기업별 시험 영역

구분	기업	의사소통능력	수리능력	문제해결능력	자기개발능력	자원관리능력	대인관계능력	정보능력	기술능력	조직이해능력	직업윤리	직무능력
에너지 (16)	한국가스공사	O	O	O	X	X	X	X	X	X	X	O
	한국가스기술공사	X	O	X	X	O	X	X	O	O	X	O
	한국가스안전공사	O	X	O	O	O	O	O	X	X	O	O
	한국남동발전	O	X	O	O	X	X	X	X	X	X	O
	한국남부발전	O	O	O	X	O	O	O	O	O	O	O
	한국서부발전	O	O	O	X	O	O	O	O	O	O	O
	한국석유공사	O	O	O	O	O	O	O	O	O	O	O
	한국수력원자력	O	O	O	X	O	X	X	O	O	X	O
	한국에너지공단	O	O	O	X	O	O	X	X	O	O	O
	한국전기안전공사	O	O	O	X	O	X	O	X	O	X	O
	한국전력공사	O	O	O	X	O	O	O	X	X	O	O
	한국전력기술	O	O	O	X	O	X	O	O	O	X	O
	한국중부발전	O	O	O	X	O	O	X	O	O	X	O
	한국지역난방공사	O	O	O	X	O	O	O	O	O	X	O
	한전KDN	O	O	O	X	O	O	O	O	O	O	O
	한국원자력연료	O	O	O	X	O	O	O	O	O	X	O

NCS(국가직무능력표준) 소개

구분	기업	의사소통능력	수리능력	문제해결능력	자기개발능력	자원관리능력	대인관계능력	정보능력	기술능력	조직이해능력	직업윤리	직무능력
S O C (18)	대구도시철도공사	O	X	O	X	X	O	O	O	X	O	O
	도로교통공단	O	O	O	X	X	X	O	X	X	X	O
	부산교통공사	O	O	O	X	O	X	X	X	O	X	O
	서울교통공사	O	O	O	O	O	O	O	O	O	O	O
	서울시설공단	O	O	O	O	O	O	O	O	O	O	O
	인천국제공항공사	O	O	O	O	O	O	O	O	O	X	O
	인천도시공사	O	O	O	X	X	X	X	O	O	X	O
	주택도시보증공사	O	O	O	X	X	O	X	X	O	X	O
	한국공항공사	O	O	O	X	X	X	O	O	X	X	O
	한국교통안전공단	O	O	O	O	O	O	O	O	O	O	O
	한국국토정보공사	O	O	O	X	O	X	O	O	O	X	O
	코레일	O	O	O	O	O	O	O	O	O	O	O
	한국도로공사	O	O	O	X	O	X	O	O	O	X	O
	한국수자원공사	O	O	O	X	X	X	X	O	O	X	O
	한국시설안전공단	O	O	O	O	O	O	O	O	O	X	O
	한국철도공사	O	O	O	X	X	X	X	X	X	X	O
	한국철도시설공단	O	X	O	X	O	X	X	X	X	O	O
	한국토지주택공사	O	X	O	X	X	X	X	X	X	X	O

Information.

구분	기업	의사소통능력	수리능력	문제해결능력	자기개발능력	자원관리능력	대인관계능력	정보능력	기술능력	조직이해능력	직업윤리	직무능력
금융 (6)	기술보증기금	O	O	O	X	X	X	O	X	O	X	O
	신용보증기금	O	O	O	X	X	X	X	X	X	X	O
	예금보험공사	O	O	O	O	O	O	O	O	O	O	O
	한국조폐공사	O	O	O	X	O	X	O	O	O	X	O
	농협은행	O	O	O	O	O	O	O	O	O	O	O
	기업은행	O	O	O	O	O	O	O	O	O	O	O
보건 · 노동 (11)	건강보험심사평가원	O	O	O	O	O	O	O	O	O	O	O
	공무원연금공단	O	O	O	X	X	O	O	X	O	X	O
	국민건강보험공단	O	O	O	X	X	X	X	X	X	X	O
	국민연금공단	O	O	O	X	X	X	O	X	O	X	O
	근로복지공단	O	O	O	X	O	X	X	X	X	X	O
	안전보건공단	X	X	O	O	O	O	O	X	O	O	O
	중소벤처기업진흥공단	O	O	O	X	O	X	O	X	X	X	O
	한국보훈복지의료공단	O	X	O	O	O	X	X	X	O	X	O
	한국산업인력공단	O	O	O	O	O	X	O	O	O	O	O
	한국승강기안전공단	O	O	O	O	O	O	O	O	O	O	O
	한국장애인고용공단	O	O	O	X	O	X	X	X	O	O	O

구분	기업	의사소통능력	수리능력	문제해결능력	자기개발능력	자원관리능력	대인관계능력	정보능력	기술능력	조직이해능력	직업윤리	직무능력
농림수산환경(6)	한국농수산식품유통공사	○	×	○	×	○	×	×	×	○	×	○
	한국농어촌공사	○	○	○	×	×	×	○	○	×	×	○
	한국산림복지진흥원	○	×	○	×	×	○	○	×	○	×	○
	한국수산자원관리공단	○	×	○	×	○	×	×	×	×	○	○
	한국환경공단	○	○	○	×	×	×	×	×	○	×	○
	국립공원공단	○	×	○	×	○	×	○	×	○	×	○

※ 2021년 기준으로 변동사항이 있을 수 있습니다.

직업기초능력평가

PART

01

CHAPTER

직업기초능력평가

NCS기반 직업기초능력의 10개 영역에 대해 핵심적으로 알아야 할 이론을 체계적으로 정리하고, 출제가 예상되는 핵심적인 문제들로 구성하여 단기간에 학습할 수 있도록 하였습니다.

의사소통능력

(1) 의사소통

사람들 간에 생각이나 감정, 정보, 의견 등을 교환하는 총체적인 행위로, 직장생활에서의 의사소통은 조직과 팀의 효율성과 효과성을 성취할 목적으로 이루어지는 구성원 간의 정보와 지식 전달 과정이라고 할 수 있다. 의사소통의 기능은 공동의 목표를 추구해 나가는 집단 내의 기본적 존재 기반이며 성과를 결정한다.

(2) 의사소통의 종류

① 언어적인 것 : 대화, 전화통화, 토론 등
② 문서적인 것 : 메모, 편지, 기획안 등
③ 비언어적인 것 : 몸짓, 표정 등

(3) 의사소통을 저해하는 요인

정보의 과다, 메시지의 복잡성 및 메시지 간의 경쟁, 상이한 직위와 과업 지향형, 신뢰의 부족, 의사소통을 위한 구조상의 권한, 잘못된 매체의 선택, 폐쇄적인 의사소통 분위기 등이다.

(4) 의사소통능력

의사소통능력은 직장생활에서 문서나 상대방이 하는 말의 의미를 파악하는 능력, 자신의 의사를 정확하게 표현하는 능력, 간단한 외국어 자료를 읽거나 외국인의 의사표시를 이해하는 능력을 포함한다.

(5) 의사소통능력 개발을 위한 방법

① 사후검토와 피드백을 활용한다.
② 명확한 의미를 가진 이해하기 쉬운 단어를 선택하여 이해도를 높인다.
③ 적극적으로 경청한다.
④ 메시지를 감정적으로 곡해하지 않는다.

의사소통능력은 업무를 수행함에 있어 문서를 읽거나 상대방의 말을 듣고 뜻한 바를 파악, 자신의 의사를 정확하게 표현·전달하는 능력이다. NCS를 시행하는 대부분의 공기업에서 기본으로 포함하는 영역으로 모듈형이 주로 출제된다. 주로 문서이해능력과 문서작성능력이 출제되는 편이며 최근에는 안내문 등 난이도가 있는 자료를 제시하고 독해능력을 묻는 문제가 자주 출제되고 있다.

하위능력별 출제 유형

문서이해능력 ◆◆◆◆◆
업무 관련성이 높은 문서에 대한 독해 능력과 업무와 관련된 내용을 메모하는 문제 등이며, 언어논리의 독해와 유사하다.

문서작성능력 ◆◆◆◆◇
공문서, 기안서, 매뉴얼 등 특정 양식에 대해 작성 시 주의사항 및 빈칸 채우기 등의 유형으로 구성된다.

경청능력 ◆◆◇◇◇
제시된 상황에 적절한 경청 방법에 대한 문제로 구성된다.

의사표현능력 ◆◆◇◇◇
제시된 상황에 대해 적절한 의사표현을 고르는 문제로 구성된다.

기초외국어능력 ◆◇◇◇◇
외국과 우리나라의 문화차이에 의해 발생하는 상황에 대한 문제로 구성된다.

하위능력별 출제 빈도

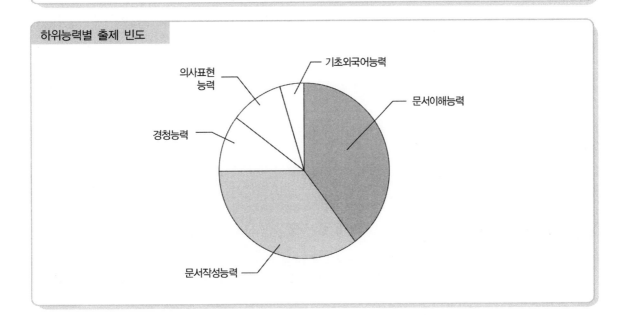

문서이해능력

(1) 문서

제안서, 보고서, 기획서, 이메일, 팩스 등 문자로 구성된 것으로 상대방에게 의사를 전달하여 설득하는 것을 목적으로 한다.

(2) 문서이해능력

직업현장에서 자신의 업무와 관련된 문서를 읽고, 내용을 이해하고 요점을 파악할 수 있는 능력을 말한다.

(3) 문서의 종류

구분	내용
공문서	정부기관에서 공무를 집행하기 위해 작성하는 문서로, 단체 또는 일반회사에서 정부기관을 상대로 사업을 진행할 때 작성하는 문서도 포함된다. 엄격한 규격과 양식이 특징이다.
기획서	아이디어를 바탕으로 기획한 프로젝트에 대해 상대방에게 전달하여 시행하도록 설득하는 문서이다.
기안서	업무에 대한 협조를 구하거나 의견을 전달할 때 작성하는 사내 공문서이다.
보고서	특정한 업무에 관한 현황이나 진행 상황, 연구·검토 결과 등을 보고하고자 할 때 작성하는 문서이다. 보고서는 영업보고서, 결산보고서, 일일업무보고서, 주간업무보고서, 출장보고서, 회의 보고서가 있다.
설명서	상품의 특성이나 작동 방법을 소비자에게 설명하기 위해 작성하는 문서로 상품소개서와 제품설명서가 있다.
보도자료	정부기관이나 기업체 등이 언론을 상대로 자신들의 정보를 기사화 되도록 하기 위해 보내는 자료이다.
자기소개서	개인이 자신의 성장과정이나, 입사 동기, 포부 등에 대해 구체적으로 기술하여 자신을 소개하는 문서이다.
비즈니스 레터 (E – Mail)	사업상의 이유로 고객에게 보내는 편지다.
비즈니스 메모	업무상 확인해야 할 일을 메모형식으로 작성하여 전달하는 글이다. 전화, 회의, 업무를 적는다.

(4) 문서이해의 절차

문서의 목적 이해 → 문서 작성 배경·주제 파악 → 정보 확인 및 현안문제 파악 → 문서 작성자의 의도 파악 및 자신에게 요구되는 행동 분석 → 목적 달성을 위해 취해야 할 행동 고려 → 문서 작성자의 의도를 도표나 그림 등으로 요약·정리

(1) 문서작성의 구성요소

① 작성되는 문서에 대상과 목적, 시기, 기대효과 등을 포함

② 짜임새 있는 골격, 이해하기 쉬운 구조

③ 객관적이고 논리적인 내용

④ 명료하고 설득력 있는 문장

⑤ 세련되고 인상적인 레이아웃

(2) 문서의 종류에 따른 작성방법

구분	내용
공문서	• 육하원칙이 드러나도록 써야 한다. • 날짜는 반드시 연도와 월, 일을 언급하며, 날짜 다음에 괄호를 사용할 때는 마침표를 찍지 않는다. • 대외문서이며, 장기간 보관되기 때문에 정확하게 기술해야 한다. • 내용이 복잡할 경우 ' – 다음 – ', ' – 아래 – '와 같은 항목을 만들어 구분한다. • 한 장에 담아내는 것을 원칙으로 하며, 마지막엔 반드시 '끝'자로 마무리 한다.
설명서	• 정확하고 간결하게 작성한다. • 이해하기 어려운 전문용어의 사용은 삼가고, 복잡한 내용은 도표화 한다. • 명령문보다는 평서문을 사용하고, 동어 반복보다는 다양한 표현을 구사하는 것이 바람직하다.
기획서	• 상대를 설득하여 기획서가 채택되는 것이 목적이므로 상대가 요구하는 것이 무엇인지 고려하여 작성하며, 기획의 핵심을 잘 전달하였는지 확인한다. • 분량이 많을 경우 전체 내용을 한눈에 파악할 수 있도록 목차구성을 신중히 한다. • 효과적인 내용 전달을 위한 표나 그래프를 적절히 활용하고 산뜻한 느낌을 줄 수 있도록 한다. • 인용한 자료의 출처 및 내용이 정확해야 하며 제출 전 충분히 검토한다.
보고서	• 도출하고자 한 핵심 내용을 구체적이고 간결하게 작성한다. • 내용이 복잡할 경우 도표나 그림을 활용하고, 참고자료는 정확하게 제시한다. • 제출하기 전에 최종점검을 하며 질의를 받을 것에 대비한다.

(3) 문서작성의 원칙

① **간결체 사용** : 문장은 짧고 간결하게 작성한다.

② 상대방이 이해하기 쉽게 쓴다.

③ 불필요한 한자의 사용을 자제한다.

④ 문장은 긍정문의 형식을 사용한다.

의사소통능력

수리능력

문제해결능력

자기개발능력

자원관리능력

대인관계능력

정보능력

기술능력

조직이해능력

직업윤리

⑤ 간단한 표제를 붙인다.

⑥ 두괄식 구성 : 문서의 핵심 내용을 먼저 쓰도록 한다.

(4) 문서작성 시 주의사항

① 육하원칙에 의해 작성한다.

② 문서 작성시기가 중요하다.

③ 한 사안은 한 장의 용지에 작성한다.

④ 반드시 필요한 자료만 첨부한다.

⑤ 금액, 수량, 일자 등은 기재에 정확성을 기한다.

⑥ 경어나 단어사용 등 표현에 신경 쓴다.

⑦ 문서작성 후 반드시 최종적으로 검토한다.

(5) 효과적인 문서작성 요령

구분	내용
내용이해	전달하고자 하는 내용과 핵심을 정확하게 이해해야 한다.
목표설정	전달하고자 하는 목표를 분명하게 설정한다.
구성	내용 전달 및 설득에 효과적인 구성과 형식을 고려한다.
자료수집	목표를 뒷받침할 자료를 수집한다.
핵심전달	단락별 핵심을 하위목차로 요약한다.
대상파악	대상에 대한 이해와 분석을 통해 철저히 파악한다.
보충설명	예상되는 질문을 정리하여 구체적인 답변을 준비한다.
문서표현의 시각	그래프, 그림, 사진 등을 적절히 사용하여 이해를 돕는다.

(1) 경청의 중요성

경청은 다른 사람의 말을 주의 깊게 들으며 공감하는 능력으로 경청을 통해 상대방을 한 개인으로 존중하고 성실한 마음으로 대하게 되며, 상대방의 입장에 공감하고 이해할 수 있다.

(2) 적극적 경청과 소극적 경청

구분	내용
적극적 경청	• 상대방의 이야기에 주의집중하고 있음을 행동을 통해 표현하며 듣는 것을 의미한다. • 상대방의 이야기 중 이해가 되지 않는 부분이나 자신이 이해한 것이 맞는지 확인하며 상대방 이야기에 공감할 수도 있다.
소극적 경청	상대방의 이야기에 특별히 반응하지 않고 수동적으로 듣는 것을 의미한다. 상대방의 발언 중 화제를 돌리거나 말을 가로채는 등의 행위를 하지 않는 것을 말한다.

(3) 경청을 방해하는 습관

짐작하기, 대답할 말 준비하기, 걸러내기, 판단하기, 다른 생각하기, 조언하기, 언쟁하기, 옳아야만 하기, 슬쩍 넘어가기, 비위 맞추기 등

(4) 기본 태도

① 비판·충고적인 태도를 버린다.
② 비언어적 표현에도 신경 쓴다.
③ 상대방이 말하는 동안 경청하는 것을 표현한다.
④ 대화 시 흥분하지 않는다.

(5) 효과적인 경청방법

구분	내용
준비하기	강연이나 프레젠테이션 이전에 나누어주는 자료를 읽어 미리 주제를 파악하고 등장하는 용어를 익혀둔다.
주의 집중	말하는 사람의 모든 것에 집중해서 적극적으로 듣는다.
예측하기	다음에 무엇을 말할 것인가를 추측하려고 노력한다.
나와 관련짓기	상대방이 전달하고자 하는 메시지를 나의 경험과 관련지어 생각해 본다.
질문하기	질문은 듣는 행위를 적극적으로 하게 만들고 집중력을 높인다.
요약하기	주기적으로 상대방이 전달하려는 내용을 요약한다.
반응하기	피드백을 통해 의사소통을 점검한다.

의사소통능력

수리능력

문제해결능력

자기개발능력

자원관리능력

대인관계능력

정보능력

기술능력

조직이해능력

직업윤리

(1) 의사표현의 개념

화자가 자신의 생각과 감정을 청자에게 음성언어나 신체언어로 표현하는 행위이다.

(2) 의사표현의 종류

① **공식적 말하기** : 사전에 준비된 내용을 대중을 대상으로 말하는 것으로 연설, 토의, 토론 등이 있다.

② **의례적 말하기** : 사회 · 문화적 행사에서와 같이 절차에 따라 하는 말하기로 식사, 주례, 회의 등이 있다.

③ **친교적 말하기** : 친근한 사람들 사이에서 자연스럽게 주고받는 대화 등을 말한다.

(3) 의사표현의 방해요인

① **연단공포증** : 연단에 섰을 때 가슴이 두근거리거나 땀이 나고 얼굴이 달아오르는 등의 현상으로 충분한 분석과 준비, 더 많은 말하기 기회 등을 통해 극복할 수 있다.

② **말** : 말의 장단, 고저, 발음, 속도, 쉼 등을 포함한다.

③ **음성** : 목소리와 관련된 것으로 음색, 고저, 명료도, 완급 등을 의미한다.

④ **몸짓** : 비언어적 요소로 화자의 외모, 표정, 동작 등이다.

⑤ **유머** : 말하기 상황에 따른 적절한 유머를 구사할 수 있어야 한다.

(4) 상황과 대상에 따른 의사표현법

① **잘못을 지적할 때** : 모호한 표현을 삼가고 확실하게 지적하며, 당장 꾸짖고 있는 내용에만 한정한다.

② **칭찬할 때** : 자칫 아부로 여겨질 수 있으므로 센스 있는 칭찬이 필요하다.

③ **부탁할 때** : 먼저 상대방의 사정을 듣고 응하기 쉽게 구체적으로 부탁하며 거절을 당해도 싫은 내색을 하지 않는다.

④ **요구를 거절할 때** : 먼저 사과하고 응해줄 수 없는 이유를 설명한다.

⑤ **명령할 때** : 강압적인 말투보다는 '○○을 이렇게 해주는 것이 어떻겠습니까?'와 같은 식으로 부드럽게 표현하는 것이 효과적이다.

⑥ **설득할 때** : 일방적으로 강요하기보다는 먼저 양보해서 이익을 공유하겠다는 의지를 보여주는 것이 좋다.

⑦ **충고할 때** : 충고는 가장 최후의 방법이다. 반드시 충고가 필요한 상황이라면 예화를 들어 비유적으로 깨우쳐주는 것이 바람직하다.

⑧ **질책할 때** : 샌드위치 화법(칭찬의 말 + 질책의 말 + 격려의 말)을 사용하여 청자의 반발을 최소화 한다.

(5) 원활한 의사표현을 위한 지침

① 올바른 화법을 위해 독서를 하라.

② 좋은 청중이 되라.

③ 칭찬을 아끼지 마라.

④ 공감하고, 긍정적으로 보이게 하라.

⑤ 겸손은 최고의 미덕임을 잊지 마라.

⑥ 과감하게 공개하라.

⑦ 뒷말을 숨기지 마라.

⑧ 첫마디 말을 준비하라.

⑨ 이성과 감성의 조화를 꾀하라.

⑩ 대화의 룰을 지켜라.

⑪ 문장을 완전하게 말하라.

(6) 설득력 있는 의사표현을 위한 지침

① 'Yes'를 유도하여 미리 설득 분위기를 조성하라.

② 대비 효과로 분발심을 불러 일으켜라.

③ 침묵을 지키는 사람의 참여도를 높여라.

④ 여운을 남기는 말로 상대방의 감정을 누그러뜨려라.

⑤ 하던 말을 갑자기 멈춤으로써 상대방의 주의를 끌어라.

⑥ 호칭을 바꿔서 심리적 간격을 좁혀라.

⑦ 끄집어 말하여 자존심을 건드려라.

⑧ 정보전달 공식을 이용하여 설득하라.

⑨ 상대방의 불평이 가져올 결과를 강조하라.

⑩ 권위 있는 사람의 말이나 작품을 인용하라.

⑪ 약점을 보여 주어 심리적 거리를 좁혀라.

⑫ 이상과 현실의 구체적 차이를 확인시켜라.

⑬ 자신의 잘못도 솔직하게 인정하라.

⑭ 집단의 요구를 거절하려면 개개인의 의견을 물어라.

⑮ 동조 심리를 이용하여 설득하라.

⑯ 지금까지의 노고를 치하한 뒤 새로운 요구를 하라.

⑰ 담당자가 대변자 역할을 하도록 하여 윗사람을 설득하게 하라.

⑱ 겉치레 양보로 기선을 제압하라.

⑲ 변명의 여지를 만들어 주고 설득하라.

⑳ 혼자 말하는 척하면서 상대의 잘못을 지적하라.

의사소통능력

수리능력

문제해결능력

자기개발능력

자원관리능력

대인관계능력

정보능력

기술능력

조직이해능력

직업윤리

(1) 기초외국어능력의 개념

기초외국어능력은 외국어로 된 간단한 자료를 이해하거나, 외국인과의 전화응대와 간단한 대화 등 외국인의 의사표현을 이해하고, 자신의 의사를 기초외국어로 표현할 수 있는 능력이다.

(2) 기초외국어능력의 필요성

국제화·세계화 시대에 다른 나라와의 무역을 위해 우리의 언어가 아닌 국제적인 통용어를 사용하거나 그들의 언어로 의사소통을 해야 하는 경우가 생길 수 있다.

(3) 외국인과의 의사소통에서 피해야 할 행동

① 상대를 볼 때 흘겨보거나, 노려보거나, 아예 보지 않는 행동

② 팔이나 다리를 꼬는 행동

③ 표정이 없는 것

④ 다리를 흔들거나 펜을 돌리는 행동

⑤ 맞장구를 치지 않거나 고개를 끄덕이지 않는 행동

⑥ 생각 없이 메모하는 행동

⑦ 자료만 들여다보는 행동

⑧ 바르지 못한 자세로 앉는 행동

⑨ 한숨, 하품, 신음소리를 내는 행동

⑩ 다른 일을 하며 듣는 행동

⑪ 상대방에게 이름이나 호칭을 어떻게 부를지 묻지 않고 마음대로 부르는 행동

(4) 기초외국어능력 향상을 위한 공부법

① 외국어공부의 목적부터 정하라.

② 매일 30분씩 눈과 손과 입에 밸 정도로 반복하라.

③ 실수를 두려워하지 말고 기회가 있을 때마다 외국어로 말하라.

④ 외국어 잡지나 원서와 친해져라.

⑤ 소홀해지지 않도록 라이벌을 정하고 공부하라.

⑥ 업무와 관련된 주요 용어의 외국어는 꼭 알아두자.

⑦ 출퇴근 시간에 외국어 방송을 보거나, 듣는 것만으로도 귀가 트인다.

⑧ 어린이가 단어를 배우듯 외국어 단어를 암기할 때 그림카드를 사용해 보라.

⑨ 가능하면 외국인 친구를 사귀고 대화를 자주 나눠 보라.

예제 01 문제이해능력

다음은 신용카드 약관의 주요내용이다. 규정 약관을 제대로 이해하지 못한 사람은?

[부가서비스]

카드사는 법령에서 정한 경우를 제외하고 상품을 새로 출시한 후 1년 이내에 부가
서비스를 줄이거나 없앨 수가 없다. 또한 부가서비스를 줄이거나 없앨 경우에는
그 세부내용을 변경일 6개월 이전에 회원에게 알려주어야 한다.

[중도 해지 시 연회비 반환]

연회비 부과기간이 끝나기 이전에 카드를 중도해지하는 경우 남은 기간에 해당하
는 연회비를 계산하여 10 영업일 이내에 돌려줘야 한다. 다만, 카드 발급 및 부가
서비스 제공에 이미 지출된 비용은 제외된다.

[카드 이용한도]

카드 이용한도는 카드 발급을 신청할 때에 회원이 신청한 금액과 카드사의 심사
기준을 종합적으로 반영하여 회원이 신청한 금액 범위 이내에서 책정되며 회원의
신용도가 변동되었을 때에는 카드사는 회원의 이용한도를 조정할 수 있다.

[부정사용 책임]

카드 위조 및 변조로 인하여 발생된 부정사용 금액에 대해서는 카드사가 책임을
진다. 다만, 회원이 비밀번호를 다른 사람에게 알려주거나 카드를 다른 사람에게
빌려주는 등의 중대한 과실로 인해 부정사용이 발생하는 경우에는 회원이 그 책임
의 전부 또는 일부를 부담할 수 있다.

① 혜수 : 카드사는 법령에서 정한 경우를 제외하고는 1년 이내에 부가서비스를 줄일 수 없어.
② 진성 : 카드 위조 및 변조로 인하여 발생된 부정사용 금액은 일괄 카드사가 책임을 지게 돼.
③ 영훈 : 회원의 신용도가 변경되었을 때 카드사가 이용한도를 조정할 수 있어.
④ 영호 : 연회비 부과기간이 끝나기 이전에 카드를 중도해지하는 경우에는 남은 기간에 해
당하는 연회비를 카드사는 돌려줘야 해.

출제의도

주어진 약관의 내용을 읽고 그에 대한
상세 내용의 정보를 이해하는 능력을
측정하는 문항이다.

해설

부정사용에 대해 고객의 과실이 있으
면 회원이 그 책임의 전부 또는 일부
를 부담할 수 있다.

의사소통능력

수리능력

문제해결능력

자기개발능력

자원관리능력

대인관계능력

정보능력

기술능력

조직이해능력

직업윤리

Answer. 01.②

예제 02 문서작성능력

다음은 들은 내용을 구조적으로 정리하는 방법이다. 순서에 맞게 배열하면?

> ㉠ 관련 있는 내용끼리 묶는다.
> ㉡ 묶은 내용에 적절한 이름을 붙인다.
> ㉢ 전체 내용을 이해하기 쉽게 구조화한다.
> ㉣ 중복된 내용이나 덜 중요한 내용을 삭제한다.

① ㉠㉡㉢㉣
② ㉠㉡㉣㉢
③ ㉡㉠㉢㉣
④ ㉡㉠㉣㉢

출제의도
음성정보는 문자정보와는 달리 쉽게 잊히기 때문에 음성정보를 구조화 시키는 방법을 묻는 문항이다.

해설
내용을 구조적으로 정리하는 방법은 '㉠ 관련 있는 내용끼리 묶는다. → ㉡ 묶은 내용에 적절한 이름을 붙인다. → ㉣ 중복된 내용이나 덜 중요한 내용을 삭제한다. → ㉢ 전체 내용을 이해하기 쉽게 구조화한다.'가 적절하다.

예제 03 문서작성능력

다음 중 공문서 작성에 대한 설명으로 가장 적절하지 못한 것은?

① 공문서나 유가증권 등에 금액을 표시할 때에는 한글로 기재하고 그 옆에 괄호를 넣어 숫자로 표기한다.
② 날짜는 숫자로 표기하되 연도, 월, 일의 글자는 생략하고 그 자리에 온점(.)을 찍어 표시한다.
③ 첨부물이 있는 경우에는 붙임 표시문 끝에 1자 띄우고 "끝."이라고 표시한다.
④ 공문서의 본문이 끝났을 경우에는 1자를 띄우고 "끝."이라고 표시한다.

출제의도
업무를 할 때 필요한 공문서 작성법을 잘 알고 있는지를 측정하는 문항이다.

해설
공문서 금액 표시
아라비아 숫자로 쓰고, 숫자 다음에 괄호를 하여 한글로 기재한다.
예 123,456원의 표시 : 금 123,456
  (금 일십이만삼천사백오십육원)

Answer. 02.② 03.①

예제 04 의사표현능력

당신은 팀장님께 업무 지시내용을 수행하고 결과물을 보고 드렸다. 하지만 팀장님께서는 "최 대리, 업무를 이렇게 처리하면 어떡하나? 누락된 부분이 있지 않은가."라고 말하였다. 이에 대해 당신이 행할 수 있는 가장 부적절한 대처 자세는?

① "죄송합니다. 제가 잘 모르는 부분이라 이수혁 과장님께 부탁을 했는데 과장님께서 실수를 하신 것 같습니다."
② "주의를 기울이지 못해 죄송합니다. 어느 부분을 수정보완하면 될까요?"
③ "지시하신 내용을 제가 충분히 이해하지 못하였습니다. 내용을 다시 한 번 여쭤보아도 되겠습니까?"
④ "부족한 내용을 보완하는 자료를 취합하기 위해서 하루정도가 더 소요될 것 같습니다. 언제까지 재작성하여 드리면 될까요?"

출제의도
상사가 잘못을 지적하는 상황에서 어떻게 대처해야 하는지를 묻는 문항이다.

해설
상사가 부탁한 지시사항을 다른 사람에게 부탁하는 것은 옳지 못하며 설사 그렇다고 해도 그 일의 과오에 대해 책임을 전가하는 것은 지양해야 할 자세이다.

예제 05 경청능력

다음은 면접스터디 중 일어난 대화이다. 민아의 고민을 해소하기 위한 조언으로 가장 적절한 것은?

> 영주 : 민아 씨, 어디 아파요? 표정이 안 좋아 보여요.
> 민아 : 제가 원서 넣은 공단이 내일 면접이어서요. 그동안 스터디를 통해서 면접 연습을 많이 했는데도 벌써부터 긴장이 되네요.
> 영주 : 민아 씨는 자기 의견도 명확히 피력할 줄 알고 조리 있게 설명을 잘 하시니 걱정 안하셔도 될 것 같아요. 아, 손에 꽉 쥐고 계신 건 뭔가요?
> 민아 : 아, 제가 예상 답변을 정리해서 모아둔 거예요. 내용은 거의 외웠는데 이렇게 쥐고 있지 않으면 불안해서…
> 영주 : 그 정도로 준비를 철저히 하셨으면 걱정할 이유 없을 것 같아요.
> 민아 : 그래도 압박면접이거나 예상치 못한 질문이 들어오면 어떻게 하죠?
> 영주 : _____

① 시선을 적절히 처리하면서 부드러운 어투로 말하는 연습을 해보는 건 어때요?
② 공식적인 자리인 만큼 옷차림을 신경 쓰는 게 좋을 것 같아요.
③ 당황하지 말고 질문자의 의도를 잘 파악해서 침착하게 대답하면 되지 않을까요?
④ 예상 질문에 대한 답변을 좀 더 정확하게 외워보는 건 어떨까요?

출제의도
상대방이 하는 말을 듣고 질문 의도에 따라 올바르게 답하는 능력을 측정하는 문항이다.

해설
민아는 압박질문이나 예상치 못한 질문에 대해 걱정을 하고 있으므로 침착하게 대응하라고 조언을 해주는 것이 좋다.

의사소통능력

수리능력

문제해결능력

자기개발능력

자원관리능력

대인관계능력

정보능력

기술능력

조직이해능력

직업윤리

Answer. 04.① 05.③

출제예상문제

정답 및 해설 **p.464**

1 다음 중 의사소통에 관한 설명으로 옳지 않은 것은?

① 상대방의 이야기를 들어주는 것과 경청의 의미는 다르다.

② 의사소통능력을 개발하기 위해서는 자신이 실천할 수 있는 작은 습관부터 고쳐나가는 것이 좋다.

③ 피드백은 상대방이 원하는 경우 대인관계에 있어서 그의 행동을 개선할 수 있는 기회를 제공해 줄 수 있다.

④ 전문용어는 그 언어를 사용하는 집단 구성원들 사이에 사용될 때에나 조직 밖에서 사용할 때나 동일하게 이해를 촉진시킨다.

2 다음과 같은 문서의 특징으로 옳은 것은?

SW Co., Ltd.

8 – 1, Duksan – ro, Ilsanseo – gu, Goyang – si, Gyeonggi – do, Republic of Korea

Phone +82 (0)31 – 920 – 2000, Fax +82 (0)31 – 920 – 3000

October 27, 2018

Mr. Ruud Van, Senior Manager
Human Resources Department
MK Inc.
12 North Street,
Washington, CA 15412

Subject : We are looking for a business partner.

Dear Mr. Ruud Van,

I am writing to inquire about your new product, MK.
We want to know more about MK.
Could you end some information on MK?
We look ferwand to hearing from you.

Sincerely,

Hong Gildong
Gildong Hong
General Manger

---

① 업무에 대한 협조를 구하거나 의견을 전달할 때 작성하는 사내 공문서이다

② 상품의 특성이나 작동 방법 등을 소비자에게 설명하기 위해 작성하는 문서이다.

③ 개인이 자신의 성장과정이나, 입사 동기, 포부 등에 대해 구체적으로 기술하여 자신을 소개하는 문서이다.

④ 사업상의 이유로 상대에게 보내는 글이다.

의사소통능력

수리능력

문제해결능력

자기개발능력

자원관리능력

대인관계능력

정보능력

기술능력

조직이해능력

직업윤리

3 다음의 글을 읽고 박 대리가 저지른 실수를 바르게 이해한 것은?

> 직장인 박 대리는 매주 열리는 기획회의에서 처음으로 발표를 할 기회를 얻었다. 박 대리는 자신이 할 수 있는 문장실력을 총 동원하여 4페이지의 기획안을 작성하였다. 기획회의가 열리고 박 대리는 기획안을 당당하게 읽기 시작하였다. 2페이지를 막 읽으려던 때, 부장이 한 마디를 했다. "박 대리, 그걸 전부 읽을 셈인가? 결론이 무엇인지만 말하지." 그러자 박 대리는 자신이 작성한 기획안을 전부 발표하지 못하고 중도에 대충 결론을 맺어 발표를 마무리하게 되었다.

① 박 대리의 기획안에는 첨부파일이 없었다.
② 박 대리의 발표는 간결하지 못했다.
③ 박 대리의 발표는 시각적인 자료가 필요했다.
④ 박 대리의 기획안에는 참신한 아이디어가 없었다.

4 다음 밑줄 친 단어에 알맞은 한자는?

> 서울에 거주하는 초등학생 중에서 휴대전화를 가지고 있는 학생들은 얼마나 될까? 서울에 거주하는 초등학생 중에서 일부를 표본으로 삼아 조사해보니 이 중 60%가 휴대전화를 갖고 있다는 자료가 나왔다고 하자. 이 경우에 '서울에 거주하는 초등학생'을 이 표본 조사의 '준거집합'이라고 한다. 철수는 서울에 거주하는 초등학생이다. 이 경우에 철수가 휴대전화를 갖고 있을 확률을 묻는다면, 우리는 60%라고 해야 할 것이다. 그런데 서울에 거주하는 초등학생이면서 차상위계층의 자녀 중에서는 얼마나 많은 학생들이 휴대전화를 갖고 있을까? 이 경우에 준거집합은 '서울에 거주하는 초등학생이면서 차상위계층의 자녀'가 될 것이다. 앞서 삼은 표본 조사에서 차상위계층의 자녀만을 추려서 살펴보니 이 중 50%의 학생들이 휴대전화를 갖고 있다는 결과가 나왔다. 철수는 서울에 거주하는 초등학생일 뿐만 아니라 그의 가족은 차상위계층에 속한다. 이 경우 철수가 휴대전화를 갖고 있을 확률을 묻는다면, 우리는 50%라고 해야 할 것 같다. 마지막으로, 같은 표본 조사에서 이번에는 서울 거주 초등학생이면서 외동아이인 아이들의 집합에 대해서 조사해보았는데, 70%가 휴대전화를 갖고 있었다는 결과가 나왔다. 철수는 서울 거주 초등학생이면서 외동아이이다. 이 경우에 철수가 휴대전화를 갖고 있을 확률을 우리는 70%라고 해야할 것이다.

① 車相違
② 次上位
③ 差常委
④ 借霜威

5 ㉠ ~ ㉣ 중 통일성을 해치는 문장은?

우리의 생각과 판단은 언어에 의해 결정되는가 아니면 경험에 의해 결정되는가? ㉠언어결정론 자들은 우리의 생각과 판단이 언어를 반영하고 있고 실제로 언어에 의해 결정된다고 주장한다. 에 스키모인들의 눈에 관한 언어를 생각해보자. ㉡언어결정론자들의 주장에 따르면 에스키모인들은 눈에 관한 다양한 언어 표현들을 갖고 있어서 눈이 올 때 우리가 미처 파악하지 못한 미묘한 차이 점들을 찾아낼 수 있다. 또 ㉢언어결정론자들은 '노랗다', '샛노랗다', '누르스름하다' 등 노랑에 대 한 다양한 우리말 표현들이 있어서 노란색들의 미묘한 차이가 구분되고 그 덕분에 색에 관한 우리 의 인지 능력이 다른 언어 사용자들보다 뛰어나다고 본다. ㉣다시 말해 언어적 표현은 다양한 경 험에서 비롯된 것이라고 보는 것이다. 이렇듯 언어결정론자들은 사용하는 언어에 의해서 우리의 사 고능력이 결정된다고 말한다.

① ㉠

② ㉡

③ ㉢

④ ㉣

의사소통능력

수리능력

문제해결능력

자기개발능력

자원관리능력

대인관계능력

정보능력

기술능력

조직이해능력

직업윤리

6 다음 글과 관련 있는 사자성어로 적절한 것은?

위(魏)나라에 최염(崔琰)이라는 장군(將軍)이 있었는데, 그는 대인의 기품이 있어 무제(武帝)의 신임(信任)이 매우 두터운 사람이었다. 그의 사촌동생에 임(林)이라는 사람이 있었는데 그는 젊어서 는 별로 명망이 없었기 때문에 친척(親戚) 간에도 업신여김을 받았다. 그런데 최염(崔琰)은 그의 인물(人物)됨을 꿰뚫어 보고는 늘 "큰 종이나 솥은 쉽게 만들지 못한다. 큰 인재(人材)도 이와 마찬 가지인데 임은 후일에 반드시 큰 인물(人物)이 될 것이다."라고 말하며 그를 아끼고 도와주었다. 과연 뒷날에 임은 삼공(三公)이 되어 천자(天子)를 보필(輔弼)하는 자리에 오르게 되었다고 한다.

① 박학다식(博學多識)

② 시시비비(是是非非)

③ 외유내강(外柔內剛)

④ 대기만성(大器晩成)

7 다음 대화에서 Daniel이 점심 이후에 Hein에게 가져다 달라고 부탁한 것은?

Daniel : I think I'll have to be in Chicago in November.

Hein : Are you going to attend the US marketing conference to be held on November 15?

Daniel : Yes. And I would like to visit some of our customers there, too.

Hein : Shall I make a reservation for your flight now?

Daniel : Yes, please reserve a seat for me on Korean Air on November 5.

Hein : Certainly. I'll call the travel agency and check the flight schedule asap.

Daniel : Thank you. Also, please reserve a room at the Plaza Hotel from November 5 to 16. And would you please bring me the quarterly sales report after lunch? I have to make some presentation material for the conference.

Hein : Alright. I'll make a list of customers whom you are supposed to meet in Chicago.

① Sales report

② Material for the conference

③ Flight schedule

④ List of customers

8 다음의 제시된 사례를 읽고 가장 큰 문제점을 바르게 설명한 것은?

> 김 팀장은 깐깐하고 꼼꼼한 업무 스타일과 결제성향으로 인하여 부하 직원들이 업무적으로 스트레스를 많이 받는 타입이다. 그러나 엄하고 꼼꼼한 상사 밑에서 일 잘하는 직원이 양산되듯, 김 팀장에게서 힘들게 일을 배운 직원들은 업무적으로 안정적인 궤도에 빨리 오른다. 꼼꼼하고 세심한 업무처리 때문에 신뢰를 가지고 있으나 지나치게 깐깐한 결제성향으로 인하여 밑에 있는 부하직원들은 스트레스가 날로 쌓여가고 있다. 하지만 김 팀장과는 의견교환이 되지 않고, 불만이 팀 외부로 새어 나가는 일도 많았으며, 그로 인해 '김 팀장 때문에 일 못하겠다.'며 사표를 던진 직원도 많았다. 회사의 입장에서 보면 유독 김 팀장 밑에 근무하면서 사표를 내는 직원들이 많아지니 김 팀장의 리더십과 의사소통능력에 대해 의문을 가지기 시작하였다. 그러던 중 올해 김 팀장 밑에서 근무하던 직원들 중 3명이 무더기로 사표를 던지고 해당 팀이 휘청거리게 되자 팀장이 교체되고 또한 직원들도 교체되어 팀이 공중분해가 되고 말았다.

① 리더의 카리스마 리더십 부재
② 부하직원들의 애사심 부재
③ 리더와 부하 간의 의사소통 부재
④ 팀원들의 업무능력의 부족

9 귀하는 방사 원사 품질관리 업무에 지원하여 합격하였다. 다음은 방사 품질관리 업무에 요구되는 업무능력이다. 이 중 의사소통능력이 필요한 업무 분야는 무엇인가?

① 공정에서 필요한 원·부재료 출하 제품에 대한 분류 기준을 선정한다.
② 공정에서 필요한 원·부재료 출하 제품에 대한 관리 대상을 선정한다.
③ 관리기준에 불합격된 제품을 제품 등급에 따라 처리 방법을 결정해 해당 업체에 통보한다.
④ 관리기준에 불합격된 제품을 제품 등급에 따라 시험실로 이송할지 결정할 수 있다.
⑤ 관리기준에 불합격된 제품을 제품 등급과 상관없이 처리한다.

의사소통능력

수리능력

문제해결능력

자기개발능력

자원관리능력

대인관계능력

정보능력

기술능력

조직이해능력

직업윤리

10 다음의 글을 읽고 김 씨가 의사소통능력을 향상시키기 위해 노력한 것은 무엇인가?

> 직장인 김 씨는 자주 동료들로부터 다른 사람들의 이야기를 흘려듣거나 금새 잊어버린다는 이야기를 많이 들어 어떤 일을 하더라도 늦거나 실수하는 경우가 많이 발생한다. 그리고 같은 일을 했음에도 불구하고 다른 직원들보다 남겨진 자료가 별로 없는 것을 알게 되었다. 그래서 김 씨는 항상 메모하고 기억하려는 노력을 하기로 결심하였다.
>
> 그 후 김 씨는 회의시간은 물론이고, 거래처 사람들을 만날 때. 공문서를 읽거나 책을 읽을 때에도 메모를 하려고 열심히 노력하였다. 모든 상황에서 메모를 하다보니 자신만의 방법을 터득하게 되어 자신만 알 수 있는 암호로 더욱 간단하고 신속하게 메모를 할 수 있게 되었다. 또한 메모한 내용을 각 주제별로 분리하여 자신만의 데이터베이스를 만들기에 이르렀다. 이후 갑자기 보고할 일이 생겨도 자신만의 데이터베이스를 이용하여 쉽게 처리를 할 수 있게 되며 일 잘하는 직원으로 불리게 되었다.

① 경청하기
② 메모하기
③ 따라하기
④ 검토하기

11 다음 글의 빈칸에 들어갈 가장 알맞은 말은 어느 것인가?

은행은 불특정 다수로부터 예금을 받아 자금 수요자를 대상으로 정보생산과 모니터링을 하며 이를 바탕으로 대출을 해주는 고유의 자금중개기능을 수행한다. 이 고유 기능을 통하여 은행은 어느 나라에서나 경제적 활동과 성장을 위한 금융지원에 있어서 중심적인 역할을 담당하고 있다. 특히 글로벌 금융위기를 겪으면서 주요 선진국을 중심으로 직접금융이나 그림자 금융의 취약성이 드러남에 따라 은행이 정보생산 활동에 의하여 비대칭정보 문제를 완화하고 리스크를 흡수하거나 분산시키며 금융부문에 대한 충격을 완화한다는 점에 대한 관심이 크게 높아졌다. 또한 국내외 금융시장에서 비은행 금융회사의 업무 비중이 늘어나는 추세를 보이고 있음에도 불구하고 은행은 여전히 금융시스템에서 가장 중요한 기능을 담당하고 있는 것으로 인식되고 있으며, 은행의 자금중개기능을 통한 유동성 공급의 중요성이 부각되고 있다.

한편 은행이 외부 충격을 견뎌 내고 금융시스템의 안정 유지에 기여하면서 금융중개라는 핵심 기능을 원활히 수행하기 위해서는 (   ) 뒷받침되어야 한다. 그렇지 않으면 은행의 건전성에 대한 고객의 신뢰가 떨어져 수신기반이 취약해지고, 은행이 '고위험 – 고수익'을 추구하려는 유인을 갖게 되어 개별 은행 및 금융산업 전체의 리스크가 높아지며, 은행의 자금중개기능이 약화되는 등 여러 가지 부작용이 초래되기 때문이다. 결론적으로 은행이 수익성 악화로 부실해지면 금융시스템의 안정성이 저해되고 금융중개 활동이 위축되어 실물경제가 타격을 받을 수 있으므로 은행이 적정한 수익성을 유지하는 것은 개별 은행과 금융시스템은 물론 한 나라의 전체 경제 차원에서도 중요한 과제라고 할 수 있다. 이러한 관점에서 은행의 수익성은 학계는 물론 은행 경영층, 금융시장 참가자, 금융정책 및 감독 당국, 중앙은행 등의 주요 관심대상이 되는 것이다.

① 외부 충격으로부터 보호받을 수 있는 제도적 장치가
② 비은행 금융회사에 대한 엄격한 규제와 은행의 건전성이
③ 유동성 문제의 해결과 함께 건전성이
④ 제도 개선과 함께 수익성이
⑤ 건전성과 아울러 적정 수준의 수익성이

의사소통능력

수리능력

문제해결능력

자기개발능력

자원관리능력

대인관계능력

정보능력

기술능력

조직이해능력

직업윤리

12 다음 글의 내용과 일치하지 않는 것은?

온도와 압력의 변화에 의해 지각 내 암석의 광물 조합 및 조직이 변하게 되는 것을 '변성 작용'이라고 한다. 일반적으로 약 100 ~ 500℃ 온도와 비교적 낮은 압력에서 일어나는 변성 작용을 '저변성 작용'이라 하고, 약 500℃ 이상의 높은 온도와 비교적 높은 압력에서 일어나는 변성 작용을 '고변성 작용'이라 한다.

변성 작용에 영향을 주는 여러 요인들 중에서 중요한 요인 중 하나가 온도이다. 밀가루, 소금, 설탕, 이스트, 물 등을 섞어 오븐에 넣으면 높은 온도에 의해 일련의 화학 반응이 일어나 새로운 화합물인 빵이 만들어진다. 이와 마찬가지로 암석이 가열되면 그 속에 있는 광물들 중 일부는 재결정화되고 또 다른 광물들은 서로 반응하여 새로운 광물들을 생성하게 되어, 그 최종 산물로서 변성암이 생성된다. 암석에 가해지는 열은 대개 지구 내부에서 공급된다. 섭입이나 대륙 충돌과 같은 지각 운동에 의해 암석이 지구 내부로 이동할 때 이러한 열의 공급이 많이 일어난다. 지구 내부의 온도는 지각의 내부환경에 따라 상승 비율이 다르지만 일반적으로 지구 내부로 깊이 들어갈수록 높아진다. 이렇게 온도가 높아지는 것은 변성 작용을 더 활발하게 일으키는 요인이 된다. 예를 들어 점토 광물을 함유한 퇴적암인 셰일이 지구 내부에 매몰되면 지구 내부의 높은 온도로 암석 내부의 광물들이 서로 합쳐지거나 새로운 광물들이 생성되어 변성암이 되는데, 저변성 작용을 받게 되면 점판암이 되고, 고변성 작용을 받게 되면 편암이나 편마암이 되는 것이다.

암석의 변성 작용을 일으키는 또 하나의 중요한 요인은 압력이다. 모든 방향에서 일정한 힘이 가해지는 압력을 '균일 응력'이라 하고, 어느 특정한 방향으로 더 큰 힘이 가해지는 압력을 '차등 응력'이라고 하는데, 변성암의 경우 주로 차등 응력 조건에서 생성되며 그 결과로 뚜렷한 방향성을 갖는 조직이 발달된다. 변성 작용이 진행됨에 따라 운모와 녹니석과 같은 광물들이 자라기 시작하며, 광물들은 층의 방향이 최대 응력 방향과 수직을 이루는 방향으로 배열된다. 이렇게 새롭게 생성된 판 형태의 운모류 광물들이 보여 주는 면 조직을 '엽리'라고 부른다. 엽리를 보여 주는 암석들은 얇은 판으로 떨어져 나가는 경향이 있다. 그리고 엽리가 관찰될 경우 이는 변성 작용을 받았다는 중요한 근거가 된다. 저변성암은 매우 미세한 입자들로 구성되어 있어 새로 형성된 광물 입자들은 현미경을 사용하여 관찰할 수 있는데, 이때의 엽리를 '점판벽개'라고 부른다. 반면에 고변성 작용을 받게 되면 입자들이 커지고 각 광물입자들을 육안으로 관찰할 수 있다. 이때의 엽리를 '편리'라고 부른다.

고체에 변화가 생겼을 때, 고체는 액체나 기체와 달리 고체를 변화시킨 영향을 보존하는 경향이 있다. 변성암은 고체 상태에서 변화가 일어나기 때문에 변성암에는 지각에서 일어났던 모든 일들이 보존되어 있다. 그들이 보존하고 있는 기록들을 해석하는 것이 지질학자들의 막중한 임무이다.

① 변성 작용이 일어나면 재결정화되는 광물들이 있다.
② 변성암은 고체 상태에서 광물 조합 및 조직이 변화한다.
③ 지표의 암석들은 섭입에 의해 지구 내부로 이동될 수 있다.
④ 차등 응력 조건하에서 광물들은 최대 응력 방향과 동일한 방향으로 배열된다.

13 인상적인 의사소통능력의 개발에 대한 설명으로 옳지 않은 것은?

① 자신의 의견을 인상적으로 전달하기 위해서는 자신의 의견도 장식하는 것이 필요하다.

② 자신이 전달하고자 하는 내용이 상대방에게 의사소통과정을 통하여 '과연'하며 감탄하게 만드는 것이다.

③ 새로운 고객을 만나는 직업인이라도 매일 다른 사람을 만나기 때문에 항상 새로운 표현을 사용하여 인상적인 의사소통을 만든다.

④ 인상적인 의사소통능력을 개발하기 위해서는 자주 사용하는 표현도 잘 섞어서 쓰면 좋다.

14 다음 글에서 가장 중요한 요점은 무엇인가?

부패방지위원회

수신자 : 수신자 참조
(경유)
제목 : 2022년 부패방지평가 보고대회 개최 알림

1. 귀 기관의 무궁한 발전을 기원합니다.
2. 지난 3년간의 부패방지 성과를 돌아보고 국가청렴도 향상을 위한 정책방안을 정립하기 위하여 2022년 부패방지평가 보고대회를 붙임(1)과 같이 개최하고자 합니다.
3. 동 보고대회의 원활한 진행을 위하여 붙임(2)의 협조사항을 2021년 11월 1일까지 행사준비팀(전화 : 02 - 000 - 0000, 팩스 : 02 - 000 - 0001, E - mail : 0000@0000.co.kr)로 알려주시기 바랍니다.
※ 초청장은 추후 별도 송부 예정임

붙임(1) : 2022년 부패방지평가 보고대회 기본계획 1부
　　(2) : 행사준비 관련 협조사항 1부. 끝.

부패방지위원회 회장
○ ○ ○

수신자　　부패방지공관　　부패방지시민모임　　기업홍보부　　정의실천모임

---

① 수신자의 기관에 무궁한 발전을 위하여　② 초청장의 발행 여부 확인을 위하여

③ 보고대회가 개최됨을 알리기 위하여　　④ 기업홍보를 위한 스폰서를 모집하기 위하여

의사소통능력

수리능력

문제해결능력

자기개발능력

자원관리능력

대인관계능력

정보능력

기술능력

조직이해능력

직업윤리

15 다음의 빈칸에 들어갈 알맞은 것은?

문서이해의 절차

1. 문서의 목적 이해하기

↓

2.

↓

3. 문서에 쓰여진 정보를 밝혀내고, 문서가 제시하고 있는 현안문제를 파악하기

4. 문서를 통해 상대방의 욕구와 의도 및 내게 요구되는 행동에 관한 내용을 분석하기

↓

5. 문서에서 이해한 목적 달성을 위해 취해야 할 행동을 생각하고 결정하기

↓

6. 상대방의 의도를 도표나 그림 등으로 메모하여 요약, 정리해보기

① 문서를 작성한 사람의 이름과 소속 확인하기
② 문서의 수신자가 내가 맞는지 확인하기
③ 문서의 작성 배경과 주제 파악하기
④ 문서가 작성된 날짜를 확인하고 순서대로 정리하기

16 다음은 라디오 대담의 일부이다. 대담 참여자의 말하기 방식에 대한 설명으로 적절하지 않은 것은?

> 진행자 : 청취자 여러분, 안녕하세요. 오늘은 ○○ 법률 연구소에 계신 법률 전문가를 모시고 생활 법률 상식을 배워보겠습니다. 안녕하세요?
>
> 전문가 : 네, 안녕하세요. 오늘은 '정당행위'에 대해 말씀드리고자 합니다. 먼저 여러분께 문제 하나 내보겠습니다. 만약 스파이더맨이 도시를 파괴하려는 악당들과 싸우다 남의 건물을 부쉈다면, 부서진 건물은 누가 배상해야 할까요?
>
> 진행자 : 일반적인 경우라면 건물을 부순 사람이 보상해야겠지만, 이런 경우에 정의를 위해 악당과 싸운 스파이더맨에게 보상을 요구하는 것은 좀 지나친 것 같습니다.
>
> 전문가 : 청취자 여러분들도 이와 비슷한 생각을 하실 것 같은데요, 이런 경우에는 스파이더맨의 행위를 악당으로부터 도시를 지키기 위한 행위로 보고 민법 761조 1항에 의해 배상책임을 면할 수 있도록 하고 있습니다. 이때 스파이더맨의 행위를 '정당행위'라고 합니다.
>
> 진행자 : 아, 그러니까 악당으로부터 도시를 지키기 위해 싸운 스파이더맨의 행위가 '정당행위'이고, 정당행위로 인한 부득이한 손해는 배상할 필요가 없다는 뜻이군요.
>
> 전문가 : 네, 맞습니다. 그래야 스파이더맨의 경우처럼 불의를 보고 나섰다가 오히려 손해를 보는 일이 없겠죠.
>
> 진행자 : 그런데 문득 이런 의문이 드네요. 만약 스파이더맨에게 배상을 받을 수 없다면 건물 주인은 누구에게 배상을 받을 수 있을까요?
>
> 전문가 : 그래서 앞서 말씀드린 민법 동일 조항에서는 정당행위로 인해 손해를 입은 사람이 애초에 불법행위를 저질러 손해의 원인을 제공한 사람에게 배상을 청구할 수 있도록 하고 있습니다. 즉 건물 주인은 악당에게 손해배상을 청구할 수 있습니다.

① 진행자는 화제와 관련된 질문을 던지며 대담을 진전시키고 있다.
② 진행자는 전문가가 한 말의 핵심 내용을 재확인함으로써 청취자들의 이해를 돕고 있다.
③ 전문가는 구체적인 법률 근거를 제시하여 신뢰성을 높이고 있다.
④ 전문가는 추가적인 정보를 제시함으로써 진행자의 오해를 바로 잡고 있다.

의사소통능력

수리능력

문제해결능력

자기개발능력

자원관리능력

대인관계능력

정보능력

기술능력

조직이해능력

직업윤리

17 다음은 신입사원이 작성한 기획서이다. 귀하가 해당 기획서를 살펴보니 수정해야 할 부분이 있어서 신입사원에게 조언을 해 주고자 한다. 다음 기획서에서 수정해야 할 부분이 아닌 것은 무엇인가?

행사 기획서

제목 : 홍보 행사에 대한 기획

　　2007년부터 지구 온난화에 대한 경각심을 일깨우기 위해 호주에서 시작된 지구촌 불끄기 행사는 세계 최대 규모의 민간자연보호단체인 세계자연보호기금(WWF)에서 약 한 시간가량 가정과 기업이 소등을 해 기후에 어떠한 변화로 나타나는지 보여주기 위한 행사입니다. 본 부서는 현재 135개국 이상 5,000여 개의 도시가 참여를 하고 있는 이 운동을 알리고, 기후변화에 대한 인식을 확산하며 탄소 배출량을 감축시키기 위해 다음과 같은 홍보 행사를 진행하려고 합니다.

- 다음 -

1) **일정** : 2021년 4월 22일
2) **장소** : 코로나19로 인한 비대면 진행
3) **예상 참여인원** : ○○명

2021년 3월 2일
홍보팀 사원 김○○

① 행사 담당 인원과 담당자가 누구인지 밝힌다.
② 행사를 진행했을 때 거둘 수 있는 긍정적 기대효과에 대한 내용을 추가한다.
③ 구체적으로 어떤 종류의 홍보 행사를 구성하고자 하는지 목차에 그 내용을 추가한다.
④ 제목에 가두 홍보 행사라는 점을 드러내어 제목만으로도 기획서의 내용을 예상할 수 있도록 한다.
⑤ 기획서는 상대방이 채택하게 하는 것이 목적이므로 설득력을 높이기 위해 근거를 보강하고 세부 행사 기획 내용은 별첨한다.

18 다음 글을 읽고 ㉠과 ㉡에 대해 바르게 이해한 내용으로 적절하지 않은 것은?

소비자는 구매할 제품을 선택하기 위해 자신의 평가 기준에 따라 그 제품의 여러 브랜드 대안들을 비교·평가하게 된다. 이를 대안 평가라 하는데, 그 방식에는 크게 보완적 방식과 비보완적 방식이 있다. 〈표〉는 소비자가 호텔을 선택하기 위해 몇 개의 브랜드 대안을 비교·평가하는 상황을 가정해 본 것으로, 호텔을 선택하는 평가 기준의 항목과 그것의 순위, 중요도, 평가 점수를 보여주고 있다.

〈표〉 브랜드에 대한 기준별 평가 점수

평가 기준			평가 점수			
항목	순위	중요도	A	B	C	D
위치	1	50%	4	6	6	5
가격	2	30%	5	4	6	7
서비스	3	20%	5	3	1	3

※ 점수가 클수록 만족도가 높음

㉠ 보완적 방식은 브랜드의 어떤 약점이 다른 강점에 의해 보완될 수 있다는 전제하에 여러 브랜드의 다양한 측면들을 고려하는 방식으로, 브랜드 대안이 적을 때나 고가의 제품을 구매할 때 많이 쓰인다. 각 브랜드의 기준별 평가 점수에 각 기준의 중요도를 곱하여 합산한 뒤 가장 점수가 큰 대안을 선택한다. 예를 들어 〈표〉에서 A는 $(4 \times 0.5) + (5 \times 0.3) + (5 \times 0.2) = 4.5$이고 같은 방식으로 B는 4.8, C는 5, D는 5.2이므로 D가 최종 선택될 것이다. 반면, ㉡ 비보완적 방식은 어떤 브랜드의 약점이 다른 장점에 의해 상쇄될 수 없다는 전제하에 대안을 결정하는 방식으로, 브랜드 대안이 많을 때나 저가의 제품을 구매할 때 많이 쓰인다. 비보완적 방식은 다시 사전편집, 순차적 제거, 결합, 분리 방식으로 구분된다.

첫째, 사전편집 방식은 1순위 기준에서 가장 우수한 대안을 선택하는 것이다. 만일 1순위 기준에서 두 개 이상의 브랜드가 동점이라면 2순위 기준에서 다시 우수한 브랜드를 선택하면 된다. 〈표〉에서 본다면, 1순위 기준인 '위치'에서 B와 C가 동점이므로 2순위 기준인 '가격'에서 C를 선택하는 식이다. 둘째, 순차적 제거 방식은 1순위 기준에서부터 순차적으로, 어느 수준 이상이면 구매하겠다는 허용 수준을 설정하고 이와 비교하여 마지막까지 남은 브랜드 대안을 선택하는 방식이다.

예를 들어 〈표〉에서 1순위 기준인 '위치'의 허용 수준이 5라면 이 수준에 미달되는 A가 일단 제외되고, 2순위인 '가격'의 허용 수준이 6이라면 B가 다시 제외되고, 3순위인 '서비스'의 허용 수준이 2라면 다시 C가 제외됨으로써 결국 D가 선택될 것이다. 셋째, 결합 방식은 각 기준별로 허용 수준을 결정한 다음 기준별 브랜드 평가 점수가 어느 한 기준에서라도 허용 수준에 미달하면 이를 제외하는 방식이다. 〈표〉에서 평가 기준별 허용 수준을 각 4라고 가정한다면 허용 수준에 미달되는 속성이 하나도 없는 A가 선택될 것이다. 넷째, 분리 방식은 평가 기준별 허용 수준을 잡은 뒤 어느 한 기준에서라도 이를 만족시키는 브랜드를 선택하는 방식이다. 〈표〉에서 평가 기준별 허용 수준을 7로 잡는다면 가격 면에서 7 이상인 D만 선택될 것이다.

의사소통능력

수리능력

문제해결능력

자기개발능력

자원관리능력

대인관계능력

정보능력

기술능력

조직이해능력

직업윤리

> 이와 같이 소비자는 상황에 따라 적절한 대안 평가 방식을 사용함으로써 구매할 제품을 합리적으로 선택할 수 있다. 또한 마케터는 소비자들의 대안 평가 방식을 파악함으로써 자사 제품의 효과적인 마케팅 전략을 세울 수 있다.

① ㉠은 브랜드 대안이 적을 때에 주로 사용된다.
② ㉠은 고가의 제품을 구매하는 상황에 주로 사용된다.
③ ㉡은 평가 기준 항목을 모두 사용하지 않고도 브랜드를 선택할 수 있는 경우가 있다.
④ ㉡은 하나의 평가 기준으로 브랜드 간의 평가 점수를 비교하는 방식이다.

19 다음 표준 임대차계약서의 일부를 보고 잘못 이해한 내용은 어느 것인가?

임대차계약서 계약 조항

제1조〈보증금〉
을(乙)은 상기 표시 부동산의 임대차보증금 및 차임(월세)을 다음과 같이 지불하기로 한다.
- **보증금** : 금○○원으로 한다.
- **계약금** : 금○○원은 계약 시에 지불한다.
- **중도금** : 금○○원은 2021년 ○월 ○일에 지불한다.
- **잔 금** : 금○○원은 건물명도와 동시에 지불한다.
- **차임(월세)** : 금○○원은 매월 말일에 지불한다.

제4조〈구조변경, 전대 등의 제한〉
을(乙)은 갑(甲)의 동의 없이 상기 표시 부동산의 용도나 구조 등의 변경, 전대, 양도, 담보제공 등 임대차 목적 외에 사용할 수 없다.

제5조〈계약의 해제〉
을(乙)이 갑(甲)에게 중도금(중도금 약정이 없는 경우에는 잔금)을 지불하기 전까지는 본 계약을 해제할 수 있는 바, 갑(甲)이 해약할 경우에는 계약금의 2배액을 상환하며 을(乙)이 해약할 경우에는 계약금을 포기하는 것으로 한다.

제6조〈원상회복의무〉
을(乙)은 존속기간의 만료, 합의 해지 및 기타 해지 사유가 발생하면 즉시 원상회복하여야 한다.

---

① 중도금 약정 없이 계약이 진행될 수도 있다.
② 부동산의 용도를 변경하려면 갑(甲)의 동의가 필요하다.
③ 을(乙)은 계약금, 중도금, 보증금의 순서대로 임대보증금을 지불해야 한다.
④ 중도금 혹은 잔금을 지불하기 전까지만 계약을 해제할 수 있다.
⑤ 원상회복에 대한 의무는 을(乙)에게만 생길 수 있다.

20 다음 글을 읽고 〈보기〉의 질문에 답을 할 때 가장 적절한 것은?

다세포 생물체는 신경계와 내분비계에 의해 구성 세포들의 기능이 조절된다. 이 중 내분비계의 작용은 내분비선에서 분비되는 호르몬에 의해 일어난다. 호르몬을 분비하는 이자는 소화선인 동시에 내분비선이다. 이자 곳곳에는 백만 개 이상의 작은 세포 집단들이 있다. 이를 랑게르한스섬이라고 한다. 랑게르한스섬에는 인슐린을 분비하는 β 세포와 글루카곤을 분비하는 α 세포가 있다.

인슐린의 주된 작용은 포도당이 세포 내로 유입되도록 촉진하여 혈액에서의 포도당 농도를 낮추는 것이다. 또한 간에서 포도당을 글리코겐의 형태로 저장하게 하며 세포에서의 단백질 합성을 증가시키고 지방 생성을 촉진한다.

한편 글루카곤은 인슐린과 상반된 작용을 하는데, 그 주된 작용은 간에 저장된 글리코겐을 포도당으로 분해하여 혈액에서의 포도당 농도를 증가시키는 것이다. 또한 아미노산과 지방산을 저장 부위에서 혈액 속으로 분리시키는 역할을 한다.

인슐린과 글루카곤의 분비는 혈당량에 의해 조절되는데 식사 후에는 혈액 속에 포함되어 있는 포도당의 양, 즉 혈당량이 증가하기 때문에 β 세포가 자극을 받아서 인슐린 분비량이 늘어난다. 인슐린은 혈액 중의 포도당을 흡수하여 세포로 이동시키며 이에 따라 혈당량이 감소되고 따라서 인슐린 분비량이 감소된다. 반면 사람이 한참 동안 음식을 먹지 않거나 운동 등으로 혈당량이 70mg/dl 이하로 떨어지면 랑게르한스섬의 α 세포가 글루카곤 분비량을 늘린다. 글루카곤은 간에 저장된 글리코겐을 분해하여 포도당을 만들어 혈액으로 보낸다. 이에 따라 혈당량은 다시 높아지는 것이다. 일반적으로 8시간 이상 공복 후 혈당량이 99mg/dl 이하인 경우 정상으로, 126mg/dl 이상인 경우는 당뇨로 판정한다.

포도당은 뇌의 에너지원으로 사용되는데, 인슐린과 글루카곤이 서로 반대되는 작용을 통해 이 포도당의 농도를 정상 범위로 유지시키는 데 크게 기여한다.

〈보기〉

인슐린에 대해서는 어느 정도 이해를 했습니까? 오늘은 '인슐린 저항성'에 대해 알아보도록 하겠습니다. 인슐린의 기능이 떨어져 세포가 인슐린에 효과적으로 반응하지 못하는 것을 인슐린 저항성이라고 합니다. 그럼 인슐린 저항성이 생기면 우리 몸속에서는 어떤 일이 일어나게 될지 설명해 보시겠습니까?

① 혈액 중의 포도당 농도가 높아지게 됩니다.
② 이자가 인슐린과 글루카곤을 과다 분비하게 됩니다.
③ 간에서 포도당을 글리코겐으로 빠르게 저장하게 됩니다.
④ 아미노산과 지방산을 저장 부위에서 분리시키게 됩니다.

의사소통능력

수리능력

문제해결능력

자기개발능력

자원관리능력

대인관계능력

정보능력

기술능력

조직이해능력

직업윤리

21 다음은 방송 프로그램 제작을 위해 방송 작가와 교수가 나눈 대화의 일부이다. ㉠ ~ ㉣에 대한 설명으로 적절하지 않은 것은?

> 작가 : 교수님, 이번 방송에서 우리가 다룰 주제는 무엇인가요?
>
> 교수 : 이번 주제는 '철학하는 과학자'입니다. 과학계의 난제를 해결하기 위해서는 과학자에게 철학자로서의 자세가 필요하다는 것을 전하고 싶습니다. 이에 해당하는 과학자를 중심으로 얘기하려고 합니다. 닐스 보어를 염두에 두고 있습니다.
>
> 작가 : ㉠아, 닐스 보어라면 1년 전에 처음 프로그램을 시작할 때 들려주셨던 기억이 납니다. 그러고 보니 교수님과 프로그램을 함께 한 지도 벌써 1년이 지났네요. 어쨌든, 보어에 대한 기본 정보를 알려 줄 겸 그의 삶을 전반적으로 다루면 어떨까요?
>
> 교수 : ㉡(고개를 끄덕이며) 좋은 생각입니다. 보어를 모르는 학생들도 많을 테니까요.
>
> 작가 : 그렇죠? 그런데 저는 보어의 삶에 대해 교수님께서 직접 말씀하시는 것보다, 성우의 내레이션을 곁들인 영상으로 전하는 것이 좋지 않을까 싶은데…… (미소를 띠며) ㉢물론 성우가 교수님만큼 완벽하게 설명할 수는 없겠지만요.
>
> 교수 : (껄껄 웃으며) 좋습니다. 그럼 저도 촬영 부담이 줄어서 좋죠. 제가 아는 사람 중에 보어의 삶을 다룬 다큐멘터리를 제작한 분이 계신데, 필요하시면 그 자료를 구해 드릴까요?
>
> 작가 : 역시 교수님은 아는 분이 참 많으시네요.
>
> 교수 : ㉣아닙니다. 어쩌다 보니 도움이 될 때도 있네요.
>
> 작가 : 어쨌든 정말 감사합니다. 음, 이제 본격적으로 주제에 대해 얘기해 보죠. 보어가 왜 철학하는 과학자인가요?
>
> 교수 : 보어는 과감한 사고의 전환을 통해 빛의 이중성이라는 당대 과학계의 수수께끼를 풀어낸 사람입니다. 이율배반적인 두 가지 성질을 놓고 선택하기에 바빴던 당대 과학자들과 달리 보어는 새로운 인식 방법을 제시하여 수수께끼를 해결했죠.
>
> 작가 : 말씀하신 내용 중에서 빛의 이중성이 뭔가요?
>
> 교수 : 빛의 이중성이란 빛이 입자의 성질과 파동의 성질을 동시에 갖고 있다는 뜻입니다.

① ㉠에서 작가는 공유하는 경험의 진위를 따지며 경쟁의식을 드러내고 있다.

② ㉡에서 교수는 비언어적 표현을 수반하며 상대방의 의견에 동조하고 있다.

③ ㉢에서 작가는 상대방의 기분을 고려하는 말로 상호 협력적 분위기를 조성하고 있다.

④ ㉣에서 교수는 겸양적 발화를 통해 상대방의 칭찬에 대해 겸손하게 반응하고 있다.

22 다음 글에 대한 설명으로 옳지 않은 것은?

> ### 우리 선조의 생활상을 엿보다
> #### – '전통 복식 문화 전시회' 열려 –
>
> 지난 ○월 ○일부터 △△문화원에서 전통 복식 문화 연구원의 주최로 '전통 복식 문화 전시회'가 열리고 있다.
>
> 전통 복식 문화 연구원은 그동안 수집해 온 총 500여 점의 전통 복식을 이번 전시회를 통해 일반인 앞에 처음으로 선보였다. 전시관은 세 개의 관으로 구성되어 있는데, 각 관에는 왕족, 양반, 평민이 입었던 옷과 장신구가 전시되고 있다. 행사 관계자인 김○○ 씨(45세)는 "박물관에서도 볼 수 없는 희귀 전시물이 많고, 전시물에 대해 쉽고 자세히 설명해 주는 해설사도 있으니 많이 방문하기 바랍니다."라고 말했다.
>
> 전시는 이번 달 31일까지이며, 전시 시간은 오전 9시부터 오후 8시까지이다. 입장료는 무료이다.

① 객관적인 입장에서 정보를 제공하고 있다.
② 전통 복식 문화 전시회의 개최를 알리는 글이다.
③ 사실을 정확하게 알리고 있는 글이다.
④ 글쓴이의 정서와 생각이 반영되어 있다.

23 다음 글에서 사용된 높임 표현에 대한 설명으로 옳지 않은 것은?

> 어머니 : 진우야, 엄마 좀 도와줄래? (손에 든 짐을 보여 주며) 할머니 댁에 가져갈 건데 너무 무겁구나.
> 진 우 : <u>잠시만요.</u> (한 손에 짐을 들고, 다른 팔로 어머니의 팔짱을 끼면서) 사모님, 같이 <u>가실까요?</u>
> 어머니 : (웃으며) 얘도 참. 어서 가자. 할머니께서 기다리실 거야.
> 진 우 : 할머니 댁까지 <u>모시게</u> 되어 영광입니다.

① 밑줄 친 '댁'은 할머니와 관련된 대상을 높여 할머니를 높인 표현이다.
② 밑줄 친 '잠시만요'에서는 보조사 '요'를 붙여 대화 상대방을 높인 표현이다.
③ 밑줄 친 '가실까요?'은 주체 높임 선어말 어미 '－시－'를 사용하여 '어머니'를 높인 표현이다.
④ 밑줄 친 '모시게'는 '모시다'라는 특수 어휘를 사용하여 '할머니'를 높인 표현이다.

의사소통능력

수리능력

문제해결능력

자기개발능력

자원관리능력

대인관계능력

정보능력

기술능력

조직이해능력

직업윤리

24 다음 공고문을 수정하고자 할 때, 적절하지 않은 것은 무엇인가?

> 국민통합을 저해하고 사회 갈등의 주요 원인이 되는 불합리하거나 불명확한 법령 및 제도 등을 발굴하고 제도개선을 추진하고자, 아래와 같이 국민 여러분의 아이디어를 공모하고 있습니다. 많은 관심과 참여 부탁드립니다.
>
> 1. **공모명** : 제7차 국민통합을 위한 법령·제도 발굴 국민제안 공모
> 2. **공모기간** : 02.22. ~ 03.17.
> 3. **응모자격** : 개인 또는 팀
>   ※ 팀을 구성하여 응모할 경우 팀원은 3인 이내로 제한함
> 4. **응모방법** : 국민대통합위원회 홈페이지에서 온라인 접수

① 마지막에는 '끝'이라고 적어 문서의 마무리를 표시한다.

② 외부로 전달되는 문서인 만큼 성명, 소속, 연락처를 함께 기입한다.

③ 불특정 다수가 보는 문서인 만큼 서술식으로 작성하기 보다는 간결체로 작성한다.

④ 날짜는 연도와 월일을 함께 기입하는 것이 적절하므로 공모기간을 '2021.2.22.(월) ~ 3.17.(수)'과 같이 수정한다.

⑤ 응모방법에서 어느 경로를 통해 온라인 접수를 할 수 있는지 홈페이지 주소를 함께 쓰고, 해당 경로를 명시한다.

25 다음 중 김 씨에게 해 줄 수 있는 조언으로 적절하지 않은 것은 무엇인가?

> 기획팀 사원 김 씨는 좋은 아이디어를 가지고 있지만, 이를 제대로 표현하지 못한다. 평상시 성격도 소심하고 내성적이라 남들 앞에서 프레젠테이션을 하는 상황만 되면 당황하여 목소리가 떨리고 말이 잘 나오지 않는다. 머릿속엔 아무런 생각도 나지 않고 어떻게 하면 빨리 이 자리를 벗어날 수 있을까 궁리하게 된다. 아무리 발표 준비를 철저하게 하더라도 윗사람이 많은 자리나 낯선 상황에 가면 김 씨는 자신도 모르게 목소리가 작아지고 중얼거리며, 시선은 아래로 떨어져 한 곳을 응시하게 된다. 이뿐만 아니라 발표 내용은 산으로 흘러가고, 간투사를 많이 사용하여 상대와의 원활한 의사소통이 이루어지지 않는다.

① 프레젠테이션 전에 심호흡 등을 통해 마음의 평정을 유지해 보세요.
② 청중을 너무 의식하지 말고, 리허설을 통해 상황에 익숙해지도록 하세요.
③ 프레젠테이션을 할 때는 긴장이 되더라도 밝고 자신감 넘치는 표정과 박력 있는 목소리로 준비한 내용을 표현하세요.
④ 목소리 톤은 좋은데 몸동작이 부자연스러워 주의가 분산되고 있으니 상황에 따른 적절한 비언어적 표현을 사용하세요.
⑤ 청중을 바라볼 때는 한 곳을 응시하거나 아래를 보기보다는 Z자를 그리며 규칙성을 가지고 골고루 시선을 분배하세요.

의사소통능력

수리능력

문제해결능력

자기개발능력

자원관리능력

대인관계능력

정보능력

기술능력

조직이해능력

직업윤리

26 다음 기획서를 보고 잘못된 부분을 고르면?

신간 도서 기획서

제목 : NCS 뽀개기

1. **개요**

   국가직무능력표준은 산업현장에서 직무를 수행하기 위해 요구되는 지식·기술·소양 등의 내용을 국가가 산업부문별·수준별로 체계화한 것으로, 산업현장의 직무를 성공적으로 수행하기 위해 필요한 능력을 국가적 차원에서 표준화한 것을 말한다.

2. **현재 상태**

   국가직무능력표준의 새로운 도입으로 인하여 공사·공단에서 입사시험으로 채택하여 활용하고 있으나 지원자들에게는 생소하고 어렵게만 느껴지는 상태이다.

3. **목표**

   국가직무능력표준이라는 단어에 맞게 NCS의 취지와 내용을 바르게 이해하고 학습에 도움을 줄 수 있는 도서를 개발하여 해당 지원자들의 능력 향상과 원하는 기업에 입사할 수 있도록 도움을 주어 국내 NCS 관련 도서의 베스트가 되도록 한다.

4. **구성**

   - 각 영역별 시리즈물
   - 정확성, 예측성, 지식 제공의 기본 원칙을 준수
   - 각 권 총 5개의 챕터로 구성하여 약 200페이지 내외로 구성
   - 수험생들이 이해하기 쉽도록 도표와 그림 활용

5. **제작 기간**

   6개월

6. **기대효과**

   어렵고 딱딱하기만 한 국가직무능력표준에 대한 내용을 수험생들에게 이해하기 쉽도록 전달하고, 이를 통해 NCS에 대한 두려움을 없애고 실력향상에 도움을 주어 타 출판사의 경쟁도서를 누르고 성공적인 위치를 차지할 것으로 기대됨

   2021년 6월 20일
기획팀 대리 ○○○

---

① 개요   ② 현재 상태

③ 목표   ④ 구성

27 다음은 거래처의 바이어가 건넨 명함이다. 이를 보고 알 수 없는 것은?

International Motor

Dr. Yi Ching CHONG
Vice President

8 Temasek Boulevard, #32 – 03 Suntec Tower 5
Singapore 038988, Singapore
T. 65 6232 8788, F. 65 6232 8789

① 호칭은 Dr. CHONG이라고 표현해야 한다.

② 싱가포르에서 온 것을 알 수 있다.

③ 호칭 사용 시 Vice President, Mr. Yi라고 불러도 무방하다.

④ 싱가포르에서 왔으므로 그에 맞는 식사를 대접한다.

의사소통능력

수리능력

문제해결능력

자기개발능력

자원관리능력

대인관계능력

정보능력

기술능력

조직이해능력

직업윤리

28 다음은 산업재해와 관련하여 R공단 홍보팀 신 대리가 작성한 보고서 내용이다. 다음 보고서를 통해 답을 얻을 수 있는 질문이 아닌 것은?

정부가 산재노동자들을 위하여 전문 재활치료를 강화하고 직장복귀를 지원하며 직업훈련 등을 통한 조속한 사회복귀 등의 재활정책을 시작한 지 벌써 17년이 지났다. 그러나 원직복귀율이 여전히 40%대로 선진국의 70 ~ 80%에 크게 못 미치고 수년째 답보상태에 있는 것은 안타까운 현실이 아닐 수 없다. 따라서 무엇보다도 충분한 요양과 재활치료를 위한 의료 서비스 전달체계의 개선이 시급하다. 현재와 같은 소규모 산재의료기관 지정병원의 단순한 치료보다는 산재노동자들에 대한 치료와 동시에 사회복귀를 위한 전문적이고 체계적인 재활치료 시스템이 이루어져야만 한다고 생각한다.

독일의 산재병원(BG Hospital) 역시 의료재활과 심리, 직업재활을 통합 운영 중이며, 스위스도 SION과 BELIKON 재활병원을 직접 운영하며 산재환자의 의료, 심리재활 등을 통한 환자의 조속한 사회복귀를 추진하고 있다. 대부분의 선진국 산재지정병원은 치료와 심리, 재활, 작업능력 강화 프로그램을 동시에 운영하고 있다. 또한 입원이 필요 없는 내원환자 치료의 편이성을 도모하기 위하여 도심지의 교통요지에 출퇴근 근로자 또는 통원환자를 위한 외래재활전문센터를 설치하고 재활의학 전문의, 정신과 전문의, 물리치료사, 간호사들이 상주하도록 하고 있다. 이렇듯 선진국에서는 급성기 치료부터 상병별 재활치료 표준지침과 통합재활 시스템을 구축하고 재해근로자가 효율적인 재활을 통해 경제활동에서 낙오되지 않고 신속히 사회에 복귀할 수 있도록 다양한 시스템을 운영하고 있는 것이다. 2015년 한 해에 산재로 인한 보험급여는 약 27만 명에 대해 4조 원 이상이 지급되었다. 재활을 통한 직장 복귀는 이러한 경제적 손실을 만회함은 물론 새로운 경제적 가치를 생산한다는 의미에서 그 효과는 매우 중요하다. 또한 이를 통해 미치는 우리 사회의 긍정적인 사고 역시 더 밝은 미래를 만드는 밑거름이 될 것임을 강조하고 싶다. 산업재해자가 건강한 삶을 영유하고 사회에 일원으로 다시 자립할 수 있도록 지원하기 위해서는 의료재활은 물론 사회심리재활, 직업재활 등이 서로 협력하여 하나의 시스템으로 갖추어져야 한다. 또한 이들 제도가 성공적으로 이루어지기 위해서는 각 전문분야에서 현실적인 프로그램의 마련이 시급하다. "아파서 누워 있는데 사장은 보이지도 않고 전화도 없어 서운합니다."라고 말하는 어느 산재노동자의 말이 우리 사회를 다시 한 번 생각하게 한다.

① 우리나라에서 산업재해 근로자를 위한 사회복귀 시스템을 실시한 지는 얼마나 되었습니까?
② 선진국의 산재지정병원에서 받을 수 있는 프로그램에는 무엇이 있습니까?
③ 선진국에서 산업재해 근로자를 위한 외래재활전문센터는 어디에 위치하고 있습니까?
④ 산업재해 근로자들의 직장 복귀는 왜 필요합니까?
⑤ 선진국과 우리나라의 산업재해 보험급여 지급 비용은 얼마나 차이가 납니까?

29 다음은 한국경영학회에서 주관하는 세미나 일정 및 기타사항이다. 다음 중 세미나 및 시상식 일정의 내용으로 잘못된 것은?

2021년 CSV 세미나 및 CSV 대상 시상식

1. 개요
- **주제** : CSV와 전략경영모델
- **일시** : 2021년 4월 20일(목) 16 : 00 ～ 21 : 00
- **장소** : 광화문 프레스센터 18F 외신기자클럽
- **주관** : 한국경영학회

2. 프로그램

구분	시간	내용	비고
등록	16 : 00 ～ 16 : 20	등록	
개회식	16 : 30 ～ 17 : 00	인사말 - 최태욱 한국경영학회 회장	
세션 1	17 : 00 ～ 18 : 30	〈발제〉 1. CSV 미래기업의 필수전략 　- 공지철 A대 교수 2. CSV의 실무적 활용방안 　- 이정진 부장(甲자동차 CSV 경영팀)	사회 : 이제훈 (B대 교수)
휴식	18 : 30 ～ 17 : 00	휴식	
세션 2	17 : 00 ～ 20 : 00	〈CSV 시상식〉 - 산업통상자원부 장관상 - 한국경영학회 회장상	사회 : 최시원 (C대 교수)
만찬	20 : 00 ～ 21 : 00	만찬	

① 인사말은 한국경영학회 회장이 담당한다.
② 세션 1, 2의 사회는 각각 다른 사회자가 맡아서 한다.
③ 시상식은 두 부문에서 이루어진다.
④ 최태욱 한국경영학회 회장은 한차례 강단에 나온다.

의사소통능력

수리능력

문제해결능력

자기개발능력

자원관리능력

대인관계능력

정보능력

기술능력

조직이해능력

직업윤리

30 다음 문서 중 공문서로 가장 적절하지 못한 것은?

① '국가고용률 70% 달성'에 대해 교육부에서 작성한 국정과제 기본계획

② '전문대학 육성방안'에 대해 교육부 홍보담당실에서 배포한 보도자료

③ '국가직무능력표준 개발 및 활용 연수 개최 알림'을 작성한 교육부 인재직무능력정책과의 연수 협조문

④ '전문대학 육성방안 상세자료'에 대한 한국대학교 부총장의 대한일보 기사

31 다음 상황에서 작용한 경청의 방해요인으로 가장 적절한 것은?

> 사원 A 씨는 친구와 저녁을 먹으며 오늘 회사에서 있었던 이야기를 늘어놓게 되었다. "나는 늘 김 부장이랑 트러블이 생겨. 아무 이유도 없는데 김 부장은 늘 나를 갈구고 멸시하는 느낌이 들어. 똑같은 보고서를 올렸는데도 나한테만 베꼈으니 뭐니 하며 뭐라 하는 거야. 정작 내 보고서를 베낀 것은 B 사원인데 말이야." 그러자, 친구는 "너는 윗사람을 다루는 기술이 부족해. 그리고 너의 성격에도 문제가 있어. 전문기관에서 상담을 받아보는 게 어때?"라고 지체 없이 말했다. A 씨는 친구에게 서운한 마음이 들어 저녁을 먹다말고 음식점을 나왔다.

① 짐작하기

② 조언하기

③ 언쟁하기

④ 판단하기

32 아웃도어 업체에 신입사원으로 입사한 박 사원이 다음의 기사를 요약하여 상사에게 보고해야 할 때 적절하지 못한 내용은?

아웃도어 브랜드 '기능성 티셔츠' 허위·과대광고 남발

국내에서 판매되고 있는 유명 아웃도어 브랜드의 반팔 티셔츠 제품들이 상당수 허위·과대광고를 하고 있는 것으로 나타났다. 소비자시민모임은 서울 ○○타워에서 기자회견을 열고 '15개 아웃도어 브랜드의 등산용 반팔 티셔츠 품질 및 기능성 시험 통과 시험 결과'를 발표했다. 소비자시민모임은 2021년 신상품을 대상으로 아웃도어 의류 매출 상위 7개 브랜드 및 중소기업 8개 브랜드 총 15개 브랜드의 제품을 선정해 시험·평가했다. 시험 결과 '자외선 차단' 기능이 있다고 표시·광고하고 있는 A사, B사 제품은 자외선 차단 가공 기능이 있다고 보기 어려운 수준인 것으로 드러났다. C사, D사 2개 제품은 제품상에 별도 부착된 태그에서 표시·광고하고 있는 기능성 원단과 실제 사용된 원단에 차이가 있는 것으로 확인됐다. D사, E사, F사 등 3개 제품은 의류에 부착된 라벨의 혼용율과 실제 혼용율에 차이가 있는 것으로 조사됐다. 또 일부 제품의 경우 '자외선(UV) 차단 기능 50+'라고 표시·광고했지만 실제 테스트 결과는 이에 못미치는 것으로 나타났다. 반면, 기능성 품질 비교를 위한 흡수성, 건조성, 자외선차단 시험 결과에서는 G사, H사 제품이 흡수성이 좋은 것으로 확인되었다. 소비자시민모임 관계자는 "일부 제품에서는 표시·광고하고 있는 기능성 사항이 실제와는 다르게 나타났다."며 "무조건 제품의 광고를 보고 고가 제품의 품질을 막연히 신뢰하기 보다는 관련 제품의 라벨 및 표시 정보를 꼼꼼히 확인해야 한다."고 밝혔다. 이어 "소비자의 합리적인 선택을 유도할 수 있도록 기능성 제품에 대한 품질 기준 마련이 필요하다."며 "표시 광고 위반 제품에 대해서는 철저한 관리 감독을 요구한다."고 촉구했다.

---

① A사와 B사 제품은 자외선 차단 효과가 낮고, C사와 D사는 태그에 표시된 원단과 실제 원단이 달랐다.
② 소비자시민모임은 '15개 아웃도어 브랜드의 등산용 반팔티셔츠 품질 및 기능성 시험 결과'를 발표했다.
③ G사와 H사 제품은 흡수성이 좋은 것으로 확인되었다.
④ 모든 제품에서 표시·광고하고 있는 기능성 사항이 실제와는 다르게 나타났다.

의사소통능력

수리능력

문제해결능력

자기개발능력

자원관리능력

대인관계능력

정보능력

기술능력

조직이해능력

직업윤리

33 다음 공문서에서 잘못된 부분을 수정한 것으로 옳지 않은 것은?

대한인재 개발원

수신자 : 한국대학, 미래대학, 대한개발주식회사
(경유)
제목 : 2021년 창의 인재 전문직업인 교육 과정 안내

〈중략〉

- 아래 -

- **교육과정** : 2021년 창의 인재 전문직업인 교육
- **교육장소** : 대한인재 개발원(서울 서초구 양재동 소재)
- **교육기간** : 2021년 12월 2일 ~ 12월 20일
- **신청방법** : 각 대학 취업지원센터에서 신청서 접수
   ※ **붙임** : 창의 인재 전문직업인 교육 과정 신청서 1부

대한인재 개발원장

대리 김성수   이사 이동근 부원장   대결 김서원

협조자
시행 : 교육개발팀 - 210620(2021.10.1.)
접수 : 서울 서초구 양재동 11 / http : //www.dh.co.kr
전화 : 02 - 3476 - 0000 **팩스** : 02 - 3476 - 0001 / serum@dh.co.kr / 공개

---

① 붙임 항목의 맨 뒤에 "."을 찍고 1자 띄우고 '끝.'을 기입하여야 한다.
② 교육기간의 연월일을 온점(.)으로 변경하여야 한다.
③ 수신자 목록을 발신명의 아래에 수신처 참조 목록으로 내려 기입하여야 한다.
④ 시행 항목의 시행일자 뒤에 수신기관의 문서보존기간 3년을 삽입하여야 한다.

34 다음 글에 대한 내용으로 가장 적절하지 않은 것은?

지속되는 불황 속에서도 남 몰래 웃음 짓는 주식들이 있다. 판매단가는 저렴하지만 시장 점유율을 늘려 돈을 버는 이른바 '박리다매', '저가 실속형' 전략을 구사하는 종목들이다. 대표적인 종목은 중저가 스마트폰 제조업체에 부품을 납품하는 업체이다. A증권에 따르면 전 세계적으로 200달러 이하 중저가 스마트폰이 전체 스마트폰 시장에서 차지하는 비중은 2015년 11월 35%에서 지난 달 46%로 급증했다. 세계 스마트폰 시장 1등인 B전자도 최근 스마트폰 판매량 가운데 40% 가량이 중저가폰으로 분류된다. 중저가용에 집중한 중국 C사와 D사의 2분기 세계 스마트폰 시장 점유율은 전 분기 대비 각각 43%, 23%나 증가해 B전자나 E전자 10%대 초반 증가율보다 월등히 앞섰다. 이에 따라 국내외 스마트폰 업체에 중저가용 부품을 많이 납품하는 F사, G사, H사, I사 등이 조명받고 있다.

주가가 바닥을 모르고 내려간 대형 항공주와는 대조적으로 저가항공주 주가는 최근 가파른 상승세를 보였다. J항공을 보유한 K사는 최근 두 달 새 56% 상승세를 보였다. 같은 기간 L항공을 소유한 M사 주가도 25% 가량 올랐다. 저가항공사 점유율 상승이 주가 상승으로 이어지는 것으로 보인다. 국내선에서 저가항공사 점유율은 2012년 23.5.%에서 지난 달 31.4%까지 계속 상승해왔다. 홍길동 ○○증권 리서치센터장은 "글로벌 복합위기로 주요국에서 저성장·저투자 기조가 계속되는데가 개인들은 부채 축소와 고령화에 대비해야 하기 때문에 소비를 늘릴 여력이 줄었다."며 "값싸면서도 멋지고 질도 좋은 제품이 계속 주목받을 것"이라고 말했다.

① '박리다매' 주식은 F사, G사, H사, I사의 주식이다.
② 저가항공사 점유율은 계속 상승세를 보이고 있는 반면 대형 항공주는 주가 하락세를 보였다.
③ 글로벌 복합위기와 개인들의 부채 축소, 고령화 대비에 따라 값싸고 질 좋은 제품이 주목받을 것이다.
④ B전자가 주력으로 판매하는 스마트폰이 중저가 폰에 해당한다.

의사소통능력

수리능력

문제해결능력

자기개발능력

자원관리능력

대인관계능력

정보능력

기술능력

조직이해능력

직업윤리

35 권 사원은 다음 약관을 바탕으로 고객 응대를 해야 하는 업무를 담당하게 되었다. 상황에 따른 권 사원의 답변으로 적절하지 않은 것은 무엇인가?

온라인 구매 주요 약관

제3장 구매 서비스의 이용

제15조 (취소)

1. 회원은 구매한 상품이 발송되기 전까지 구매를 취소할 수 있으며, 배송 중인 경우에는 취소가 아닌 반품절차에 따라 처리됩니다.
2. 회원이 결제를 완료한 후 배송대기, 배송요청 상태에서는 취소신청 접수 시 특별한 사정이 없는 한 즉시 취소처리가 완료됩니다.
3. 배송준비 상태에서 취소신청한 때에 이미 상품이 발송이 된 경우에는 발송된 상품의 왕복배송비를 구매자가 부담하는 것을 원칙으로 하며, 취소가 아닌 반품절차에 따라 처리됩니다.
4. 취소처리에 따른 환불은 카드결제의 경우 취소절차가 완료된 즉시 결제가 취소되며, 현금결제의 경우에는 3영업일 이내에 Smile Cash로 환불됩니다.

제16조 (반품)

1. 회원은 판매자의 상품 발송 시로부터 배송완료일 후 7일 이내까지 관계법령에 의거하여 반품을 신청할 수 있습니다.
2. 반품에 소요되는 비용은 반품에 대한 귀책사유가 있는 자(단순변심 : 구매자부담, 상품하자 : 판매자부담 등)에게 일반적으로 귀속됩니다.
3. 반품신청 시 반품송장번호를 미기재하거나 반품사유에 관하여 판매자에게 정확히 통보(구두 또는 서면으로)하지 않을 시 반품처리 및 환불이 지연될 수 있습니다.
4. 반품에 따른 환불은 반품 상품이 판매자에게 도착되고 반품사유 및 반품 배송비 부담자가 확인된 이후에 현금결제의 경우에는 3영업일 이내에 Smile Cash로 환불되고, 카드 결제의 경우 즉시 결제가 취소됩니다.

제17조 (교환)

1. 회원은 판매자의 상품 발송 시로부터 배송완료일 후 7일 이내까지 관계법령에 의거하여 교환을 신청할 수 있습니다.
2. 교환신청을 하더라도 판매자에게 교환할 물품의 재고가 없는 경우에는 교환이 불가능하며, 이 경우에 해당 교환신청은 반품으로 처리됩니다.
3. 교환에 소요되는 비용은 물품하자의 경우에는 판매자가 왕복배송비를 부담하나 구매자의 변심에 의한 경우에는 구매자가 부담합니다.

제18조 (환불)

1. 회사는 구매자의 취소 또는 반품에 의하여 환불사유가 발생할 시 현금결제의 경우에는 3영업일 이내에 구매자의 Smile Cash로 해당금액을 환불하고 카드결제의 경우에는 즉시 결제가 취소됩니다.
2. 카드결제를 통한 구매건의 환불은 원칙적으로 카드결제 취소를 통해서만 가능합니다.
3. 회원은 Smile Cash로 환불된 금액을 은행계좌로 입금 받고자 하는 경우에는 별도로 지정한 자신의 출금계좌로 현금출금요청을 할 수 있습니다.

제19조 (반품/교환/환불의 적용 배제)

구매자는 다음 각 호의 경우에는 환불 또는 교환을 요청할 수 없습니다.

1. 구매자의 귀책사유로 말미암아 상품이 멸실·훼손된 경우
2. 구매자의 사용 또는 일부 소비에 의하여 상품의 가치가 현저히 감소한 경우
3. 시간의 경과에 의하여 재판매가 곤란할 정도로 상품의 가치가 현저히 감소한 경우
4. 복제가 가능한 상품의 포장을 훼손한 경우
5. 주문에 따라 개별적으로 생산되는 물품 등 판매자에게 회복할 수 없는 중대한 피해가 예상되는 경우로서 사전에 해당 거래에 대하여 별도로 그 사실을 고지하고 구매자의 서면(전자문서를 포함)에 의한 동의를 받은 경우

①

고객 1	구매한 상품이 이미 배송되었다고 하는데, 이를 취소하고 싶습니다. 어떻게 해야 하나요?
권 사원	상품이 배송 중인 경우에는 취소가 아닌 반품절차에 따라 처리됩니다. 상품 배송완료일 후 7일 이내에 반품처리 신청해 주시기 바랍니다.

②

고객 2	상품 포장이 제대로 되지 않아 오는 동안에 파손이 되었습니다. 해당 상품을 반품하고 싶습니다. 반품 배송비를 내야 하는지요?
권 사원	반품 사유가 구매자의 단순 변심이 아니라 상품 하자에 관한 내용이기 때문에 따로 배송비를 지불하지 않으셔도 됩니다.

③

고객 2	상품을 반품하게 되면 환불은 언제 받을 수 있나요?
권 사원	반품에 따른 환불은 반품 상품이 판매자에게 도착되고 반품사유 및 반품 배송비 부담자가 확인된 이후에 즉시 결제가 취소됩니다.

④

고객 3	상품수령 후, 구매확인까지 한 상태인데 교환이 가능한가요?
권 사원	상품수령 후 수취확인 및 구매결정을 하였다 하더라도 상품 발송 시부터 배송완료 후 7일 이내에는 교환신청이 가능합니다. 하지만 교환신청을 하더라도 판매자에게 교환할 물품의 재고가 없는 경우에는 교환이 불가능하며, 이 경우에 해당 교환신청은 반품으로 처리됩니다.

의사소통능력

수리능력

문제해결능력

자기개발능력

자원관리능력

대인관계능력

정보능력

기술능력

조직이해능력

직업윤리

36 다음 부고장의 용어를 한자로 바르게 표시하지 못한 것은?

부　　고

상공주식회사의 최시환 사장님의 부친이신 최○○께서 그동안 병환으로 요양 중이시던 중 2021년 1월 5일 오전 7시에 별세하였기에 이를 고합니다. 생전의 후의에 깊이 감사드리며, 다음과 같이 ㉠ 영결식을 거행하게 되었음을 알려드립니다. 대단히 송구하오나 ㉡ 조화와 ㉢ 부의는 간곡히 사양하오니 협조 있으시기 바랍니다.

다　　음

1. ㉣ 발인일시 : 2015년 1월 7일 오전 8시
2. 장　　소 : 고려대학교 부속 구로병원 영안실 3호
3. 장　　지 : 경기도 이천시 ○○군 ○○면
4. 연 락 처 : 빈소 (02) 2675 - 0000
　　　　　　　회사 (02) 6542 - 0000

첨부 : 영결식 장소(고대구로병원) 약도 1부.

　　　　　　　　　　미망인　　조 ○ ○
　　　　　　　　　　장　남　　최 ○ ○
　　　　　　　　　　차　남　　최 ○ ○
　　　　　　　　　　장례위원장　홍 두 깨

※ 조화 및 부의 사절

---

① ㉠ - 永訣式　　　　　　　② ㉡ - 弔花

③ ㉢ - 訃告　　　　　　　　④ ㉣ - 發靷

37 다음은 甲기업의 편집팀의 주간회의 일부이다. 회의 참여자들의 말하기 방식에 대한 설명으로 옳지 않은 것은?

> 김 대리 : 요즘 날씨가 더워지면서 에너지 절약에 대한 문제가 심각한 거 다들 알고 계시죠? 작년에도 블랙아웃을 겪을 정도로 이 문제가 심각했습니다. 그래서 이번에는 사무실에서 할 수 있는 에너지 절약 방안에 대해 논의하고자 합니다. 에너지 절약에 대해 좋은 의견이 있으면 말씀해 주시기 바랍니다.
>
> 현진 : 가끔 점심식사를 하고 들어오면 아무도 없는 사무실에 에어컨이 켜져 있는 것을 볼 수 있습니다. 사소한 것이지만 이런 것도 문제가 될 수 있다고 생각합니다.
>
> 지은 : 맞아요. 전 오늘 아주 일찍 출근을 했는데 아무도 없는 사무실의 에어컨이 켜져 있는 것을 보았습니다.
>
> 병근 : 진짜입니까? 그렇다면 정말 위험할 뻔 했습니다. 자칫 과열되어 불이라도 났으면 어쩔 뻔 했습니까?
>
> 효미 : 지금 에너지 절약 방안에 대한 회의를 하자고 한 것 아닙니까? 그에 맞는 논의를 했으면 좋겠습니다. 저는 담당자를 지정하여 사무실에 대한 에너지 관리를 하였으면 좋겠습니다. 예를 들어 에어컨이나 컴퓨터, 소등 등을 점검하고 확인하는 것입니다.
>
> 갑순 : 저는 에어컨 온도를 적정 수준 이상으로 올리지 않도록 규정온도를 정했으면 합니다.
>
> 을동 : 그건 안됩니다. 집도 덥고, 아침에 출근하고 나면 엄청 더운데 사무실에서까지 덥게 지내라는 것은 말이 안됩니다. 사무실 전기세를 내가 내는 것도 아닌데 사무실에서 만이라도 시원하게 지내야 된다고 생각합니다.
>
> 김실 : 왜 그렇게 이기적이십니까? 에너지 문제는 우리 전체의 문제입니다.
>
> 을동 : 뭐 제가 이기적이라고 말씀하신 겁니까?
>
> 미연 : 감정적으로 대응하지 마시고 우리가 할 수 있는 방안을 생각해 보도록 하는 것이 좋을 것 같습니다.
>
> 하정 : 전 지금까지 나온 의견을 종합하는 것이 좋다고 생각합니다. 에너지 절약 담당자를 지정하여 에어컨 온도를 유지하고, 퇴근할 때 사무실 소등 및 점검을 하는 것이 좋다고 생각합니다.

① 김 대리 : 참여자의 적극적인 참여를 위해 화제의 필요성을 강조하며 회의를 시작하고 있다.
② 병근 : 상대의 말에 동의하며 의사소통 상황에 맞게 의견을 개진하고 있다.
③ 효미 : 잘못된 방향으로 흘러가는 화제를 조정하며 회의에 적극적으로 참여하고 있다.
④ 미연 : 다수가 참여하는 의사소통에서 참여자의 갈등을 중재하여 담화의 흐름을 돕고 있다.

의사소통능력

수리능력

문제해결능력

자기개발능력

자원관리능력

대인관계능력

정보능력

기술능력

조직이해능력

직업윤리

38 다음 제시문을 작성할 때 유의할 사항으로 가장 적절한 것은?

> 서울특별시 농업기술센터에서는 「도시농업의 육성 및 지원에 관한 법률」에 의거하여 서울시민의 농업에 대한 이해를 돕고 도시농업을 활성화하기 위하여 도시농업전문가 양성교육을 추진하고 있다. 도시농업 육성 정책의 일환인 도시농업전문가 양성교육은 2012년에 처음 도시농업 원년을 선포하며 개설되어 2021년 현재까지 운영되고 있다.
>
> 교육과정은 도시농업전문가로서 활동하는 데 필요한 농업 기초(토양과 비료, 농약과 농산물의 안전성, 병해충 방제 등), 분야별 친환경 농업기술(채소, 화훼, 과수, 벼, 특용작물, 기타) 등을 습득할 수 있도록 비대면 교육과 현장실습으로 이루어진다.
>
> 구체적인 신청 자격은 주민등록상 서울특별시에 거주하며 「도시농업의 육성 및 지원에 관한 법률」 관련 도시농업 관련 국가기술자격 소지자, 또는 「국가기술자격법」 관련 농림어업(농업, 임업) 직무분야 국가기술자격 소지자, 농업기관 주관 농업교육 50시간 이상 이수자, 농업계 학교 출신자, 3년 이상 농업경력자, 서울시 소재 농업관련기관 또는 농업관련단체 1년 이상 근무경력자를 대상으로 하며 농업기술센터 귀농창업교육, 양봉전문가교육, 곤충산업전문인력 양성교육 등 교육대상자 중복 시 선발에서 제외한다.

① 상황에 적합한 내용이며 곧바로 업무 진행이 가능하도록 지시 내용을 포함해야 한다.

② 업무와 관련한 요청사항이나 필요사항을 명시해야 한다.

③ 대외문서이며 장기간 보관되므로 정확하게 기술해야 한다.

④ 정보 제공을 위한 문서이므로 내용이 정확해야 한다.

⑤ 전체 내용을 한눈에 파악할 수 있도록 목차구성을 신중히 한다.

39 다음 중 의사표현에 대한 설명으로 옳지 않은 것은?

① 의사표현이란 기본적으로 말하는 것을 의미한다.

② 의사표현은 말로 표현하는 방식과 신체로 표현하는 방식으로 분류할 수 있다.

③ 의사표현은 현대사회에서 자신을 표현하는 첫 번째 수단으로 매우 중요한 능력이다.

④ 의사표현의 종류에는 공식적인 말하기, 의례적인 말하기가 있으며, 친구들끼리의 사적인 대화는 포함되지 않는다.

40 다음 내용은 방송 대담의 한 장면이다. 이를 통해 알 수 있는 것은?

> 사 회 자 : '키워드로 알아보는 사회' 시간입니다. 의료 서비스 시장 개방이 눈앞의 현실로 다가오고 있
> 습니다. 이와 관련하여 오늘은 먼저 의료 서비스 시장의 특성에 대해서 알아보겠습니다. 김
> 박사님 말씀해주시죠.
>
> 김 박사 : 일반적인 시장에서는 소비자가 선택할 수 있는 상품의 폭이 넓습니다. 목이 말라 사이다를
> 마시고 싶은데, 사이다가 없다면 대신 콜라를 마시는 식이지요. 하지만 의료 서비스 시장은
> 다릅니다. 의료 서비스 시장에서는 음료수를 고르듯 아무 병원이나, 아무 의사에게 갈 수는
> 없습니다.
>
> 사 회 자 : 의료 서비스는 일반 시장의 상품과 달리 쉽게 대체할 수 있는 상품이 아니라는 말씀이군요.
>
> 김 박사 : 예, 그렇습니다. 의료 서비스라는 상품은 한정되어 있다는 특성이 있습니다. 우선 일정한
> 자격을 가진 사람만 의료 행위를 할 수 있기 때문에 의사의 수는 적을 수밖에 없습니다. 의
> 사의 수가 충분하더라도 소비자, 즉 환자가 만족할 만한 수준의 병원을 설립하는 데는 더
> 큰 비용이 들죠. 그래서 의사와 병원의 수는 의료 서비스를 받고자 하는 사람보다 항상 적
> 을 수밖에 없습니다.
>
> 사 회 자 : 그래서 종합 병원에 항상 그렇게 많은 환자가 몰리는군요. 저도 종합 병원에 가서 진료를
> 받기 위해 오랜 시간을 기다린 적이 많습니다. 그런데 박사님…… 병원에 따라서는 환자에
> 게 불필요한 검사까지 권하는 경우도 있다고 하던데요…….
>
> 김 박사 : 그것은 '정보의 비대칭성'이라는 의료 서비스 시장의 특성과 관련이 있습니다. 의료 지식은
> 매우 전문적이어서 환자들이 자신의 증상에 관한 정보를 얻기가 어렵습니다. 그래서 환자는
> 의료 서비스를 수동적으로 받아들일 수밖에 없습니다. 중고차 시장을 생각해보시면 될 텐데
> 요, 중고차를 사려는 사람이 중고차 판매자를 통해서만 차에 관한 정보를 얻을 수 있는 것
> 과 마찬가지입니다.
>
> 사 회 자 : 중고차 판매자는 중고차의 좋지 않은 점을 숨길 수 있으니 정보가 판매자에게 집중되는 비
> 대칭성을 나타낸다고 보면 될까요?
>
> 김 박사 : 맞습니다. 의료 서비스 시장도 중고차 시장과 마찬가지로 소비자의 선택에 불리한 구조로
> 이루어져 있습니다. 따라서 의료 서비스 시장을 개방하기 전에는 시장의 특수한 특성을 고
> 려해 소비자가 피해보는 일이 없도록 많은 논의가 이루어져야 할 것입니다.

의사소통능력

수리능력

문제해결능력

자기개발능력

자원관리능력

대인관계능력

정보능력

기술능력

조직이해능력

직업윤리

① 의료 서비스 수요자의 증가와 의료 서비스의 질은 비례한다.
② 의료 서비스 시장에서는 공급자 간의 경쟁이 과도하게 나타난다.
③ 의료 서비스 시장에서는 소비자의 의료 서비스 선택의 폭이 좁다.
④ 의료 서비스 공급자와 수요자 사이에는 정보의 대칭성이 존재한다.

다음 제시문을 읽고 이어지는 물음에 답하시오.

> 최근 우리 주변에는 타인의 시선은 전혀 의식하지 않은 채 나만 좋으면 된다는 소비 행태가 날로 늘어나고 있다. 이를 가리켜 우리는 '과소비'라고 하는데, 경제학에서는 이와 비슷한 말로 '과시 소비'라는 용어를 사용한다.
>
> 과시 소비란 자신이 경제적 또는 사회적으로 남보다 앞선다는 것을 여러 사람들 앞에서 보여 주려는 본능적 욕구에서 나오는 소비를 말한다. 그런데 문제는 정도에 지나친 생활을 하는 사람을 보면 이를 무시하거나 핀잔을 주어야 할 텐데, 오히려 없는 사람들까지도 있는 척 하면서 그들을 부러워하고 모방하려고 애쓴다는 사실이다. 이러한 행동은 '모방 행동' 때문에 나타난다. 모방 본능은 필연적으로 '모방 소비'를 부추긴다.
>
> 모방 소비란 내게 꼭 필요하지도 않지만 남들이 하니까 나도 무작정 따라 하는 식의 소비이다. 이는 마치 남들이 시장에 가니까 나도 장바구니를 들고 덩달아 나서는 격이다.
>
> 이러한 모방 소비는 참여하는 사람들의 수가 대단히 많다는 점에서 과시 소비를 못지않게 큰 경제 악이 된다는 것을 ㉠유념해야 할 것이다.

41 다음 중 ㉠을 대체할 수 있는 말로 옳지 않은 것은?

① 각심   ② 명기

③ 처심   ④ 실념

⑤ 강기

42 위 제시문을 읽은 후 반응으로 옳지 않은 것은?

> 甲 : 사실 나도 굳이 바꾸지 않아도 되는 휴대폰 기종을 요즘 유행하는 새 기종으로 바꿨어.
> 乙 : 요새 휴대폰 사면 휴대폰 액세서리까지 구입하게끔 소비욕구를 자극하더라니까?
> 丙 : 요즘 10대들 사이에서도 SNS의 셀러브리티들을 보고 명품을 따라 구입한대.
> 丁 : 청소년들의 문제만은 아닌 것 같아. 나도 어제 드라마 속 주인공이 입은 잠옷을 구입했거든. 잠옷 많은데….
> 戊 : 난 와인 안 마시는데도 와인을 사서 마셨다는 거 아니겠어? 다음 날 진짜 힘들었지.

① 甲   ② 乙

③ 丙   ④ 丁

⑤ 戊

43 다음의 내용을 읽고 문맥상 괄호 안에 들어갈 말로 가장 적절한 것은?

쇼윈도는 소비 사회의 대표적인 문화적 표상 중 하나이다. 책을 읽기 전에 표지나 목차를 먼저 읽듯이 우리는 쇼윈도를 통해 소비 사회의 공간 텍스트에 입문할 수 있다. '텍스트'는 특정한 의도를 가지고 소통할 목적으로 생산한 모든 인공물을 이르는 용어이다. 쇼윈도는 '소비 행위'를 목적으로 하는 일종의 공간 텍스트이다. 기호화 이론에 따르면 '소비 행위'는 이런 공간 텍스트를 매개로 하여 생산자와 소비자가 의사소통 하는 과정으로 이해할 수 있다.

신발가게의 쇼윈도에는 마네킹이 멋진 포즈를 취한 채 화려한 운동화를 신고 있다. 환한 조명 때문인지 신발은 더욱 화려해 보인다. 길을 걷다 환한 조명에 이끌려 마네킹을 하나씩 살펴본다. 마네킹을 보며 나도 모르게 혼잣말을 한다. '와, 신발 멋있다. 비싸보이는데 갖고 싶네. 신발이 화려하니까 옷도 화려해보이네. 하긴 패션의 완성은 신발이지.' 라는 생각에 곧 신발가게로 들어간다.

이와 같은 일련의 과정은 소비자가 쇼윈도라는 공간 텍스트를 읽는 행위로 이해할 수 있다. 공간 텍스트는 세 개의 층위(표층, 심층, 서사)로 존재한다. 표층 층위는 쇼윈도의 장식, 조명, 마네킹의 모습 등과 같은 감각적인 층위이다. 심층 층위는 쇼윈도의 가치와 의미가 내재되어 있는 층위이다. 서사 층위는 표층 층위와 심층 층위를 연결하는 층위로서 이야기 형태로 존재한다.

서사 층취에서 생산자와 소비자는 상호작용을 한다. 생산자는 텍스트에 의미와 가치를 부여하고 이를 이야기 형태로 소비자에게 전달한다. 소비자는 이야기를 통해 텍스트의 의미와 가치를 해독한다. 이런 소비의 의사소통 과정은 소비자의 '서사 행로'로 설명할 수 있다. 이 서사 행로는 다음과 같은 네 가지 과정을 거쳐 진행된다.

첫 번째, 소비자가 제품에 관심을 갖기 시작하는 과정이다. 이때 소비자는 쇼윈도 앞에 멈추어 공간 텍스트를 읽을 준비를 한다. 두 번째는 소비자가 상품을 꼼꼼하게 (   )하는 과정이다. 이 과정에서 소비자는 쇼윈도와 쇼윈도의 구성물들을 감상한다. 세 번째는 소비자가 상품에 부여된 가치를 해독하는 과정이다. 이 과정에서 소비자는 쇼윈도 텍스트에 내재된 가치들을 읽어 낸다. 네 번째는 소비자가 상품에 대한 최종평가를 내리는 과정이다.

이 네 과정을 거치면서 소비자는 구매 여부를 결정한다. 서사 행로는 소비자의 측면에서 보면 이 상품이 꼭 필요한지, 자기가 그 상품을 살 능력을 갖고 있는지 등을 면밀히 검토하는 과정이라고 볼 수 있다.

의사소통능력

수리능력

문제해결능력

자기개발능력

자원관리능력

대인관계능력

정보능력

기술능력

조직이해능력

직업윤리

① 면담(面談)

② 대화(對話)

③ 관찰(觀察)

④ 궁리(窮理)

44 다음 공공언어 바로 쓰기 규정을 참고할 때, 제시된 문장 중 규정에 맞게 사용된 것은 어느 것인가?

□ 단어 바로 쓰기

1) 정확한 용어 선택

　가) 정확한 개념을 표현한 용어

　나) 이해하기 쉬운 용어

　다) 혼동되거나 오해할 가능성이 적은 용어

　라) 어문 규범에 맞는 용어

2) 순화어 사용

　가) 우리말 다듬기(국어 순화)의 의미 : 국민 정서에 맞지 않는 말, 지나치게 어렵거나 생소한 말을
　　'쉽고 바르고 고운 말'로 다듬는 것

　나) 국어 순화의 목적 : 국어의 소통 기능 향상, 국어 문화와 민족 문화 발전

　다) 다듬은 말의 효용 : 쉽고 원활한 의사소통 도모, 경제적 손실 방지

3) 어문 규범 준수

　가) 표준어 사용 : 온 국민에게 통용될 수 있는 언어 사용

　나) 표기 규범 준수 : 올바른 국어 표기를 위한 어문 규범 준수

　　○ 한글 맞춤법

　　○ 외래어 표기법

　　○ 국어의 로마자 표기법

□ 문장 바로 쓰기

1) 간결하고 명료한 문장 사용

　가) 주어와 서술어의 호응

　　○ 주어와 서술어의 관계를 명확하게 표현함

　　○ 능동과 피동 등 흔히 헷갈리기 쉬운 것에 유의

　나) 지나치게 긴 문장 삼가기 : 여러 가지 정보는 여러 문장으로 나누어 작성함

　다) 여러 뜻으로 해석되는 표현 삼가기 : 하나의 뜻으로 해석되는 문장을 사용함

　라) 명료한 수식어구 사용 : 수식어구가 무엇을 수식하는지를 분명히 알 수 있는 표현을 사용함

　마) 조사·어미 등 생략 시 어법 고려 : 조사, 어미, '－하다' 등을 과도하게 생략하지 않음

　바) 대등한 것끼리 접속 : '－고/－며', '－와/－과' 등으로 접속되는 말에는 구조가 같은 표현
　　을 사용함

2) 외국어 번역 투 삼가기

　우리말다운 문장이 가장 자연스러운 문장이며, 외국어 번역 투는 어순이나 문체 등이 자연스럽
　게 느껴지지 않을 수 있으므로 삼가야 함

　가) 영어 번역 투 삼가기

　　○ 어색한 피동 표현(～에 의해 ～되다)

　　○ 스스로 움직이지 않는 사물이나 추상적 대상이 능동적 행위의 주어로 나오는 문장

나) 일본어 번역 투 삼가기

○ ～ 에 있다 : ' ～ 이다'로 바꾸어 사용함

○ ～ 에 있어서 : ' ～ 에 대하여', ' ～ 에 관하여', ' ～ 에서' 등으로 바꾸어 사용함

① 팀장은 직원들과 회사의 인사 정책에 대하여 자유토론을 실시하였다.

② 우리 동네 주변에는 아웃렛 매장이 두 군데나 있어 계절 옷을 사기가 정말 편하다.

③ 평화 수호와 인권을 보장하는 일이야말로 가치 있는 것 아니겠냐.

④ 원래 그 동굴은 원주민들에 의해 발견된 것이 아니다.

⑤ 앞으로 치러질 선거에 있어서 금품 수수 행위가 적발되면 입후보 자격이 취소된다.

의사소통능력

수리능력

문제해결능력

자기개발능력

자원관리능력

대인관계능력

정보능력

기술능력

조직이해능력

직업윤리

45 아래의 내용은 코레일의 광명역 도심공항버스(KTX 리무진) 운송약관 제정(안)의 일부를 발췌한 것이다. 아래의 내용을 읽고 가장 잘못 설명된 것을 고르면?

제1장 총칙

제2조〈용어의 정의〉이 약관에 사용하는 용어의 정의는 다음과 같다.

제1항 "승차권"이란 운송을 위하여 철도공사가 발행하는 증표(KTX 리무진 승차권)로서, 승차권 발행 방법 및 형태 등에 따라 다음과 같이 구분한다.

    1. **종이승차권** : 운행정보 등 운송에 필요한 사항을 KTX 리무진 승차권용 전용 용지에 인쇄한 승차권

    2. **모바일승차권(Mobile – Ticket)** : 인터넷 통신과 컴퓨터 지원기능을 갖춘 스마트폰, 태블릿 PC 등으로 철도공사에서 제공 또는 승인한 전용 프로그램(Application)에 운행정보 등 운송에 필요한 사항을 전송받은 승차권

제2항 "운임"이란 철도공사에서 법 제8조의 규정에 의하여 관할관청에 신고 수리된 금액을 말한다.

제3항 "수하물"이란 여객이 여행 시 휴대하거나 탁송을 의뢰한 소지품 및 물품을 말한다.

제4항 "Check – In 수하물"이란 여객이 여행 시 탁송을 의뢰하여 백택(Bag Tag)을 부착한 수하물을 말한다.

제5항 "휴대수하물"이란 여객이 소지하는 물품 중 제20조 및 제22조에서 규정한 중량과 용적을 초과하지 않으며, 운송이 금지되지 않은 물품으로, 여객이 휴대할 수 있는 물품을 말한다.

제6항 "초과수하물"이란 무료운송 수하물 허용량을 초과한 수하물을 말한다.

제7항 "수하물표"란 Check – in 수하물이 아닌 수하물의 운송을 위해 철도공사에서 발행하는 증표를 말한다.

제8항 "총중량"이란 실 중량에 포장된 용기의 무게를 포함한 중량을 말한다.

---

① 승차권은 운송을 위해 철도공사가 발행하는 증표이다.

② 수하물은 고객이 여행 시 휴대하거나 탁송을 의뢰한 소지품 및 물품이다.

③ "종이승차권"은 태블릿 PC 등으로 철도공사에서 제공 또는 승인한 전용 프로그램에 운행정보 등 운송에 필요한 사항을 전송받은 승차권이다.

④ 수하물표는 수하물의 운송을 위해 철도공사에서 발행하는 증표이다.

⑤ 총중량은 실 중량에 포장된 용기의 무게를 포함한 중량이다.

46 다음 글의 관점 A ~ C에 대한 평가로 적절한 것만을 고른 것은?

> 위험은 우리의 안전을 위태롭게 하는 실제 사건의 발생과 진행의 총체라고 할 수 있다. 위험에 대해 사람들이 취하는 태도에 대해서는 여러 관점이 존재한다.
>
> 관점 A에 따르면, 위험 요소들은 보편타당한 기준에 따라 계산 가능하고 예측 가능하기 때문에 객관적이고 중립적인 것으로 인식될 수 있다. 그 결과, 각각의 위험에 대해 개인이나 집단이 취하게 될 태도 역시 사고의 확률에 대한 객관적인 정보에 의해서만 결정된다. 하지만 이 관점은 객관적인 발생가능성이 높지 않은 위험을 민감하게 받아들이는 개인이나 사회가 있다는 것을 설명하지 못한다.
>
> 한편 관점 B는 위험에 대한 태도가 객관적인 요소뿐만 아니라 위험에 대한 주관적 인지와 평가에 의해 좌우된다고 본다. 예를 들어 위험이 발생할 객관적인 가능성은 크지 않더라도, 그 위험의 발생을 스스로 통제할 수 없는 경우에 사람들은 더욱 민감하게 반응한다. 그뿐만 아니라 위험을 야기하는 사건이 자신에게 생소한 것이어서 그에 대한 지식이 부족할수록 사람들은 그 사건을 더 위험한 것으로 인식하는 경향이 있다. 하지만 이것은 동일한 위험에 대해 서로 다른 문화와 가치관을 가지고 있는 사회 또는 집단들이 다른 태도를 보이는 이유를 설명하지 못한다.
>
> 이와 관련해 관점 C는 위험에 대한 태도가 개인의 심리적인 과정에 의해서만 결정되는 것이 아니라, 개인이 속한 집단의 문화적 배경에도 의존한다고 주장한다. 예를 들어 숙명론이 만연한 집단은 위험을 통제 밖의 일로 여겨 위험에 대해서 둔감한 태도를 보이게 되며, 구성원의 안전 문제를 다른 무엇보다도 우선시하는 집단은 그렇지 않은 집단보다 위험에 더 민감한 태도를 보이게 될 것이다.

> ㉠ 관점 A와 달리 관점 B는 위험에 대한 사람들의 태도가 객관적인 요소에 영향을 받지 않는다고 주장한다.
> ㉡ 관점 B와 관점 C는 사람들이 동일한 위험에 대해서 다른 태도를 보이는 사례를 설명할 수 있다.
> ㉢ 관점 A는 민주화 수준이 높은 사회일수록 사회 구성원들이 기후변화의 위험에 더 민감한 태도를 보인다는 것을 설명할 수 있지만, 관점 C는 그렇지 않다.

① ㉠   ② ㉡
③ ㉠㉢   ④ ㉠㉡㉢

의사소통능력

수리능력

문제해결능력

자기개발능력

자원관리능력

대인관계능력

정보능력

기술능력

조직이해능력

직업윤리

47 다음 글을 읽고 이와 관련된 내용으로 보기 가장 어려운 것을 고르면?

> 현대는 소비의 시대다. 소비가 하나의 이데올로기가 된 세상이다. 소비자들은 쏟아져 나오는 여러 상품들을 선택하는 행위를 통해 욕구 충족을 할 뿐 아니라 개인의 개성과 정체성을 형성한다. 소비가 인간을 만드는 것이다. 그뿐 만이 아니다. 다른 사람의 소비를 보면서 그를 평가하기도 한다. 그 사람이 무엇을 소비하느냐에 따라 그 사람의 값을 매긴다.
>
> 거기서 자연스럽게 배태되는 게 바로 유행이다. 온통 소비에 신경을 쓰다 보니 유명인이나 트렌드 세터들이 만들어내는 소비패턴에 민감하다. 옷이든 장신구든 아니면 먹거리든 간에 이런 유행을 타지 않은 게 드물 정도다. 유행을 따르지 않으면 시대에 뒤처지고 소외되는 것 같은 강박관념이 사람들을 짓누르고 있다.
>
> 문제는 유행이 무척 짧은 수명을 갖는다는 것이다. 옷 같은 경우는 일 년이 멀다하고 새로운 패션이 밀려온다. 소비시장이 그만큼 다양화, 개성화, 전문화됐다는 뜻이다. 제대로 유행의 첨단에 서자면 정신이 달아날 지경일 것이다.
>
> 원래 제품 수명주기이론에서는 제품이 태어나 사라질 때까지를 보통 3 ~ 5년 정도로 본다. 즉 도입기와 성장기 – 성숙기 – 쇠퇴기를 거치는 데 몇 년 정도는 걸린다는 설명이다. 상품의 생명력이 이 정도 유지되는 게 정상이다. 그래야 생산자들도 어느 정도 이 속도에 맞춰 신상품을 개발하는 등 마케팅 전략을 세울 수 있다.
>
> 그런데 최근 풍조는 상품 수명이 1년을 넘기지 못하는 경우가 잦다고 한다. 소득이 늘면서 유행에 목을 매다보니 남보다 한 발짝이라도 빨리 가고 싶은 욕망이 생기고 그것이 유행의 주기를 앞당기는 것이다. 한때 온 나라를 떠들썩하게 했던 아웃도어 열풍이 급격히 식어가고 있다는 보도다. 업계에 따르면 국내 아웃도어 시장 규모는 2014년 7조 4,000억 원을 정점으로 급격한 내림세에 접어들었다. 작년 백화점 등 유통업체들은 아웃도어에서 6 ~ 9% 마이너스 성장을 했다. 업체들은 일부 브랜드를 접고 감원에 들어가는가 하면 백화점에서도 퇴점하는 사례가 증가하고 있다.
>
> 과거에도 하얀국물 라면과 같은 음식이나 패션 등 일부 상품에서 빠른 트렌드 변화가 있었다. 소비자 요구는 갈수록 복잡해지고 기업이 이에 적응하는 데는 한계가 있는 것이다. 따라서 이러한 변화를 맞춰야 하는 기업은 피곤해질 수밖에 없다.

① 사람들은 제품 구매를 통해 니즈를 충족하고 그들의 개성을 형성하게 된다.

② 현대에 들어 분야를 막론하고 유행을 좇지 않는 게 거의 없다.

③ 제품 수명주기이론에서 제품은 도입기 – 성장기 – 성숙기 – 쇠퇴기의 4단계를 겪게 된다.

④ 소득이 증가하면서 제품의 유행주기가 점차적으로 늦춰졌다.

⑤ 빠른 트렌드의 변화로 소비자들의 욕구는 충족되는 반면에 기업의 경우에는 이를 맞추기 위해 상당히 피곤해진다.

48 다음 글의 빈칸 ㉠에 들어갈 말로 가장 적절한 것은?

시장경제를 움직이는 기본 동력은 경쟁이므로 경쟁이 도리에 어긋난다고 보는 풍토에서 시장경제의 정착은 쉽지 않다. 경쟁에 대한 부정적 편견은 동양문화권이 특히 더하고 우리의 전통 문화와 의식에도 경쟁을 배척하는 요소가 강하다. 여기에 공동체적 연대의식이 가세하면 시장경쟁은 더욱 제한받는다. 이러한 문화요소가 강화되면 시장경제의 동력인 경쟁은 심각하게 위축되기 쉽다.

그런데 인간생활에서 시장의 역할은 급팽창하고 있고 특히 현대인은 시장을 떠나서는 생활 자체가 불가능하다. 오늘날에도 시장경쟁을 거부하고 생활물자를 스스로 개별적으로, 또는 동료들끼리 공동체를 결성하여, 생산하는 사람들이 있지만 그 규모는 극히 작다. 자발적 경쟁 수용이 대세일 만큼 우리 생활에서 경쟁은 중요하다. 이상적 시장경제가 동력으로 삼는 경쟁은 정확히 노자의 (㉠   )의 원리에 부합하는 다투지 않는 경쟁이다. 남들이 이미 점유한 자리는 피하고 아무도 관심을 보이지 않는 낮은 자리를 찾아서 머무는 물의 특성은 다른 사람의 재산권을 존중하면서 이익을 추구하는 진정한 시장경쟁의 면모를 그대로 나타낸다. 시장경쟁은 사람들이 잘 몰라서 누구도 거들떠보지 않는 기회를 찾는 경쟁일 뿐 결코 남이 이미 가지고 있는 것을 빼앗는 쟁탈이 아니다.

① 무위자연(無爲自然)
② 산고수장(山高水長)
③ 상선약수(上善若水)
④ 수어지교(水魚之交)

의사소통능력

수리능력

문제해결능력

자기개발능력

자원관리능력

대인관계능력

정보능력

기술능력

조직이해능력

직업윤리

49 다음 글을 읽고 추론할 수 없는 내용은?

> 흑체복사(Blackbody Radiation)는 모든 전자기파를 반사 없이 흡수하는 성질을 갖는 이상적인 물체인 흑체에서 방출하는 전자기파 복사를 말한다. 20℃의 상온에서 흑체가 검게 보이는 이유는 가시영역을 포함한 모든 전자기파를 반사 없이 흡수하고 또한 가시영역의 전자기파를 방출하지 않기 때문이다. 하지만 흑체가 가열되면 방출하는 전자기파의 특성이 변한다. 가열된 흑체가 방출하는 다양한 파장의 전자기파에는 가시영역의 전자기파도 있기 때문에 흑체는 온도에 따라 다양한 색을 띨 수 있다.
>
> 흑체를 관찰하기 위해 물리학자들은 일정한 온도가 유지되고 완벽하게 밀봉된 공동(空洞)에 작은 구멍을 뚫어 흑체를 실현했다. 공동이 상온일 경우 공동의 내벽은 전자기파를 방출하는데, 이 전자기파는 공동의 내벽에 부딪혀 일부는 반사되고 일부는 흡수된다. 공동의 내벽에서는 이렇게 전자기파의 방출, 반사, 흡수가 끊임없이 일어나고 그 일부는 공동 구멍으로 방출되지만 가시영역의 전자기파가 없기 때문에 공동 구멍은 검게 보인다. 또 공동이 상온일 경우 이 공동 구멍으로 들어가는 전자기파는 공동 안에서 이리저리 반사되다 결국 흡수되어 다시 구멍으로 나오지 않는다. 즉 공동 구멍의 특성은 모든 전자기파를 흡수하는 흑체의 특성과 같다.
>
> 한편 공동이 충분히 가열되면 공동 구멍으로부터 가시영역의 전자기파도 방출되어 공동 구멍은 색을 띨 수 있다. 이렇게 공동 구멍에서 방출되는 전자기파의 특성은 같은 온도에서 이상적인 흑체가 방출하는 전자기파의 특성과 일치한다. 물리학자들은 어떤 주어진 온도에서 공동 구멍으로부터 방출되는 공동 복사의 전자기파 파장별 복사에너지를 정밀하게 측정하여, 전자기파의 파장이 커짐에 따라 복사에너지 방출량이 커지다가 다시 줄어드는 경향을 보인다는 것을 발견하였다.

① 흑체의 온도를 높이면 흑체가 검지 않게 보일 수도 있다.
② 공동의 온도가 올라감에 따라 복사에너지 방출량은 커지다가 줄어든다.
③ 공동을 가열하면 공동 구멍에서 다양한 파장의 전자기파가 방출된다.
④ 흑체가 전자기파를 방출할 때 파장에 따라 복사에너지 방출량이 달라진다.
⑤ 상온으로 유지되는 공동 구멍이 검게 보인다고 공동 내벽에서 방출되는 전자기파가 없는 것은 아니다.

50 다음 글의 내용과 부합하지 않는 것은?

토크빌이 미국에서 관찰한 정치 과정 가운데 가장 놀랐던 것은 바로 시민들의 정치적 결사였다. 미국인들은 어려서부터 스스로 단체를 만들고 스스로 규칙을 제정하여 그에 따라 행동하는 것을 관습화해왔다. 이에 미국인들은 어떤 사안이 발생할 경우 국가기관이나 유력자의 도움을 받기 전에 스스로 단체를 결성하여 집합적으로 대응하는 양상을 보인다. 미국의 항구적인 지역 자치의 단위인 타운, 시티, 카운티조차도 주민들의 자발적인 결사로부터 형성된 단체였다.

미국인들의 정치적 결사는 결사의 자유에 대한 완벽한 보장을 기반으로 실현된다. 일단 하나의 결사로 뭉친 개인들은 언론의 자유를 보장받으면서 자신들의 집약된 견해를 널리 알린다. 이러한 견해에 호응하는 지지자들의 수가 점차 늘어날수록 이들은 더욱 열성적으로 결사를 확대해간다. 그런 다음에는 집회를 개최하여 자신들의 힘을 표출한다. 집회에서 가장 중요한 요소는 대표자를 선출하는 기회를 만드는 것이다. 집회로부터 선출된 지도부는 물론 공식적으로 정치적 대의제의 대표는 아니다. 하지만 이들은 도덕적인 힘을 가지고 자신들의 의견을 반영한 법안을 미리 기초하여 그것이 실제 법률로 제정되게끔 공개적으로 입법부에 압력을 가할 수 있다.

토크빌은 이러한 정치적 결사가 갖는 의미에 대해 독특한 해석을 펼친다. 그에 따르면, 미국에서는 정치적 결사가 다수의 횡포에 맞서는 보장책으로서의 기능을 수행한다. 미국의 입법부는 미국 시민의 이익을 대표하며, 의회 다수당은 다수 여론의 지지를 받는다. 이를 고려하면 언제든 '다수의 이름으로' 소수를 배제한 입법권의 행사가 가능해짐에 따라 입법 활동에 대한 다수의 횡포가 나타날 수 있다. 토크빌은 이러한 다수의 횡포를 제어할 수 있는 정치 제도가 없는 상황에서 소수 의견을 가진 시민들의 정치적 결사는 다수의 횡포에 맞설 수 있는 유일한 수단이라고 보았다. 더불어 토크빌은 시민들의 정치적 결사가 소수자들이 다수의 횡포를 견제할 수 있는 수단으로 온전히 가능하기 위해서는 도덕의 권위에 호소해야 한다고 보았다. 왜냐하면 힘이 약한 소수자가 호소할 수 있는 것은 도덕의 권위뿐이기 때문이다.

① 미국의 항구적인 지역 자치인 타운은 주민들의 자발적인 결사로부터 시작되었다.

② 미국에서는 정치적 결사를 통해 실제 법률로 제정되게끔 입법부에 압력을 가할 수 있다.

③ 토크빌에 따르면, 다수의 횡포를 견제하기 위해서는 소수자들의 정치적 결사가 도덕의 권위에 맞서야 한다.

④ 토크빌에 따르면, 미국에서는 소수를 배제한 다수의 이름으로 입법권의 행사가 이루어질 수 있다.

⑤ 집회에서 가장 중요한 것은 대표자를 선출하는 기회를 만드는 것이지만 이 대표자는 정치적 대의제의 대표는 아니다.

의사소통능력

수리능력

문제해결능력

자기개발능력

자원관리능력

대인관계능력

정보능력

기술능력

조직이해능력

직업윤리

수리능력

(1) 기초직업능력으로서의 수리능력

① **정의** : 직장생활에서 요구되는 사칙연산과 기초적인 통계를 이해하고 도표의 의미를 파악하거나 도표를 이용해서 결과를 효과적으로 제시하는 능력이다. 수리능력은 크게 기초 연산능력, 기초 통계능력, 도표 분석능력, 도표 작성능력으로 구성된다.

② **기초 연산능력** : 직장생활에서 필요한 기초적인 사칙연산과 계산방법을 이해하고 활용할 수 있는 능력

③ **기초 통계능력** : 평균, 합계, 빈도 등 직장생활에서 자주 사용되는 기초적인 통계기법을 활용하여 자료의 특성과 경향성을 파악하는 능력

④ **도표 분석능력** : 그래프, 그림 등 도표의 의미를 파악하고 필요한 정보를 해석하는 능력

⑤ **도표 작성능력** : 도표를 이용하여 결과를 효과적으로 제시하는 능력

(2) 업무 수행에서 수리능력이 활용되는 경우

① 업무상 계산을 수행하고 결과를 정리하는 경우

② 업무비용을 측정하는 경우

③ 고객과 소비자의 정보를 조사하고 결과를 종합하는 경우

④ 조직의 예산안을 작성하는 경우

⑤ 업무 수행 경비를 제시해야 하는 경우

⑥ 다른 상품과 가격비교를 하는 경우

⑦ 연간 상품 판매실적을 제시하는 경우

⑧ 업무비용을 다른 조직과 비교해야 하는 경우

⑨ 상품판매를 위한 지역조사를 실시해야 하는 경우

⑩ 업무 수행과정에서 도표로 주어진 자료를 해석하는 경우

⑪ 도표로 제시된 업무비용을 측정하는 경우

(3) 수리능력의 중요성

① 수학적 사고를 통한 문제 해결

② 직업세계의 변화에의 적응

③ 실용적 가치의 구현

수리능력은 업무를 수행함에 있어 요구되는 사칙연산과 도표 및 데이터 정리, 통계를 이해하고 적용하는 능력이다. 기초적인 연산능력을 바탕으로 하는 자료해석이 주로 출제되는 편이며 실무 위주의 그래프 등의 자료를 제시하여 의사결정을 묻는 문제가 출제된다.

하위능력별 출제 유형

기초 연산능력 ✦✦✦✦✦
단일 유형으로 나오지는 않지만, 실제 시험에서 짧은 시간 안에 매우 복잡한 연산을 요구하는 문제로 구성되며, 수리능력 전반적으로 등장한다.

기초 통계능력 ✦✦◇◇◇
기초적인 통계기법(평균, 합계, 빈도 등)을 활용할 수 있는 능력의 유무를 따지는 문제로 구성된다.

도표 분석능력 ✦✦✦✦✦
수리논리의 자료해석과 같으며, 업무관련성이 높고, 각 기업의 특징이 가장 많이 포함되어 있는 표와 그래프로 등장한다.

도표 작성능력 ✦✦✦◇◇
주어진 표와 그래프 등을 더욱 효과적으로 보이게 하기 위한 문제로 구성되며, 자료 변환 등 직무적성 유형도 출제된다.

의사소통능력

수리능력

문제해결능력

자기개발능력

자원관리능력

대인관계능력

정보능력

기술능력

조직이해능력

직업윤리

하위능력별 출제 빈도

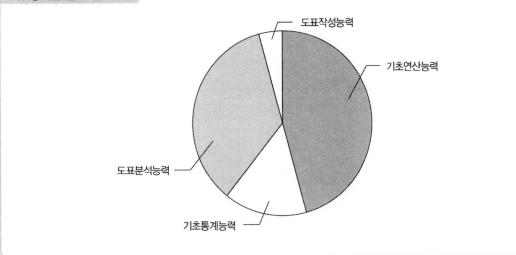

(1) 사칙연산

수에 관한 덧셈, 뺄셈, 곱셈, 나눗셈의 네 종류의 계산법으로 업무를 원활하게 수행하기 위해서는 기본적인 사칙연산뿐만 아니라 다단계의 복잡한 사칙연산까지도 수행할 수 있어야 한다.

(2) 검산

① 정의 : 연산의 결과를 확인하는 과정으로 대표적인 검산방법으로 역연산과 구거법이 있다.

② 역연산 : 덧셈은 뺄셈으로, 뺄셈은 덧셈으로, 곱셈은 나눗셈으로, 나눗셈은 곱셈으로 확인하는 방법이다.

③ 구거법 : 원래의 수와 각 자리 수의 합이 9로 나눈 나머지가 같다는 원리를 이용한 것으로 9를 버리고 남은 수로 계산하는 것이다.

(3) 단위환산표

구분	단위환산
길이	1cm = 10mm, 1m = 100cm, 1km = 1,000m
넓이	1cm² = 100mm², 1m² = 10,000cm², 1km² = 1,000,000m²
부피	1cm³ = 1,000mm³, 1m³ = 1,000,000cm³, 1km³ = 1,000,000,000m³
들이	1㎖ = 1cm³, 1㎗ = 100cm³, 1L = 1,000cm³ = 10㎗
무게	1kg = 1,000g, 1t = 1,000kg = 1,000,000g
시간	1분 = 60초, 1시간 = 60분 = 3,600초
할푼리	1푼 = 0.1할, 1리 = 0.01할, 1모 = 0.001할

기초 통계능력

(1) 업무 수행과 통계

① 정의 : 통계란 집단현상에 대한 구체적인 양적 기술을 반영하는 숫자로 업무 수행에 통계를 활용함으로써 얻을
수 있는 이점이 있다. 많은 수량적 자료를 처리가능하고 쉽게 이해할 수 있는 형태로 축소하고, 표본을 통해
연구대상 집단의 특성을 유추, 의사결정의 보조수단, 관찰 가능한 자료를 통해 논리적으로 결론을 추출·검증
을 할 수 있다.

② 기본적인 통계치
- 빈도와 빈도분포 : 빈도란 어떤 사건이 일어나거나 증상이 나타나는 정도를 의미하며, 빈도분포란 빈도를 표나
그래프로 종합적으로 표시하는 것이다.
- 평균 : 모든 사례의 수치를 합한 후 총 사례 수로 나눈 값이다.
- 백분율 : 전체의 수량을 100으로 하여 생각하는 수량이 그중 몇이 되는가를 퍼센트로 나타낸 것이다.

(2) 통계기법

① 범위와 평균
- 범위 : 분포의 흩어진 정도를 가장 간단히 알아보는 방법으로 최곳값에서 최젓값을 뺀 값을 의미한다.
- 평균 : 집단의 특성을 요약하기 위해 가장 자주 활용하는 값으로 모든 사례의 수치를 합한 후 총 사례 수로 나
눈 값이다.
- 관찰값이 1, 3, 5, 7, 9일 경우 범위는 9 - 1 = 8이 되고, 평균은 $\dfrac{1+3+5+7+9}{5}$ = 5가 된다.

② 분산과 표준편차
- 분산 : 관찰값의 흩어진 정도로, 각 관찰값과 평균값의 차의 제곱의 평균이다.
- 표준편차 : 평균으로부터 얼마나 떨어져 있는가를 나타내는 개념으로 분산값의 제곱근 값이다.
- 관찰값이 1, 2, 3이고 평균이 2인 집단의 분산은 $\dfrac{(1-2)^2+(2-2)^2+(3-2)^2}{3}$ = $\dfrac{2}{3}$이고 표준편차는 분산값
의 제곱근 값인 $\sqrt{\dfrac{2}{3}}$ 이다.

(3) 통계자료의 해석

① 다섯숫자요약
- 최솟값 : 원자료 중 값의 크기가 가장 작은 값
- 최댓값 : 원자료 중 값의 크기가 가장 큰 값
- 중앙값 : 최솟값부터 최댓값까지 크기에 의하여 배열했을 때 중앙에 위치하는 사례의 값
- 하위 25%값·상위 25%값 : 원자료를 크기 순으로 배열하여 4등분한 값
② 평균값과 중앙값 : 평균값과 중앙값은 그 개념이 다르기 때문에 명확하게 제시해야 한다.

의사소통능력
수리능력
문제해결능력
자기개발능력
자원관리능력
대인관계능력
정보능력
기술능력
조직이해능력
직업윤리

(1) 도표의 종류

① 목적별 : 관리(계획 및 통제), 해설(분석), 보고
② 용도별 : 경과 그래프, 내역 그래프, 비교 그래프, 분포 그래프, 상관 그래프, 계산 그래프
③ 형상별 : 선 그래프, 막대 그래프, 원 그래프, 점 그래프, 층별 그래프, 레이더 차트

(2) 도표의 활용

① 선 그래프

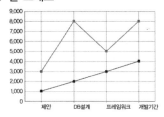

- 주로 시간의 경과에 따라 수량에 의한 변화 상황(시계열 변화)을 절선의 기울기로 나타내는 그래프이다.
- 경과, 비교, 분포를 비롯하여 상관관계 등을 나타낼 때 쓰인다.

② 막대 그래프

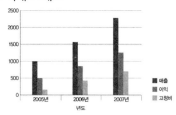

- 비교하고자 하는 수량을 막대 길이로 표시하고 그 길이를 통해 수량 간의 대소관계를 나타내는 그래프이다.
- 내역, 비교, 경과, 도수 등을 표시하는 용도로 쓰인다.

③ 원 그래프

- 내역이나 내용의 구성비를 원을 분할하여 나타낸 그래프이다.
- 전체에 대해 부분이 차지하는 비율을 표시하는 용도로 쓰인다.

④ 점 그래프

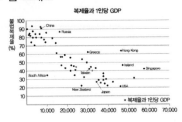

- 종축과 횡축에 2요소를 두고 보고자 하는 것이 어떤 위치에 있는가를 나타내는 그래프이다.
- 지역분포를 비롯하여 도시, 기방, 기업, 상품 등의 평가나 위치·성격을 표시하는 데 쓰인다.

⑤ 층별 그래프

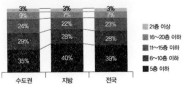

- 선 그래프의 변형으로 연속내역 봉 그래프라고 할 수 있다. 선과 선 사이의 크기로 데이터 변화를 나타낸다.
- 합계와 부분의 크기를 백분율로 나타내고 시간적 변화를 보고자 할 때나 합계와 각 부분의 크기를 실수로 나타내고 시간적 변화를 보고자 할 때 쓰인다.

⑥ 레이더 차트(거미줄 그래프)

- 원 그래프의 일종으로 비교하는 수량을 직경, 또는 반경으로 나누어 원의 중심에서의 거리에 따라 각 수량의 관계를 나타내는 그래프이다.
- 비교하거나 경과를 나타내는 용도로 쓰인다.

의사소통능력

수리능력

문제해결능력

자기개발능력

자원관리능력

대인관계능력

정보능력

기술능력

조직이해능력

직업윤리

(3) 도표 해석상의 유의사항

① 요구되는 지식의 수준을 넓힌다.

② 도표에 제시된 자료의 의미를 정확히 숙지한다.

③ 도표로부터 알 수 있는 것과 없는 것을 구별한다.

④ 총량의 증가와 비율의 증가를 구분한다.

⑤ 백분위수와 사분위수를 정확히 이해하고 있어야 한다.

(1) 도표 작성 절차

① 어떠한 도표로 작성할 것인지를 결정

② 가로축과 세로축에 나타낼 것을 결정

③ 한 눈금의 크기를 결정

④ 자료의 내용을 가로축과 세로축이 만나는 곳에 표현

⑤ 표현한 점들을 선분으로 연결

⑥ 도표의 제목을 표기

(2) 선 그래프 작성 시 유의점

① 세로축에 수량, 가로축에 명칭구분을 제시한다.

② 선의 높이에 따라 수치를 파악하는 경우가 많으므로 세로축의 눈금을 가로축보다 크게 하는 것이 효과적이다.

③ 선이 두 종류 이상일 경우 반드시 그 명칭을 기입한다.

(3) 막대 그래프 작성 시 유의점

① 막대 수가 많을 경우에는 눈금선을 기입하는 것이 알아보기 쉽다.

② 막대의 폭은 모두 같게 하여야 한다.

(4) 원 그래프 작성 시 유의점

① 정각 12시의 선을 기점으로 오른쪽으로 그리는 것이 보통이다.

② 분할선은 구성비율이 큰 순서로 그린다.

(5) 층별 그래프 작성 시 유의점

① 눈금은 선 그래프나 막대 그래프보다 적게 하고 눈금선은 넣지 않는다.

② 층별로 색이나 모양이 완전히 다른 것이어야 한다.

③ 같은 항목은 옆에 있는 층과 선으로 연결하여 보기 쉽도록 한다.

예제 01 도표 분석능력

다음 자료를 보고 주어진 상황에 대한 물음에 답하시오.

근로소득에 대한 간이 세액표						
월 급여액(천 원) (비과세 및 학자금 제외)		공제대상 가족 수				
이상	미만	1	2	3	4	5
2,500	2,520	38,960	29,280	16,940	13,570	10,190
2,520	2,540	40,670	29,960	17,360	13,990	10,610
2,540	2,560	42,380	30,640	17,790	14,410	11,040
2,560	2,580	44,090	31,330	18,210	14,840	11,460
2,580	2,600	45,800	32,680	18,640	15,260	11,890
2,600	2,620	47,520	34,390	19,240	15,680	12,310
2,620	2,640	49,230	36,100	19,900	16,110	12,730
2,640	2,660	50,940	37,810	20,560	16,530	13,160
2,660	2,680	52,650	39,530	21,220	16,960	13,580
2,680	2,700	54,360	41,240	21,880	17,380	14,010
2,700	2,720	56,070	42,950	22,540	17,800	14,430
2,720	2,740	57,780	44,660	23,200	18,230	14,850
2,740	2,760	59,500	46,370	23,860	18,650	15,280

※ 1) 갑근세는 제시되어 있는 간이 세액표에 따름
　 2) 주민세 = 갑근세의 10%
　 3) 국민연금 = 급여액의 4.50%
　 4) 고용보험 = 국민연금의 10%
　 5) 건강보험 = 급여액의 2.90%
　 6) 교육지원금 = 분기별 100,000원(매 분기별 첫 달에 지급)

5월 급여내역이 다음과 같고 전월과 동일하게 근무하였으나, 특별수당은 없고 차량지원금으로 100,000원을 받게 된다면, 6월에 받게 되는 급여는 얼마인가? (단, 원 단위 절삭)

(주) 서원플랜테크 5월 급여내역			
성명	박○○	지급일	5월 12일
기본급여	2,240,000	갑근세	39,530
직무수당	400,000	주민세	3,950
명절 상여금		고용보험	11,970
특별수당	20,000	국민연금	119,700
차량지원금		건강보험	77,140
교육지원		기타	
급여계	2,660,000	공제합계	252,290
지급총액			2,407,710

출제의도
업무상 계산을 수행하거나 결과를 정리하고 업무비용을 측정하는 능력을 평가하기 위한 문제로서, 주어진 자료에서 문제를 해결하는 데에 필요한 부분을 빠르고 정확하게 찾아내는 것이 중요하다.

해설

기본 급여	2,240,000	갑근세	46,370
직무 수당	400,000	주민세	4,630
명절 상여금		고용 보험	12,330
특별 수당		국민 연금	123,300
차량 지원금	100,000	건강 보험	79,460
교육 지원		기타	
급여계	2,740,000	공제 합계	266,090
지급총액			2,473,910

의사소통능력

수리능력

문제해결능력

자기개발능력

자원관리능력

대인관계능력

정보능력

기술능력

조직이해능력

직업윤리

Answer. | 01.④

예제 02 기초 연산능력

둘레의 길이가 4.4km인 정사각형 모양의 공원이 있다. 이 공원의 넓이는 몇 a인가?

① 12,100a

② 1,210a

③ 121a

④ 12.1a

출제의도

길이, 넓이, 부피, 들이, 무게, 시간, 속도 등 단위에 대한 기본적인 환산 능력을 평가하는 문제로서, 소수점 계산이 필요하며, 자릿수를 읽고 구분할 줄 알아야 한다.

해설

공원의 한 변의 길이는
$4.4 \div 4 = 1.1(\text{km})$이고
$1\text{km}^2 = 10000\text{a}$이므로
공원의 넓이는
$1.1\text{km} \times 1.1\text{km} = 1.21\text{km}^2$
$= 12100a$

예제 03 기초 통계능력

인터넷 쇼핑몰에서 회원가입을 하고 디지털 캠코더를 구매하려고 한다. 다음은 구입하고자 하는 모델에 대하여 인터넷 쇼핑몰 세 곳의 가격과 조건을 제시한 표이다. 표에 있는 모든 혜택을 적용하였을 때 디지털 캠코더의 배송비를 포함한 실제 구매가격을 바르게 비교한 것은?

구분	A 쇼핑몰	B 쇼핑몰	C 쇼핑몰
정상가격	129,000원	131,000원	130,000원
회원혜택	7,000원 할인	3,500원 할인	7% 할인
할인쿠폰	5% 쿠폰	3% 쿠폰	5,000원
중복할인여부	불가	가능	불가
배송비	2,000원	무료	2,500원

① A < B < C

② B < C < A

③ C < A < B

④ C < B < A

출제의도

직장생활에서 자주 사용되는 기초적인 통계기법을 활용하여 자료의 특성과 경향성을 파악하는 능력이 요구되는 문제이다.

해설

㉠ A 쇼핑몰
• 회원혜택을 선택한 경우 :
129,000 − 7,000 + 2,000 = 124,000(원)
• 5% 할인쿠폰을 선택한 경우 :
129,000 × 0.95 + 2,000 = 124,550

㉡ B 쇼핑몰 :
131,000 × 0.97 − 3,500
= 123,570

㉢ C 쇼핑몰
• 회원혜택을 선택한 경우 :
130,000 × 0.93 + 2,500
= 123,400
• 5,000원 할인쿠폰을 선택한 경우 :
130,000 − 5,000 + 2,500 = 127,500
∴ C < B < A

Answer. 02.① 03.④

다음 표는 2019 ~ 2020년 지역별 직장인들의 자기개발에 관해 조사한 내용을 정리한 것이다. 이에 대한 분석으로 옳은 것은?

출제의도

그래프, 그림, 도표 등 주어진 자료를 이해하고 의미를 파악하여 필요한 정보를 해석하는 능력을 평가하는 문제이다.

(단위 : %)

연도	2019				2020			
구분 지역	자기개발 하고 있음	자기개발 비용 부담 주체			자기개발 하고 있음	자기개발 비용 부담 주체		
		직장 100%	본인 100%	직장50% + 본인50%		직장 100%	본인 100%	직장50% + 본인50%
충청도	36.8	8.5	88.5	3.1	45.9	9.0	65.5	24.5
제주도	57.4	8.3	89.1	2.9	68.5	7.9	68.3	23.8
경기도	58.2	12	86.3	2.6	71.0	7.5	74.0	18.5
서울시	60.6	13.4	84.2	2.4	72.7	11.0	73.7	15.3
경상도	40.5	10.7	86.1	3.2	51.0	13.6	74.9	11.6

① 2019년과 2020년 모두 자기개발 비용을 본인이 100% 부담하는 사람의 수는 응답자의 절반 이상이다.

② 자기개발을 하고 있다고 응답한 사람의 수는 2019년과 2020년 모두 서울시가 가장 많다.

③ 자기개발 비용을 직장과 본인이 각각 절반씩 부담하는 사람의 비율은 2019년과 2020년 모두 서울시가 가장 높다.

④ 2019년과 2020년 모두 자기개발을 하고 있다고 응답한 비율이 가장 높은 지역에서 자기개발비용을 직장이 100% 부담한다고 응답한 사람의 비율이 가장 높다.

해설

② 지역별 인원수가 제시되어 있지 않으므로, 각 지역별 응답자 수는 알 수 없다.

③ 2019년에는 경상도에서, 2020년에는 충청도에서 가장 높은 비율을 보인다.

④ 2019년과 2020년 모두 '자기개발을 하고 있다'고 응답한 비율이 가장 높은 지역은 서울시이며, 2020년의 경우 자기개발 비용을 직장이 100% 부담한다고 응답한 사람의 비율이 가장 높은 지역은 경상도이다.

의사소통능력

수리능력

문제해결능력

자기개발능력

자원관리능력

대인관계능력

정보능력

기술능력

조직이해능력

직업윤리

Answer. 04.①

출제예상문제

정답 및 해설 **p.475**

[1 ~ 3] 다음 수들의 규칙을 찾아 빈칸에 들어갈 알맞은 값을 고르시오.

1

1 2 3 5 8 13 21 ( )

① 32 ② 34
③ 36 ④ 38

2

2 3 5 5 11 9 23 ( )

① 11 ② 13
③ 15 ④ 17

3

7 8 10 13 14 16 19 ( )

① 18 ② 19
③ 20 ④ 21

[4 ~ 6] 다음 주어진 수의 대소 관계를 바르게 비교한 것을 고르시오.

4

$$A : \frac{831}{1872}$$

$$B : 0.44392$$

① $A > B$ 　　　　② $A < B$

③ $A = B$ 　　　　④ 알 수 없다.

5

$$A : \frac{22}{20} + \frac{1}{5} + \frac{1}{10}$$

$$B : \frac{9}{13} + \frac{75}{195} + \frac{21}{65}$$

① $A > B$ 　　　　② $A < B$

③ $A = B$ 　　　　④ 알 수 없다.

6

$$A : 1700 \times \frac{3}{20} + 33$$

$$B : 2^2 + 3^3 + 4^4$$

① $A > B$ 　　　　② $A < B$

③ $A = B$ 　　　　④ 알 수 없다.

의사소통능력

수리능력

문제해결능력

자기개발능력

자원관리능력

대인관계능력

정보능력

기술능력

조직이해능력

직업윤리

7 2진법의 수 11100과 5진법의 수 2100의 실제 수의 차이는?

① 243

② 245

③ 247

④ 249

8 양의 정수 x를 10배한 수는 50보다 크고, x를 10배 한 수에서 50을 뺀 수는 40보다 작을 때, x의 최솟값은?

① 5

② 6

③ 7

④ 8

9 연립부등식 $\begin{cases} 5x-15 > 0 \\ (x-2)(x-4) < 0 \end{cases}$ 의 해가 $\alpha < x < \beta$일 때, $\alpha + \beta$의 값은?

① 4

② 5

③ 6

④ 7

10 십의 자리의 숫자가 3인 두 자리의 자연수에서 십의 자리와 일의 자리의 숫자를 바꾸면 원래의 수의 2배보다 1이 작다. 이 자연수는?

① 34

② 35

③ 36

④ 37

11 아정이는 집에서 중학교까지 17km를 통학한다. 집으로부터 자전거로 30분 동안 달린 후 20분 동안 걸어서 중학교에 도착했다면 걷는 속도는 분당 몇 km인가? (단, 자전거는 분속 0.5km로 간다고 가정한다.)

① 0.001km

② 0.01km

③ 0.1km

④ 1km

의사소통능력

수리능력

문제해결능력

자기개발능력

자원관리능력

대인관계능력

정보능력

기술능력

조직이해능력

직업윤리

12 한 변의 길이가 5m인 정육면체가 있다. 부피를 $A m^3$, 밑면의 넓이를 $B m^2$, 겉넓이를 $C m^2$라고 하면, A+B+C의 값은 얼마인가?

① 200

② 300

③ 400

④ 500

13 40cm 높이의 수조 A와 30cm 높이의 수조 B에 물이 가득 차있다. 수조 A의 물 높이는 분당 0.6cm씩 감소되고 있고, 수조 B에서도 물이 감소되고 있다. 두 수조의 물 높이가 같아지는 것이 25분 후라고 할 때, 수조 B의 물 높이는 분당 몇 cm씩 감소되고 있는가?

① 0.1cm

② 0.15cm

③ 0.2cm

④ 0.25cm

14 흰 공 5개와 검은 공 4개 중 연속하여 2개를 꺼낼 때, 첫 번째 공이 흰 공이고 두 번째 공이 검은 공일 확률은? (단, 꺼낸 공은 다시 넣지 않는다)

① $\dfrac{1}{18}$

② $\dfrac{3}{18}$

③ $\dfrac{5}{18}$

④ $\dfrac{7}{18}$

15 어느 중학교 제빵시간에 단팥빵 26개, 피자빵 40개, 치즈크래커 70개를 다른 반 학생들에게 모두 같은 개수대로 나눠주려고 할 때, 다음 중 옳은 것은? (단, 다른 반 학생은 총 13명이다.)

① 단팥빵은 2개가 부족하다.

② 피자빵은 1개가 남는다.

③ 치즈크래커는 4개가 남는다.

④ 피자빵은 2개가 남고, 치즈크래커는 5개가 남는다.

16 다음은 갑의 재무 현황을 나타낸 자료이다. 이에 대한 설명으로 옳은 것은? (단, 순자산 = 자산 − 부채)

자산		부채	
㉠아파트	4억 원	은행 대출금	1억 원
자동차	2,000만 원	㉤자동차 할부금	500만 원
현금	500만 원		
㉡요구불 예금	200만 원		
㉢채권	300만 원		
㉣주식	500만 원		

① ㉠은 ㉡보다 유동성이 높다.

② ㉣은 ㉡보다 안전성이 높다.

③ 배당금은 ㉢에 대한 투자 수익이다.

④ 갑이 보유 현금으로 ㉤을 상환하여도 순자산은 변동이 없다.

17 다음은 N국의 교육수준별 범죄자의 현황을 연도별로 나타낸 자료이다. 다음 자료를 올바르게 해석한 것은 어느 것인가?

(단위 : %, 명)

연도 \ 구분	교육수준별 범죄자 비율					범죄자 수
	무학	초등학교	중학교	고등학교	대학 이상	
1970	12.4	44.3	18.7	18.2	6.4	252,229
1975	8.5	41.5	22.4	21.1	6.5	355,416
1980	5.2	39.5	24.4	24.8	6.1	491,699
1985	4.2	27.6	24.4	34.3	9.5	462,199
1990	3.0	18.9	23.8	42.5	11.8	472,129
1995	1.7	11.4	16.9	38.4	31.6	796,726
2000	1.7	11.0	16.3	41.5	29.5	1,036,280

① 중학교 졸업자와 고등학교 졸업자인 범죄자 수는 매 시기 전체 범죄자 수의 절반에 미치지 못 하고 있다.

② 1970 ~ 1980년 기간 동안 초등학교 졸업자인 범죄자의 수는 계속 감소하였다.

③ 1990년과 1995년의 대학 이상 졸업자인 범죄자의 수는 약 3배가 조금 못 되게 증가하였다.

④ 매 시기 가장 많은 비중을 차지하는 범죄자들의 학력은 최소한 유지되거나 높아지고 있다.

⑤ 무학인 범죄자의 수는 매 시기 꾸준히 감소하였다.

의사소통능력

수리능력

문제해결능력

자기개발능력

자원관리능력

대인관계능력

정보능력

기술능력

조직이해능력

직업윤리

18 다음은 성인 직장인을 대상으로 소속감에 대하여 조사한 결과를 정리한 표이다. 조사 결과를 사회 집단 개념을 사용하여 분석한 내용으로 옳은 것은?

(단위 : %)

구분		가정	직장	동창회	친목단체	합계
성별	남성	53.1	21.9	16.1	8.9	100.0
	여성	68.7	13.2	9.8	8.3	100.0
학력	중졸 이하	71.5	8.2	10.6	9.7	100.0
	고졸	62.5	17.7	11.8	8.0	100.0
	대졸 이상	54.0	22.5	16.0	7.5	100.0

① 학력이 높을수록 공동 사회라고 응답한 비율이 높다.

② 이익 사회라고 응답한 비율은 남성이 여성보다 높다.

③ 성별과 상관없이 자발적 결사체라고 응답한 비율이 가장 높다.

④ 과업 지향적인 집단이라고 응답한 비율은 여성이 남성보다 높다.

19 소득분위별 월평균 교육비에 대한 자료이다. 이에 대한 분석으로 옳은 것은?

(단위 : 원, %)

구분	2016년	2017년	2018년	2019년	2020년
1분위	76,000(7.8)	79,000(7.8)	89,000(8.2)	85,000(7.9)	86,000(7.4)
5분위	382,000(12.9)	404,000(12.6)	468,000(14.1)	535,000(15.8)	643,000(16.3)

※ 1) 1분위는 소득 하위 20% 계층, 5분위는 소득 상위 20% 계층임
　 2) (　)는 각 소득 계층의 월평균 소비 지출액에서 교육비가 차지하는 비중임

① 2019년 월평균 교육비는 5분위가 1분위의 두 배 수준이다.

② 2016년 대비 2017년 1분위의 월평균 소비 지출액이 증가하였다.

③ 1분위와 5분위의 월평균 교육비 격차는 2019년보다 2018년이 크다.

④ 2016년 대비 2020년 월평균 교육비 증가율은 5분위보다 1분위가 크다.

⑤ 2019년 대비 2020년 1분위의 월평균 소비 지출액 증가율보다 교육비 증가율이 크다.

의사소통능력

수리능력

문제해결능력

자기개발능력

자원관리능력

대인관계능력

정보능력

기술능력

조직이해능력

직업윤리

20 다음은 국가별로 커피원두 생산량을 나타낸 것이다. 2018년에서 2020년 사이 브라질과 베트남의 커피원두 생산량의 차이는 몇 %로 증가하였는가?

연도별 커피 생산량

(단위 : 메트릭톤)

국가＼연도	2018년	2019년	2020년
브라질	2,423,459	2,505,649	2,651,074
베트남	1,512,589	1,605,255	1,650,658

① 7.1% ② 8.2%

③ 9.8% ④ 10%

⑤ 12.7%

21 다음은 甲국에서 실시한 취약 계층의 스마트폰 이용 현황과 주된 비(非)이용 이유에 대한 설문조사 결과이다. 이에 대한 옳은 분석만을 바르게 짝지은 것은?

(단위 : %)

구분	전체 국민 대비 수준	스마트폰을 이용하지 않는 주된 이유				
		스마트폰으로 무엇을 할 수 있는지 모름	구입비 및 이용비 부담	이용 필요성 부재	사용 방법의 어려움	기타
장애인	10.3	33.1	31.5	14.4	13.4	7.6
장노년층	6.4	40.1	26.3	16.5	12.4	4.7
저소득층	12.2	28.7	47.6	11.0	9.3	3.4
농어민	6.4	39.6	26.3	14.7	13.9	5.5

※ 전체 국민 대비 수준 = $\dfrac{\text{취약 계층의 스마트폰 이용률(\%)}}{\text{전체 국민의 스마트폰 이용률(\%)}} \times 100$

㉠ 응답자 중 장노년층과 농어민의 스마트폰 이용자 수는 동일하다.
㉡ 응답자 중 각 취약 계층별 스마트폰 이용률이 상대적으로 가장 높은 취약 계층은 저소득층이다.
㉢ 전체 취약 계층의 스마트폰 이용 활성화를 위한 대책으로는 경제적 지원이 가장 효과적일 것이다.
㉣ 스마트폰을 이용하지 않는다고 응답한 장노년층 중 스마트폰으로 무엇을 할 수 있는지 모르거나 사용 방법이 어려워서 이용하지 않는다고 응답한 사람의 합은 과반수이다.

① ㉠㉡
② ㉠㉢
③ ㉡㉢
④ ㉡㉣
⑤ ㉢㉣

의사소통능력

수리능력

문제해결능력

자기개발능력

자원관리능력

대인관계능력

정보능력

기술능력

조직이해능력

직업윤리

22 다음은 2011 ~ 2020년 S그룹의 문서 작업량의 오류를 검토 현황을 정리한 표이다. 자료에 대한 설명으로 옳은 것은?

〈자료 1〉 2011 ~ 2020년 문서 작업량 및 오류 문서 검토 현황

(단위 : 건, %)

연도 \ 구분	문서 작업량	오류 문서	발견율
2011	277	131	47.3
2012	197	150	
2013	296	137	46.3
2014	492	167	
2015	623	240	38.5
2016	391		
2017	692	305	
2018	496	231	46.6
2019	653	239	36.6
2020	620	246	
계	4,737	2,050	476.6

※ 1) 문서 작업량 1번에 1건의 오류만이 있다.

2) 발견율(%) = $\dfrac{\text{오류 문서}}{\text{문서 작업량}} \times 100$

〈자료 2〉 2020년 문서 작업량 및 작업자 현황

(단위 : 건)

작업자	사원	외주거래처	컴퓨터	프리랜서	합계
문서 작업량	150	300	80	90	620
오류 문서	49	172	10	15	246

① 2011년에서 2020년까지의 문서 작업량은 평균 500건 이상이다.

② 2020년 문서 오류 발견율은 외주거래처가 57.3%로 제일 높다.

③ 문서 작업량이 많은 기간에는 오류 문서 발견율이 높다.

④ 2020년 오류 문서 발견율이 적은 작업자는 프리랜서이다.

⑤ 2020년 전체 작업자들이 오류 문서 검토를 많이 하면 발견율이 낮다.

[23 ~ 24] 2021년 사이버 쇼핑몰 상품별 거래액에 관한 표이다. 물음에 답하시오.

(단위 : 백만 원)

	1월	2월	3월	4월	5월	6월	7월	8월	9월
컴퓨터	200,078	195,543	233,168	194,102	176,981	185,357	193,835	193,172	183,620
소프트웨어	13,145	11,516	13,624	11,432	10,198	10,536	45,781	44,579	42,249
가전 · 전자	231,874	226,138	251,881	228,323	239,421	255,383	266,013	253,731	248,474
서적	103,567	91,241	130,523	89,645	81,999	78,316	107,316	99,591	93,486
음반 · 비디오	12,727	11,529	14,408	13,230	12,473	10,888	12,566	12,130	12,408
여행 · 예약	286,248	239,735	231,761	241,051	288,603	293,935	345,920	344,391	245,285
아동 · 유아용	109,344	102,325	121,955	123,118	128,403	121,504	120,135	111,839	124,250
음 · 식료품	122,498	137,282	127,372	121,868	131,003	130,996	130,015	133,086	178,736

23 1월 컴퓨터 상품 거래액의 다음 달 거래액과 차이는?

① 4,455백만 원 ② 4,535백만 원

③ 4,555백만 원 ④ 4,655백만 원

24 1월 서적 상품 거래액은 음반 · 비디오 상품의 몇 배인가? (소수 둘째 자리까지 구하시오)

① 8.13배 ② 8.26배

③ 9.53배 ④ 9.75배

의사소통능력

수리능력

문제해결능력

자기개발능력

자원관리능력

대인관계능력

정보능력

기술능력

조직이해능력

직업윤리

[25 ～ 26] 다음에 제시된 항공사별 운항현황을 보고 물음에 답하시오.

항공사	구분	2017년	2018년	2019년	2020년
AAR	운항 편(대)	8,486	8,642	8,148	8,756
	여객(명)	1,101,596	1,168,460	964,830	1,078,490
	운항거리(km)	5,928,362	6,038,761	5,761,479	6,423,765
KAL	운항 편(대)	11,534	12,074	11,082	11,104
	여객(명)	1,891,652	2,062,426	1,715,962	1,574,966
	운항거리(km)	9,112,071	9,794,531	8,972,439	8,905,408

25 AAR 항공사의 경우 항공기 1대당 수송 여객의 수가 가장 많았던 해는 언제인가?

① 2017년 ② 2018년
③ 2019년 ④ 2020년

26 항공기 1대당 운항거리가 2020년과 동일하다고 했을 때, KAL 항공사가 2021년 한 해 동안 9,451,570km의 거리를 운항하기 위해서 증편해야 할 항공기 수는 몇 대인가?

① 495 ② 573
③ 681 ④ 709

27 다음은 주식시장에서 외국인의 최근 한 달간의 주요 매매 정보 자료이다. 가 그룹 주식의 최근 한 달간의 1주당 평균 금액은 얼마인가? (단, 소수점 첫째 자리에서 반올림하시오)

순매수			순매도		
종목명	수량(백 주)	금액(백만 원)	종목명	수량(백 주)	금액(백만 원)
A 그룹	5,620	695,790	가 그룹	84,930	598,360
B 그룹	138,340	1,325,000	나 그룹	2,150	754,180
C 그룹	13,570	284,350	다 그룹	96,750	162,580
D 그룹	24,850	965,780	라 그룹	96,690	753,540
E 그룹	70,320	110,210	마 그룹	12,360	296,320

① 7,045원

② 70,453원

③ 5,984원

④ 68,570원

의사소통능력

수리능력

문제해결능력

자기개발능력

자원관리능력

대인관계능력

정보능력

기술능력

조직이해능력

직업윤리

[28 ~ 29] 다음 자료를 읽고 물음에 답하시오.

○○물산에서는 대학생들을 대상으로 ○○물산을 소개하는 설명회를 개최하려고 한다. 담당자 甲은 장소를 대관하고 대학생들에게 돌릴 홍보책자를 주문하려고 한다.

• 대관 장소는 대학생들과 ○○물산 담당자 甲을 포함한 세 명을 더하여 총 10%의 여유인원을 수용할 수 있어야 한다.
• 홍보책자는 설명회에 참관하는 대학생 모두에게 나눠줄 공통 책자와 계열에 따른 책자 3종(인문. 사회, 공학계열)이다.
• 공통 책자는 설명회에 참여하는 대학생 인원 수 5%의 여유분을 포함하며 계열에 따른 책자는 15권씩 더 제작한다.

구분	인원
인문계열	193명
사회계열	174명
공학계열	230명

28 설명회를 개최할 수 있는 대관 장소로 가장 적절한 곳은?

① 평화홀 – 580명
② 무지개홀 – 600명
③ 바람홀 – 620명
④ 민들레홀 – 640명
⑤ 은하수홀 – 660명

29 담당자 甲이 제작해야 하는 홍보책자는 모두 몇 권인가?

① 642권
② 896권
③ 931권
④ 1,137권
⑤ 1,269권

30 다음은 우체국 택배물 취급에 관한 기준표이다. 미영이가 서울에서 포항에 있는 보람이와 설희에게 각각 택배를 보내려고 한다. 보람이에게 보내는 물품은 10kg에 130cm이고, 설희에게 보내려는 물품은 4kg에 60cm이다. 미영이가 택배를 보내는 데 드는 비용은 모두 얼마인가?

(단위 : 원/개)

중량(크기)		2kg까지 (60cm까지)	5kg까지 (80cm까지)	10kg까지 (120cm까지)	20kg까지 (140cm까지)	30kg까지 (160cm까지)
동일지역		4,000원	5,000원	6,000원	7,000원	8,000원
타지역		5,000원	6,000원	7,000원	8,000원	9,000원
제주 지역	빠른(항공)	6,000원	7,000원	8,000원	9,000원	11,000원
	보통(배)	5,000원	6,000원	7,000원	8,000원	9,000원

※ 1) 중량이나 크기 중에 하나만 기준을 초과하여도 초과한 기준에 해당하는 요금을 적용한다.
 2) 동일지역은 접수지역과 배달지역이 동일한 시/도이고, 타지역은 접수한 시/도지역 이외의 지역으로 배달되는 경우를 말한다.
 3) 부가서비스(안심소포) 이용 시 기본요금에 50% 추가하여 부가한다.

① 13,000원
② 14,000원
③ 15,000원
④ 16,000원

의사소통능력

수리능력

문제해결능력

자기개발능력

자원관리능력

대인관계능력

정보능력

기술능력

조직이해능력

직업윤리

31 다음 〈표〉는 2020년 지방법원(A ~ E)의 배심원 출석 현황에 관한 자료이다. 다음 중 ㉠과 ㉡의 차이는?

〈표〉 2020년 지방법원(A ~ E)의 배심원 출석 현황

(단위 : 명)

지방법원 \ 구분	소환인원	송달 불능자	출석취소 통지자	출석의무자	출석자
A	1,880	533	573	㉠	411
B	1,740	495	508	㉡	453
C	716	160	213	343	189
D	191	38	65	88	57
E	420	126	120	174	115

※ 출석의무자 수 = 소환인원 − 송달불능자수 − 출석취소통지자수

① 31명
② 33명
③ 35명
④ 37명

32 다음은 A국의 2007 ~ 2020년 알코올 관련 질환 사망자 수에 대한 자료이다. 이에 대한 설명으로 옳은 것은?

구분 / 연도	50대		40대		전체	
	사망자 수	인구 10만 명당 사망자 수	사망자 수	인구 10만 명당 사망자 수	사망자 수	인구 10만 명당 사망자 수
2007	2,542	10.7	156	0.7	2,698	5.9
2008	2,870	11.9	199	0.8	3,069	6.3
2009	3,807	15.8	299	1.2	4,106	8.4
2010	4,400	18.2	340	1.4	4,740	9.8
2011	4,674	19.2	374	1.5	5,048	10.2
2012	4,289	17.6	387	1.6	4,676	9.6
2013	4,107	16.8	383	1.6	4,490	9.3
2014	4,305	17.5	396	1.6	4,701	9.5
2015	4,243	17.1	400	1.6	4,643	9.3
2016	4,010	16.1	420	1.7	4,430	8.9
2017	4,111	16.5	424	1.7	( )	9.1
2018	3,996	15.9	497	2.0	4,493	9.0
2019	4,075	16.2	474	1.9	( )	9.1
2020	3,955	15.6	521	2.1	4,476	8.9

※ 인구 10만 명당 사망자 수는 소수점 아래 둘째 자리에서 반올림한 값이다.

① 2017년과 2019년의 전체 사망자 수는 같다.

② 40대 사망자 수는 매년 증가한다.

③ 매년 50대 인구 10만 명당 사망자 수는 40대 인구 10만 명당 사망자 수의 8배 이상이다.

④ 50대 인구 10만 명당 사망자 수가 가장 많은 해의 전년대비 50대 사망자 수 증가율은 5% 이상이다.

⑤ 전체 사망자 수의 전년대비 증가율은 2008년이 2010년보다 높다.

의사소통능력

수리능력

문제해결능력

자기개발능력

자원관리능력

대인관계능력

정보능력

기술능력

조직이해능력

직업윤리

33 다음은 2020년 A지역의 쓰레기 처리현황에 대한 자료이다. 이를 통해 알 수 있는 사실이 아닌 것은?

(단위 : 톤)

	발생지 자체 처리	위탁 처리				미처리
		소계	소각	멸균 분쇄	재활용	
합계	2,929	31,088	16,108	14,659	226	33
생활폐기물	45	877	575	0	226	1
사업장 폐기물	2,884	30,211	15,533	14,659	0	32

※ 1) 쓰레기는 위탁 처리되거나 발생지에서 자체 처리됨
   2) 쓰레기 처리방식에는 소각, 멸균분쇄, 재활용이 있음

① 2020년에 발생한 생활폐기물의 처리 양

② 2020년에 발생한 쓰레기의 처리율

③ 2020년에 발생한 생활폐기물의 위탁 처리율

④ 작년 대비 2020년의 쓰레기 처리율 증감

34 다음은 A시의 도로에 관한 자료이다. 산업용 도로 4km와 산업관광용 도로 5km의 건설비의 합은 얼마인가?

분류	도로수	총길이	건설비
관광용 도로	5	30km	30억
산업용 도로	7	60km	300억
산업관광용 도로	9	100km	400억
합계	21	283km	730억

① 20억 원

② 30억 원

③ 40억 원

④ 50억 원

[35 ~ 36] 다음은 2020년 세계 100대 은행에 포함된 국내 5개 은행의 평균 성과지표를 비교한 표이다. 물음에 답하시오.

	자산 (억 달러)	세전 이익 (억 달러)	ROA(%)	BIS비율(%)	자산 대비 대출 비중(%)
세계 10대 은행 평균	23,329	303	1.3	14.6	47.9
국내 5개 은행 평균	2,838	8.1	0.2	13.6	58.9

35 다음 중 옳지 않은 설명은?

① 세계 10대 은행 평균 자산은 국내 5개 은행 평균 자산의 9배 이상에 해당한다.
② 세계 10대 은행 평균 세전 이익은 국내 5개 은행 평균 세전 이익보다 크다.
③ 세계 10대 은행 평균 ROA는 국내 5개 은행 평균 ROA의 6배 이상이다.
④ 세계 10대 은행 평균 BIS비율은 국내 5개 은행 평균 BIS비율보다 크다.

36 국내 5개 은행 평균 자산 대비 대출 비중은 세계 10대 은행 평균 자산 대비 대출 비중의 약 몇 배에 해당하는가?

① 약 1.2배   ② 약 1.8배
③ 약 2.4배   ④ 약 2.9배

의사소통능력

수리능력

문제해결능력

자기개발능력

자원관리능력

대인관계능력

정보능력

기술능력

조직이해능력

직업윤리

37 다음은 철도사고 피해자에 관한 자료이다. 2018년부터 3년 동안 승객과 직원의 피해자 수의 평균으로 적절하게 짝지어진 것은?

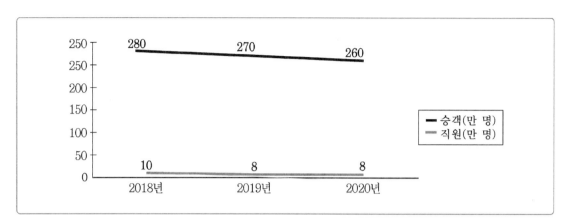

	승객(만 명)	직원(만 명)
①	260	7.8
②	270	8.7
③	280	9.2
④	290	10.4

38 다음은 연도별 노비의 인구 비율이다. 다음 중 1300년대 공노비와 사노비 비율은 몇 배 차이 나는가?

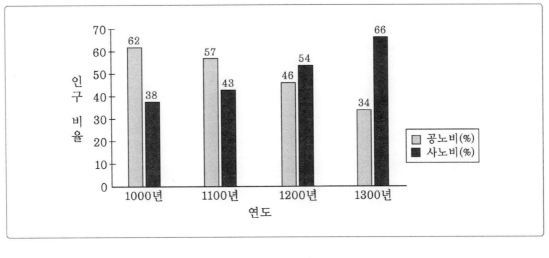

① 1.9배
② 2.1배
③ 2.3배
④ 2.5배

39 다음은 한자능력시험 합격자에 관한 자료이다. 다음 중 전월 대비 합격자 수의 증가량이 가장 큰 시기는?

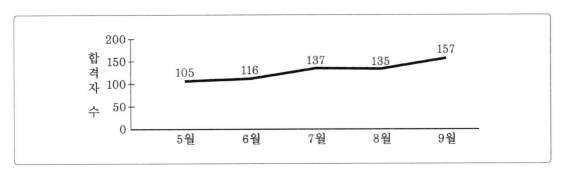

① 6월
② 7월
③ 8월
④ 9월

의사소통능력

수리능력

문제해결능력

자기개발능력

자원관리능력

대인관계능력

정보능력

기술능력

조직이해능력

직업윤리

40 다음은 두 회사의 주가에 관한 자료이다. 다음 중 월별 주가지수의 최솟값은?

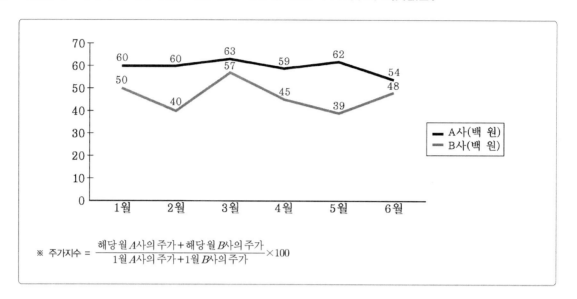

$$※ \ 주가지수 = \frac{해당\,월\,A사의\,주가 + 해당\,월\,B사의\,주가}{1월\,A사의\,주가 + 1월\,B사의\,주가} \times 100$$

① 90.9

② 91.8

③ 92.7

④ 94.5

[41 ~ 42] 연도별 의료보장 적용인구에 대한 다음 자료를 참고하여 이어지는 물음에 답하시오.

〈표1〉 건강보험 적용인구

(단위 : 천 명)

구분		2013	2014	2015	2016	2017	2018	2019	2020
직장	가입자	12,664	13,397	13,991	14,606	15,141	15,790	16,338	16,830
	피부양자	19,620	19,860	20,115	20,400	20,461	20,465	20,337	20,069
	부양률(명)	1.55	1.48	1.44	1.40	1.35	1.30	1.24	1.19
지역	세대주	7,041	6,945	6,818	6,683	6,655	6,507	6,482	6,541
	세대원	9,482	9,098	8,738	8,304	8,060	7,758	7,607	7,501
	부양률(명)	1.35	1.31	1.28	1.24	1.21	1.19	1.17	1.15

〈표2〉 유형별 의료보장 적용인구

(단위 : 천 명)

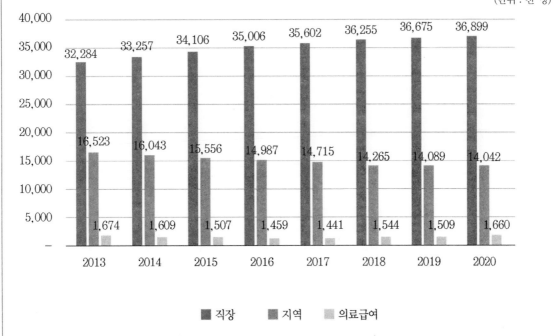

의사소통능력

수리능력

문제해결능력

자기개발능력

자원관리능력

대인관계능력

정보능력

기술능력

조직이해능력

직업윤리

41 다음 중 위의 자료에 대한 올바른 설명이 아닌 것은 어느 것인가?

① 2020년의 건강보험 적용인구 중 직장 가입자 비율은 72.4%이다.

② 직장과 지역 건강보험 가입자를 합한 수는 매년 꾸준히 증가하고 있다.

③ 의료급여 적용인구는 매년 건강보험 적용인구 대비 3% 이상의 비중을 보이고 있다.

④ 부양률은 가입자(세대주)에 대한 피부양자(세대원)의 배율을 의미한다.

⑤ 직장 가입자가 부양해야 할 피부양자의 비중이 지역 가입자가 부양해야 할 세대원의 비중보다 매년 더 크다.

42 직장과 지역을 합산한 건강보험 적용인구 전체에 대한 2013년 대비 2020년의 부양률 변화를 올바르게 설명한 것은 어느 것인가?

① 약 −20%의 감소율을 보이고 있다.

② 약 20%의 증가율을 보이고 있다.

③ 약 0.5%p의 부양률 차이를 보이고 있다.

④ 약 −12%의 감소율을 보이고 있다.

⑤ 약 12%의 증가율을 보이고 있다.

의사소통능력

수리능력

문제해결능력

자기개발능력

자원관리능력

대인관계능력

정보능력

기술능력

조직이해능력

직업윤리

43 다음은 문화산업부문 예산에 관한 자료이다. 다음 중 ㉣의 값을 구하면?

분야	예산(억 원)	비율(%)
출판	㉠	㉢
영상	40.85	19
게임	51.6	24
광고	㉡	31
저작권	23.65	11
총합	㉣	100

① 185

② 195

③ 205

④ 215

44 다음은 우리나라 여성과 남성의 연령대별 경제활동 참가율에 대한 그래프이다. 이에 대한 설명으로 옳은 것은?

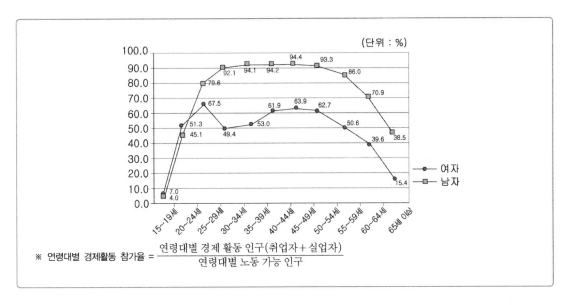

① 15 ~ 24세 남성보다 여성의 경제활동 참여 의지가 높을 것이다.

② 59세 이후 여성의 경제활동 참가율의 감소폭이 남성보다 크다.

③ 35세 이후 50세 이전까지 모든 연령대에서 남성보다 여성의 경제활동 인구의 증가가 많다.

④ 25세 이후 여성의 그래프와 남성의 그래프가 다르게 나타나는 것의 원인으로 출산과 육아를 들 수 있다.

45 도표는 국민 1,000명을 대상으로 준법 의식 실태를 조사한 결과이다. 이에 대한 분석으로 가장 타당한 것은?

- 설문 1 : "우리나라에서는 법을 위반해도 돈과 권력이 있는 사람은 처벌받지 않는 경향이 있다."라는 주장에 동의합니까?

(단위 : %)

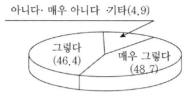

- 설문 2 : 우리나라에서 분쟁의 해결 수단으로 가장 많이 사용되는 것은 무엇이라 생각합니까?

(단위 : %)

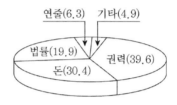

① 전반적으로 준법 의식이 높은 편이다.
② 권력보다는 법이 우선한다고 생각한다.
③ 법이 공정하게 집행되지 않는다고 본다.
④ 악법도 법이라는 사고가 널리 퍼져 있다.

46 그래프를 통해 알 수 있는 이 지역의 변화로 가장 적절한 것은?

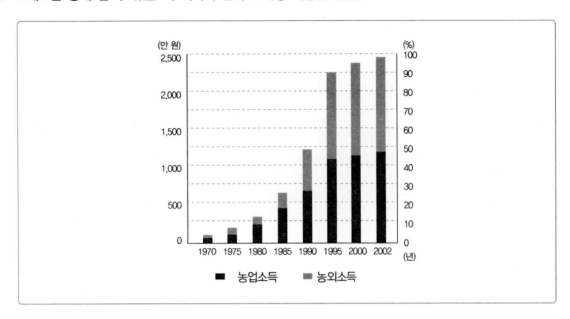

① 겸업 인구가 증가하였다.
② 노년층의 인구 비율이 높아졌다.
③ 도시로의 전출 인구가 많아졌다.
④ 주곡 작물의 재배 면적이 확대되었다.

의사소통능력

수리능력

문제해결능력

자기개발능력

자원관리능력

대인관계능력

정보능력

기술능력

조직이해능력

직업윤리

47 다음은 아파트값 안정 대책에 대한 전문가들의 의견을 조사한 것이다. 이를 잘못 해석한 것은?

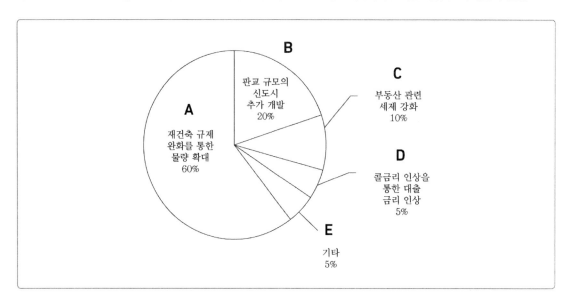

① A의 응답자들은 시장보다 정부를 신뢰하고 있다.

② B는 공급 증대를 통한 가격 안정화 정책이다.

③ C는 수요 축소를 통한 가격 안정화 정책이다.

④ D는 내수를 위축시킬 수도 있다.

48 다음은 화학경시대회 응시생 A ~ J의 성적 관련 자료이다. 〈보기〉의 설명 중 옳은 것만을 모두 고르면?

응시생 \ 구분	정답 문항 수	오답 문항 수	풀지 않은 문항 수	점수(점)
A	19	1	0	93
B	18	2	0	86
C	17	1	2	83
D	( )	2	1	( )
E	( )	3	0	( )
F	16	1	3	78
G	16	( )	( )	76
H	( )	( )	( )	75
I	15	( )	( )	71
J	( )	( )	( )	64

※ 1) 총 20문항으로 100점 만점임

2) 정답인 문항에 대해서는 각 5점의 득점, 오답인 문항에 대해서는 각 2점의 감점이 있고, 풀지 않은 문항에 대해서는 득점과 감점이 없음

〈보기〉
㉠ 응시생 I의 '풀지 않은 문항 수'는 3개이다.
㉡ '풀지 않은 문항 수'의 합은 20이다.
㉢ 80점 이상인 응시생은 5명이다.
㉣ 응시생 J의 '오답 문항 수'와 '풀지 않은 문항 수'는 동일하다.

① ㉠㉡
② ㉠㉣
③ ㉡㉢
④ ㉡㉣

의사소통능력

수리능력

문제해결능력

자기개발능력

자원관리능력

대인관계능력

정보능력

기술능력

조직이해능력

직업윤리

49 4차 산업혁명 관련 기술을 개발 또는 활용하고 있는 기업에 대한 다음 자료를 올바르게 해석한 설명은 어느 것인가?

〈표1〉

(단위 : 개, %)

	기업 수	산업 대분류											
		농림어업	광업제조업	제조업	전기가스업	건설업	도소매업	운수·창고업	숙박음식업	정보통신업	부동산업	기타서비스업	금융보험업
조사대상 기업 수	12,579	26	6,119	6,106	59	543	1,401	715	323	1,047	246	1,773	327
구성비	100.0	0.2	48.6	48.5	0.5	4.3	11.1	5.7	2.6	8.3	2.0	14.1	2.6
4차 산업 기술 개발·활용 기업 수	1,014	–	408	408	9	28	94	22	19	265	3	114	52
구성비	100.0	–	40.2	40.2	0.9	2.8	9.3	2.2	1.9	26.1	0.3	11.2	5.1

〈표2〉

(단위 : 개, %)

4차 산업 기술 개발·활용 기업 수	계	분야(복수응답)								
		사물인터넷	클라우드	빅데이터	모바일(5G)	인공지능	블록체인	3D프린팅	로봇공학	가상증강현실
1,014	1,993	288	332	346	438	174	95	119	96	105
	100.0	14.5	16.7	17.4	22.0	8.7	4.8	6.0	4.8	5.3

※ 단, 계산 값은 소수점 둘째 자리에서 반올림한다.

① 4차 산업 기술을 활용하는 전기가스업 기업은 모두 사물인터넷을 활용한다.
② 조사대상 기업체 중 4차 산업 기술을 활용하는 기업의 비중은 금융보험업이 전기가스업보다 더 높다.
③ 전체 조사대상 기업 중 4차 산업 기술을 활용하는 기업의 수는 1,993개이다.
④ 가장 많이 활용되고 있는 3가지 4차 산업 기술은 5G 모바일, 빅 데이터, 사물인터넷이다.
⑤ 조사대상 기업체 중 4차 산업 기술 활용 비중이 가장 낮은 업종은 운수·창고업이다.

50 다음 자료를 올바르게 판단한 의견을 〈보기〉에서 모두 고른 것은 어느 것인가?

종사자 규모별	사업체 수				종사자 수			
	2019년	2020년	증감률	기여율	2019년	2020년	증감률	기여율
합계	3,950,192 (100.0)	4,020,477 (100.0)	1.8	100.0	21,259,243 (100.0)	21,591,398 (100.0)	1.6	100.0
1 ~ 4인	3,173,203 (80.3)	3,224,683 (80.2)	1.6 (-0.1)	73.2	5,705,551 (26.8)	5,834,290 (27.0)	2.3 (0.2)	38.8
5 ~ 99인	758,333 (19.2)	776,922 (19.3)	2.5 (0.1)	26.4	10,211,699 (48.0)	10,281,826 (47.6)	0.7 (-0.4)	21.1
100 ~ 299인	14,710 (0.4)	14,846 (0.4)	0.9 (0.0)	0.2	2,292,599 (10.8)	2,318,203 (10.7)	1.1 (-0.1)	7.7
300인 이상	3,946 (0.1)	4,026 (0.1)	2.0 (0.0)	0.1	3,049,394 (14.3)	3,157,079 (14.6)	3.5 (0.3)	32.4

〈보기〉

㉠ "종사자 규모 변동에 따른 사업체 수와 종사자 수의 증감 내역이 연도별로 다르네."
㉡ "기여율은 '구성비'와 같은 개념의 수치로군."
㉢ "사업체 1개당 평균 종사자 수는 사업체 규모가 커질수록 더 많네."
㉣ "2019년보다 종사자 수가 더 적어진 사업체는 없군."

① ㉠㉢
② ㉡㉣
③ ㉢㉣
④ ㉠㉡㉢
⑤ ㉡㉢㉣

문제해결능력

(1) 문제와 문제 해결의 정의

문제란 업무를 수행함에 있어서 답을 요구하는 질문이나 의논하여 해결해야 되는 사항이며, 문제 해결은 목표와 현상을 분석하고 이 결과를 토대로 과제를 도출하여 최적의 해결책을 찾아 실행·평가해 가는 활동이다.

(2) 문제의 분류

구분	창의적 문제	분석적 문제
문제제시방법	현재 문제가 없더라도 보다 나은 방법을 찾기 위한 문제 탐구 → 문제 자체가 명확하지 않음	현재의 문제점이나 미래의 문제로 예견될 것에 대한 문제 탐구 → 문제 자체가 명확함
해결 방법	창의력에 의한 많은 아이디어의 작성을 통해 해결	분석, 논리, 귀납과 같은 논리적 방법을 통해 해결
해답 수	해답의 수가 많으며, 많은 답 가운데 보다 나은 것을 선택	답의 수가 적으며 한정되어 있음
주요특징	주관적, 직관적, 감각적, 정성적, 개별적, 특수성	객관적, 논리적, 정량적, 이성적, 일반적, 공통성

(2) 발생형 문제(보이는 문제)

① 정의 : 현재 직면하여 해결하기 위해 고민하는 문제이다. 원인이 내재되어 있기 때문에 원인지향적인 문제라고도 한다.

② 일탈문제 : 어떤 기준을 일탈함으로써 생기는 문제를 말한다.

③ 미달문제 : 어떤 기준에 미달하여 생기는 문제를 말한다.

(3) 탐색형 문제(찾는 문제)

① 정의 : 현재의 상황을 개선하거나 효율을 높이기 위한 문제이다. 방치할 경우 큰 손실이 따르거나 해결할 수 없는 문제로 나타나게 된다.

② 잠재문제 : 문제가 잠재되어 있어 인식하지 못하다가 확대되어 해결이 어려운 문제를 말한다.

③ 예측문제 : 현재로는 문제가 없으나 현 상태의 진행 상황을 예측하여 찾아야 앞으로 일어날 수 있는 문제가 보이는 문제를 말한다.

④ 발견문제 : 현재로서는 담당 업무에 문제가 없으나 선진기업의 업무 방법 등 보다 좋은 제도나 기법을 발견하여 개선시킬 수 있는 문제를 말한다.

(4) 설정형 문제(미래 문제)

장래의 경영전략을 생각하는 것으로 앞으로 어떻게 할 것인가 하는 문제이다. 문제 해결에 창조적인 노력이 요구되어 창조적 문제라고도 한다.

출제경향

문제해결능력은 업무를 수행함에 있어 발생하는 복잡하고 다양한 문제를 바르게 인식하고 해결하는 능력이다. 상황을 제시하고 해결절차를 적용하는 문제가 주로 출제되는 편이며, 창의적인 사고를 묻는 사고력 문제가 출제된다.

하위능력별 출제 유형

사고력 ◆◆◆◆◇
제시된 상황에 대해서 어떻게 풀이를 할 것인가에 대한 방법 모색과 근본적인 원인을 파악해야 하며, 기존과는 다른 관점으로 문제에 접근할 수 있어야 한다.

문제처리능력 ◆◆◆◆◆
전체 자료에서 필요한 요소를 분리할 수 있는지 여부가 중요하며, 우선순위를 통하여 빠르게 해결할 수 있어야 한다.

하위능력별 출제 빈도

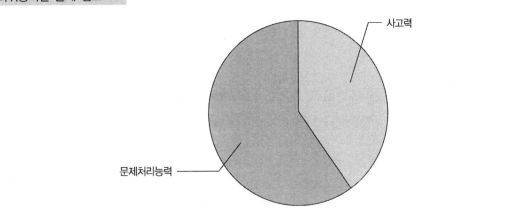

의사소통능력

수리능력

문제해결능력

자기개발능력

자원관리능력

대인관계능력

정보능력

기술능력

조직이해능력

직업윤리

(1) 창의적 사고

개인이 가지고 있는 경험과 지식을 통해 새로운 가치 있는 아이디어를 산출하는 사고능력이다.

(2) 창의적 사고의 특징

① 정보와 정보의 조합
② 사회나 개인에게 새로운 가치 창출
③ 창조적인 가능성

(3) 발산적 사고

창의적 사고를 위해 필요한 것으로 자유연상법, 강제연상법, 비교발상법 등을 통해 개발할 수 있다.

구분	내용
자유연상법	생각나는 대로 자유롭게 발상 **예** 브레인스토밍
강제연상법	각종 힌트에 강제적으로 연결 지어 발상 **예** 체크리스트
비교발상법	주제의 본질과 닮은 것을 힌트로 발상 **예** NM법, Synectics

(4) 논리적 사고

① 정의 : 사고의 전개에 있어 전후의 관계가 일치하고 있는가를 살피고 아이디어를 평가하는 사고능력이다.
② 논리적 사고를 위한 5가지 요소 : 생각하는 습관, 상대 논리의 구조화, 구체적인 생각, 타인에 대한 이해, 설득
③ 논리적 사고 개발 방법
- 피라미드 구조 : 하위의 사실이나 현상부터 사고하여 상위의 주장을 만들어가는 방법
- So What기법 : '그래서 무엇이지?' 하고 자문자답하여 주어진 정보로부터 가치 있는 정보를 이끌어 내는 사고 기법

(5) 비판적 사고

① 정의 : 어떤 주제나 주장에 대해서 적극적으로 분석하고 종합하며 평가하는 능동적인 사고이다.
② 비판적 사고 개발 태도 : 비판적 사고를 개발하기 위해서는 지적 호기심, 객관성, 개방성, 융통성, 지적 회의성, 지적 정직성, 체계성, 지속성, 결단성, 다른 관점에 대한 존중과 같은 태도가 요구된다.
③ 비판적 사고를 위한 태도
- 문제의식 : 비판적인 사고를 위해서 가장 먼저 필요한 것은 바로 문제의식이다. 자신이 지니고 있는 문제와 목적을 확실하고 정확하게 파악하는 것이 비판적인 사고의 시작이다.
- 고정관념 타파 : 지각의 폭을 넓히는 일은 정보에 대한 개방성을 가지고 편견을 갖지 않는 것으로 고정관념을 타파하는 일이 중요하다.

문제처리능력과 문제해결절차

(1) 문제처리능력

목표와 현상을 분석하고 이를 토대로 문제를 도출하여 최적의 해결책을 찾아 실행·평가하는 능력이다.

(2) 문제해결절차

① 문제 인식
- 문제 해결과정 중 'What'을 결정하는 단계로 환경 분석 → 주요 과제 도출 → 과제 선정의 절차를 통해 수행된다.
- 3C 분석 : 환경 분석 방법의 하나로 사업환경을 구성하고 있는 요소인 자사(Company), 경쟁사(Competitor), 고객(Customer)을 분석하는 것이다.
- SWOT 분석 : 기업내부의 강점과 약점, 외부환경의 기회와 위협요인을 분석·평가하여 문제 해결방안을 개발하는 방법이다.

<table>
<tr><td colspan="2" rowspan="2"></td><td colspan="2">내부환경요인</td></tr>
<tr><td>강점(Strengths)</td><td>약점(Weaknesses)</td></tr>
<tr><td rowspan="4">외부환경요인</td><td>기회
(Opportunities)</td><td>SO
내부강점과 외부기회 요인을 극대화</td><td>WO
외부기회를 이용하여 내부약점을 강점으로 전환</td></tr>
<tr><td>위협
(Threat)</td><td>ST
외부위협을 최소화하기 위해 내부강점을 극대화</td><td>WT
내부약점과 외부위협을 최소화</td></tr>
</table>

② 문제 도출
- 선정된 문제를 분석하여 해결해야 할 것이 무엇인지를 명확히 하는 단계로, 문제 구조 파악 → 핵심 문제 선정 단계를 거쳐 수행된다.
- Logic Tree : 문제의 원인을 파고들거나 해결책을 구체화할 때 제한된 시간 안에서 넓이와 깊이를 추구하는 데 도움이 되는 기술로 주요 과제를 나무모양으로 분해·정리하는 기술이다.

③ 원인 분석 : 문제 도출 후 파악된 핵심 문제에 대한 분석을 통해 근본 원인을 찾는 단계로 Issue 분석 → Data 분석 → 원인 파악의 절차로 진행된다.

④ 해결안 개발 : 원인이 밝혀지면 이를 효과적으로 해결할 수 있는 다양한 해결안을 개발하고 최선의 해결안을 선택하는 것이 필요하다.

⑤ 실행 및 평가 : 해결안 개발을 통해 만들어진 실행계획을 실제 상황에 적용하는 활동으로 실행계획 수립 → 실행 → Follow - Up의 절차로 진행된다.

의사소통능력

수리능력

문제해결능력

자기개발능력

자원관리능력

대인관계능력

정보능력

기술능력

조직이해능력

직업윤리

(3) 문제 해결에 필요한 기본적 사고

① **전략적 사고** : 문제와 해결방안이 상위 시스템과 어떻게 연결되어 있는지를 생각한다.

② **분석적 사고** : 전체를 각각의 요소로 나누어 그 의미를 도출하고 우선순위를 부여하여 구체적인 문제 해결 방법을 실행한다.

③ **발상의 전환** : 인식의 틀을 전환하여 새로운 관점으로 바라보는 사고를 지향한다.

④ **내 · 외부자원의 활용** : 기술, 재료, 사람 등 필요한 자원을 효과적으로 활용한다.

(4) 문제 해결의 장애요소

① 문제를 철저하게 분석하지 않는 경우

② 고정관념에 얽매이는 경우

③ 쉽게 떠오르는 단순한 정보에 의지하는 경우

④ 너무 많은 자료를 수집하려고 노력하는 경우

(5) 문제 해결 방법

① **소프트 어프로치** : 문제 해결을 위해서 직접적인 표현보다는 무언가를 시사하거나 암시를 통하여 의사를 전달하여 문제 해결을 도모하고자 한다.

② **하드 어프로치** : 상이한 문화적 토양을 가지고 있는 구성원을 가정하고, 서로의 생각을 직설적으로 주장하고 논쟁이나 협상을 통해 서로의 의견을 조정해 가는 방법이다.

③ **퍼실리테이션(Facilitation)** : 촉진을 의미하며 어떤 그룹이나 집단이 의사결정을 잘 하도록 도와주는 일을 의미한다.

예제 01 문제처리능력

D회사 신입사원으로 입사한 귀하는 신입사원 교육에서 업무 수행과정에서 발생하는 문제 유형 중 설정형 문제를 하나씩 찾아오라는 지시를 받았다. 이에 대해 귀하는 교육받은 내용을 다시 복습하려고 한다. 설정형 문제에 해당하는 것은?

① 현재 직면하여 해결하기 위해 고민하는 문제
② 현재의 상황을 개선하거나 효율을 높이기 위한 문제
③ 앞으로 어떻게 할 것인가 하는 문제
④ 원인이 내재되어 있는 원인지향적인 문제

출제의도
업무 수행 중 문제가 발생하였을 때 문제 유형을 구분하는 능력을 측정하는 문항이다.

해설
업무 수행과정에서 발생하는 문제 유형으로는 발생형 문제, 탐색형 문제, 설정형 문제가 있으며 ①④는 발생형 문제이며 ②는 탐색형 문제, ③이 설정형 문제이다.

예제 02 사고력

M사 홍보팀에서 근무하고 있는 귀하는 입사 5년차로 창의적인 기획안을 제출하기로 유명하다. S 부장은 이번 신입사원 교육 때 귀하에게 창의적인 사고란 무엇인지 교육을 맡아달라고 부탁하였다. 창의적인 사고에 대한 귀하의 설명으로 옳지 않은 것은?

① 창의적인 사고는 새롭고 유용한 아이디어를 생산해 내는 정신적인 과정이다.
② 창의적인 사고는 특별한 사람들만이 할 수 있는 대단한 능력이다.
③ 창의적인 사고는 기존의 정보들을 특정한 요구조건에 맞거나 유용하도록 새롭게 조합시킨 것이다.
④ 창의적인 사고는 통상적인 것이 아니라 기발하거나, 신기하며 독창적인 것이다.

출제의도
창의적 사고에 대한 개념을 정확히 파악하고 있는지를 묻는 문항이다.

해설
흔히 사람들은 창의적인 사고에 대해 특별한 사람들만이 할 수 있는 대단한 능력이라고 생각하지만 그리 대단한 능력이 아니며 이미 알고 있는 경험과 지식을 해체하여 다시 새로운 정보로 결합하여 가치 있는 아이디어를 산출하는 사고라고 할 수 있다.

의사소통능력

수리능력

문제해결능력

자기개발능력

자원관리능력

대인관계능력

정보능력

기술능력

조직이해능력

직업윤리

Answer. 01.③ 02.②

예제 03 문제처리능력

L사에서 주력 상품으로 밀고 있는 TV의 판매 이익이 감소하고 있는 상황에서 귀하는 B 부장으로부터 3C분석을 통해 해결방안을 강구해 오라는 지시를 받았다. 다음 중 3C에 해당하지 않는 것은?

① Customer
② Company
③ Competitor
④ Content

예제 04 문제처리능력

C사는 최근 국내 매출이 지속적으로 하락하고 있어 사내 분위기가 심상치 않다. 이에 대해 Y 부장은 이 문제를 극복하고자 문제처리 팀을 구성하여 해결방안을 모색하도록 지시하였다. 문제처리 팀의 문제해결절차를 올바른 순서로 나열한 것은?

① 문제 인식 → 원인 분석 → 해결안 개발 → 문제 도출 → 실행 및 평가
② 문제 도출 → 문제 인식 → 해결안 개발 → 원인 분석 → 실행 및 평가
③ 문제 인식 → 원인 분석 → 문제 도출 → 해결안 개발 → 실행 및 평가
④ 문제 인식 → 문제 도출 → 원인 분석 → 해결안 개발 → 실행 및 평가

Answer. | 03.④ 04.④

N 출제예상문제

정답 및 해설 **p.487**

[1 ~ 5] 다음 명제가 참일 때, 항상 참인 것을 고르시오.

1

> ㉠ 6명의 팀원은 원탁에 앉아있다.
> ㉡ 원탁은 6명까지 앉을 수 있다.
> ㉢ 준서는 미영이의 바로 왼쪽에 앉아있다.
> ㉣ 명수는 진영이 바로 오른쪽에 앉아있다.
> ㉤ 정희는 성우의 맞은편에 앉아있다.

① 미영이는 진영이와 마주보고 있다.

② 진영이는 준서와 마주보고 있다.

③ 정희의 바로 옆에는 명수가 올 수 없다.

④ 성우의 바로 옆에는 준서가 올 수 없다.

2

> ㉠ 5명의 학생이 각자 등교를 한다.
> ㉡ 은영이는 준수보다 먼저 등교했다.
> ㉢ 진우는 병서보다 먼저 등교했다.
> ㉣ 은영이는 병서보다 늦게 등교했다.
> ㉤ 유정이보다 늦게 등교한 사람은 1명이다.

① 병서는 준수보다 먼저 등교했다.

② 유정이는 은영이보다 먼저 등교했다.

③ 진우는 유정이보다 늦게 등교했다.

④ 은영이는 준수보다 늦게 등교했다.

의사소통능력

수리능력

문제해결능력

자기개발능력

자원관리능력

대인관계능력

정보능력

기술능력

조직이해능력

직업윤리

3

> ㉠ A, B, C, D, E는 달리기 시합을 하고 있다.
> ㉡ A 앞에 한 명이 뛰고 있다.
> ㉢ A는 D의 앞쪽에 뛰고 있다.
> ㉣ C는 세 번째에 뛰고 있다.
> ㉤ D는 E보다 앞쪽에 뛰고 있다.

① A는 가장 빠르게 뛰고 있다.
② B는 두 번째로 빠르게 뛰고 있다.
③ D는 세 번째로 빠르게 뛰고 있다.
④ E는 가장 뒤에서 뛰고 있다.

4

> ㉠ 강두, 강수, 강우, 강주는 시력이 다르다.
> ㉡ 강주는 강수보다 시력이 좋다.
> ㉢ 강우는 강주, 강두보다 시력이 좋지 않다.
> ㉣ 강수는 강우보다 시력이 좋지 않다.
> ㉤ 강주는 강두보다 시력이 좋지 않다.

① 네 사람 중 강두가 가장 시력이 좋다.
② 네 사람 중 강수가 가장 시력이 좋다.
③ 네 사람 중 강우가 가장 시력이 좋지 않다.
④ 네 사람 중 강주가 가장 시력이 좋지 않다.

5

㉠ 갑, 을, 병, 정, 무는 태어난 날짜가 모두 다르다.
㉠ 갑 : 저는 을, 정보다 늦게 태어났습니다.
㉡ 을 : 저는 가장 먼저 태어났습니다.
㉢ 병 : 저보다 세 사람이 먼저 태어났습니다.
㉣ 정 : 저는 병보다 먼저 태어났습니다.
㉤ 무 : 저는 갑보다 늦게 태어났습니다.

① 갑은 첫 번째로 태어났다.
② 을은 두 번째로 태어났다.
③ 병은 무보다 먼저 태어났다.
④ 무는 정보다 먼저 태어났다.

[6 ~ 10] 다음을 읽고 빈칸에 들어갈 조건을 고르시오.

6

〈조건〉
• ( )
• 인연은 만남이다.
• 화합은 성공이다.
• 우연은 인연이다.
• 만남은 화합이다.

〈결론〉

시작은 성공이다.

① 인연은 우연이다.
② 시작은 우연이다.
③ 성공은 만남이다.
④ 화합은 인연이다.

의사소통능력

수리능력

문제해결능력

자기개발능력

자원관리능력

대인관계능력

정보능력

기술능력

조직이해능력

직업윤리

7

〈조건〉

- (   )
- 목적은 성취이다.
- 자유는 개인이다.
- 개인은 도전이다.
- 성취는 행운이다.

〈결론〉

자유는 행운이다.

① 개인은 자유이다.
② 목적은 개인이다.
③ 도전은 목적이다.
④ 행운은 개인이다.

8

〈조건〉

- (   )
- 결합은 반복이다.
- 현재는 하나이다.
- 반복은 생활이다.
- 사회는 결합이다.

〈결론〉

사회는 하나이다.

① 생활은 현재이다.
② 하나는 반복이다.
③ 반복은 결합이다.
④ 하나는 현재이다.

9

〈조건〉

- (   )
- 바쁜 사람은 노력하는 사람이다.
- 목표가 있는 사람은 웃을 수 있는 사람이다.
- 계획적인 사람은 부지런한 사람이다.
- 노력하는 사람은 목표가 있는 사람이다.

〈결론〉

계획적인 사람은 웃을 수 있는 사람이다.

① 노력하는 사람은 계획적인 사람이다.
② 노력하는 사람은 부지런한 사람이다.
③ 웃을 수 있는 사람은 바쁜 사람이다.
④ 부지런한 사람은 바쁜 사람이다.

의사소통능력

수리능력

문제해결능력

자기개발능력

자원관리능력

대인관계능력

정보능력

기술능력

조직이해능력

직업윤리

10

〈조건〉

- (   )
- 준비하는 사람은 시도하는 사람이다.
- 감사하는 사람은 박수 받는 사람이다.
- 박수 받는 사람은 준비하는 사람이다.
- 시도하는 사람은 개방적인 사람이다.

〈결론〉

감사하는 사람은 매력적인 사람이다.

① 시도하는 사람은 박수 받는 사람이다.
② 개방적인 사람은 매력적인 사람이다.
③ 박수 받는 사람은 감사하는 사람이다.
④ 준비하는 사람은 박수 받는 사람이다.

11 A회사의 건물에는 1층에서 4층 사이에 5개의 부서가 있다. 다음 조건에 일치하는 것은?

> • 영업부와 기획부는 복사기를 같이 쓴다.
> • 3층에는 경리부가 있다.
> • 인사부는 홍보부의 바로 아래층에 있다.
> • 홍보부는 영업부의 아래쪽에 있으며 2층의 복사기를 쓰고 있다.
> • 경리부는 위층의 복사기를 쓰고 있다.

① 영업부는 기획부와 같은 층에 있다.
② 경리부는 4층의 복사기를 쓰고 있다.
③ 인사부는 2층의 복사기를 쓰고 있다.
④ 기획부는 4층에 있다.

12 다음 제시된 전제에 따라 결론을 바르게 추론한 것은?

> • 어떤 천재는 수학자이다.
> • 피타고라스는 수학자이다.
> • 그러므로 (   )

① 피타고라스는 천재이다.
② 피타고라스는 천재가 아니다.
③ 피타고라스는 과학자이다.
④ 피타고라스가 천재인지 아닌지는 알 수 없다.

13 다음에 제시된 사실이 모두 참일 때 이를 통해 얻은 결론의 참, 거짓, 알 수 없음을 판단하면?

〈사실〉

• 모든 변호사는 논리적이다.
• 어떤 작가도 논리적이지 않다.

〈결론〉

A : 어떤 작가도 변호사가 아니다.
B : 모든 작가는 변호사이다.

① A만 옳다.
② B만 옳다.
③ A와 B 모두 옳다.
④ A와 B 모두 그르다.

14 다음의 논증이 타당하려면 반드시 보충되어야 할 전제는?

M방송국이 월드컵 중계방송을 하지 않는다면 K방송국이 월드컵 중계방송을 한다. K방송국과 S방송국이 동시에 월드컵 중계방송을 하는 일은 있을 수 없다. 그러므로 M방송국은 월드컵 중계방송을 한다.

① S방송국이 월드컵 중계방송을 한다.
② K방송국이 월드컵 중계방송을 한다.
③ K방송국이나 S방송국이 월드컵 중계방송을 한다.
④ S방송국이 월드컵 중계방송을 하지 않으면 K방송국이 월드컵 중계방송을 한다.

의사소통능력

수리능력

문제해결능력

자기개발능력

자원관리능력

대인관계능력

정보능력

기술능력

조직이해능력

직업윤리

15 표는 A 씨의 금융 상품별 투자 보유 비중 변화를 나타낸 것이다. (가)에서 (나)로 변경된 내용으로 옳은 설명을 고르면?

금융 상품		(가) 보유 비중(%)	(나) 보유 비중(%)
주식	○○(주)	30	20
	△△(주)	20	0
저축	보통예금	10	20
	정기적금	20	20
채권	국·공채	20	40

㉠ 직접금융 종류에 해당하는 상품 투자 보유 비중이 낮아졌다.
㉡ 수익성보다 안정성이 높은 상품 투자 보유 비중이 높아졌다.
㉢ 배당 수익을 받을 수 있는 자본 증권 투자 보유 비중이 높아졌다.
㉣ 일정 기간 동안 일정 금액을 예치하는 예금 보유 비중이 낮아졌다.

① ㉠㉡

② ㉠㉢

③ ㉡㉢

④ ㉡㉣

16 다음은 △△은행이 발급하는 '올바른 Travel카드'에 대한 서비스 안내 사항이다. 다음 중 카드 상품에 대한 안내 사항을 올바르게 이해한 것은 어느 것인가?

<특별 할인 서비스>

- 중국 비자 발급센터에서 비자 발급 수수료 결제 시 50% 청구 할인
- 연 1회 / 최대 3만 원까지 할인

※ 1) 전월 이용실적 30만 원 이상 시 제공
2) 본 서비스는 카드 사용 등록하신 달에는 제공되지 않으며, 그 다음 달부터 서비스 조건 충족 시 제공됩니다.

<여행 편의 서비스>

인천공항 제1여객터미널(1T) 및 제2여객터미널(2T)에 지정된 K BOOKS(케이북스) 매장에서 △△카드 올바른 TRAVEL카드를 제시하시면, 서비스 이용 가능 여부 확인 후 아래 이용권 중 희망하시는 이용권을 제공해 드립니다.

구분	세부내용
인천공항 고속도로 무료 이용	소형차(경차, 승용차, 12인승 승합차)에 한하여 인천공항 고속도로 톨게이트(신공항 톨게이트/북인천 톨게이트)에 무료 이용권 제출 시, 통행료 무료 혜택이 제공됩니다. 단, 소형차에 한하며, 중형/대형 차량의 경우는 적용이 불가합니다.
인천공항 리무진 버스 무료 이용 (1만 원 권)	[제1여객터미널] 인천공항 1층 입국장 7번 승차장 앞 리무진 버스 옥외 통합매표소에서 무료 이용권 제출 시, 리무진 버스 승차권으로 교환됩니다. 단, 1만 원 이하 승차에 한하며 1만 원 초과 시 차액은 회원별도 부담입니다. 또한 1만 원 미만 승차권 교환 시 잔액은 환불되지 않습니다.
코레일공항철도 직통열차 무료 이용	공항철도 인천국제공항역 직통열차 안내데스크에서 무료 이용권 제출 시 직통열차 승차권으로 교환됩니다.

<해외이용 안내>

해외이용금액은 국제브랜드사가 부과하는 수수료(UnionPay 0.6%)를 포함하여 매출표 접수일의 △△은행 고시 1회차 전신환매도율 적용 후, △△은행 카드가 부과하는 해외서비스수수료(0.25%)가 포함된 금액이 청구되며, 올바른 Travel카드 이용 시 UnionPay 수수료 0.03%, 당사 해외서비스수수료의 0.1% 할인 혜택이 주어집니다.

- 해외이용 시 기본 청구금액 $= a + b + c$
- 해외이용대금(a) : 해외이용금액(미화) × 농협은행 고시 1회차 전신환매도율
- 국제브랜드수수료(b) : 해외이용금액(미화) × (UnionPay 0.6%) × 농협은행 고시 1회차 전신환매도율
- 해외서비스수수료(c) : 해외이용금액(미화) × 0.25% × 농협은행 고시 1회차 전신환매도율

의사소통능력

수리능력

문제해결능력

자기개발능력

자원관리능력

대인관계능력

정보능력

기술능력

조직이해능력

직업윤리

※ 1) 제3국 통화(KRW 거래포함)는 미국 달러로 환산되어 제공됩니다.

2) 해외에서 원화통화로 대금 결제 시, 해외가맹점이 부과하는 DCC수수료(환전수수료)가 포함되므로 현지통화 결제 시 보다 많은 금액이 청구될 수 있음을 주의 바랍니다.

① "올 여름 북경 방문 시 올바른 Travel카드 덕분에 비자 수수료 비용을 절반만 지불했으니 겨울 상해 출장 시에도 올바른 Travel카드를 이용해야겠다."

② "제공받은 인천공항 리무진 버스 무료 이용권으로 집까지 오는 리무진을 공짜로 이용할 수 있겠군. 지난번엔 집까지 9,500원의 요금이 나오던데 500원을 돌려받을 수도 있네."

③ "공항 리무진 버스 요금이 난 12,000원이고 아들 녀석은 8,000원이니까 함께 이용하게 되면 인천공항 리무진 버스 무료 이용권이 1장 있어도 추가로 1만 원을 더 내야하는구나."

④ "K BOOKS에서 책을 두 권 이상 사면 서비스 이용권을 2장 받게 되는군. 어차피 볼 책인데 다양한 혜택을 보면 좋을 테니 기왕이면 3권을 사서 종류별 이용권을 다 받아봐야겠다."

⑤ "이달 말에 청도에 있는 친구 집에 놀러 가려 하는데 올바른 Travel카드를 신청해서 비자 발급 수수료 혜택을 봐야겠네. 약 1주일 정도면 비자가 나온다니 시간도 충분하겠군."

도서출판 서원각에 근무하는 K 씨는 고객으로부터 9급 건축직 공무원 추천도서를 요청받았다. K 씨는 도서를 추천하기 위해 다음과 같은 9급 건축직 발행도서의 종류와 특성을 참고하였다.

K 씨 : 감사합니다. 도서출판 서원각입니다.
고 객 : 9급 공무원 건축직 관련 도서 추천을 좀 받고 싶습니다.
K 씨 : 네, 어떤 종류의 도서를 원하십니까?
고 객 : 저는 기본적으로 이론은 대학에서 전공을 했습니다. 그래서 많은 예상문제를 풀 수 있는 것이 좋습니다.
K 씨 : 아, 문제가 많은 것이라면 딱 잘라서 말씀드리기가 어렵습니다.
고 객 : 알아요. 그래도 적당히 가격도 그리 높지 않고 예상문제가 많이 들어 있는 것이면 됩니다.
K 씨 : 네, 알겠습니다. 많은 예상문제풀이가 가능한 것 외에는 다른 필요한 사항은 없으십니까?
고 객 : 가급적이면 20,000원 이하가 좋을 듯 합니다.

도서명	예상문제 문항 수	기출문제 수	이론 유무	가격
실력평가모의고사	400	120	무	18,000
전공문제집	500	160	유	25,000
문제완성	600	40	무	20,000
합격선언	300	200	유	24,000

의사소통능력

수리능력

문제해결능력

자기개발능력

자원관리능력

대인관계능력

정보능력

기술능력

조직이해능력

직업윤리

17 다음 중 K 씨가 고객의 요구에 맞는 도서를 추천해 주기 위해 가장 우선적으로 고려해야 하는 특성은 무엇인가?

① 기출문제 수   ② 이론 유무
③ 가격   ④ 예상문제 문항 수

18 고객의 요구를 종합적으로 반영하였을 때 많은 문제와 가격을 맞춘 가장 적당한 도서는?

① 실력평가모의고사   ② 전공문제집
③ 문제완성   ④ 합격선언

19 다음은 甲기업의 팀별 성과급 지급 기준이다. Y팀의 성과평가 결과가 다음과 같다면 지급되는 성과급의 1년 총액은?

성과급 지급 방법

• 성과급 지급은 성과평가 결과와 연계함
• 성과평가는 유용성, 안전성, 서비스 만족도의 총합으로 평가함. 단, 유용성, 안전성, 서비스 만족도의 가중치를 각각 0.4, 0.4, 0.2로 부여함
• 성과평가 결과를 활용한 성과급 지급 기준

성과평가 점수	성과평가 등급	분기별 성과급 지급액	비고
9.0 이상	A	100만 원	성과평가 등급이 A이면 직전분기 차감액의 50%를 가산하여 지급
8.0 이상 9.0 미만	B	90만 원 (10만 원 차감)	
7.0 이상 8.0 미만	C	80만 원 (20만 원 차감)	
7.0 미만	D	40만 원 (60만 원 차감)	

구분	1/4 분기	2/4 분기	3/4 분기	4/4 분기
유용성	8	8	10	8
안전성	8	6	8	8
서비스 만족도	6	8	10	8

① 350만 원 ② 360만 원
③ 370만 원 ④ 380만 원

20 다음 지문을 읽고 A연구기관의 〈연구결과〉를 주장하기 위한 직접적 근거가 될 수 있는 것은?

> 한 아동이 다른 사람을 위하여 행동하는 매우 극적인 장면이 담긴 'Lassie'라는 프로그램을 매일 5시간 이상 시청한 초등학교 1, 2학년 아동들은 이와는 전혀 다른 내용이 담긴 프로그램을 시청한 아동들보다 훨씬 더 협조적이고 타인을 배려하는 행동을 보여주었다. 반면에 텔레비전을 통해 매일 3시간 이상 폭력물을 시청한 아동과 청소년들은 텔레비전 속에서 보이는 성인들의 폭력행위를 빠른 속도로 모방하였다.

〈연구결과〉

> A 연구기관은 텔레비전 속에서 보이는 폭력이 아동과 청소년의 범죄행위를 유발시킬 가능성이 크다는 결과를 제시하였다.

① 전국의 성인교도소에 폭행죄로 수감되어 있는 재소자들은 6세 이후 폭력물을 매일 적어도 6시간 이상씩 시청했었다.

② 전국의 소년교도소에 폭행죄로 수감되어 있는 재소자들은 6세 이후 폭력물을 매일 적어도 4시간 이상씩 시청했었다.

③ 전국의 소년교도소에 폭행죄로 수감되어 있는 청소년들은 매일 저녁 교도소 내에서 최소한 3시간씩 폭력물을 시청한다.

④ 6세에서 12세 사이에 선행을 많이 하는 아동들이 성인이 되어서도 선행을 많이 한다.

의사소통능력

수리능력

문제해결능력

자기개발능력

자원관리능력

대인관계능력

정보능력

기술능력

조직이해능력

직업윤리

03. 문제해결능력 **137**

21 다음 그래프에 대해 옳은 분석을 한 것은?

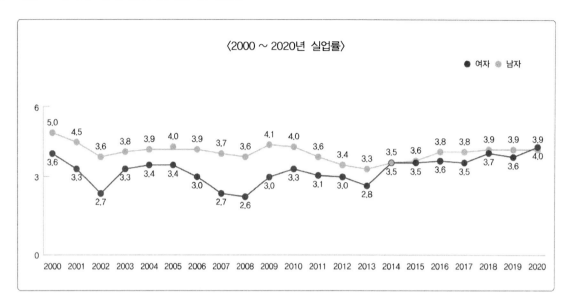

〈2000 ~ 2020년 실업률〉

● 여자 ● 남자

ㄱ 2006년 대비 2020년의 평균 실업률이 감소하였다.
ㄴ 2020년도의 실업률 평균은 2000년도보다 낮다.
ㄷ 성별 간의 실업률 격차가 제일 큰 시기는 2009년도이다.
ㄹ 2008년에서 2009년으로 넘어갈 때 평균 실업률이 다른 기간보다 크게 감소하였다.
ㅁ 2014년의 실업률은 성별 간의 격차가 없다.

① ㄱㄴ   ② ㄱㄷ
③ ㄴㄷ   ④ ㄴㅁ
⑤ ㄷㅁ

22 다음 글을 통해서 볼 때, 그림을 그린 사람(들)은 누구인가?

> 송화, 진수, 경주, 상민, 정란은 대학교 회화학과에 입학하기 위해 △△미술학원에서 그림을 그린다. 송화, 경주, 정란은 항상 그림이 마무리되면 자신의 작품 밑에 거짓을 쓰고, 진수와 상민은 자신의 그림에 언제나 참말을 써넣는다. 우연히 다음과 같은 글귀가 적힌 그림이 발견되었다.
> "이 그림은 진수가 그린 것이 아님"

① 진수　　　　　　　　　　　　② 상민
③ 송화, 경주　　　　　　　　　　④ 경주, 정란

23 직업기초능력시험이 이뤄지고 있는 한 시험장에서 3명의 지원자 중 한 명이 부정행위를 하였다. 이 중 한 사람만 진실을 말했다면 부정행위를 한 지원자는 누구인가?

> • A : B 씨가 부정행위를 했습니다.
> • B : 지금 A 씨는 거짓말을 하고 있습니다.
> • C : 저는 부정행위를 하지 않았습니다.

① A　　　　　　　　　　　　　② B
③ C　　　　　　　　　　　　　④ A와 B

의사소통능력

수리능력

문제해결능력

자기개발능력

자원관리능력

대인관계능력

정보능력

기술능력

조직이해능력

직업윤리

24 A, B, C, D, E는 4시에 만나서 영화를 보기로 약속했다. 이들이 도착한 것이 다음과 같다면 옳은 것은?

- A 다음으로 바로 B가 도착했다.
- B는 D보다 늦게 도착했다.
- B보다 늦게 온 사람은 한 명뿐이다.
- D는 가장 먼저 도착하지 못했다.
- 동시에 도착한 사람은 없다.
- E는 C보다 일찍 도착했다.

① D는 두 번째로 약속장소에 도착했다.
② C는 약속시간에 늦었다.
③ A는 가장 먼저 약속장소에 도착했다.
④ E는 제일 먼저 도착하지 못했다.

25 다음 상황에서 옳은 것은?

　왼쪽 길은 마을로 가고, 오른쪽 길은 공동묘지로 가는 두 갈래로 나누어진 길 사이에 장승이 하나 있는데, 이 장승은 딱 두 가지 질문만 받으며 두 질문 중 하나는 진실로, 하나는 거짓으로 대답한다. 또한 장승이 언제 진실을 얘기할지 거짓을 얘기할지 알 수 없다. 마을로 가기 위해 찾아온 길을 모르는 한 나그네가 규칙을 다 들은 후에 장승에게 다음과 같이 질문했다. "너는 장승이니?" 장승이 처음 질문에 대답한 후에 나그네가 다음 질문을 했다. "오른쪽 길로 가면 마을이 나오니?" 이어진 장승의 대답 후에 나그네는 한쪽 길로 사라졌다.

① 나그네가 길을 찾을 수 있을지 없을지는 알 수 없다.
② 장승이 처음 질문에 "그렇다."라고 대답하면 나그네는 마을을 찾아갈 수 없다.
③ 장승이 처음 질문에 "아니다."라고 대답하면 나그네는 마을을 찾아갈 수 없다.
④ 장승이 처음 질문에 무엇이라 대답하든 나그네는 마을을 찾아갈 수 있다.

26 다음 상황에서 진실을 얘기하고 있는 사람이 한 명뿐일 때 총을 쏜 범인과 진실을 이야기 한 사람으로 바르게 짝지어진 것은?

> 어느 아파트 옥상에서 한 남자가 총에 맞아 죽은 채 발견됐다. 그의 죽음을 조사하기 위해 형사는 죽은 남자와 관련이 있는 용의자 A, B, C, D 네 남자를 연행하여 심문하였는데 이들은 다음과 같이 진술하였다.
> - A : B가 총을 쐈습니다. 내가 봤어요.
> - B : C와 D는 거짓말쟁이입니다. 그들의 말은 믿을 수 없어요!
> - C : A가 한 짓이 틀림없어요. A와 그 남자는 사이가 아주 안 좋았단 말입니다.
> - D : 내가 한 짓이 아니에요. 나는 D를 죽일 이유가 없습니다.

	범인	진실			범인	진실
①	A	C		②	B	A
③	C	D		④	D	B

27 다음 명제가 모두 참일 때, '갑, 을, 병, 정, 무' 중 중간값에 해당하는 점수를 가진 사람은?

> - 갑의 성적은 정보다 높다.
> - 갑과 을의 성적은 병보다 높다.
> - 무의 성적은 갑보다 높지 않다.
> - 정의 성적은 병보다 높지 않다.
> - 갑의 성적은 을보다 높지 않다.
> - 병의 성적은 무보다 5점이 낮다.
> - 병, 무의 성적은 정보다 높다.

① 을   ② 정

③ 무   ④ 병

의사소통능력

수리능력

문제해결능력

자기개발능력

자원관리능력

대인관계능력

정보능력

기술능력

조직이해능력

직업윤리

28 다음의 상황에서 옳은 것은?

다음은 자동차 외판원 A, B, C, D, E, F의 판매실적에 대한 진술이다.

• A는 B에게 실적에서 앞서있다.

• C는 D에게 실적에서 뒤쳐져있다.

• E는 F에게 실적에서 뒤졌지만, A에게는 실적에서 앞서있다.

• B는 D에게 실적에서 앞서 있지만, E에게는 실적에서 뒤쳐져있다.

---

① 외판원 C의 실적은 꼴찌가 아니다.

② B의 실적보다 안 좋은 외판원은 3명이다.

③ 두 번째로 실적이 좋은 외판원은 B이다.

④ 실적이 가장 좋은 외판원은 F이다.

[29 ~ 30] 다음은 조류예보 발령기준과 그에 따른 기관별 조치사항 및 유역별 수질검사 기록에 관한 자료이다. 다음 자료를 보고 이어지는 물음에 답하시오.

〈조류예보 발령기준〉

구분	발령기준
조류주의보	• 2회 연속 채취 시 클로로필a 농도 $15 \sim 25mg/m^3$ 미만 • 남조류세포 수 $500 \sim 5,000cells/mL$ 미만 ※ 이상의 조건에 모두 해당 시
조류경보	• 2회 연속 채취 시 클로로필a 농도 $25mg/m^3$ 이상 • 남조류세포 수 $5,000cells/mL$ 이상 ※ 이상의 조건에 모두 해당 시
조류대발생경보	• 2회 연속 채취 시 클로로필a 농도 $100mg/m^3$ 이상 • 남조류세포 수 100만$cells/mL$ 이상 ※ 이상의 조건에 모두 해당 시
해제	• 2회 연속 채취 시 클로로필a 농도 $15mg/m^3$ 미만 • 남조류세포 수 $500cells/mL$ 미만 ※ 이상의 조건에 모두 해당 시

〈조류예보 발령에 따른 조치사항〉

관계 기관 조류 예보	물환경연구소장, 보건환경연구원장	수면관리자, 수도사업자	취·정수장 관리자	유역 환경청장 또는 시·도지사
조류 주의보	• 주 1회 이상 시료채취 및 분석 • 발령기관에 대한 시험분석 결과의 신속한 통보	취수구와 조류가 심한 지역에 대한 방어막 설치 등 조류 제거 조치 실시	정수처리 강화(활성탄 처리, 오존처리)	• 조류주의보 발령 • 주변 오염원에 대한 철저한 지도·단속
조류 경보	• 주 2회 이상 시료채취 및 분석(클로로필a, 남조류세포 수, 취기, 독소) • 발령기관에 대한 시험분석 결과의 신속한 통보	취수구와 조류가 심한 지역에 대한 방어막 설치 등 조류 제거 조치 실시	• 조류증식 수심 이하로 취수구 이동 • 정수처리 강화(활성탄 처리, 오존처리) • 정수의 독소분석 실시	• 조류경보 발령 및 대중매체를 통한 홍보 • 주변 오염원에 대한 단속 강화 • 수상스키, 수영, 낚시, 취사 등의 활동 자제 권고 • 어패류 어획·식용 및 가축방목의 자제 권고
조류대 발생경보	• 주 2회 이상 시료채취 및 분석 (클로로필a, 남조류세포 수, 취기, 독소) • 발령기관에 대한 시험분석 결과의 신속한 통보	• 취수구와 조류 우심지역에 대한 방어막 설치 등 조류 제거 조치 실시 • 황토 등 흡착제 살포, 조류 제거선 등을 이용한 조류 제거 조치 실시	• 조류증식 수심 이하로 취수구이동 • 정수처리 강화(활성탄 처리, 오존처리) • 정수의 독소분석 실시	• 조류대발생경보 발령 및 대중매체를 통한 홍보 • 주변 오염원에 대한 지속적인 단속 강화 • 수상스키, 수영, 낚시, 취사 등의 활동 금지 • 어패류 어획·식용 및 가축방목의 금지
해제	발령기관에 대한 시험분석 결과의 신속한 통보			각종 경보 해제 및 대중매체를 통한 홍보

의사소통능력

수리능력

문제해결능력

자기개발능력

자원관리능력

대인관계능력

정보능력

기술능력

조직이해능력

직업윤리

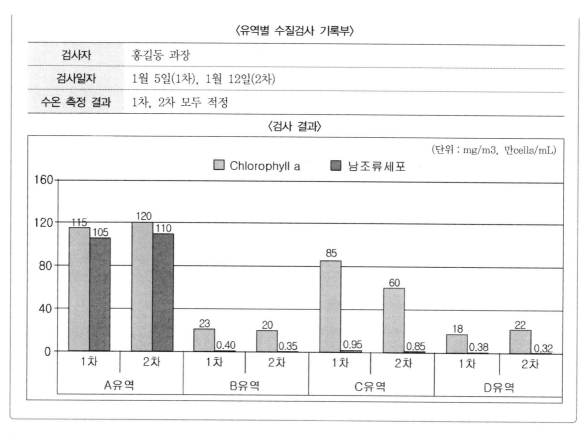

〈유역별 수질검사 기록부〉

검사자	홍길동 과장
검사일자	1월 5일(1차), 1월 12일(2차)
수온 측정 결과	1차, 2차 모두 적정

〈검사 결과〉

(단위 : mg/m3, 만cells/mL)

29 다음 중 조류예보제에 대하여 올바르게 이해한 설명은 어느 것인가?

① C유역에서 남조류세포 수가 폭발적으로 증가할 경우 즉시 조류대발생경보가 내려진다.

② 클로로필a의 농도는 1회 채취 결과만으로도 조류예보 발령의 근거가 될 수 있다.

③ 조류대발생경보 이후 클로로필a와 남조류세포의 수치가 조류주의보 수준으로 감소하면 해제경보를 발령할 수 있다.

④ 조류예보 발령을 위해 필요한 남조류세포 수의 증식량은 조류경보보다 조류대발생경보의 경우가 더 많다.

30 위의 자료를 참고할 때, 각 유역별 조류 상황과 그에 따른 조치사항으로 옳지 않은 것은 어느 것인가?

① D유역에는 조류주의보가 발령되어야 한다.

② D유역은 B유역보다 수질이 양호한 상태이므로 더 낮은 단계의 조류예보가 발령되어야 한다.

③ 수영이나 낚시 등의 활동이 금지되는 유역은 1곳이다.

④ A유역의 수면관리자는 흡착제 살포를 통하여 조류 제거 작업을 실시하여야 한다.

31 A, B, C, D는 영업, 사무, 전산, 관리의 일을 각각 맡아서 하기로 하였다. A는 영업과 사무 분야의 업무를 싫어하고, B는 관리 업무를 싫어하며, C는 영업 분야 일을 하고 싶어하고, D는 전산 분야 일을 하고 싶어한다. 인사부에서 각자의 선호에 따라 일을 시킬 때 옳게 짝지은 것은?

① A − 관리
② B − 영업
③ C − 전산
④ D − 사무

의사소통능력

수리능력

문제해결능력

자기개발능력

자원관리능력

대인관계능력

정보능력

기술능력

조직이해능력

직업윤리

[32 ~ 33] 2층짜리 주택에 부모와 미혼인 자식으로 이루어진 두 가구, ㉠ ~ ㉦ 총 7명이 살고 있다. 아래의 조건을 보고 물음에 답하시오.

- 1층에는 4명이 산다.
- 혈액형이 O형인 사람은 3명, A형인 사람은 1명, B형인 사람은 1명이다.
- ㉠는 기혼남이며, 혈액형은 A형이다.
- ㉡와 ㉦는 부부이며, 둘 다 O형이다.
- ㉢는 미혼 남성이다.
- ㉣는 1층에 산다.
- ㉤의 혈액형은 B형이다.
- ㉥의 혈액형은 O형이 아니다.

32 ㉢의 혈액형으로 옳은 것은?

① A형
② AB형
③ O형
④ 알 수 없다.

33 1층에 사는 사람은 누구인가?

① ㉠㉢㉣㉥
② ㉠㉣㉤㉥
③ ㉡㉣㉥㉦
④ 알 수 없다.

34 주어진 〈그림 I〉은 서울특별시와 경기도를 권역별로 구분한 지도이고, 제시문은 각 버스별 번호 부여 방법이다. 다음의 주어진 버스 노선에 대한 설명으로 옳지 않은 것은?

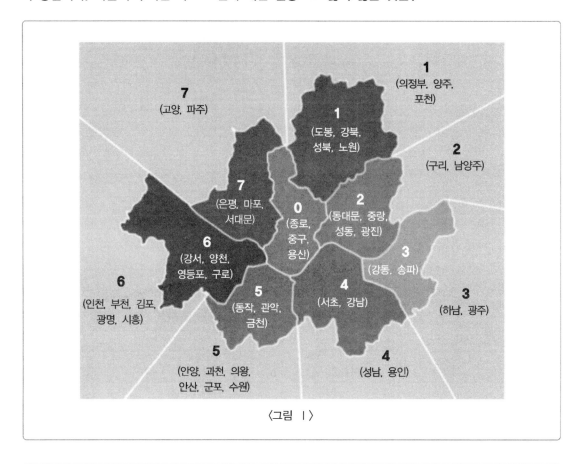

〈그림 I〉

- 서울시와 경기도 버스는 간선버스, 지선버스, 광역버스, 순환버스 4종류로 구분할 수 있다.
- 간선버스는 시 외곽, 도심, 부도심 등 서울시내 먼 거리를 운행하는 버스이고, 3자리 번호로 구성되어 있으며, 부여 방법은 출발지 권역 → 도착지 권역 → 1자리 일련번호(0 ~ 9)로 구성되어 있다.
- 지선버스는 간선버스와 지하철의 연계환승을 위한 버스이고, 4자리 번호로 구성되어 있으며, 부여 방법은 출발지 권역 → 도착지 권역 → 2자리 일련번호(11 ~ 99)로 구성되어 있다.
- 광역버스는 수도권과 부도심을 연결하는 급행버스이고, 3 ~ 4자리 번호로 구성되어 있으며, 부여 방법은 광역버스의 1자리의 고유숫자 → 출발지 권역 → 1 ~ 2자리 일련번호(0 ~ 99)로 구성되어 있다.
- 순환버스는 도심, 부도심 내 업무, 쇼핑 등 통행 수요를 위한 버스이고, 2자리로 구성되어 있으며, 부여 방법은 권역번호 → 1자리 일련번호(1 ~ 9)로 구성되어 있다.

의사소통능력

수리능력

문제해결능력

자기개발능력

자원관리능력

대인관계능력

정보능력

기술능력

조직이해능력

직업윤리

① 120번 – 간선버스 – 강북구에서 출발하여 동대문구로 가는 0번 버스이다.

② 1128번 – 지선버스 – 도봉구에서 출발하여 성북구로 가는 28번 버스이다.

③ 710번 – 간선버스 – 마포구에서 출발하여 강북구로 가는 0번 버스이다.

④ 02번 – 순환버스 – 중구의 남산을 순환하는 2번 버스이다.

⑤ 1553번 – 광역버스 – 강북구에서 출발하여 동작구로 가는 53번 버스이다.

35 네 명의 볼링 선수 성덕, 도영, 재석, 선희가 토너먼트 경기를 하였다. 경기를 관람한 세 사람 A, B, C에게 경기 결과를 물어 보았더니 다음과 같이 대답하였다.

> A : 선희가 1등, 재석이가 3등을 했습니다.
> B : 도영이가 2등, 선희가 3등을 했습니다.
> C : 성덕이가 1등, 도영이가 4등을 했습니다.

이들 모두 두 사람의 순위를 대답했지만, 그 두 사람의 순위 중 하나는 옳고 하나는 틀리다고 한다. 실제 선수들의 순위는?

	1등	2등	3등	4등
①	도영	성덕	선희	재석
②	재석	선희	성덕	도영
③	선희	재석	도영	성덕
④	성덕	도영	재석	선희
⑤	성덕	재석	선희	도영

다음 보기의 두 명제가 항상 참일 때, 명제 "농구를 잘하면 배구를 잘한다."가 성립하기 위해 필요한 참인 명제는?

〈보기〉
• 축구를 잘하면 농구를 잘하지 못한다.
• 배구를 잘하지 못하면 당구를 잘하지 못한다.

---

① 당구를 잘하면 축구를 잘하지 못한다.
② 농구를 잘하면 당구를 잘하지 못한다.
③ 축구를 잘하지 못하면 당구를 잘한다.
④ 배구를 잘하지 못하면 농구를 잘한다.
⑤ 당구를 잘하면 축구를 잘하지 못한다.

37 다음은 영철이가 작성한 A, B, C, D 네 개 핸드폰의 제품별 사양과 사양에 대한 점수표이다. 다음 표를 본 영미가 〈보기〉와 같은 상황에서 선택하기에 가장 적절한 제품과 가장 적절하지 않은 제품은 각각 어느 것인가?

구분	A	B	C	D
크기	153.2 × 76.1 × 7.6	154.4 × 76 × 7.8	154.4 × 75.8 × 6.9	139.2 × 68.5 × 8.9
무게	171g	181g	165g	150g
RAM	4GB	3GB	4GB	3GB
저장공간	64GB	64GB	32GB	32GB
카메라	16Mp	16Mp	8Mp	16Mp
배터리	3,000mAh	3,000mAh	3,000mAh	3,000mAh
가격	653,000원	616,000원	599,000원	549,000원

<사양별 점수표>

무게	160g 이하	161 ~ 180g	181 ~ 200g	200g 초과
	20점	18점	16점	14점
RAM	3GB		4GB	
	15점		20점	
저장 공간	32GB		64GB	
	18점		20점	
카메라	8Mp		16Mp	
	8점		20점	
가격	550,000원 미만	550,000 ~ 600,000원 미만	600,000 ~ 650,000원 미만	650,000원 이상
	20점	18점	16점	14점

〈보기〉

"나도 이번에 핸드폰을 바꾸려 하는데, 내가 가장 중요하게 생각하는 조건은 저장 공간이야. 그 다음으로는 무게가 가벼웠으면 좋겠고, 카메라 기능이 좋은 걸 원하지. 음… 다른 기능은 전혀 고려하지 않지만, 저장 공간, 무게, 카메라 기능에 각각 가중치를 30%, 20%, 10% 추가 부여하는 정도라고 볼 수 있어."

① A제품과 D제품
② B제품과 C제품
③ A제품과 C제품
④ B제품과 D제품
⑤ A제품과 B제품

의사소통능력

수리능력

문제해결능력

자기개발능력

자원관리능력

대인관계능력

정보능력

기술능력

조직이해능력

직업윤리

38 한국광물자원공사에 입사한 L 씨가 다음 내용을 읽고 상사의 질문에 답을 찾을 수 없는 것은?

광물은 지각을 이루는 암석의 단위 물질로서 특징적인 결정 구조를 갖는다. 광물의 결정 구조는 그 광물을 구성하는 원자들이 일정하게 배열된 양상이다. 같은 광물일 경우 그 결정 구조가 동일하며, 이러한 결정 구조에 의해 나타나는 규칙적인 겉모양인 결정형(Crystal Form)도 동일하다. 그런데 실제로 광물들의 결정은 서로 다른 모양을 가지는 경우가 많다.

덴마크의 물리학자 니콜라우스 스테노는 등산길에서 채집한 수정의 단면들이 서로 조금씩 다른 모양을 가지고 있는 것에 궁금증이 생겼다. 그 이유를 밝히기 위해 그는 수집한 수정의 단면도를 그려서 비교해 보았다. 그 결과 수정 결정의 모양은 모두 조금씩 다르지만 맞닿은 결정면들이 이루고 있는 각은 〈그림1〉의 a와 같이 항상 일정하다는 '면각 일정의 법칙'을 발견하게 되었다.

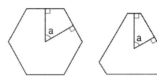

〈그림1〉 면각 일정의 법칙

스테노는 같은 광물의 결정일 경우 면각이 일정해지는 이유가 결정 내부의 규칙성 때문일 것이라 짐작했다. 당시만 해도 그 규칙성의 이유가 되는 결정 내부의 원자 배열 상태를 직접 관찰할 수 없었다. 그가 죽은 뒤 X선이 발견되고 나서야, 결정 모양이 그 결정을 이루고 있는 내부 원자들의 규칙적인 배열 상태를 반영한다는 것이 밝혀지게 되었다.

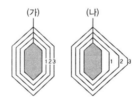

〈그림2〉 결정의 성장 과정(결정의 수직 단면)

그렇다면 같은 종류의 결정이 서로 다른 모양으로 형성되는 이유는 무엇일까? 그 이유는 결정에 주입되는 물질의 공급 정도에 따라 결정면의 성장 속도가 달라지기 때문이다. 가령 〈그림2〉에서 보는 바와 같이 같은 광물의 작은 결정 두 개를, 같은 성분을 가진 용액 속에 매달아 놓았다고 하자. 이때 (가) 결정이 담긴 용액은 물질이 사방에서 고르게 공급될 수 있도록 하고, (나) 결정이 담긴 용액은 물질이 오른쪽에서 더 많이 공급되도록 해 놓으면 (가) 결정은 1단계에서 2단계, 3단계를 거쳐서 이상적인 모양을 가진 결정(이상결정)으로 성장하는 반면, (나) 결정은 기형적인 모양을 가진 결정(기형결정)으로 성장하게 된다. (나) 결정의 오른쪽 결정면은 다른 결정면들보다 성장 속도가 더 빠르기 때문에 결정이 성장해 나갈수록 결정면이 점점 더 좁아지고 있음을 확인할 수 있다.

〈그림2〉를 통해 설명한 바와 같이 물질의 공급 환경이 다른 곳에서 성장한 결정들은 서로 다른 모양을 가지게 된다. 그러나 (가)와 (나)는 같은 광물의 결정이기 때문에 그 면각은 서로 같다. 이처럼 같은 광물의 결정은 그 면각이 같다는 사실을 통해 다양한 모양의 결정들의 종류를 판별할 수 있다. 면각 일정의 법칙은 광물의 결정을 판별하는 데 가장 기본적이고 중요한 기준으로, 현대 광물학의 초석이 되었다.

① 면각 일정의 법칙은 무엇인가?
② 면각 일정의 법칙이 나타나는 이유는 무엇인가?
③ 광물별 결정형의 종류에는 어떤 것들이 있는가?
④ 결정면의 성장 속도는 결정면의 크기와 어떤 관련이 있는가?

의사소통능력

수리능력

문제해결능력

자기개발능력

자원관리능력

대인관계능력

정보능력

기술능력

조직이해능력

직업윤리

39 K 씨가 다음의 내용을 정리하여 제목을 정하려고 할 때 가장 적절한 것은?

도로에서 발생하는 소음을 줄이는 가장 일반적인 방법은 방음벽을 설치하는 것이다. 그런데 일반적으로 소리는 장애물의 가장자리를 지날 때 회절되기 때문에 기존의 방음벽만으로는 소음을 완벽하게 차단할 수 없다. 따라서 방음벽 상단의 끝 부분에서 회절되는 소음까지 흡수 또는 감소시키기 위해서는 방음벽 상단에 별도의 소음저감장치를 설치해야 한다.

현재 대표적인 소음저감장치로 흡음형과 간섭형이 있다. 흡음형은 방음벽 상단에 흡음재를 설치하여 소음을 감소시키는 방법이다. 보통 흡음재에 사용되는 섬유질 재료에는 스펀지의 내부와 같이 섬유소 사이에 미세한 공간들이 존재하는데 이는 소음과 섬유소의 접촉면을 늘리기 위한 것이다. 흡음재 내부로 유입된 소음은 미세한 공간을 지나가면서 주변의 섬유소와 접촉하게 되는데, 이때 소음이 지닌 진동에너지로 인해 섬유소가 진동하게 된다. 즉 소음의 진동에너지가 섬유소의 진동에너지로 전환되면서 소음이 흡음재로 흡수되는 것이다.

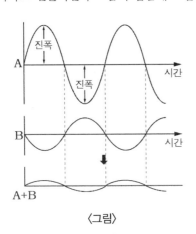

〈그림〉

한편 간섭형은 소리가 지닌 파동의 간섭 현상을 이용하여 회절음의 크기를 감소시키는 방법이다. 모든 소리는 각각 고유한 파동을 지니고 있는데 두 개의 소리가 중첩되는 것을 파동의 간섭 현상이라고 한다. 간섭 현상이 일어나 진폭이 커질 경우 소리의 세기도 커지고, 진폭이 작아질 경우 소리의 세기도 작아진다. 〈그림〉에서 A를 어떤 소리의 파동이라고 할 때 B는 A보다 진폭은 작고 위상이 반대인 소리의 파동이다. 만약 어느 지점에서 파동의 위상이 반대인 두 소리가 중첩되면 〈그림〉의 A + B와 같이 진폭이 작아지면서 소리의 세기가 작아지는데 이를 상쇄 간섭이라고 한다. 반면 파동의 위상이 서로 같은 두 소리가 중첩되어 소리의 세기가 커지는 것을 보강 간섭이라고 한다.

간섭형 소음저감장치를 설치하기 위해서는 방음벽 상단에서 발생하는 회절음의 파동을 미리 파악해야 한다. 이후 방음벽 상단에 간섭 통로를 설치하는데 이는 회절음의 일부분이 간섭 통로를 거친 후, 이를 거치지 않은 또 다른 회절음과 시간차를 두고 다시 만나게 하기 위해서이다. 그리고 간섭 통로의 길이는, 미리 파악한 회절음의 파동과 간섭 통로를 거친 회절음의 파동이 간섭 통로가 끝나는 특정 지점에서 정반대되는 위상으로 중첩되게 조절한다. 따라서 이와 같은 소음저감장치는 회절음과 간섭 통로를 거친 소리의 상쇄 간섭 현상을 활용하여 소음의 크기를 감소시키는 방법이라고 할 수 있다. 실제로 방음벽에 설치하는 소음저감장치 중에는 회절음의 감소 효과를 높이기 위해 흡음형과 간섭형을 혼합한 소음저감장치도 있다.

① 소음저감의 원리
② 방음벽의 내부 구조
③ 소음저감장치의 발전 과정
④ 방음벽의 효과를 높이는 소음저감장치

40 다음은 배탈의 발생과 그 원인에 대한 설명이다. 배탈의 원인이 생수, 냉면, 생선회 중 하나라고 할 때, 다음의 진술 중 반드시 참인 것은?

⊙ 갑은 생수와 냉면 그리고 생선회를 먹었는데 배탈이 났다.
ⓛ 을은 생수와 생선회를 먹지 않고 냉면만 먹었는데 배탈이 나지 않았다.
ⓒ 병은 생수와 생선회는 먹었고 냉면은 먹지 않았는데 배탈이 났다.
ⓔ 정은 생수와 냉면을 먹었고 생선회는 먹지 않았는데 배탈이 나지 않았다.

① ⓛⓔ의 경우만 고려할 경우 냉면이 배탈의 원인이다.
② ⊙ⓛⓔ의 경우만 고려할 경우 냉면이 배탈의 원인이다.
③ ⊙ⓒⓔ의 경우만 고려할 경우 생수가 배탈의 원인이다.
④ ⓛⓒⓔ의 경우만 고려할 경우 생선회가 배탈의 원인이다.

41 양 과장은 휴가를 맞아 제주도로 여행을 떠나려고 한다. 가족 여행이라 짐이 많을 것을 예상한 양 과장은 제주도로 운항하는 5개의 항공사별 수하물 규정을 다음과 같이 검토하였다. 다음 규정을 참고할 때, 양 과장이 판단한 것으로 올바르지 않은 것은 어느 것인가?

	화물용	기내 반입용
갑항공사	A + B + C = 158cm 이하, 각 23kg, 2개	A + B + C = 115cm 이하, 10kg ~ 12kg, 2개
을항공사		A + B + C = 115cm 이하, 10kg ~ 12kg, 1개
병항공사	A + B + C = 158cm 이하, 20kg, 1개	A + B + C = 115cm 이하, 7kg ~ 12kg, 2개
정항공사	A + B + C = 158cm 이하, 각 20kg, 2개	A + B + C = 115cm 이하, 14kg 이하, 1개
무항공사		A + B + C = 120cm 이하, 14kg ~ 16kg, 1개

※ A, B, C는 가방의 가로, 세로, 높이의 길이를 의미함

① 기내 반입용 가방이 최소한 2개는 되어야 하니 일단 갑, 병항공사밖에 안 되겠군.

② 가방 세 개 중 A + B + C의 합이 2개는 155cm, 1개는 118cm이니 무항공사 예약상황을 알아봐야지.

③ 무게로만 따지면 병항공사보다 을항공사를 이용하면 더 많은 짐을 가져갈 수 있겠군.

④ 가방의 총 무게가 55kg을 넘어갈 테니 반드시 갑항공사를 이용해야겠네.

⑤ A + B + C의 합이 115cm인 13kg 가방 2개를 기내에 가지고 탈 수 있는 방법은 없겠군.

의사소통능력

수리능력

문제해결능력

자기개발능력

자원관리능력

대인관계능력

정보능력

기술능력

조직이해능력

직업윤리

42 휴대전화 부품업체에 입사를 준비하는 K 씨는 서류전형, 필기시험을 모두 통과한 후 임원 면접을 앞두고 있다. 다음은 임원 면접 시 참고자료로 나눠준 글이다. 면접관이 질문할 예상 질문으로 적절하지 못한 것은?

무선으로 전력을 주고받으면, 전원을 직접 연결하는 유선보다 효율은 떨어지지만 전자 제품을 자유롭게 이동하며 사용할 수 있는 장점이 있다. 이처럼 무선으로 전력을 주고받을 수 있도록 전자기를 활용하여 전기를 공급하거나 이용하는 기술이 무선 전력 전송 방식인데 대표적으로 '자기 유도 방식'과 '자기 공명 방식' 두 가지를 들 수 있다.

자기 유도 방식은 변압기의 원리와 유사하다. 변압기는 네모 모양의 철심 좌우에 코일을 감아, 1차 코일에 '+, −' 극성이 바뀌는 교류 전류를 보내면 마치 자석을 운동시켜서 자기장을 형성하는 것처럼 1차 코일에서도 자기장을 형성한다. 이 자기장에 의해 2차 코일에 전류가 만들어지는데 이 전류를 유도전류라 한다. 변압기는 자기장의 에너지를 잘 전달할 수 있는 철심이 있으나, 자기 유도 방식은 철심이 없이 무선 전력 전송을 하는 것이다.

이러한 자기 유도 방식은 전력 전송 효율이 90% 이상으로 매우 높다는 장점이 있다. 하지만 1차 코일에 해당하는 송신부와 2차 코일에 해당하는 수신부가 수 센티미터 이상 떨어지거나 송신부와 수신부의 중심이 일치하지 않게 되면 전력 전송 효율이 급격히 저하된다는 문제점이 있다. 휴대전화 같은 경우, 충전 패드에 휴대전화를 올려놓는 방식으로 거리 문제를 해결하고 충전 패드 전체에 코일을 배치하여 송수신부 간 전송 효율을 높임으로써 무선 충전이 가능하도록 하였다. 다만 휴대전화는 직류 전류를 사용하기 때문에 1차 코일로부터 2차 코일에 유도된 교류 전류를 직류 전류로 변환해 주는 정류기가 충전 단계 전에 필요하다.

두 번째 전송 방식은 자기 공명 방식이다. 다양한 소리굽쇠 중에 하나를 두드리면 동일한 고유 진동수를 가지는 소리 굽쇠가 같이 진동하는 물리적 현상이 공명이다. 자기장에 공명이 일어나도록 1차 코일과 공진기를 설계하여 공진 주파수를 만든다. 이후 2차 코일과 공진기를 설계하여 공진 주파수가 전달되도록 하는 것이 자기 공명 방식의 원리이다.

이러한 특성으로 인해 자기 공명 방식은 자기 유도 방식과 달리 수 미터 가량 근거리 전력 전송이 가능하다는 장점이 있다. 이 방식이 상용화된다면, 송신부와 공명되는 여러 전자 제품을 전원을 연결하지 않아도 사용할 수 있거나 충전할 수 있다. 그러나 실험 단계의 코일 크기로는 일반 가전 제품에 적용할 수 없으므로 코일을 소형화해야 할 필요가 있다. 따라서 이를 해결하기 위한 연구가 필요하다.

① 자기 공명 방식의 장점은 무엇인가?
② 자기 유도 방식의 문제점은 무엇인가?
③ 변압기에서 철심은 어떤 역할을 하는가?
④ 자기 공명 방식의 효율을 높이는 방법은 무엇인가?

43 한국저작권위원회에 입사한 L 씨는 다음의 자료를 가지고 '대학생의 표절문제와 그 해결방안'에 대한 인터넷 보도기사를 작성하라는 지시를 받았다. 이 자료의 활용한 L 씨의 태도로 옳지 않은 것은?

---

⑦ 다른 신문에 게재된 기사의 내용

'표절'은 의도적인 것은 물론이고 의도하지 않은 베끼기, 출처 미표기 등을 포함하는 개념으로, 학문 발전 및 공동체 윤리를 저해한다. 연구윤리정보센터의 ○○○ 씨는 '다른 사람이 써 놓은 글을 표절 하는 것은 물건을 훔치는 것과 같은 범죄'라면서, 학생들이 표절인 걸 알면서도 대수롭지 않게 여기 는 태도도 문제라고 지적했다. 이러한 문제들을 해결하기 위해서는 우선적으로 의식 개선이 필요하 다고 말했다.

㉯ 설문조사의 결과

설문 대상 : A 대학교 학생 331명

(단위 : %)

1. 다른 사람의 자료를 인용하면서 출처를 밝히지 않은 경험이 있는 가?

2. 다른 사람의 자료를 인용하면서 출처를 밝히지 않으면 표절이라 고 생각하는가?

㉰ 연구 자료

B 대학교 학생 42명을 대상으로 표절 검사 시스템의 효과 검증 연구가 이루어졌다. 연구자는 학생들에게 1차, 2차 과제물을 차례로 부여하였다. 과제물의 성격은 같으며 과제 작성 기간도 1주 일로 동일하다. 1차 과제물을 부여할 때는 아무런 공지도 하지 않았으며, 2차 과제물을 부여할 때 는 표절 검사를 실시할 것임을 공지하였다. 과제물 수합 후 표절 검사 시스템을 통해 각각의 표절 여부를 확인하였다.

㉱ 연구 결과 : 시스템을 통한 표절 검사 결과 비교

일치성 비율	1차 과제물	2차 과제물
10 % 미만	24	31
10 % 이상 ~ 20 % 미만	6	10
20 % 이상 ~ 30 % 미만	7	1
30 % 이상	5	0

※ 이 검사에서는 일치성 비율이 20 % 이상일 경우 표절에 해당함

의사소통능력

수리능력

문제해결능력

자기개발능력

자원관리능력

대인관계능력

정보능력

기술능력

조직이해능력

직업윤리

① ㈎를 활용하여 표절의 개념과 해결의 필요성을 제시한다.

② ㈏ – 1을 활용하여 학생들의 표절 실태를 제시한다.

③ ㈐를 활용하여 표절 검사 시스템의 도입이 표절 방지에 도움이 될 수 있음을 제시한다.

④ ㈏ – 2와 ㈐를 활용하여 표절에 대한 학생들의 인식이 부족한 이유를 제시한다.

44 인구보건복지협회에 입사한 Y 씨는 상사의 지시로 '우리나라의 영유아 보육 문제'에 관한 보고서를 쓰기 위해 다음과 같이 자료를 수집하였다. 이를 토대로 이끌어 낸 내용으로 적절하지 않은 것은?

㈎ 통계 자료

〈자료1〉 전체 영유아 보육 시설 현황

(단위 : 개)

〈자료2〉 설립 주체별 영유아 보육 시설 비율

(단위 : %)

	민간시설	국공립시설	사회복지법인시설
2007년	89.6	5.7	4.7
2008년	90.2	5.4	4.4
2009년	90.5	5.4	4.1
2010년	90.8	5.3	3.9

㈏ 신문기사

  2014년 말 기준 전국 영유아 보육 시설 정원에 30만 6,898명의 여유가 있다. 그런데 많은 지역에서 부모들이 아이를 맡길 보육 시설을 찾지 못해 어려움을 겪고 있다. 지역에 따라 보육 시설이 편중되어 있으며, 특히 부모들이 선호하는 국공립이나 사회복지법인 보육 시설이 턱없이 부족하기 때문이다. 이로 인해 부모들은 비싼 민간 보육 시설에 아이들을 맡길 수밖에 없어 보육비 부담이 가중되고 있다.

－ ○○일보 －

㈐ 인터뷰 내용

"일본은 정부나 지방자치단체의 지원과 감독을 받는 국공립 및 사회복지법인 보육 시설이 대부분입니다. 이런 보육 시설이 우리보다 10배나 많으며 우수한 교육 프로그램을 운영하여 보육에 대한 부모들의 만족도가 높습니다."

－ ○○대학교 교수 한○○ －

"보육 시설 안전사고가 매년 4,500여 건이나 발생한다고 들었습니다. 우리 아이가 다니는 보육 시설은 안전한지 늘 염려가 됩니다."

－ 학부모 이○○ －

① (가) — 〈자료 1〉과 (나)를 활용하여, 전체적으로 보육 시설이 증가하고 있음에도 많은 학부모들이 아이를 맡길 보육 시설을 구하는 데 어려움을 겪고 있음을 문제점으로 지적한다.

② (가) — 〈자료 2〉와 (다)를 활용하여, 우리나라와 일본의 보육 시설 현황을 대비하여 민간 보육 시설이 대부분인 우리나라의 문제점을 부각한다.

③ (나)와 (다)를 활용하여, 국공립 및 사회복지법인 보육 시설의 교육 프로그램의 질 저하가 보육 시설에 대한 부모들의 불신을 키우는 주요 원인임을 밝힌다.

④ (가) — 〈자료 1〉과 (다)를 활용하여, 보육 시설이 지속적으로 증가하고 있는 만큼 보육 시설의 안전사고를 줄이기 위한 관리와 감독을 시급히 강화해야 한다고 제안한다.

의사소통능력

수리능력

문제해결능력

자기개발능력

자원관리능력

대인관계능력

정보능력

기술능력

조직이해능력

직업윤리

45 빅 데이터 솔루션 업체에 근무 중인 R 씨는 다음의 내용을 살펴보고 [A]에 'ㄱ 씨의 취미는 독서이다.'라는 정보를 추가하라는 지시를 받았다. R 씨가 작업한 내용으로 가장 적절한 것은?

빅 데이터(Big Data)란 기존의 일반적인 기술로는 관리하기 곤란한 대량의 데이터를 가리키는 것으로, 그 특성은 데이터의 방대한 양과 다양성 및 데이터 발생의 높은 빈도로 요약된다. 이전과 달리 특수 학문 분야가 아닌 일상생활과 밀접한 환경에서도 엄청난 분량의 데이터가 만들어지게 되었고, 소프트웨어 기술의 발달로 이전보다 적은 시간과 비용으로 대량의 데이터 분석이 가능해졌다. 또한 이를 분석하여 유용한 규칙이나 패턴을 발견하고 다양한 예측에 활용하는 사례가 늘어나면서 빅 데이터 처리 기술의 중요성이 부각되고 있다. 이러한 빅 데이터의 처리 및 분류와 관계된 기술에는 NoSQL 데이터베이스 시스템에 의한 데이터 처리 기술이 있다. 이를 이해하기 위해서는 기존의 관계형 데이터베이스 관리 시스템(RDBMS)에 대한 이해가 필요하다. RDBMS에서는 특정 기준이 제시된 데이터 테이블을 구성하고 이 기준을 속성으로 갖는 정형적 데이터를 다룬다. 고정성이 중요한 시스템이므로 상호 합의된 데이터 테이블의 기준을 자의적으로 추가, 삭제하거나 변용하는 것이 쉽지 않다. 또한 데이터 간의 일관성과 정합성이 유지될 것을 요구하므로 데이터의 변동 사항은 즉각적으로 반영되어야 한다. 〈그림 1〉은 RDBMS를 기반으로 은행들 간의 상호 연동되는 데이터를 정리하기 위해 사용하는 데이터 테이블의 가상 사례이다.

	한예금 씨의 A은행 거래내역						
㉠	거래일자	입금액	출금액	잔액	거래내용	기록사항	거래점
㉡	2020.10.08.	30,000		61,217	이체	저축	B은행
㉢	2020.10.09.		55,000	6,217	자동납부	전화료	A은행
㉣							

〈그림 1〉 RDBMS에 의해 구성된 데이터 테이블의 예

NoSQL 데이터베이스 시스템은 특정 기준을 적용하기 어려운 비정형적 데이터를 효율적으로 처리할 수 있도록 설계되었다. 이 시스템에서는 선형으로 데이터의 특성을 나열하여 정리하는 방식을 통해 데이터의 속성을 모두 반영하여 처리한다. 〈그림 2〉는 NoSQL 데이터베이스 시스템으로 자료를 다루는 방식을 나타낸 것이다.

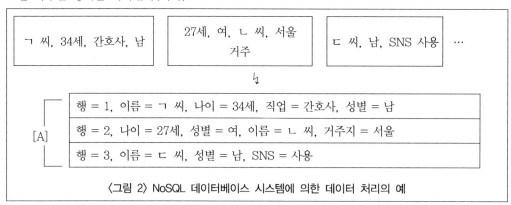

〈그림 2〉 NoSQL 데이터베이스 시스템에 의한 데이터 처리의 예

〈그림 2〉에서는 '이름 = ', '나이 = ', '직업 = '과 같이 데이터의 속성을 표시하는 기준을 같은 행 안에 포함시킴으로써 데이터의 다양한 속성을 빠짐없이 기록하고, 처리된 데이터를 쉽게 활용할 수 있도록 하고 있다. 또한 이 시스템은 데이터와 관련된 정보의 변용이 상대적으로 자유로우며, 이러한 변화가 즉각적으로 반영되지 않는다는 특성을 지닌다.

① 1행의 '성별 = 남' 다음에 '취미 = 독서'를 기록한다.
② 1행과 2행 사이에 행을 삽입하여 '취미 = 독서'를 기록한다.
③ 3행 다음에 행을 추가하여 '행 = 4, 이름 = ㄱ 씨, 취미 = 독서'를 기록한다.
④ 기준에 맞는 데이터 테이블을 구성하여 해당란에 '독서'를 기록한다.

46 다음 표는 A, B, C, D 4명의 성별, 연차, 취미, 좋아하는 업무를 조사하여 나타낸 표이다. 이를 근거로 아래 〈조건〉에 맞도록 TF팀을 구성하려고 한다. 다음 중 함께 TF팀이 구성될 수 있는 경우는 어느 것인가?

이름	A	B	C	D
성별	남자	남자	여자	여자
연차	10년 차	2년 차	7년 차	8년 차
취미	수영	기타(Guitar)	농구	피아노
좋아하는 업무	회계	수출	외환	물류

〈조건〉
ⓒ 취미가 운동인 직원은 반드시 수출을 좋아하는 직원과 TF팀을 구성한다.
ⓛ 짝수 연차 직원은 홀수 인원으로 TF팀을 구성할 수 없다.
ⓒ 남직원만으로는 TF팀을 구성할 수 없다.

① A, B
② B, C
③ A, B, C
④ A, C, D

의사소통능력

수리능력

문제해결능력

자기개발능력

자원관리능력

대인관계능력

정보능력

기술능력

조직이해능력

직업윤리

47 R공사에서는 신입사원 2명을 채용하기 위하여 서류와 필기 전형을 통과한 갑, 을, 병, 정 네 명의 최종 면접을 실시하려고 한다. 아래 표와 같이 네 개 부서의 팀장이 각각 네 명을 모두 면접하여 최종 선정 우선순위를 결정하였다. 면접 결과에 대한 〈보기〉와 같은 설명 중 적절한 것을 모두 고른 것은?

최종 선정자 (1/2/3/4순위)	A 팀장	B 팀장	C 팀장	D 팀장
	을 / 정 / 갑 / 병	갑 / 을 / 정 / 병	을 / 병 / 정 / 갑	병 / 정 / 갑 / 을

※ 1) 우선순위가 높은 사람 순으로 2명을 채용하며, 동점자는 A, B, C, D 팀장 순으로 부여한 고순위자로 결정함
　 2) 팀장별 순위에 대한 가중치는 모두 동일하다.

〈보기〉
㉠ '을' 또는 '정' 중 한 명이 입사를 포기하면 '갑'이 채용된다.
㉡ A 팀장이 '을'과 '정'의 순위를 바꿨다면 '갑'이 채용된다.
㉢ B 팀장이 '갑'과 '병'의 순위를 바꿨다면 '정'은 채용되지 못한다.

① ㉠
② ㉠㉢
③ ㉡㉢
④ ㉠㉡
⑤ ㉠㉡㉢

[48 ~ 49] 다음은 '니하오 중국어 어학원'의 강의 시간표와 관련된 자료이다. 다음 자료를 읽고 이어지는 물음에 답하시오.

화동 씨는 3 ~ 4월 시간표를 참고해서 오는 5 ~ 6월 수업 시간표를 작성하려 한다. 니하오 중국어 어학원은 입문 - 초급 - 중급 - 고급의 4단계로 이루어져 있으며 5 ~ 6월 시간표는 3 ~ 4월 강좌보다 한 단계 높은 수준을 개설할 계획이다. 예를 들어 3 ~ 4월에 입문반이 있었으면 초급반으로, 초급반이 있었으면 이번에는 중급반으로 개설하는 것이다. 단, 고급반의 경우 다시 입문반으로 개설한다. 그리고 종합반은 2개 차시로 묶어서 개설해야 한다. 시간대는 종합반은 3 ~ 4월 시간표 그대로 하고, 직장인 대상 비즈니스반은 밤 8시 이후여야 하며, 모든 강좌는 꼭 주 2회 이상 있어야 한다.

〈5 ~ 6월 강좌 예상 일정〉

강좌명	개설 가능 요일	비고
종합반	매일	학생 대상
성조반	수, 금	
회화반A	매일	
회화반B	화, 목, 금	
독해반	매일	
문법반	월, 화, 목	
청취반	화, 목	
비즈니스반	월, 목	직장인 대상
한자반	월, 수, 금	학생 대상

〈3 ~ 4월 시간표〉

	월	화	수	목	금
16:00 ~ 16:50	종합반 (초급)	회화반A	종합반 (초급)	회화반A	종합반 (초급)
		고급		고급	
17:00 ~ 17:50		한자반		한자반	
		초급		초급	
19:00 ~ 19:50	회화반B	성조반	회화반B	성조반	회화반B
	초급	중급	초급	중급	초급
20:00 ~ 20:50	문법반	독해반	문법반	독해반	문법반
	중급	고급	중급	고급	중급
21:00 ~ 21:50	청취반	비즈니스반	청취반	비즈니스반	청취반
	입문	입문	입문	입문	입문

의사소통능력

수리능력

문제해결능력

자기개발능력

자원관리능력

대인관계능력

정보능력

기술능력

조직이해능력

직업윤리

48 다음은 화동 씨가 5 ~ 6월 시간표를 작성하기 전에 강좌 예상 일정을 참고하여 각 강좌의 개설 가능 요일을 표로 정리한 것이다. 다음 중 요일 분배가 적절하지 않은 것은?

	월	화	수	목	금
성조반	X	X	O	X	O
회화반B	X	O	X	O	O
문법반	X	O	X	O	X
한자반	O	X	O	X	O
회화반A	O	O	O	O	O

① 성조반
② 회화반B
③ 문법반
④ 한자반
⑤ 회화반A

49 다음은 화동 씨가 작성한 5 ~ 6월 시간표이다. 시간표를 보고 잘못 기재된 것을 올바르게 지적한 것은?

	월	화	수	목	금
16 : 00 ~ 16 : 50	종합반(중급)	회화반B	종합반(중급)	회화반B	종합반(중급)
		중급		중급	
		독해반		독해반	
17 : 00 ~ 17 : 50		입문		입문	
19 : 00 ~ 19 : 50	한자반	청취반	한자반	청취반	한자반
	중급	초급	중급	초급	중급
20 : 00 ~ 20 : 50	비즈니스반	회화반A	회화반A	비즈니스반	회화반A
	초급	입문	입문	초급	입문
21 : 00 ~ 21 : 50	문법반	문법반	성조반	문법반	성조반
	초급	초급	고급	초급	고급

① 회화반B의 요일이 변경되어야 한다.
② 독해반은 중급반으로 수정되어야 한다.
③ 한자반의 요일과 단계가 모두 수정되어야 한다.
④ 비즈니스반과 회화반A의 요일이 서로 뒤바뀌었다.
⑤ 밤 9시에 열리는 문법반은 고급반으로 수정되어야 한다.

50 다음 글과 평가 내역을 근거로 한 〈보기〉의 내용 중 적절한 것을 모두 고른 것은?

'갑'시(市)에는 A, B, C, D 네 개의 사회인 야구팀이 있으며 시에서는 야구 활성화를 위해 네 개 야구팀에게 각종 지원을 하고 있다. 매년 네 개 야구팀에 대한 평가를 실시하여 종합 순위를 산정한 후, 1～2위 팀에게는 시에서 건설한 2개의 시립 야구장을 매주 일요일 이용할 수 있도록 허가해 주고 있으며, 3위 팀까지는 다음 해의 전국 대회 출전 자격이 부여된다. 4위를 한 팀은 장비 구입 지원 금액이 30% 삭감되며, 순위가 오르면 다음 해의 지원 금액이 다시 원상 복귀된다.

평가 방법은 다음 표와 같이 네 개 항목을 기준으로 점수를 부여하고 항목별 가중치를 곱한 값을 부여된 점수에 합산하여 총점을 산출한다.

〈올해의 팀별 평가 내역〉

평가 항목(가중치)	A팀	B팀	C팀	D팀
팀 성적(0.3)	65	80	75	85
연간 경기 횟수(0.2)	90	95	85	90
사회공헌활동(0.3)	95	75	85	80
지역 인지도(0.2)	95	85	95	85

〈보기〉
㉠ 내년에는 C팀과 D팀이 매주 일요일 시립 야구장을 사용하게 된다.
㉡ 팀 성적과 연간 경기 횟수에 대한 가중치가 바뀐다면 지원금이 삭감되는 팀도 바뀌게 된다.
㉢ 내년 '갑'시에서 전국 대회에 출전할 팀은 A, C, D팀이다.
㉣ 지역 인지도 점수가 네 팀 모두 동일하다면 네 개 팀의 순위가 모두 달라진다.

① ㉠㉡
② ㉡㉢
③ ㉢㉣
④ ㉡㉢㉣
⑤ ㉠㉡㉢㉣

의사소통능력

수리능력

문제해결능력

자기개발능력

자원관리능력

대인관계능력

정보능력

기술능력

조직이해능력

직업윤리

자기개발능력

(1) 자기개발

자기개발은 자신의 능력, 적성 및 특성 등에 있어서 강점과 약점을 확인하고 강점은 강화시키고 약점은 관리하여 성장을 위한 기회로 활용하는 것이다. 자기개발능력은 직업인으로서 자신의 능력, 적성, 특성 등을 이해하고 목표 성취를 위해 스스로를 관리하며 개발해나가는 능력을 말한다.

(2) 자기개발의 필요성

① 직장생활에서의 자기개발은 효과적으로 업무를 처리하고 업무의 성과를 향상시키기 위하여 이루어진다.

② 변화하는 환경에 적응하기 위해서 자기개발은 이루어진다.

③ 자기개발은 주변 사람들과 긍정적인 인간관계를 형성하기 위해서도 필요하다.

④ 자기개발은 자신이 달성하고자 하는 목표를 성취하기 위해서 해야 한다.

⑤ 개인적으로 보람된 삶을 살기 위해서 자기개발을 한다.

(3) 자기개발의 특징

① 자기개발에서 개발의 주체는 타인이 아니라 자기이다.

② 자기개발은 개별적인 과정으로 자기개발을 통해 지향하는 바와 선호하는 방법 등이 사람마다 다르다.

③ 자기개발은 평생에 걸쳐서 이루어지는 과정이다.

④ 자기개발은 일과 관련하여 이루어지는 활동이다.

⑤ 자기개발은 생활 가운데 이루어져야 한다.

⑥ 자기개발은 모든 사람이 해야 하는 것이다.

(4) 자기개발의 구성

① **자기인식** : 직업생활과 관련하여 자신의 가치, 신념, 흥미, 적성, 성격 등 자신이 누구인지 아는 것

② **자기관리** : 자신을 이해하고 목표를 성취하기 위해 자신의 행동 및 업무 수행을 관리하고 조정하는 것

③ **경력개발** : 개인의 경력목표와 전략을 수립하고 실행하며 피드백 하는 과정

(5) 자기개발 실패 요인

① 인간의 욕구와 감정이 작용하기 때문이다.

② 제한적으로 사고하기 때문이다.

③ 문화적인 장애에 부딪히기 때문이다.

④ 자기개발 방법을 잘 모르기 때문이다.

(6) 자기개발 설계 전략

① 장단기 목표 수립 : 장기 목표(5 ~ 20년), 단기 목표(1 ~ 3년)

② 인간관계 고려

③ 현재의 직무 고려

④ 구체적인 방법으로 계획

(7) 자기개발 계획 수립이 어려운 이유

① 자기정보의 부족 : 자신의 흥미, 장점, 가치, 라이프스타일을 충분히 이해하지 못함

② 내부 작업정보 부족 : 회사 내의 경력기회 및 직무 가능성에 대해 충분히 알지 못함

③ 외부 작업정보 부족 : 다른 직업이나 회사 밖의 기회에 대해 충분히 알지 못함

④ 의사결정 시 자신감의 부족 : 자기개발과 관련된 결정을 내릴 때 자신감 부족

⑤ 일상생활의 요구사항 : 개인의 자기개발 목표와 일상생활(가정) 간 갈등

⑥ 주변상황의 제약 : 재정적 문제, 연령, 시간 등

(8) 개인을 브랜드화하기 위한 전략(차별성)

① 친근감 : 편안하고 친숙한 느낌

② 열정 : 가지고 싶은 강한 욕구

③ 책임감 : 관계 지속에 대한 약속

(9) 자기 브랜드 PR방법

① 블로그 등 SNS를 이용하라.

② 인적네트워크를 활용하라.

③ 자신만의 명함을 만들어라.

④ 경력 포트폴리오를 만들어라.

의사소통능력

수리능력

문제해결능력

자기개발능력

자원관리능력

대인관계능력

정보능력

기술능력

조직이해능력

직업윤리

자기개발능력은 직업인으로서 자신의 능력과 적성·특성 등을 이해하고 목표 성취를 위해 스스로를 관리하며 개발해 나가는 능력이다. NCS 출제 영역 중 비중이 낮은 편에 속하지만 의사소통능력이나 문제해결능력, 자원관리능력, 조직이해능력, 직업윤리능력 등 다른 영역과 함께 출제되는 편이다.

하위능력별 출제 유형

자아인식능력 ◆◆◆◇◇
자아와 관련되어 인식의 여부, 구성요소 등의 문제와 자아 성찰과 관련된 문제도 출제된다.

자기관리능력 ◆◆◆◆◇
자기관리를 위하여 무엇을 하고 있는지 또는 절차가 어떻게 되는지를 묻고, 업무 수행에 있어 성과를 높이기 위하여 해야 하는 것을 묻는 문제가 출제된다.

경력개발능력 ◆◆◆◆◇
경력개발의 목적 및 구체적인 계획, 피드백 등의 문제로 구성된다.

하위능력별 출제 빈도

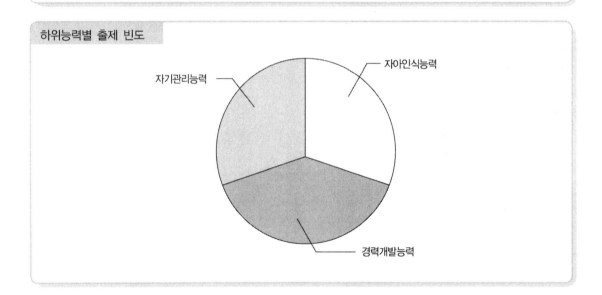

자아인식능력

(1) 자아인식

다양한 방법을 활용하여 자신이 어떤 분야에 흥미가 있고, 어떤 능력의 소유자이며, 어떤 행동을 좋아하는지를 종합적으로 분석하는 것이다.

(2) 자아의 구성요소

구분	내용
내면적 자아	• 자신의 내면을 구성하는 요소 • 측정하기 어려운 특징을 가짐 • 적성, 흥미, 성격, 가치관 등
외면적 자아	• 자신의 외면을 구성하는 요소 • 외모, 나이 등

(3) 조해리의 창(Johari's Window)

조셉과 해리라는 두 심리학자에 의해 만들어졌으며 자신과 다른 사람의 두 가지 관점을 통해 파악해보는 자기인식 또는 자기이해의 모델이다.

	내가 아는 나	내가 모르는 나
타인이 아는 나	공개된 자아 Open Self	눈먼 자아 Blind Self
타인이 모르는 나	숨겨진 자아 Hidden Self	아무도 모르는 자아 Unknown Self

(4) 흥미와 적성

① 흥미 : 일에 대한 관심이나 재미

② 적성 : 개인이 잠재적으로 가지고 있는 재능, 개인이 보다 쉽게 잘 할 수 있는 일

③ 흥미나 적성을 개발하는 노력 : 마인드컨트롤을 하고, 조금씩 성취감을 느끼며 기업의 문화 및 풍토를 고려한다.

(5) 성찰의 필요성

① 다른 일을 하는 데 노하우가 축적된다.

② 성장의 기회가 된다.

③ 신뢰감을 형성할 수 있다.

④ 창의적인 사고를 가능하게 한다.

의사소통능력

수리능력

문제해결능력

자기개발능력

자원관리능력

대인관계능력

정보능력

기술능력

조직이해능력

직업윤리

(1) 개념

자기관리는 자신을 이해하고, 목표를 성취하기 위해 자신의 행동 및 업무 수행을 관리하고 조정하는 것을 말한다.

(2) 자기관리 절차

과정		내용
1단계	비전 및 목적 정립	• 자신에게 가장 중요한 것 파악 • 가치관, 원칙, 삶의 목적 정립 • 삶의 의미 파악
2단계	과제 발견	• 현재 주어진 역할 및 능력 • 역할에 따른 활동목표 • 우선순위 설정
3단계	일정 수립	• 하루, 주간, 월간 계획 수립
4단계	수행	• 수행과 관련된 요소분석 • 수행방법 찾기
5단계	반성 및 피드백	• 수행결과 분석 • 피드백

(3) 업무 수행 성과를 높이기 위한 행동전략

① 자기자본이익률(ROE)을 높인다.

② 일을 미루지 않는다.

③ 업무를 묶어서 처리한다.

④ 다른 사람과 다른 방식으로 일한다.

⑤ 회사와 팀의 업무 지침을 따른다.

⑥ 역할 모델을 설정한다.

(4) 합리적인 의사결정 과정

문제의 근원 파악 → 의사결정 기준 및 가중치 결정 → 의사결정에 필요한 정보 수집 → 가능한 모든 대안 탐색 → 각 대안을 분석·평가 → 최적안 선택 → 결과 평가 및 피드백

경력개발능력

(1) 경력개발의 개념

경력개발은 개인이 경력목표와 전략을 수립하고 실행하며 피드백 하는 과정으로, 개인은 한 조직의 구성원으로서 조직과 함께 상호작용하며 자신의 경력을 개발해 나간다.

(2) 경력개발의 구성

① 경력 계획 : 자신과 상황을 인식하고 경력 관련 목표를 설정하여 그 목표를 달성하기 위한 과정이다.

② 경력관리 : 경력 계획에 따라 준비하고 실행하며 피드백하는 과정이다.

(3) 경력개발의 필요성

구분	내용
환경 변화	지식정보의 빠른 변화, 인력난 심화, 삶의 질 추구, 중견사원 이직증가
조직요구	경영전략 변화, 승진적체, 직무환경 변화, 능력주의 문화
개인요구	발달단계에 따른 가치관 · 신념 변화, 전문성 축적 및 성장 요구 증가, 개인의 고용시장 가치 증대

(4) 개인의 경력단계

① 직업선택(0 ~ 25세) : 자신에게 적합한 직업이 무엇인지를 탐색하고 이를 선택한 후, 필요한 능력을 키우는 과정

② 조직입사(18 ~ 25세) : 학교 졸업 후 자신이 선택한 경력분야에서 원하는 조직의 일자리를 얻으며 직무를 선택하는 과정

③ 경력초기(25 ~ 40세) : 업무의 내용을 파악하고 조직의 규칙이나 규범 · 분위기를 알고 적응해 나가는 과정

④ 경력중기(40 ~ 55세) : 자신이 그동안 성취한 것을 재평가하고 생산성을 그대로 유지하는 단계

⑤ 경력말기(55세 ~ 퇴직) : 자신의 가치를 지속적으로 유지하는 동시에 퇴직을 고려하는 단계

(5) 경력개발 과정

과정		내용
1단계	직무정보 탐색	관심 직무에서 요구하는 능력, 고용이나 승진전망, 직무만족도 등
2단계	자신과 환경이해	자신의 능력 · 흥미 · 적성 · 가치관, 직무 관련 환경의 기회와 장애요인
3단계	경력목표 설정	장기 목표 수립 : 5 ~ 7년 / 단기 목표 수립 : 2 ~ 3년
4단계	경력개발 전략 수립	현재 직무의 성공적 수행, 역량 강화, 인적네트워크 강화
5단계	실행 및 평가	실행, 경력목표 · 전략의 수정

의사소통능력

수리능력

문제해결능력

자기개발능력

자원관리능력

대인관계능력

정보능력

기술능력

조직이해능력

직업윤리

예제 01 자아인식능력

M회사 편집부에서 근무하는 X 대리는 평소에 자신의 능력이 뛰어나고 일의 분배를 공평하게 하는 동시에 사람 관리를 잘하여 사원들이 자신을 잘 따른다고 믿고 있으나, 사원들은 X 대리가 독단적으로 일을 결정하며 고집적인 모습을 가지고 있다고 생각하고 있다. X 대리는 다른 사람으로부터 이러한 사실을 전해 듣고는 내가 생각하는 나와 타인이 생각하는 내가 다르다는 것을 알았다. 이에 대해 X 대리는 조해리의 창을 이용하여 자신을 인식하고자 한다. 이에 대한 설명으로 알맞지 않은 것은?

① '내가 아는 나'와 '타인이 아는 나'를 통해 '공개된 자아'를 알아볼 수 있다.
② 조해리의 창을 통해보면 자신을 공개된 자아, 눈먼 자아, 숨겨진 자아, 아무도 모르는 자아로 나누어 볼 수 있다.
③ 조해리의 창은 자신과 다른 사람의 두 가지 관점을 통해 파악해 보는 자기인식 모델이다.
④ 타인은 나를 알지만 내가 모르는 경우에는 '숨겨진 자아'라고 한다.

출제의도
자기인식 또는 자기 이해 모델인 조해리의 창의 내용을 알고 있는지를 측정하는 문항이다.

해설
조해리의 창을 통해보면 자신을 공개된 자아, 눈먼 자아, 숨겨진 자아, 아무도 모르는 자아로 나누어 볼 수 있으며, 타인은 나를 알지만 내가 모르는 나인 경우에는 '눈먼 자아'이다.

예제 02 자기관리능력

L 씨는 성실하게 자기 업무를 수행하는 걸로 소문이 나있다. L 씨 책상은 깨끗하게 정리되어 있으며 좌우명도 책상에 붙여놓고 실천하도록 노력한다. L 씨는 다른 누구보다도 자기관리가 철저하여 자기 일을 수행하고 나면 반드시 반성하고 피드백 시간을 가진다. L 씨가 반성과 피드백하면서 하는 질문으로 가장 알맞지 않은 것은?

① 우선순위에 맞게, 계획대로 수행하였는가?
② 일을 수행하면서 어떤 목표를 성취하였는가?
③ 의사결정을 함에 있어서 어떻게 결정을 내리고 행동했는가?
④ 현재 변화되어야 할 것은 없는가?

출제의도
자기관리 5단계의 내용을 파악하고 그를 토대로 각 단계에서의 질문들을 적절히 할 수 있는지를 측정하는 문항이다.

해설
④는 자기관리의 2단계인 과제 발견에서 해야 할 질문이다. 과제 발견 단계에서는 비전과 목표가 정립되면 현재 자신의 역할 및 능력을 다음 질문을 통해 검토하고, 할 일을 조정하여 자신이 수행해야 할 역할들을 도출한다.

Answer. 01.④ 02.④

다음은 어떤 사람의 경력단계이다. 이 사람의 첫 번째 경력 말기는 몇 세부터 몇 세까지인가?

20세	전문대 유통학과 입학
21세	군 입대
23세	군 제대 후 학교 복학
24세	유통학과에 별 뜻이 없고, 조리사가 되고 싶어 조리학원 다니기 시작
25세	유통학과 겨우 졸업, 한식 조리사 자격증 취득
26세	조리사로 취업
30세	일식 조리사 자격증 취득
35세	양식 조리사 자격증 취득
50세	자신의 조리사 생활을 되돌아보고 자신만의 식당을 창업을 하기로 하고 퇴직 준비기간을 가짐
53세	퇴직
55세	음식업 창업
70세	퇴직

① 24 ~ 25세

② 26 ~ 30세

③ 50 ~ 53세

④ 70세

출제의도

평생에 걸친 경력단계의 내용을 파악하고 실제로 한 사람의 인생을 경력단계에 따라 구분할 수 있는지를 평가하는 문항이다.

해설

이 사람은 50세에 자신의 조리사 생활을 되돌아보고 퇴직을 생각하면서 창업을 준비하였고 53세에 퇴직하였다.

경력목표를 설정하는 데 도움이 될 수 있도록 하는 탐색의 방법에는 자기탐색과 환경탐색이 있다. 인사팀에서 근무하는 W가 환경탐색의 방법으로 탐색하려고 할 때 가장 거리가 먼 것은?

① 자격정보 사이트인 Q – Net에 접속해 본다.

② 주변 지인과 대화한 것을 메모해 본다.

③ 자신만의 일기를 쓰고 성찰의 과정을 거친다.

④ 회사의 연간 보고서를 훑어본다.

출제의도

탐색의 방법에 관한 내용을 숙지하고 자기탐색과 환경탐색을 구분할 수 있는지를 평가하는 문항이다.

해설

경력개발 과정 중 '자신과 환경이해'의 2단계에서는 경력목표를 설정하는 데 도움이 될 수 있도록 자신의 능력, 흥미, 적성, 가치관 등을 파악하고 직무와 관련된 주변 환경의 기회와 장애요인에 대하여 정확하게 분석한다. 탐색의 방법에는 자기탐색과 환경탐색이 있으며 ③의 방법은 자기탐색에 관한 방법에 해당한다.

의사소통능력

수리능력

문제해결능력

자기개발능력

자원관리능력

대인관계능력

정보능력

기술능력

조직이해능력

직업윤리

Answer. | 03.③ 04.③

출제예상문제

정답 및 해설 **p.501**

1 다음 글에 나타난 준기의 자기개발 실패 요인으로 가장 적절한 것은?

> 준기는 졸업을 앞둔 취업준비생이다. 주변 친구들은 앞다투어 자격증도 따고 어학점수 및 스터디에 열을 올리고 있지만 준기는 지금부터 취업을 준비하기는 너무 늦었기 때문에 내년에나 준비하고 지금은 아르바이트를 하며 용돈을 벌겠다는 생각을 하고 있다.

① 감정적으로 행동하고 있다.
② 문화적인 장애에 부딪히고 있다.
③ 자기개발에 흥미가 없다.
④ 제한적으로 사고하고 있다.

2 다음 글에 나타난 단체를 통해 경력개발을 하는 이유로 가장 적절한 것은?

> A학교는 어르신들이 젊은 시절에 배우지 못했던 지식과 새로운 문화에 적응하기 위해 배움의 기회를 제공합니다. 어르신들에게 학과별 강좌를 소개하고 눈높이에 맞는 맞춤형 교육을 통해 은퇴 이후에도 배움의 재미를 느낄 수 있도록 교육하고 있습니다.

① 삶의 질 추구   ② 인력난 심화
③ 경영전략 변화   ④ 능력주의 문화

3 다음에서 설명하고 있는 자기개발 관련 용어는?

> 일과 삶의 균형이라는 표현은 1970년대 후반 영국에서 개인의 업무와 사생활 간의 균형을 묘사하는 단어로 처음 등장했다. 이것은 연봉에 상관없이 높은 업무 강도에 시달리거나, 퇴근 후 SNS로 하는 업무 지시, 잦은 야근 등으로 개인적인 삶이 없어진 현대사회에서 직장이나 직업을 선택할 때 고려하는 중요한 요소 중 하나로 떠오르고 있다.
>
> 고용노동부에서는 지난 2017년에 이와 관련된 '일·가정 양립과 업무 생산성 향상을 위한 근무혁신 10대 제안'을 발간했다. 책자에는 정시 퇴근, 퇴근 후 업무연락 자제, 업무집중도 향상, 생산성 위주의 회의, 명확한 업무지시, 유연한 근무, 효율적 보고, 건전한 회식문화, 연차(연가)사용 활성화, 관리자부터 실천 등 10가지 개선 방침이 수록되었다.

① 워라밸   ② 기판력
③ 덕 커브   ④ 디가우징

4 다음에서 설명하고 있는 개념은 무엇인가?

> 이 개념은 과거에는 단순히 제품을 표시하는 '상표' 정도로만 인식되었다면 현재는 고객들이 갖는 정신적 연상 및 관계의 세트로, 기업의 핵심자산으로 소비자들에게 가치를 제공하고 있다.
>
> 그래서 기업의 가치는 이 가치로 평가된다. 실제로 제품은 경쟁사에 의해 모방이 가능하고 제품 선호도는 소비자의 취향 변화에 따라 달라질 수 있지만 이것은 소비자의 마음 속에 오래도록 강하게 인식된다는 점에서 매우 중요한 의미가 있다.
>
> 사람이 가지고 있는 능력도 이 가치에 따라 평가될 수 있다. 아무리 좋은 직업을 가지고 멋진 옷을 입어도 자신의 말에 품위가 없다면 주변 사람들에게 좋은 이미지를 주기는 어려울 것이다. 따라서 현대 사회에서 좋은 평가를 받기 위해 스스로를 되돌아보고 고쳐야 할 부분은 없는지 고민할 필요가 있다.

① 평판   ② 이미지
③ 브랜드   ④ 포트폴리오

의사소통능력

수리능력

문제해결능력

자기개발능력

자원관리능력

대인관계능력

정보능력

기술능력

조직이해능력

직업윤리

[5 ~ 7] 다음은 조셉과 해리라는 두 심리학자에 의해 만들어진 조해리의 창에 대한 설명이다. 물음에 답하시오.

조해리의 창(Johari's Window)은 나와 타인과의 관계 속에서 내가 어떤 상태에 처해 있는지를 보여주고 어떤 면을 개선하면 좋을지를 보여주는 데 유용한 분석틀이다.

조해리의 창은 크게 4가지로 이뤄진다. 자신도 알고 타인도 아는 '공개된 자아', 자신은 알지만 타인은 모르는 '숨겨진 자아', 나는 모르지만 타인은 아는 '눈먼 자아', 나도 모르고 타인도 모르는 '아무도 모르는 자아'가 바로 그것이다. 이 네 가지의 창을 잘 이해하고 활용하면 타인과 좋은 관계를 맺는 데 도움을 받을 수 있다. 이 4가지 영역의 넓이는 우리가 살면서 계속 변화한다. 만약, 내가 상대방에게 마음을 열고 나의 마음속 깊은 이야기들을 하기 시작한다면 내 마음의 숨겨진 영역은 줄어드는 동시에 열린 공간은 늘어간다. 그만큼 상대방과 내가 공유하는 부분이 많아지고, 그 사람과는 친밀한 관계에 이른다. 기업에 있어서도 소비자 또는 투자자와 얼마나 소통하고 있는지를 알고 싶다면 조해리의 창을 통해 점검해볼 수 있을 것이다.

	내가 아는 나	내가 모르는 나
타인이 아는 나	공개된 자아	눈 먼 자아
타인이 모르는 나	숨겨진 자아	아무도 모르는 자아

5 다음 중 조해리의 창에 대한 설명으로 옳지 않은 것은?

① 조해리의 창은 4가지 영역으로 나뉘어진다.

② 4가지 영역의 넓이는 시간에 관계없이 불변한다.

③ 조해리의 창 이론의 개발자들은 57개의 형용사를 제시했다.

④ 사람들과의 관계에서 내가 부족한 부분이 무엇인지 알 수 있다.

6 조해리의 창에서 '눈 먼 자아'에 해당하는 성격이 아닌 것은?

① Helpful(도움이 되는)

② Mature(성숙한)

③ Warm(따뜻한)

④ Independent(독립적인)

7 조해리의 창에서 다음 성격이 해당하는 자아는?

- Intelligent(총명한)
- Aggressive(적극적인)
- Trustworthy(믿을 수 있는)

---

① 공개된 자아
② 숨겨진 자아
③ 눈 먼 자아
④ 아무도 모르는 자아

8 다음의 사례에서 L 씨에게 필요한 것은 무엇인가?

　K 씨와 L 씨는 출판사 편집부에 동시에 입사하였다. 평소 하고 싶었던 분야인 출판업에 취업한 K 씨는 야근을 해도, 철야를 해도 과중한 업무지시가 내려져도 늘 웃는 모습을 잃지 않고 항상 긍정적으로 생각을 하였다. 그 결과 매출이 높은 도서를 개발하게 되었고 3년 뒤 대리로 승진을 하게 되었다. 그러나 어디든 취업만 하면 그만이라는 생각을 가졌던 L 씨는 야근을 해도 투덜, 철야를 해도 투덜, 사무실이 조금만 더워도 투덜대는 매사 부정적인 반응을 보였다. 그러자 L 씨의 도서는 오답과 오탈자 투성이로 소비자로부터 항의를 받은 것이 많고 심지어 어느 도서는 모두 수거하여 폐기하는 것도 있었다. 이리하여 L 씨는 3년이 지나도 계속 사원의 자리에 앉아 있다.

---

① 자신에게 맞는 흥미와 적성 찾기
② 부정적인 마인드를 긍정적인 마인드로 고치기
③ 일에 대한 태도를 바르게 고치기
④ 자기개발을 위해 의사소통능력 향상시키기

의사소통능력

수리능력

문제해결능력

자기개발능력

자원관리능력

대인관계능력

정보능력

기술능력

조직이해능력

직업윤리

9 다음의 사례에서 S 대리가 M 사원에게 해 준 조언으로 적절하지 않은 것은?

> 이제 막 입사한 M 사원은 오늘 사직서를 품고 출근했다. M 사원은 대학에서 공부하던 전공이 적성에 맞아 담당 교수님의 추천으로 전공과 관련된 직종에 취업하였다. 3개월 수습기간이 끝나고 정직원이 된 M 사원은 회사 분위기도 좋고 적응을 잘 했다고 생각했는데 지난 수습기간을 돌이켜 보니 생각했던 업무와도 다를뿐더러 정말 내 적성에 맞는지 생각이 들어 사직서를 쓰게 되었다. 직속 사수인 S 대리와 사직서 제출에 대한 이야기를 하였는데, S 대리는 적성과 업무 방향에 대해 여러 방면으로 조언을 해주었다. S 대리와의 대화가 끝난 후 M 사원은 무거웠던 마음을 내려놓고 사직서는 그대로 휴지통에 버렸다. 다시 마음을 잡고 오늘 해야 할 업무를 하나씩 정리하기 시작 했다.

① 나도 M 사원과 전공이 같아. 이론과 실전엔 차이가 있더라고. 하나씩 차근차근 해보자.

② 3개월간 M 사원을 봐왔지만…. M 사원처럼 꼼꼼하게 업무를 잘 수행하는 사람이 없었어. 자신감을 가져.

③ 그런 고민을 했다니…. 그래도 우리 팀 분위기는 괜찮지 않아? 이런 팀 만나기는 쉽지 않아.

④ 우리 팀 업무 범위가 넓어서 더 그렇게 생각할 수 있어. 내가 옆에서 도와줄 테니 하나씩 배워가자.

10 다음의 사례에서 K 씨에게 가장 부족한 면은 무엇인가?

> 직장인 K 씨는 항상 보고서를 제출할 때마다 M 씨와 비교를 당하면서 질책을 받는다. 항상 업무를 처리할 때마다 허둥지둥 바쁘고 정신이 없게 일을 하는 K 씨는 일하는 거에 비해 늘 질책을 받고 M 씨는 조용하게 있는지도 없는지도 모를 정도인데 항상 일을 잘 수행한다고 칭찬을 듣는다. 그러던 어느 날 K 씨는 왜 M 씨가 늘 칭찬을 받는지 궁금하여 M 씨의 자리에 가 보았더니 너무 깨끗하게 정돈이 되어 있고 주위 사람들에게 들으니 퇴근 후에는 대학원을 다니면서 자기개발을 한다고 한다.

① 자기개발　　　　　　　　　② 침착성
③ 학위　　　　　　　　　　　④ 자기관리

11 경력개발은 자신과 상황을 인식하고 경력 관련 목표를 설정하여 그 목표를 달성하기 위한 과정인 경력 계획과 이에 따라 경력 계획을 준비하고 실행하며 피드백하는 (   )로 이루어져 있다. 다음 중 (   ) 안에 들어갈 알맞은 말은?

① 경력단계   ② 경력변화

③ 경력관리   ④ 경력측정

의사소통능력

수리능력

문제해결능력

자기개발능력

자원관리능력

대인관계능력

정보능력

기술능력

조직이해능력

직업윤리

12 신입사원인 K 씨는 선배 L 씨와 Y 과장에게 각각 다른 업무를 지시받았다. 신입사원인 K 씨가 가장 먼저 해야 할 행동은 무엇인가?

① Y 과장에게 선배 L 씨가 지시한 업무를 다른 사람에게 부탁해 달라고 요청한다.

② 선배 L 씨에게 Y 과장이 지시한 업무를 다른 사람에게 부탁해 달라고 요청한다.

③ Y 과장이 더 높은 직책이므로 Y 과장이 지시한 일만 처리한다.

④ 두 가지 업무 중 우선순위를 정해달라고 Y 과장과 선배 L 씨에게 부탁한다.

13 귀하의 회사 사장은 신년사에서 '2022년은 전 직원 모두 자기관리의 해'라는 미션을 부여하였다. 이에 홍보팀 신입사원 L 씨는 홍보팀 업무에 관한 최고가 되자는 비전을 세웠다. 그 다음 단계에서 신입사원 L 씨가 해야 할 일로써 적절하지 않은 것을 고르시오.

① 한 달에 한 권씩 홍보 분야 서적을 읽는다.

② 홍보팀 업무의 매뉴얼을 만든다.

③ 홍보팀 업무를 잘 하기 위한 원칙을 세운다.

④ 홍보 업무와 관련된 온라인 강의 및 교육 프로그램을 이수한다.

⑤ 홍보 분야와 관련된 네트워크를 형성한다.

14 자기개발을 해야 하는 필요성에 대한 설명으로 옳지 않은 것은?

① 업무의 성과를 향상시키기 위해 필요하다.

② 변화하는 환경에 적응하기 위해 필요하다.

③ 달성하고자 하는 목표를 성취하기 위해 필요하다.

④ 수직적인 인간관계를 만들기 위해 필요하다.

15 직장인 L 씨는 자기개발을 위해 자신이 처한 상황을 메모로 정리하려고 한다. 다음 중 경력개발을 위한 내용에 해당하는 것은?

① 나의 업무 수행의 장점은 무엇일까?

② 나는 업무생산성을 높이기 위해 무엇을 해야 할까?

③ 나는 언제 승진을 하게 될까?

④ 나는 현재 직업이 적성에 맞는가?

16 직장인 L 씨는 출판사에 입사를 하였지만 입사 동기들처럼 쉽게 업무에 적응을 하지 못한다. 그런데 더욱이 하는 일마다 사고를 일으켜 미운털이 박힐 대로 박히고 말았다. 의욕도 없고 이직을 해야 하나 많은 고민이 생겨 하루하루가 버티기 힘들다. 너무 힘든 나머지 친한 선배에게 조언을 구하였다. 선배는 현 직무를 담당하는 데 필요한 능력과 이에 대한 자신의 수준, 자신에게 필요한 능력 등을 생각하여 자기개발을 하라고 조언하였다. 그런데 L 씨는 자기개발을 어떻게 해야 하는지 어렵기만 하다. L 씨가 자기개발이 어려운 이유는 무엇인가?

① 의사결정 시 자신감 부족
② 주변상황의 제약
③ 일상생활의 요구사항
④ 자기정보의 부족

17 직장인 K 씨는 입사한 지 1년이 되어가는 사원이다. 업무의 강도는 그리 높지 않으나 실수를 연발하고 있다. '또 실수했네….'하면서도 같은 실수를 반복하고 있다. 직장인 K 씨에게 필요한 것은 무엇인가?

① 흥미
② 마인드컨트롤
③ 적성
④ 성찰

의사소통능력

수리능력

문제해결능력

자기개발능력

자원관리능력

대인관계능력

정보능력

기술능력

조직이해능력

직업윤리

18 신입사원 J 씨는 제약회사 영업팀 워크숍에 참여하여 부장과 멘토링 시간을 갖게 되었다. 부장은 회사생활의 출발점인 신입사원으로써 자기관리의 절차를 강조하며 그 중 '과제 발견'에 대하여 상세히 설명해 주었다. 다음 중 부장이 신입사원 J 씨에게 한 과제 발견의 조언으로 적절하지 않은 것을 고르시오.

① 영업팀에 따른 J사원의 활동목표를 확인하고 개인목표도 가져야 할 것 일세.
② J사원 업무를 효과적으로 수행했는지 체크리스트를 만들어 활용하는 것이 중요하네.
③ 영업팀은 급한 것, 중요한 것 등 업무의 우선순위 선정 방법이 매우 중요하다네.
④ 신입사원으로써 앞으로의 J사원의 영업팀 역할이 중요하다네.
⑤ J사원은 영업팀 신입사원으로써 팀 안에서 본인의 능력을 알고 최대 발휘해야 하네.

19 다음 중 자기관리에 대한 설명으로 옳지 않은 것은?

① 자신을 이해하고, 목표를 성취하기 위하여 자신의 행동 및 업무 수행을 관리하고 조정하는 것이다.
② 자기관리를 잘 할 수 있는 능력을 자기관리능력이라 한다.
③ 자신의 비전과 목표를 정립하고 자신의 역할 및 능력을 분석하여 과제를 발견하며 이에 따른 일정을 수립하여 시행하는 절차로 이루어진다.
④ 자기관리는 한 번에 이루어질 수 있다.

20 신입사원 A 씨는 IT 중견기업 사장의 신년사 내용에 눈길이 갔다. 끊임없는 성찰을 습관화하는 것이 핵심으로 '성찰의 필요성'을 강조하고 있다. 성찰의 필요성으로 적절하지 않은 것을 고르시오.

① 성찰은 미래에 어떻게 대처할지 고민하는 것이기 때문이다.

② 성찰을 지속하다 보면 창의적인 생각이 나오기 때문이다.

③ 현재의 부족한 부분을 알게 되므로 성장할 수 있는 기회가 되기 때문이다.

④ 성찰은 과거를 회상할 수 있고 과거의 업적을 제대로 정리할 수 있기 때문이다.

⑤ 다른 일을 해결해 나가는 데 필요한 노하우를 축적할 수 있게 되기 때문이다.

21 직장인 R 씨는 최근 중국과의 거래성사로 인하여 중국어를 배울 필요성을 느끼고 있다. 그래서 R 씨는 중국어 학원을 다니기 위하여 어느 학원이 좋은지 알아보고 있다. 이러한 R 씨의 행동은 무엇인가?

① 자아인식

② 자기관리

③ 경력개발

④ 자기개발

의사소통능력

수리능력

문제해결능력

자기개발능력

자원관리능력

대인관계능력

정보능력

기술능력

조직이해능력

직업윤리

22 다음 중 자아인식과 관련된 내용에 해당하지 않는 것은?

① 직업흥미

② 자기개발의 첫 단계

③ 적성과 장점

④ 일과 관련된 경험

23 자기개발 계획 수립을 위한 전략으로 옳지 않은 것은?

① 자기개발 계획을 수립할 때에는 자신의 인간관계를 고려한다.

② 자기개발의 방법은 구체적일수록 좋다.

③ 자기개발 계획은 직무 관련 경험 등을 고려하는 것이 좋다.

④ 자기개발 계획 시 장단기 목표는 5년 이내가 적절하다.

24 사드 부지를 제공한 L기업이 중국에서 갖은 수난을 겪고 있다. 절반 이상의 L기업 마트가 영업정지 처분을 당한 데 이어 제품 환불소송 패소와 전자상거래 배제 등 잇따른 악재에 직면하고 있다. 이로 인하여 L기업의 영업 실적이 급격하게 악화되고 있다. 다음 중 L기업의 상황과 관련하여 영업팀 직원이 택할 수 있는 행동으로 적절하지 않은 것을 고르시오.

① 영업팀 실적 악화를 통한 성찰 노트와 자기점검 리스트로 대안을 검토한다.
② 해외 진출 유통업계 영업 세미나에 참석한다.
③ 영업 실적 하락인 제품 환불에 대한 근본적인 문제원인을 찾아본다.
④ 해외 영업이익 증가를 위한 부서별 토론회를 개최하여 끊임없이 질문한다.
⑤ 해외 영업 실적 향상을 위한 경력 계획을 수립한다.

25 직장인 L 씨는 자신이 누구인지를 잘 알고 있다고 판단하며 살아가고 있다. 그러나 다른 사람들의 이야기를 들어보면 L 씨는 자신이 생각하는 모습과 다른 사람들이 생각하는 모습에 큰 차이가 있음을 발견하였다. '나는 이런 사람이다.'라고 이야기를 해도 다른 사람들은 의아해할 뿐 L 씨의 말을 믿어주지 않는다. 왜 L 씨는 본인이 생각하는 모습과 다른 사람들이 생각하는 모습이 다른지 그 이유로 가장 적절한 것은?

① L 씨는 자아가 강하기 때문이다.
② L 씨는 자신을 정확하게 인식하지 못하기 때문이다.
③ L 씨는 자신감이 넘치기 때문이다.
④ L 씨는 다른 사람들의 시선 따위는 신경쓰지 않기 때문이다.

의사소통능력

수리능력

문제해결능력

자기개발능력

자원관리능력

대인관계능력

정보능력

기술능력

조직이해능력

직업윤리

26 이제 대학을 막 졸업한 K 씨는 직장을 구해야 하는데 무슨 일이 자신에게 맞는지를 도무지 알 수가 없다. 영업직을 하려니 수줍음이 많고, 판매직을 하려니 말 주변이 없다. 이러한 K 씨에게 제일 필요한 것은 무엇인가?

① 나의 업무 수행 능력이 무엇인지 판단한다.
② 직장생활의 장점과 단점에 대해서 알아본다.
③ 표준화된 검사를 실시하여 나에게 맞는 직업을 찾는다.
④ 다른 사람이 보는 나의 모습에 대해 조사한다.

27 직장인 S 씨는 현재 직업이 자신에게 맞는지 자꾸 의심이 된다. 처음 입사할 때에만 해도 열정이 넘치고 무슨 일이든 다 할 수 있었는데 2년이 지난 지금은 신입사원보다 능력도 떨어지는 것 같고 자신이 없다. S 씨에게 가장 필요한 프로그램은 무엇인가?

① 권태기 극복 프로그램 참여
② 책임감 증진 프로그램 참여
③ 적성 개발 프로그램 참여
④ 스트레스 극복 프로그램 참여

28 다음 내용의 괄호 안에 들어갈 용어로 옳은 것을 고르시오.

> 오랜 기간 '회사의 일'을 우선시하던 한국 근로자들의 가치관이 개인의 생활을 중시하는 방향으로 변화하고 있다. 이른바 (   )을/를 추구하는 움직임이 본격화 되고 있는 것이다. 2005년 실시된 한국종합사회조사에 의하면 한국 국민의 압도적 다수가 기업이 (   ) 실현을 위한 제도를 도입할 책임이 있다고 인식하고 있다. 기업은 경영적 측면에서 적지 않은 비용이 들어가지만 가시적 효과는 바로 나타나지 않아 망설이고 있는 입장이다. 이들은 기업이 실현을 위한 노력이 상당히 부족하다고 느끼고 있어 (   )을/를 둘러싸고 회사와 근로자 간에 갈등이 발생할 우려도 있다.

① 평생학습사회
② 청년실업
③ 투잡스(Two Jobs)
④ 일과 생활의 균형
⑤ 창업경력

29 L 씨는 자기개발을 위해 영어 회화학원에 등록하였다. 하지만 업무시간과 학원 시간을 맞추는 것이 쉽지 않았고 직장과 학원, 집의 거리가 멀어 학원에 자주 출석하지 못했다. 3개월을 다녔지만 실력은 늘지 않았고 흥미가 떨어진 L 씨는 학원을 관뒀다. L 씨의 자기개발 실패 요인으로 옳은 것은?

① 외부적 요인
② 제한적 사고
③ 부정적인 감정 작용
④ 부정확한 목표 설정

30 직장인의 업무 수행 성과에 영향을 미치는 요인으로 볼 수 없는 것은?

① 자원
② 상사 및 동료의 성과
③ 개인의 능력
④ 업무 지침

31 거절의 의사결정을 할 때 유의하여야 할 사항으로 옳지 않은 것은?

① 상대의 말을 들을 때에는 주의 깊게 귀를 기울여 문제의 본질을 파악한다.
② 거절의 의사결정은 오래 지체할수록 좋다.
③ 거절을 할 경우에는 분명한 이유가 있어야 한다.
④ 거절을 할 경우에는 대안을 제시하여야 한다.

의사소통능력

수리능력

문제해결능력

자기개발능력

자원관리능력

대인관계능력

정보능력

기술능력

조직이해능력

직업윤리

32 다음에서 설명하는 경력단계는 무엇인가?

> 조직에 입사하여 직무와 조직의 규칙과 규범에 대해 익히게 된다. 자신이 맡은 업무의 내용을 파악하고, 새로 들어온 조직의 규칙이나, 규범, 분위기를 알고 적응해 나가는 것이 중요한 과제이다. 궁극적으로 조직에서 자신의 입지를 확고히 다져나가 승진하는 데 많은 관심을 가지는 시기이다.

① 직업선택
② 조직입사
③ 경력초기
④ 경력말기

33 ○○재무설계회사 경리과에서 근무하고 있는 A 씨는 올해 45살이다. A 씨의 꿈은 재테크 전문가가 되는 것이다. 자신이 다니는 회사에서 일하는 재테크 전문가를 보니 노력한 만큼 이상의 높은 보수를 받고 자유롭게 시간을 활용할 수 있었다. 그리고 A 씨는 평소 부동산 정책이나 시세에 관심이 많고 다른 사람들과 대화를 하는 것을 좋아하는 자신의 성격에도 맞는 것 같았다. 그리하여 A 씨는 늦게나마 자신의 꿈을 이루기 위하여 제일 먼저 2년 내에 자격증을 취득하기로 결심을 하고 학원을 알아보기로 하였다. A 씨의 행동은 경력개발 단계 중 어디에 해당하는가?

① 직무정보 탐색
② 자신과 환경이해
③ 경력목표 설정
④ 경력개발 전략 수립

34 지속적인 경제 불황으로 인하여 직장인 J 씨는 투잡을 선택하게 되었다. 주 5일제의 시행으로 인하여 다행히 시간적인 여유가 생겼기 때문이다. 평일에는 원래 근무하던 컨설팅 회사를 다니고 주말에는 자신의 취미였던 사진촬영을 기반으로 결혼식 사진을 찍으러 다닌다. J 씨가 투잡을 선택한 이유에 해당되는 것은?

① 자아실현을 하기 위하여
② 창업을 하기 위하여
③ 경제적인 이유로
④ 실직에 대비하기 위하여

35 물류관리회사에 다니는 직장인 G 씨는 자신의 경력개발을 위하여 노력하고 있다. 다음 중 G 씨가 자기탐색을 하는 방법으로 옳지 않은 것은?

① 평가기관의 전문가와 면담
② 표준화된 검사의 실시
③ 일기 등을 통한 자기성찰
④ 주변 지인과의 대화

의사소통능력

수리능력

문제해결능력

자기개발능력

자원관리능력

대인관계능력

정보능력

기술능력

조직이해능력

직업윤리

자원관리능력

(1) 자원

① 자원의 종류 : 시간, 예산, 물·인적자원

② 자원의 낭비 요인

- 비계획적 행동 : 충동적이고 즉흥적인 행동은 활용할 수 있는 자원을 낭비하며 얼마나 낭비하는지조차 파악하지 못한다.
- 편리성 추구 : 자원 활용에 있어서 자신의 편리함이 최우선이기 때문에 물적자원을 비롯하여 시간과 예산 낭비를 초래할 수 있다.
- 자원에 대한 인식 부재 : 자신이 가진 중요한 자원을 인식하지 못하고 무의식적으로 중요한 자원을 낭비하게 된다.
- 노하우 부족 : 자원관리에 대한 경험이나 노하우가 부족하여 자원관리의 중요성을 인식하면서도 효과적인 방법을 활용할 줄 모를 때 낭비하게 된다.

(2) 자원관리 기본 과정 4단계

구분		내용
1단계	필요한 자원의 종류와 양 확인하기	업무 추진에 필요한 자원을 파악하는 단계로, 시간과 예산, 물·인적자원을 구체적으로 구분한다.
2단계	이용 가능한 자원 수집하기	업무에 필요한 자원을 파악하고 자원을 확보한다. 이때, 파악한 자원보다 더 여유 있게 확보하는 것이 좋다.
3단계	자원 활용 계획 세우기	자원 확보 후 업무에 합당한 계획을 세우도록 한다. 이때, 업무와 활동의 우선순위를 고려하여 계획을 세우는 것이 바람직하다.
4단계	계획대로 수행하기	업무 추진 단계로서 계획에 맞게 수행하는 단계이다. 이때, 불가피하게 수정해야 하는 상황이라면 전체 계획에 미칠 수 있는 영향을 고려해야 하며 가급적 계획에 맞춰 수행하는 것이 좋다.

의사소통능력

수리능력

문제해결능력

자기개발능력

자원관리능력

대인관계능력

정보능력

기술능력

조직이해능력

직업윤리

출제경향

자원관리능력은 업무를 수행함에 있어 시간과 예산, 물적·인적자원 등의 자원 가운데 무엇이 얼마나 필요한지 파악하고 확보하여 실제 업무에 활용하는 능력이다. 주로 업무를 수행하는 데 소요되는 시간을 계산하거나 일정표, 기획안 등과 함께 여러 평가 항목을 제시하여 이에 맞는 시간 및 인력을 묻는 문제가 출제된다.

하위능력별 출제 유형

시간관리능력 ✦✦✦✦✦
업무를 수행하기 위해 필요한 시간을 확인하고 자원을 수집하여 업무에 적용하는 문제로 구성된다.

예산관리능력 ✦✦✦✦✧
업무를 수행하기 위해 필요한 자본자원을 확인하고 기업의 궁극적 목적인 최소비용으로 최대효과를 얻을 수 있는 것을 찾는다.

물적자원관리능력 ✦✦✦✧✧
업무를 수행하기 위해 필요한 시설자원을 확인하고 주어진 상황에 적절히 배치하는 문제가 출제된다.

인적자원관리능력 ✦✦✦✦✦
업무를 수행하기 위해 필요한 인적자원을 확보하고 주어진 상황에 적절히 배치하는 문제가 출제된다.

하위능력별 출제 빈도

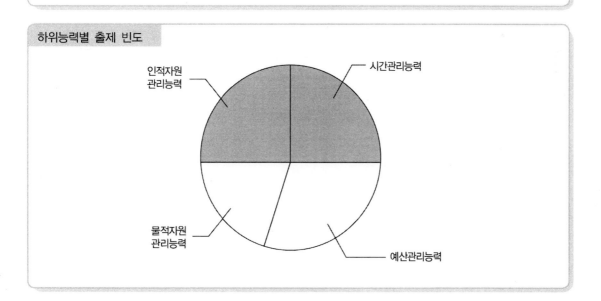

(1) 시간의 특성

① 시간은 매일 주어지는 기적이다.

② 시간은 똑같은 속도로 흐른다.

③ 시간의 흐름은 멈추게 할 수 없다.

④ 시간은 꾸거나 저축할 수 없다.

⑤ 시간은 사용하기에 따라 가치가 달라진다.

(2) 시간 관리의 효과

① 생산성 향상

② 가격 인상 : 기업의 입장에서 고려할 때 소요되는 시간이 단축되면 비용과 이익이 늘어남으로써 사실상 가격 인상의 효과를 볼 수 있다.

③ 위험 감소

④ 시장 점유율 증가

(3) 시간계획

① 개념 : 시간 자원을 최대한 활용하기 위하여 가장 많이 반복되는 일에 가장 많은 시간을 분배하고, 최단시간에 최선의 목표를 달성하는 것을 의미한다.

② 60 : 40의 Rule

계획된 행동 (60%)	계획 외의 행동 (20%)	자발적 행동 (20%)
총 시간		

(4) 시간 관리의 궁극적 목표

① 스트레스 관리 : 어떤 일을 하는 데 예상했던 시간보다 더 많은 시간이 소요된다면 다른 해야 할 일이 지연되고, 스트레스를 받게 된다. 이처럼 시간 낭비는 스트레스 유발요인이라고 할 수 있으며 시간 관리를 통해 스트레스를 줄이는 것이 효과적인 접근이라고 할 수 있다.

② 균형적인 삶 : 직장에서의 업무 수행 시간을 줄이고 개인의 시간을 즐길 수 있다.

③ 생산성 향상 : 개인이나 조직의 입장에서 시간은 한정된 자원 중 하나이며 시간을 적절히 관리하여 효율적으로 일을 한다면 생산성 향상에 크게 도움이 된다.

④ 목표 성취 : 목표는 스스로에게 동기를 부여하는 강력한 방법이며 수단이다. 목표 성취를 위해서는 시간이 필요하다.

의사소통능력

수리능력

문제해결능력

자기개발능력

자원관리능력

대인관계능력

정보능력

기술능력

조직이해능력

직업윤리

하위능력 02 예산관리능력

(1) 예산

필요한 비용을 미리 헤아려 계산하는 것이나 그 비용을 의미한다. 필요한 비용을 미리 헤아려 계산하는 것, 또는 그 비용을 의미하며 더 넓은 범위에서는 민간기업·공공단체 및 기타 조직체, 개인의 수입·지출에 관한 것도 포함한다.

(2) 예산관리

활동이나 사업에 소요되는 비용을 산정하고, 예산을 편성하는 것뿐만 아니라 예산을 통제하는 것 모두를 포함한다.

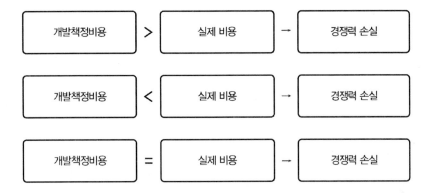

(3) 예산의 구성요소

구분		내용
비용	직접비용	재료비, 원료와 장비, 시설비, 여행(출장) 및 잡비, 인건비 등
	간접비용	보험료, 건물관리비, 광고비, 통신비, 사무비품비, 각종 공과금 등

(4) 예산수립 과정

필요한 과업 및 활동 구명 → 우선순위 결정 → 예산 배정

(1) 물적자원의 종류

① 자연자원 : 자연상태 그대로의 자원 예 석탄, 석유 등
② 인공자원 : 인위적으로 가공한 자원 예 시설, 장비 등

(2) 물적자원관리

물적자원을 효과적으로 관리할 경우 경쟁력 향상이 향상되어 과제 및 사업의 성공으로 이어지며, 관리가 부족할 경우 경제적 손실로 인해 과제 및 사업의 실패 가능성이 커진다.

(3) 물적자원 활용의 방해요인

① 보관 장소의 파악 문제
② 훼손
③ 분실

(4) 물적자원관리 과정 3단계

구분	내용
1단계 사용 물품과 보관 물품의 구분	• 반복 작업 방지 • 물품활용의 편리성
2단계 동일 및 유사 물품으로의 분류	• 동일성의 원칙 • 유사성의 원칙
3단계 물품 특성에 맞는 보관 장소 선정	• 물품의 형상 • 물품의 소재

인적자원관리능력

(1) 인적자원관리

기업의 목적 달성을 위한 필요한 인적자원을 조달·확보·유지·개발하고, 근로자 스스로가 자기만족을 얻게 하는 동시에 경영 목적을 효율적으로 달성하게 하는 등의 사용자와 근로자 간의 협력 체계 관리를 말한다.

(2) 인사관리 원칙

① **적재적소 배치의 원리** : 해당 직무 수행에 가장 적합한 인재를 배치한다.

② **공정 보상의 원칙** : 인권을 존중하고 공헌도에 따라 공정한 대가를 지급한다.

③ **공정 인사의 원칙** : 직무 배당, 승진, 평가, 임금 등을 공정하게 처리한다.

④ **종업원 안정의 원칙** : 근로자의 안정된 회사생활을 보장한다.

⑤ **창의력 계발의 원칙** : 창의력을 발휘할 수 있도록 기회를 마련하고 적절한 보상을 제공한다.

⑥ **단결의 원칙** : 직장 내 구성원들이 소외감을 갖지 않도록 배려하며 유대감을 이루도록 한다.

(3) 개인 차원에서의 인적관리

인맥관리를 의미한다. 가족, 친구, 직장동료 등 자신과 직접적인 관계에 있는 사람들인 핵심인맥과 핵심인맥들로부터 알게 된 파생인맥이 존재한다.

(4) 조직 차원에서의 인적관리

① **능동성** : 능동적이고 반응적인 성격을 지니며 이를 관리하여 기업의 성과를 높일 수 있다.

② **개발가능성** : 환경 변화와 조직변화가 심할수록 현대조직의 인적자원관리에서 차지하는 중요성은 더욱 커진다.

③ **전략적 자원** : 자원을 활용하는 것이 바로 사람이기 때문에 다른 자원보다도 전략적 중요성이 강조되는 것을 의미한다.

(5) 인력배치의 원칙

① **적재적소주의** : 팀의 효율성을 높이기 위해 팀원의 능력이나 성격 등과 가장 적합한 위치에 배치하여 팀원 개개인의 능력을 최대로 발휘해 줄 것을 기대하는 것

② **능력주의** : 개인에게 능력을 발휘할 수 있는 기회와 장소를 부여하고 그 성과를 바르게 평가하며 평가된 능력과 실적에 대해 그에 상응하는 보상을 주는 원칙

③ **균형주의** : 모든 팀원에 대한 적재적소를 고려

(6) 인력배치의 유형

① **양적 배치** : 부문의 작업량과 조업도, 여유 또는 부족 인원을 감안하여 소요인원을 결정하여 배치하는 것

② **질적 배치** : 적재적소의 배치

③ **적성 배치** : 팀원의 적성 및 흥미에 따라 배치하는 것

의사소통능력

수리능력

문제해결능력

자기개발능력

자원관리능력

대인관계능력

정보능력

기술능력

조직이해능력

직업윤리

예제 01 시간관리능력

당신은 A출판사 교육훈련 담당자이다. 조직의 효율성을 높이기 위해 전사적인 시간 관리에 대한 교육을 실시하기로 하였지만 바쁜 일정 상 직원들을 집합교육에 동원할 수 있는 시간은 제한적이다. 다음 중 귀하가 최우선의 교육 대상으로 삼아야 하는 것은 어느 부분인가?

구분	긴급한 일	긴급하지 않은 일
중요한 일	제1사분면	제2사분면
중요하지 않은 일	제3사분면	제4사분면

① 중요하고 긴급한 일로 위기사항이나 급박한 문제, 기간이 정해진 프로젝트 등이 해당되는 제1사분면
② 긴급하지는 않지만 중요한 일로 인간관계 구축이나 새로운 기회의 발굴, 중장기 계획 등이 포함되는 제2사분면
③ 긴급하지만 중요하지 않은 일로 잠깐의 급한 질문, 일부 보고서, 눈 앞의 급박한 사항이 해당되는 제3사분면
④ 중요하지 않고 급하지 않은 일로 하찮은 일이나 시간낭비거리, 즐거운 활동 등이 포함되는 제4사분면

출제의도

주어진 일들을 중요도와 긴급도에 따른 시간 관리 매트릭스에서 우선순위를 구분할 수 있는가를 측정하는 문항이다.

해설

교육훈련에서 최우선 교육대상으로 삼아야 하는 것은 긴급하지 않지만 중요한 일이다. 이를 긴급하지 않다고 해서 뒤로 미루다보면 급박하게 처리해야하는 업무가 증가하여 효율적인 시간 관리가 어려워진다.

구분	긴급한 일	긴급하지 않은 일
중요한 일	위기사항, 급박한 문제, 기간이 정해진 프로젝트	인간관계 구축, 새로운 기회의 발굴, 중장기계획
중요 하지 않은 일	잠깐의 급한 질문, 일부 보고서, 눈앞의 급박한 사항	하찮은 일, 우편물, 전화, 시간낭비거리, 즐거운 활동

Answer. 01.②

유아용품 홍보팀의 사원 은이 씨는 일산 킨텍스에서 열리는 유아용품박람회에 참여하고자 한다. 당일 회의 후 출발해야 하며 회의 종료 시간은 오후 3시이다.

장소	일시
일산 킨텍스 제2전시장	2021. 9. 3.(금) PM 15 : 00 ~ 19 : 00 ※ 입장가능시간은 종료 2시간 전 까지

오시는 길
지하철 : 4호선 대화역(도보 30분 거리)
버스 : 8109번, 8407번(도보 5분 거리)

• 회사에서 버스정류장 및 지하철역까지 소요시간

출발지	도착지		소요시간
회사	×× 정류장	도보	15분
		택시	5분
	지하철역	도보	30분
		택시	10분

• 일산 킨텍스 가는 길

교통편	출발지	도착지	소요시간
지하철	강남역	대화역	1시간 25분
버스	×× 정류장	일산 킨텍스 정류장	1시간 45분

위의 상황을 보고 은이 씨가 선택할 교통편으로 가장 적절한 것은?

① 도보 – 지하철
② 도보 – 버스
③ 택시 – 지하철
④ 택시 – 버스

출제의도
주어진 여러 시간정보를 수집하여 실제 업무 상황에서 시간자원을 어떻게 활용할 것인지 계획하고 할당하는 능력을 측정하는 문항이다.

해설
④ 택시로 버스정류장까지 이동해서 버스를 타고 가게 되면 택시(5분), 버스(1시간 45분), 도보(5분)으로 1시간 55분이 걸린다.
① 도보 – 지하철 : 도보(30분), 지하철(1시간 25분), 도보(30분)이므로 총 2시간 25분이 걸린다.
② 도보 – 버스 : 도보(15분), 버스(1시간 45분), 도보(5분)이므로 총 2시간 5분이 걸린다.
③ 택시 – 지하철 : 택시(10분), 지하철(1시간 25분), 도보(30분)이므로 총 2시간 5분이 걸린다.

의사소통능력

수리능력

문제해결능력

자기개발능력

자원관리능력

대인관계능력

정보능력

기술능력

조직이해능력

직업윤리

Answer. 02.④

예제 03 예산관리능력

당신은 가을 체육대회에서 총무를 맡으라는 지시를 받았다. 다음과 같은 계획에 따라 예산을 진행하였으나 확보된 예산이 생각보다 적게 되어 불가피하게 비용항목을 줄여야 한다. 다음 중 귀하가 비용 항목을 없애기에 가장 적절한 것은 무엇인가?

〈○○산업공단 추계 1차 워크숍〉

1. 해당부서 : 인사관리팀, 영업팀, 재무팀
2. 일   정 : 2021년 10월 21일 ~ 23일(2박 3일)
3. 장   소 : 강원도 속초 ○○연수원
4. 행사내용 : 바다열차탑승, 체육대회, 친교의 밤 행사, 기타

---

① 숙박비
② 식비
③ 교통비
④ 기념품비

출제의도

업무에 소요되는 예산 중 꼭 필요한 것과 예산을 감축해야할 때 삭제 또는 감축이 가능한 것을 구분해내는 능력을 묻는 문항이다.

해설

한정된 예산을 가지고 과업을 수행할 때에는 중요도를 기준으로 예산을 사용한다. 위와 같이 불가피하게 비용 항목을 줄여야 한다면 기본적인 항목인 숙박비, 식비, 교통비는 유지되어야 하기에 항목을 없애기 가장 적절한 정답은 ④번이 된다.

예제 04 인적자원관리능력

최근 조직개편 및 연봉협상 과정에서 직원들의 불만이 높아지고 있다. 온갖 루머가 난무한 가운데 인사팀원인 당신에게 사내 게시판의 직원 불만사항에 대한 진위여부를 파악하고 대안을 세우라는 팀장의 지시를 받았다. 다음 중 당신이 조치를 취해야 하는 직원은 누구인가?

① 사원 A는 팀장으로부터 업무 성과가 탁월하다는 평가를 받았는데도 조직개편으로 인한 부서 통합으로 인해 승진을 못한 것이 불만이다.
② 사원 B는 회사가 예년에 비해 높은 영업 이익을 얻었는데도 불구하고 연봉 인상에 인색한 것이 불만이다.
③ 사원 C는 회사가 급여 정책을 변경해서 고정급 비율을 낮추고 기본급과 인센티브를 지급하는 제도로 바꾼 것이 불만이다.
④ 사원 D는 입사 동기인 동료가 자신보다 업무 실적이 좋지 않고 불성실한 근무태도를 가지고 있는데, 팀장과의 친분으로 인해 자신보다 높은 평가를 받은 것이 불만이다.

출제의도

주어진 직원들의 정보를 통해 시급하게 진위여부를 가리고 조치하여 인력배치를 해야 하는 사항을 확인하는 문제이다.

해설

사원 A, B, C는 각각 조직 정책에 대한 불만이기에 논의를 통해 조직적으로 대처하는 것이 옳지만, 사원 D는 팀장의 독단적인 전횡에 대한 불만이기 때문에 조사하여 시급히 조치할 필요가 있다. 따라서 가장 적절한 답은 ④번이 된다.

Answer.   03.④   04.④

S호텔의 외식사업부 소속인 K 씨는 예약 일정 관리를 담당하고 있다. 아래의 예약 일정과 정보를 보고 K 씨의 판단으로 옳지 않은 것은?

출제의도

주어진 정보와 일정표를 토대로 이용 가능한 물적자원을 확보하여 이를 정확하게 안내할 수 있는 능력을 측정하는 문항이다. 고객이 제공한 정보를 정확하게 파악하고 그 조건 안에서 가능한 자원을 제공할 수 있어야 한다.

〈S호텔 일식 뷔페 1월 ROOM 예약 일정〉

: ROOM 이름(시작 시간)

SUN	MON	TUE	WED	THU	FRI	SAT
					1	2
					백합(16)	장미(11) 백합(15)
3	4	5	6	7	8	9
라일락(15)	백향목(10) 백합(15)	장미(10) 백향목(17)	백합(11) 라일락(18)	백향목(15)	장미(10) 라일락(15)	

ROOM 구분	수용 가능인원	최소투입인력	연회장 이용 시간
백합	20	3	2시간
장미	30	5	3시간
라일락	25	4	2시간
백향목	40	8	3시간

※ 1) 오후 9시에 모든 업무를 종료함
2) 한 타임 끝난 후 1시간씩 세팅 및 정리
3) 동 시간 대 서빙 투입인력은 총 10명을 넘을 수 없음

안녕하세요, 1월 첫째 주 또는 둘째 주에 신년회 행사를 위해 ROOM을 예약하려고 하는데요, 저희 동호회의 총 인원이 27명이고 오후 8시쯤 마무리하려고 합니다. 신정과 주말, 월요일은 피하고 싶습니다. 예약이 가능할까요?

① 인원을 고려했을 때 장미ROOM과 백향목ROOM이 적합하겠군.
② 만약 2명이 안 온다면 예약 가능한 ROOM이 늘어나겠구나.
③ 조건을 고려했을 때 예약 가능한 ROOM은 5일 장미ROOM뿐이겠구나.
④ 오후 5시부터 8시까지 가능한 ROOM을 찾아야해.

해설

③ 조건을 고려했을 때 5일 장미ROOM과 7일 장미ROOM이 예약 가능하다.
① 참석 인원이 27명이므로 30명 수용 가능한 장미ROOM과 40명 수용 가능한 백향목ROOM 두 곳이 적합하다.
② 만약 2명이 안 온다면 총 참석인원 25명이므로 라일락ROOM, 장미ROOM, 백향목ROOM이 예약 가능하다.
④ 오후 8시에 마무리하려고 계획하고 있으므로 적절하다.

의사소통능력

수리능력

문제해결능력

자기개발능력

자원관리능력

대인관계능력

정보능력

기술능력

조직이해능력

직업윤리

Answer. 05.③

출제예상문제

정답 및 해설 **p.509**

1 다음과 관련 있는 자원관리능력은?

> • 예산
> – 필요한 비용을 미리 헤아려 계산함
> – 국가나 단체에서 한 회계 연도의 수입과 지출을 미리 셈하여 정한 계획
> • 비용
> – 어떤 일을 하는 데 드는 돈
> – 기업에서 생산을 위하여 소비하는 원료비, 기계 설비비, 빌린 자본의 이자 등

① 시간관리능력　　　　　　　　　　② 예산관리능력
③ 물적관리능력　　　　　　　　　　④ 인적자원관리능력

2 다음에서 설명하고 있는 인사관리의 원칙은?

> 근로자의 인권을 존중하고 공헌도에 따라 노동의 대가를 공정하게 지급한다.

① 적재적소 배치의 원리
② 공정 보상의 원칙
③ 공정 인사의 원칙
④ 종업원 안정의 원칙

3 다음 글에 나타난 자원 낭비 요인으로 가장 적절한 것은?

> A 씨는 다이어트를 위해 매일 저지방 식단으로 일회용 용기에 담아온다. 식사는 항상 일회용 숟가락과 나무젓가락을 사용하고 커피는 항상 종이컵에 타서 마신다. 그렇게 본인이 버린 쓰레기는 매주 산처럼 쌓이지만 설거지 없이 처리하기 쉽기 때문에 오늘도 일회용 제품을 사용하고 있다.

① 편리성 추구   ② 비계획적 행동
③ 노하우 부족   ④ 자원에 대한 인식

4 다음 비용 중 성격이 다른 하나는?

① 재료비   ② 여행비
③ 인건비   ④ 광고비

5 다음에서 설명하고 있는 개념은 무엇인가?

> 계획된 행동을 60%, 계획 외의 행동을 20%, 자발적 행동을 20%로 분배하여 최단시간에 최선의 목표를 달성하기 위해 시간 자원을 최대한 활용하는 방법이다.

① 물적자원관리   ② 60 : 40의 규칙
③ 동일성의 원칙   ④ 적재적소주의

6 다음 중 시간에 관한 의견으로 옳은 것끼리 짝지어진 것은?

> ㉠ 시간은 누구에게나 공평하게 주어지지.
> ㉡ 시간은 마음만 먹으면 잠시 멈추게 할 수 있어.
> ㉢ 시간은 어떻게 사용하느냐에 따라 그 가치가 달라져.
> ㉣ 시간은 누구에게나 똑같은 속도로 흘러.

① ㉠㉡   ② ㉢㉣
③ ㉠㉡㉢   ④ ㉠㉢㉣

의사소통능력

수리능력

문제해결능력

자기개발능력

자원관리능력

대인관계능력

정보능력

기술능력

조직이해능력

직업윤리

7 다음 중 시간 관리 유형에 대한 설명으로 바르게 짝지어진 것은?

> ⊙ **시간 창조형 인간** : 자신에게 주어진 시간을 하루 24시간으로 구속하지 않고 능동적으로 사고하고 행동하며 자신의 것으로 만드는 사람이다. 이들은 항상 바빠 보이지만 늘 여유가 있고 소위 자신이 하고 싶은 것은 다 해가며 살아가는 사람
>
> ⓒ **시간 절약형 인간** : 24시간을 꽉 짜여진 계획표대로 움직이면서 시간에 자신의 생활을 맞춰나가는 형으로 나름대로 짜임새 있게 살아가는 사람
>
> ⓒ **시간 소비형 인간** : 하루 24시간을 제대로 활용하지 못하고 빈둥대면서 살아가는 층으로 왜 살아야 하고, 왜 바빠야 하는지 등 인생의 목적이나 의욕이 전혀 없는 사람
>
> ⓒ **시간 파괴형 인간** : 자신에게 주어진 시간을 제대로 활용하기는커녕 시간관념이 없어 자신의 시간은 물론 남의 시간마저 죽이는 사람

① ⊙ⓒ
② ⓒⓒ
③ ⓒⓒⓒ
④ ⊙ⓒⓒⓒ

8 다음 중 SMART법칙에 따라 목표를 설정하지 못한 사람을 모두 고른 것은?

> • 민수 : 나는 올해 꼭 취업할거야.
> • 나라 : 나는 12월까지 볼링 점수 200점에 도달하겠어.
> • 정수 : 나는 오늘 10시까지 단어 100개를 외울거야.
> • 주찬 : 나는 이번 달 안에 NCS 강의 20강을 모두 들을거야.
> • 명기 : 나는 이번 여름 방학에 영어 회화를 도전할거야.

① 정수, 주찬
② 나라, 정수
③ 민수, 명기
④ 주찬, 민수

[9 ~ 10] 다음은 시간 관리 매트릭스에 관한 설명이다. 물음에 답하시오.

〈시간 관리 매트릭스〉

	긴급함	긴급하지 않음
중요함	제1사분면	제2사분면
중요하지 않음	제3사분면	제4사분면

- 제1사분면 : 중요하고 긴급한 일로 위기사항이나 급박한 문제, 기간이 정해진 프로젝트 등이 해당
- 제2사분면 : 긴급하지는 않지만 중요한 일로 인간관계 구축이나 새로운 기회의 발굴, 중장기 계획 등이 포함
- 제3사분면 : 긴급하지만 중요하지 않은 일로 잠깐의 급한 질문, 일부 보고서, 눈 앞의 급박한 사항이 해당
- 제4사분면 : 중요하지 않고 긴급하지 않은 일로 하찮은 일이나 시간낭비거리, 즐거운 활동 등이 포함

9 다음 내용 중 시간 관리 매트릭스에 따라 가장 먼저 해야 하는 일은?

ㄱ 마감이 가까운 업무   ㄴ 가족과 저녁식사
ㄷ 뮤지컬 관람   ㄹ 인간관계 구축

① ㄱ   ② ㄴ
③ ㄷ   ④ ㄹ

10 다음 중 긴급하지 않지만 중요한 일에 해당하는 것은?

① 회의하기
② 상사에게 급한 질문하기
③ 드라마 시청
④ 자기개발하기

의사소통능력

수리능력

문제해결능력

자기개발능력

자원관리능력

대인관계능력

정보능력

기술능력

조직이해능력

직업윤리

11 다음은 직장인 K 씨의 상황이다. 8,000원을 지불하고 영화표를 예매한 것과 자전거 타기의 제안을 거절하고 영화를 보는 경우에 대한 분석으로 옳지 않은 것은?

> K 씨는 영화를 보기 위해 8,000원을 지불하고 영화표를 예매하였다. 그런데 영화를 보기로 한 날에 친구인 S가 공원에서 자전거를 타자고 제안하자, 고민하다가 그냥 영화를 보기로 결정했다. 단, 영화 관람과 자전거 타기에 소요되는 시간은 같고, K 씨에게 있어 영화 관람의 편익은 10,000원이며 자전거 타기의 편익은 3,000원이다. 그리고 영화표는 환불이나 타인 양도가 불가능하다.

① 8,000원을 지불하고 영화표를 예매한 K 씨의 선택은 비합리적이다.

② 그냥 영화를 보기로 결정한 K 씨의 선택은 합리적이다.

③ 영화예매비용 8,000원은 회수할 수 없는 매몰비용이다.

④ 영화 관람으로 인한 기회비용은 3,000원이다.

12 다음 중 과제 수행의 결과에 대해 좋지 않게 평가를 받는 경우가 아닌 것은?

① 주어진 예산을 훨씬 초과하여 완수

② 계획보다 인원을 2배 투입하여 완성

③ 정해진 기한 내에 예산한도 내에서 작업 완료

④ 기한을 훨씬 초과하여 완성적 자원 한도 내에서 작업이 완료되는 경우에 해당 과제에 대한 평가가 좋게 이루어진다.

13 다음 중 작업이 완료된 후에 진행되는 사후평가의 내용이 아닌 것은?

① 어디에서 차질이 발생하였는지 확인

② 고칠 방법이 없는지 확인

③ 문제가 무엇인지 등을 스스로 평가하는 습관을 가지도록 함

④ 전반적인 계획을 세우고 이를 구체화 함

14 개발 책정 예산보다 실제 개발에 들어간 비용이 클 경우 나타나는 결과는?

① 제품의 경쟁력이 사라진다.

② 판매량의 감소로 적자가 나타난다.

③ 시장 점유율이 상승한다.

④ 제품의 판매가격이 낮아진다.

의사소통능력

수리능력

문제해결능력

자기개발능력

자원관리능력

대인관계능력

정보능력

기술능력

조직이해능력

직업윤리

15 다음에서 설명하는 것은 무엇인가?

> 과제 및 활동의 계획을 수립하는 데 있어서 가장 기본적인 수단으로 활용되는 그래프로 필요한 모든 일들을 중요한 범주에 따라 체계화시켜 구분해 놓은 그래프를 말한다.

① 과업세부도
② 재무상태표
③ 우선순위도
④ 과업중요도

16 기업의 예산집행실적을 작성하려고 할 때 이에 대한 설명으로 옳지 않은 것은?

① 예산편성항목과 항목별 배정액을 작성하고 해당 항목에 대한 당월의 사용실적, 누적 실적을 기록한다.

② 잔액은 배정액에서 누적 실적을 뺀 차이로 적고, 사용률은 누적 실적/배정액에 100을 곱하여 작성한다.

③ 비고는 어떤 목적으로 사용했는지에 대한 정보를 기입한다.

④ 예산항목의 지출이 초과되어야 예산집행실적이 좋은 것이다.

17 다음 중 제시된 지문을 전체적으로 가장 잘 설명하고 있는 내용은 무엇인가?

2020년 5월 프렌차이즈 음식점을 운영하는 H 회사는 최근 새로운 브랜드 음식점을 명동에 오픈하였다. 명동점을 위한 마케팅 프로젝트팀으로 김 팀장이 배정되었다. 김 팀장은 매장에서 일하는 모든 근로자가 자유롭게 새로운 제안, 건의 등을 할 수 있는 소통의 장도 만들었고 그에 따른 적절한 보상도 계획하였다. 그리고 명동점의 마케팅 및 매장 매출 성과를 위해 6개월 기한의 프로젝트팀을 꾸렸고, 팀원의 요청보다는 팀원의 개개인에 역할에 맞는 역할로 팀을 꾸렸다.

김 팀장은 프로젝트에 대한 예산수립 계획서를 작성하고 본사 결제를 받았다. 그러나 막상 프로젝트를 진행하다 보니 계획서에 작성하지 않은 식자재 관리 전산 시스템에 대한 비용을 추가해야 하는 상황이 발생했다. 보고된 계획서에 없는 내용이 추가되다 보니 앞서 계획한 항복의 비용을 조절해야 하는 경우가 발생하여 프로젝트를 이끌어감에 어려움을 겪었다.

계속적으로 문제들이 발생하다 보니 추가로 업무시간을 초과하여 일하게 되고, 기한 내에 끝내지 못하는 업무들이 생겨났다. 이는 김 팀장이 모든 업무를 직접 눈으로 확인하고 검사해야 하는 성격 때문에 발생하는 문제이기도 하다.

① 김 팀장에게 발생한 문제들은 우선순위를 정하여 순차적으로 해결해 나가는 시간 관리를 제대로 하지 않았기 때문에 생기는 문제들이다.

② 팀원들의 의견을 반영하지 않고 개인의 감정으로만 모든 일을 진행하기 때문에 문제점들이 발생하고 있다.

③ 김 팀장은 전체적으로 인적자원에 관한 계획은 잘 수립하였으나 물적자원관리 계획을 제대로 수립하지 못해 프로젝트 전반적으로 어려움을 겪고 있다.

④ 식자재 관리 전산 시스템은 식자재의 선납선출을 할 수 있게 해주는 시스템이므로 재고관리가 수월해지고 물품 품목들이 정리되어 있기 때문에 누구나 현재의 상황을 쉽게 파악 할 수 있게 해주는 시스템이므로 계획되어 있지 않은 부분일지라도 예산을 사용한 것은 잘한 일이다.

⑤ 위에서 생긴 문제점은 김 팀장이 모든 일을 확인하고 검사하려는 성격으로 인해 생기는 문제점들이라고 볼 수 있으므로 팀을 적극 활용하여 해결방안을 모색하는 게 바람직하다.

18 다음은 ○○시의 4월 교육장소 현황에 관한 자료이다. 지문을 보고 이어지는 질문에 답하시오.

〈○○시 4월 교육장소 현황〉

강의실	수용 가능 인원	최소 이용인원	비고
A강당	200명	90명	의자/테이블 이동 불가
B강당	150명	90명	의자 이동 가능
회의장	40명	30명	라운드 테이블
나눔방	100명	50명	의자/테이블 이동 가능
채움방	80명	50명	개별 PC

〈○○시 4월 교육장소 예약 현황〉

월	화	수	목	금	토
3 A강당 (9시/3시간) 나눔방 (1시/4시간)	4 회의장 (9시/3시간) 나눔방 (1시/4시간)	5 회의장 (1시/3시간)	6 나눔방 (9시/4시간) 회의장 (9시/3시간)	7 회의장 (1시/5시간) 나눔방 (1시/5시간)	9 시설 점검
10 회의장 (1시/5시간)	11	12 A강당 (1시/5시간)	13 채움방 (1시/5시간)	14 A강당 (3시/3시간) 채움방 (4시/2시간)	15 시설 점검

※ 1) 각각의 필요한 부대시설은 개별 연락
　 2) 예약 : 강의실 이름(시작 시간/대여 시간)

○○시에 시설 관리팀에서 일하고 있는 N대리는 강의실 관리를 담당하고 있다. 다음 통화내용을 보고 N대리가 해야 할 추가적인 질문으로 가장 적절하지 않은 것은 무엇인가?

> 안녕하세요. 저는 U기업 교육 담당자 L입니다. 4월 3일 ~ 15일 사이에 우리 신입직원 예절교육을 위해서 강의실을 빌리고자 합니다. 총 인원은 90명입니다. 월, 화는 회사의 다른 일정이 있으므로 피하고 싶습니다. 예약 가능할까요?

① 교육 시작 시간은 몇 시입니까?　　② 추가로 필요한 부대시설이 필요합니까?
③ 책상이나 의자의 이동이 필요합니까?　　④ 교육은 몇 시간 정도 진행될 예정입니까?
⑤ 개별적으로 PC를 사용해야 합니까?

의사소통능력

수리능력

문제해결능력

자기개발능력

자원관리능력

대인관계능력

정보능력

기술능력

조직이해능력

직업윤리

19 효과적인 물품관리를 위하여 '물품출납 및 운영카드'를 수기로 작성하였다. '물품출납 및 운영카드'를 활용할 때의 장점이 아닌 것은 무엇인가?

물품출납 및 운영카드			물품출납원			물품관리관	
분류번호	000 – 0000 – 0001		품명	자전거			
회계	재고 특별회계		규격	생략			
품종	생략		내용 연수	3년	정수 1	단위	대
정리일자	취득일자	정리구분 증비서 번호	수량	단가	금액	재고 수량, 금액 운영 수량, 구매	
18.12.01.	18.12.14.	–	1	10만	10만	1 0	10만 –
19.06.01.	19.06.17.	–	2	10만	10만	0 0	– –
19.12.01.	19.12.15.	–	2	20만	20만	1 1	10만 20만
20.06.01.	20.06.16.	–	3	30만	30만	2 0	30만 –
21.06.01.	21.06.12.	–	2	10만	10만	0 2	– 20만

① 보유하고 있는 물품의 종류 및 양을 확인할 수 있다.

② 제품파악이 쉬우므로 일의 인계 작업이 쉽다.

③ 물품의 상태를 지속해서 점검할 수 있다.

④ 자료를 쉽고 빠르게 입력할 수 있다.

⑤ 분실의 위험을 줄일 수 있다.

20 다음은 J회사의 세미나실 이용에 관한 정보이다. 다음과 같이 A ~ E 그룹이 세미나실을 이용했다고 할 때, 가장 적게 이용 요금을 낸 팀과 두 번째로 많은 요금을 낸 팀을 바르게 나타낸 것은?

대여 시간	시간당 요금 (1인당)			칠판 대여	기타 서비스
	월 ~ 금	토	일/공휴일		
06 : 00 ~ 10 : 00	2,000	3,000	4,000	2,000	아메리카노 1인당 2,000
10 : 00 ~ 14 : 00	2,500	3,500	4,500		
14 : 00 ~ 18 : 00	3,000	4,000	5,000		
18 : 00 ~ 20 : 00	3,500	5,000	6,000		
20 : 00 ~ 22 : 00	2,000	3,000	3,500		

구분	구성원 수	이용일	이용 시간	칠판 대여	커피
A팀	3	08.15.(일)	11 : 00 ~ 14 : 00	○	○
B팀	7	08.17.(수)	06 : 00 ~ 10 : 00	○	×
C팀	8	08.23.(화)	15 : 00 ~ 17 : 00	×	○
D팀	3	08.28.(일)	18 : 00 ~ 20 : 00	○	×
E팀	5	08.20.(토)	14 : 00 ~ 16 : 00	×	○

	두 번째로 많은 팀	가장 적은 팀
①	B	D
②	A	D
③	C	B
④	A	B
⑤	D	C

의사소통능력

수리능력

문제해결능력

자기개발능력

자원관리능력

대인관계능력

정보능력

기술능력

조직이해능력

직업윤리

21 영업팀 팀장은 연료가 가장 작게 드는 방법으로 거래처를 방문하였다. 회사에서 출발하여 모든 거래처를 한 번씩 둘러보고 회사에 도착하였을 때, 팀장이 사용한 연료비는 얼마인가? (단, 연료비는 1L당 1,000원이다.)

〈자료1〉 거래처 사이의 연결로 길이

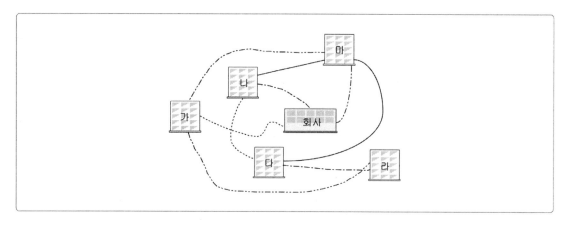

〈자료2〉 거래처 사이의 연결로 길이

(단위 : km/연결도로)

	회사	가	나	다	라	마
회사	-	32	32			56
가	32	-			56	70
나	32		-	32		50
다			32	-	32	30
라		56		32	-	
마	56	70	50	30		-

〈자료3〉 도로별 연비와 표시

	연비	표시
시내	8km/h	········
국도	10km/h	▬▬▬
고속도로	14km/h	▬ · · ▬
비포장도로	4km/h	▬ ▬ ▬

① 28,000원 ② 29,000원

③ 30,000원 ④ 31,000원

⑤ 32,000원

22 K 사원에게 할 수 있는 조언으로 옳지 않은 것은 무엇인가?

> 입사한 지 2년이 넘은 K 사원은 요즘 부적 고민이 늘었다. 매일 매일 바쁘게 일상을 살고 있지만, 업무를 마칠 때까지 걸리는 시간이 상대적으로 오래 걸려서 상사에게 재촉을 받는 일이 많다. 또한, 월급 관리도 어려움을 느끼고 있어 직장생활의 전반적인 부분에 회의감으로 힘들어하고 있다.

① 지금 하는 업무들이 단독으로 할 수 있는 일들인지 확인해 볼 필요가 있어. 여러 사람이 같이 해야 하는 일임에도 불구하고 혼자 하고 있는 거라면 당연히 업무 목표달성시간을 맞추기 어려워질 수 있지.

② 자신의 소비습관을 확인해 봐야 해. 신용카드를 많이 사용하다 보면 자신이 사용가능한 금액보다 초과로 사용하는 경우도 생기므로 고정 지출과 선저축을 통해 내가 사용할 수 있는 금액만을 가지고 생활 계획을 세우는 것도 큰 도움이 될 거야.

③ 내가 지금까지 K 사원을 지켜본 바로 K 사원은 항상 부산스럽고 책상도 정리가 안 되어 있더라고. 책상이 지저분하면 업무를 효율적으로 하기 힘들어지기 때문에 책상을 잘 정리 정돈하면 도움이 많이 될 거 같아.

④ 업무를 제시간에 못 끝내고, 자산관리에 실패하는 주된 원인 중 하나는 하는 일에 대한 우선순위 설정에 실패했기 때문이야. 일의 양과 질을 기준으로 우선순위를 정하여 일을 진행한다면 이번과 같은 일로 고민하는 경우는 없을 거야.

⑤ 매일 같은 업무를 반복하기 때문에 하는 일에 대한 매너리즘에 빠질 수도 있어 그럴 때일수록 자신의 맡은 일을 묵묵히 하면서 돌파구를 찾도록 노력해야 해.

의사소통능력

수리능력

문제해결능력

자기개발능력

자원관리능력

대인관계능력

정보능력

기술능력

조직이해능력

직업윤리

23 회사별로 새롭게 출시하는 전기 자동차 6대의 특성을 비교 파악하고 그에 따라 점수로 나타낸 표이다. 〈보기〉 중 옳게 말한 사람은 누구인가?

전기 자동차 특성

구분	AS서비스	내구성	승차감	가격	디자인	브랜드가치
A	7	8	4	8	5	7
B	8	7	6	7	5	8
C	5	5	7	6	8	4
D	6	5	6	7	7	8
E	7	7	4	9	6	7

※ 10점 만점

〈보기〉
• 진구 : 6대의 점수에서 가장 낮은 점을 맞은 회사는 C사이고, 점수가 가장 높은 회사는 B이다.
• 소라 : 특성에서 승차감 항목을 빼도 1위 순위는 변함이 없다.
• 범석 : 가격과 A/S만을 따지고 본다면 E를 선택하는 게 바람직하다.

① 진구
② 진구, 소라
③ 진구, 범석
④ 소라, 범석
⑤ 진구, 소라, 범석

24 다음은 5명의 사원의 진급 점수표의 일부이다. 이에 대한 〈보기〉의 설명 중 옳은 것만을 모두 고르면?

진급 점수표

(단위 : 점)

과목 사원	상사와 관계	융통성	업무 이해력	작업속도	동료와 관계	합계
A 사원	7	8	5	5	9	34
B 사원	6	9	8	5	8	36
C 사원	5	( )	9	6	7	( )
D 사원	8	6	6	( )	8	( )
E 사원	( )	7	6	9	7	( )
계	( )	( )	34	( )	39	( )

※ 각 과목에 점수 범위는 0 ~ 10점이다. 진급의 결과는 총점을 기준으로 결정한다. 단, 대상자 중 총점이 40점 이상이 없다면 최고점인 사람을 진급시킨다.
• 총점이 40점 이상 : 진급＋(상여금)
• 총점이 30점 이상 ~ 40점 미만 : 진급 보류＋(상여금)
• 총점이 30점 미만 : 진급 보류

〈보기〉
㉠ C 사원이 B 사원보다 점수가 높기 위해서는 융통성에서 10점을 맞아야 한다.
㉡ D 사원은 작업속도 부분에서 10점을 받았다면 진급도 하고 상여금도 받는다.
㉢ A 사원과 B 사원의 융통성 부분의 점수가 바뀐다면 총점에서 A 사원이 더 높은 점수를 받았을 것이다.
㉣ 진급 한 사람은 40점은 넘지 못했지만 1등 때문에 진급할 수 있었다.

① ㉠㉡
② ㉠㉢
③ ㉠㉣
④ ㉡㉣
⑤ ㉡㉢㉣

의사소통능력

수리능력

문제해결능력

자기개발능력

자원관리능력

대인관계능력

정보능력

기술능력

조직이해능력

직업윤리

25 다음을 읽고 이어지는 질문에 답하시오. 위 내용은 △△인재 개발원의 강당을 대여하기 위한 전화 내용이다. 원하는 날짜에 예약할 수 있다고 할 때 입금해야 하는 예약금 금액과 9일 전에 예약을 취소했을 때 받을 수 있는 반환금은?

△△인재 개발원 강당 대관 방법

1. 대관 절차

방문 접수 또는 인터넷 홈페이지를 통한 접수(인터넷 홈페이지 접수 시 대관료 10% 할인)

장소	기본 대관료	철수 후 환급금액	수용 인원	기본 이용 시간
회의장	80만 원	10만 원	MAX : 60명	6시간
소강당	100만 원	15만 원	MAX : 70명	8시간
대강당	120만 원	20만 원	MAX : 90명	10시간

※ 1) 이용 기준 시간 초과 시 환급 금액에서 시간당 5만 원씩 차감됩니다. 이때, 인터넷 할인 적용은 안 됩니다.
   2) 이용 가능 시간은 06 : 00 ~ 24 : 00입니다.
   3) 기본 대관료의 50%의 금액을 입금하셔야 예약이 확정되며 차액은 대관 당일 지급합니다.
   4) 취소에 의한 위약금은 다음과 같습니다.

기간	위약금	기간	위약금
2주일 전	위약금 없음	3일 전	예약금의 50%
1주일 전	예약금의 20%	당일 취소	예약금 반환 없음

2. 대여 가능 시설

시설물	사용 금액(개당)	수량	시설물	사용 금액(개당)	수량
유선마이크	3만 원	10	빔 프로젝터	4만 원	4
무선마이크	2만 원	5	녹화 시스템	5만 원	4

※ 1) 대여 가능한 시설은 .장소 대관 시간만큼 대여 가능합니다.
   2) 시설물 대여료는 당일 지불하시면 됩니다.
   3) 각 시설물 대여료는 50%는 철수 후 환급됩니다.

※ 총 30대 주차 가능한 규모의 주차장이 있으나 혼잡할 수 있으므로 미리 확인하시기 바랍니다.

안녕하세요. 저는 V기업 교육담당자입니다. 저희가 단합대회를 하기 위해서 강당을 빌리고 싶은데 가능한지 알고 싶어 연락드렸습니다. 총인원은 80명 정도이고, 오전 8시부터 오후 5시 정도까지 사용하고 싶습니다. 부대시설로는 무선마이크 4개 정도와 녹화 시스템은 가능한 전부 사용하고 싶습니다. 가능할까요?

	예약금	반환금
①	76만 원	61만 원
②	76만 원	38만 원
③	66만 원	33만 원
④	60만 원	48만 원
⑤	60만 원	38만 원

의사소통능력

수리능력

문제해결능력

자기개발능력

자원관리능력

대인관계능력

정보능력

기술능력

조직이해능력

직업윤리

26 다음은 생산부의 12월 근무 현황이다. 다음 현황을 보고 판단한 남현우 씨의 의견 중 적절하지 않은 것은 어느 것인가?

〈생산부 12월 근무 현황표〉

순번	성명	근무내역	기간	승인상태
1	정효동	연차	12/2 ~ 12/3	승인
2	양희선	결혼 휴가	12/8 ~ 12/14	승인
3	서윤길	연차	12/17 ~ 12/18	승인
4	고성희	출장	12/21 ~ 12/23	승인
5	남현우	연차	12/10 ~ 12/11	승인대기

〈12월 달력〉

일	월	화	수	목	금	토
		1	2	3	4	5
6	7	8	9	10	11	12
13	14	15	16	17	18	19
20	21	22	23	24	25	26
27	28	29	30			

① 10 ~ 11일에는 결혼 휴가자가 있으니 나까지 연차를 쓰면 업무에 누수가 생길 수 있겠네.

② 내가 31일에 휴가를 쓰게 되면 이번 달은 전원이 근무하는 목요일은 한 번도 없겠네.

③ 마지막 주로 휴가를 옮겨야 매주 휴가가 적절히 분배되겠네.

④ 이번 달에는 수요일과 목요일에 휴가자가 가장 많군.

⑤ 내가 이번 달에 휴가를 쓰지 않으면 마지막 주에는 전원이 참여할 회식 날짜를 잡기 좋겠다.

27 다음은 이 과장, 김 대리, 최 대리, 박 사원이 일본여행을 하며 지출한 경비에 관한 자료이다. 지출한 총 경비를 네 명이 동일하게 분담하려고 계산한다면 A, B, C에 해당하는 금액을 바르게 나열한 것은? (단, 환율은 100엔당 1,000원으로 일정함)

경비 지출 내역

구분	지출자	내역	금액	단위
숙박	박 사원	호텔비	800,000	원
교통	최 대리	왕복 비행기	2,000,000	
기타	김 대리	중식1	50,000	엔화
		관광지 입장권1	70,000	
		석식1	80,000	
		야식1	50,000	
	이 과장	중식2	80,000	
		관광지 입장권2	80,000	
		관광지 입장권3	120,000	
		석식2	70,000	

〈여행비 정산〉
여행비 정산하는 과정에서 이 과장은 김 대리에게만 A만큼의 금액을 주었고, 박 사원은 이 과장에게 B만큼의 금액을 주었고, 최 대리는 김 대리에게 C만큼의 금액을 주었다.

	A	B	C
①	20만 원	140만 원	10만 원
②	20만 원	140만 원	20만 원
③	10만 원	140만 원	20만 원
④	10만 원	130만 원	30만 원
⑤	10만 원	130만 원	30만 원

28 L 씨는 이번 주에 있을 K공단 H팀의 일주일간 합숙 연수를 위해 점심 식단을 구성하고 있다. 다음을 근거로 점심 식단의 빈칸을 채워 넣을 때 옳지 않은 것은?

한 끼의 식사는 밥, 국, 김치, 기타 반찬, 후식 종류별로 하나의 음식을 포함하며, 요일마다 다양한 색의 음식으로 이번 주의 점심 식단을 짜고 있다. 밥은 4가지, 국은 5가지, 김치는 2가지 기타 반찬은 5가지, 후식은 4가지가 준비되어있다.

	흰색	붉은색	노란색	검은색
밥	백미밥		잡곡밥	흑미밥, 짜장밥
국	북엇국	김칫국, 육개장	된장국	미역국
김치		배추김치, 깍두기		
기타 반찬		김치전	계란찜, 호박전, 잡채	장조림
후식	숭늉, 식혜	수정과	단호박 샐러드	

점심 식단을 짜는 조건은 아래와 같다.
- 총 20가지의 음식은 이번 주 점심 식단에 적어도 1번씩 오른다.
- 붉은색과 흰색 음식은 각각 적어도 1가지씩 매일 식단에 오른다.
- 하루에 붉은색 음식이 3가지 이상 오를 시에는 흰색 음식 2가지가 함께 나온다.
- 목요일에만 검은색 음식이 없다.
- 금요일에는 노란색 음식이 2가지 나온다.
- 일주일 동안 2번 나오는 후식은 식혜뿐이다.
- 후식에서 같은 음식이 이틀 연속 나올 수 없다.

	월	화	수	목	금
밥	잡곡밥	백미밥			짜장밥
국		된장국	김칫국	육개장	
김치	배추김치	배추김치	깍두기		
기타 반찬			호박전	김치전	잡채
후식		수정과			

	월	화	수	목	금
밥	잡곡밥	백미밥	㉢		짜장밥
국		된장국	김칫국	육개장	㉤
김치	배추김치	배추김치	깍두기		
기타 반찬		㉡	호박전	김치전	잡채
후식	㉠	수정과		㉣	

의사소통능력

수리능력

문제해결능력

자기개발능력

자원관리능력

대인관계능력

정보능력

기술능력

조직이해능력

직업윤리

① ㉠ : 식혜　　　　　　　　　② ㉡ : 계란찜

③ ㉢ : 잡곡밥　　　　　　　　④ ㉣ : 숭늉

⑤ ㉤ : 북엇국

[29 ~ 30] 다음은 물류담당자 J 씨가 회사와 인접한 파주, 인천, 철원, 구리 4개 지점 중 최적의 물류 거점을 세우려고 한다. 지점 간 거리와 물동량을 보고 물음에 답하시오.

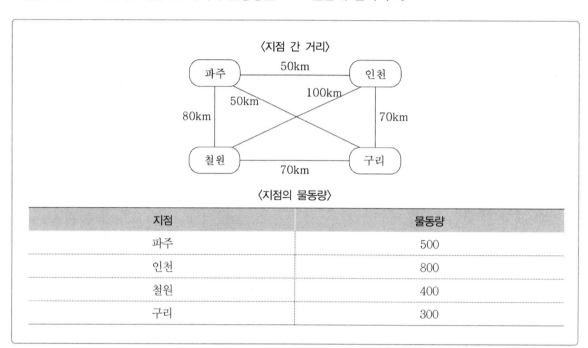

〈지점 간 거리〉

〈지점의 물동량〉

지점	물동량
파주	500
인천	800
철원	400
구리	300

29 지점 간 거리를 고려한 최적의 물류거점은 어디가 되는가?

① 파주　　　　　　　　　　② 인천

③ 철원　　　　　　　　　　④ 구리

30 지점 간 거리와 물동량을 모두 고려한 최적의 물류거점은 어디가 되는가?

① 파주　　　　　　　　　　② 인천

③ 철원　　　　　　　　　　④ 구리

31 다음 그래프는 교통수단별 국내 화물 수송에 관한 것이다. A ~ D 교통수단에 대한 설명으로 옳은 것은?

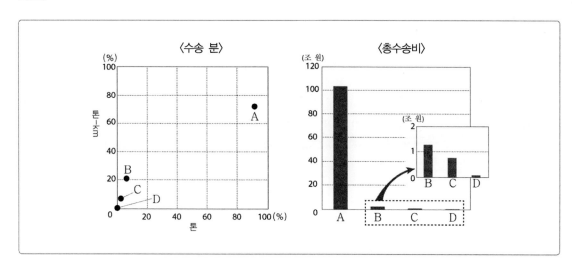

① A는 B보다 톤당 운송비가 저렴하다.

② A는 C보다 평균 수송 거리가 길다.

③ A는 D보다 기종점 비용이 비싸다.

④ D는 C보다 운행 시 기상 조건의 제약을 많이 받는다.

32 다음 자료에 대한 분석으로 옳지 않은 것은?

> 어느 마을에 20가구가 살고 있으며, 가로등 총 설치비용과 마을 전체 가구가 누리는 총 만족감을 돈으로 환산한 값은 표와 같다.

가로등 수(개)	총 설치비용(만 원)	총 만족감(만 원)
1	50	100
2	100	180
3	150	240
4	200	280
5	250	300

※ 단, 가로등으로부터 각 가구가 누리는 만족감의 크기는 동일하며, 설치비용은 모든 가구가 똑같이 부담한다.

① 가로등이 2개 설치되었을 때는 더 늘리는 것이 합리적이다.

② 가로등 1개를 더 설치할 때마다 추가되는 비용은 일정하다.

③ 가로등을 4개 설치할 경우 각 가구가 부담해야 할 설치비용은 10만 원이다.

④ 가로등이 최적으로 설치되었을 때 마을 전체 가구가 누리는 총 만족감은 300만 원이다.

의사소통능력

수리능력

문제해결능력

자기개발능력

자원관리능력

대인관계능력

정보능력

기술능력

조직이해능력

직업윤리

33 다음 상황에서 J 씨에게는 합리적, K 씨에게는 비합리적 선택이 되기 위한 은행 예금의 연간 이자율 범위에 포함되는 이자율은? (단, 다른 상황은 고려하지 않는다.)

> • J 씨와 K 씨는 각각 1억 원, 1억 5천만 원의 연봉을 받고 있는 요리사이다.
> • 10억 원의 보증금만 지불하면 인수할 수 있는 A 식당이 매물로 나왔는데, 연간 2억 5천만 원의 이익(식당 운영에 따른 총수입에서 실제 지불되는 비용을 뺀 값)이 예상된다. 단, 보증금은 1년 후 식당을 그만 두면 돌려받을 수 있다.
> • J 씨와 K 씨는 각각 은행에 10억 원을 예금하고 있으며, A 식당을 인수하기 위해 경쟁하고 있다. A 식당을 인수할 경우 현재의 직장을 그만두고 예금한 돈을 인출하여 보증금을 지불할 예정이다.

① 4% ② 8%

③ 12% ④ 16%

34 다음에서 주어진 내용만을 고려할 때, 그림의 기점에서 ㈎, ㈏ 각 지점까지의 총 운송비가 가장 저렴한 교통수단을 바르게 고른 것은?

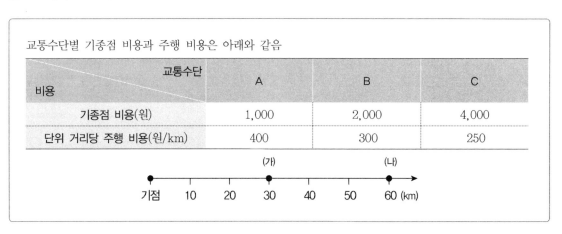

교통수단별 기종점 비용과 주행 비용은 아래와 같음

비용 \ 교통수단	A	B	C
기종점 비용(원)	1,000	2,000	4,000
단위 거리당 주행 비용(원/km)	400	300	250

	㈎	㈏
①	A	A
②	A	B
③	A	C
④	B	C

35 다음은 甲기업의 회의 장면이다. 밑줄 친 ㉠, ㉡에 들어갈 내용으로 옳은 것은? (단, 주어진 내용만 고려한다)

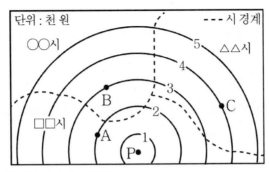

단위 : 천 원

○○시 □□시 △△시

※ 동심원은 제품 1단위당 등총운송비선이며 숫자는 비용임

사   장 : 현재 P 지점에 입지한 공장을 다음 그림의 A ~ C 지점 중 어디로 이전해야 할 지 논의해 봅시다.

김 부장 : A 지점으로 공장을 이전하면 제품 1단위당 2,300원의 집적 이익을 얻게 됩니다.

이 부장 : B 지점으로 공장을 이전하면 ○○시는 제품 1단위당 3,500원의 보조금을 지원하겠다고 하였습니다.

박 부장 : C 지점으로 공장을 이전하면 △△시는 제품 1단위당 5,000원의 세금을 감면해 주겠다고 하였습니다.

사   장 : 그렇다면 공장을 ㉠ 지점으로 이전하여 제품 1단위당 총 생산비를 ㉡ 원 절감하는 것이 가장 이익이겠군요.

	㉠	㉡
①	A	300
②	B	500
③	B	1,000
④	C	1,000

의사소통능력

수리능력

문제해결능력

자기개발능력

자원관리능력

대인관계능력

정보능력

기술능력

조직이해능력

직업윤리

36 다음 사례에 대한 분석으로 가장 옳은 것은?

> L 씨는 주말에 부모님 가게에서 아르바이트를 하고 있다. 수입은 시간당 5천 원이고, 일의 양에 따라 피곤함이라는 비용이 든다. L 씨가 하루에 일할 수 있는 시간과 이에 따른 수입(편익) 및 피곤함(비용)의 정도를 각각 화폐 단위로 환산하면 아래와 같다.
>
> (단위 : 원)
>
> | 시간 | 1 | 2 | 3 | 4 | 5 |
> |---|---|---|---|---|---|
> | 총편익 | 5,000 | 10,000 | 15,000 | 20,000 | 25,000 |
> | 총비용 | 2,000 | 5,000 | 11,000 | 20,000 | 30,000 |
>
> ※ 순편익 = 편익 − 비용

① L 씨는 하루에 4시간 일하는 것이 합리적이다.

② L 씨가 1시간 더 일할 때, 추가로 얻게 되는 편익은 증가한다.

③ L 씨가 1시간 더 일할 때, 추가로 발생하는 비용은 일정하다.

④ L 씨는 아르바이트로 하루에 최대로 얻을 수 있는 순편익은 5,000원이다.

37 다음은 J 씨가 작성한 보고서의 일부이다. ㈎ ~ ㈑에 들어갈 옳은 것은?

해외 직접 투자 유형별 목적과 사례

투자 유형	투자 목적	사례
습득형	기업 인수, 경영 참가 등을 통한 생산 기술 및 마케팅 전문성 습득	㈎
비용 절감형	국내 생산으로는 가격 경쟁력이 낮은 제품의 해외 생산을 통한 비용 절감	㈏
자원개발형	광물, 에너지 등의 천연자원과 농산물의 안정적인 공급원 확보	㈐
시장 확보형	규모가 큰 시장 진출 및 빠르게 성장하는 시장 선점	㈑

① ㈎ – 한국의 △△ 제지 회사는 2000년대에 인도네시아의 삼림 개발에 투자하였다.

② ㈏ – 일본의 ○○ 섬유 회사는 1980년대에 자국에 생산 공장을 설립하였다.

③ ㈐ – 한국의 ㅁㅁ 반도체 회사는 1990년대에 미국 캘리포니아에 연구소를 설립하였다.

④ ㈑ – 독일의 ◇◇ 자동차 회사는 북미자유무역협정이 체결되자 멕시코 내 미국 접경 지역에 공장을 설립하였다.

38 다음에서 설명하는 올드미디어 시절과 소셜미디어 시대에 대한 설명으로 옳은 것은?

> 과거 신문이나 텔레비전 등의 대중 매체가 지배하던 올드미디어 시절에는 대화와 소통이 주로 대인 접촉을 통해 이루어졌으며, 그것은 '공적' 파급 효과가 별로 없었다. 저녁식사 모임이나 커피숍에서의 수다 등에서 그 예를 찾아볼 수 있다. 반면 소셜미디어 시대에는 한 개인이 내보낸 양질의 '사적' 콘텐츠는 신문이나 텔레비전의 그것만큼 큰 '공적' 파급 효과를 낳을 수 있다. '재스민 혁명'이라 불리는 중동의 민주화가 한 개인의 트위터 메시지에서 시작되었다는 사실이 그 한 예이다.

① 올드미디어 시절보다 소셜미디어 시대에서 개인 간 정보 유통의 범위가 더 좁다.
② 올드미디어 시절에서는 소셜미디어 시대와 달리 2차적 인간 관계가 지배적이다.
③ 올드미디어 시절보다 소셜미디어 시대에서 사회에 미치는 개개인의 영향력이 더 크다.
④ 올드미디어 시절보다 소셜미디어 시대에서 사적 영역과 공적 영역이 더 명확하게 구분된다.

39 다음에서 설명하는 유통 정보 시스템을 기업에서 도입할 경우 나타나는 결과로 옳지 않은 것은?

> • POS는 상품에 붙어 있는 바코드(Bar Code)를 인식하여 판매와 동시에 각 상품별로 발생하는 판매 정보를 활용해 판매 관리에 응용하는 시스템이다.
> • EDI는 문서, 납품서, 청구서 등 상거래에 필요한 각종 서식을 표준화하여 통신 표준에 따라 처리하는 시스템이다.

① POS시스템을 도입하면 상품별 판매량의 파악이 가능하다.
② EDI를 도입하면 업무 처리 시간을 단축시킬 수 있다.
③ POS시스템을 도입하면 재고를 효율적으로 관리할 수 있다.
④ EDI를 도입하면 상품의 생산원가 파악에 효율적이다.

의사소통능력

수리능력

문제해결능력

자기개발능력

자원관리능력

대인관계능력

정보능력

기술능력

조직이해능력

직업윤리

40 다음은 직장인 K 씨와 J 씨가 메모한 내용이다. 이에 대한 설명으로 옳지 않은 것은?

K 씨의 메모

07.24. 화
컴퓨터를 잘 다루지 못해 창피를 당하였다. 아 ~ 고달픈 회사 생활!!! 영업부 시절이 그립다.

07.27. 금
컴퓨터 학원에서 강의를 들었다. 동료 직원의 도움 없이도 업무를 잘 처리하려면 열심히 배워야겠지.

07.28. 토
사내 등산 동호회 회원들과 ○○산을 등반하면서 많은 얘기를 나누었다. 회사에서 쌓인 업무 스트레스가 확 풀린다.

J 씨의 메모

09.30. 일
추석 연휴를 맞아 시댁에 왔지만 마음이 편치 않다. 어머니도 나를 기다리실 텐데. 내일은 친정에 가야겠는데, 선뜻 말을 꺼낼 수가 없다. 어떻게 해야 하지….

10.06. 토
환경 보호를 목적으로 설립된 △△ 시민 단체에서 이제는 유명한 변호사가 된 친구를 만났다. 그런데 아들이 대학에 진학하지 못해 고민하고 있단다.

---

① K 씨는 재사회화 과정을 거치고 있다.
② K 씨는 비공식 조직의 순기능을 경험하였다.
③ K 씨는 역할 수행에 대한 비공식적 제재를 받았다.
④ J 씨의 친구인 변호사는 지위 불일치 상황에 있다.

41 다음은 甲기업의 판매 실적 보고 회의에서 K 과장이 보고한 내용의 결과를 표로 나타낸 것이다. 이 내용을 보고 A ~ D 상품에 대한 설명으로 옳은 것은? (단, A ~ D 상품은 甲기업만이 독점적으로 생산한다.)

보고서

K 과장 : 2월 각 상품의 가격을 10% 인상한 결과, 자료와 같은 매출액의 변화가 나타났습니다.

상품구분	1월	2월
A	30억 원	33억 원
B	20억 원	21억 원
C	40억 원	40억 원
D	10억 원	9억 원

① A 상품 수요의 가격 탄력성은 1이다.

② B 상품은 필수품보다는 사치품에 가까운 수요의 가격 탄력성을 가진다.

③ C 상품의 수요 곡선은 수직의 형태로 나타난다.

④ A ~ C 상품에 비해 D 상품의 소비자들은 가격에 민감하게 반응한다.

의사소통능력

수리능력

문제해결능력

자기개발능력

자원관리능력

대인관계능력

정보능력

기술능력

조직이해능력

직업윤리

42 다음 운송비 표를 참고할 때, 박스의 규격이 28 × 10 × 10(inch)인 실제 무게 18파운드짜리 솜 인형을 배송할 경우, A배송사에서 적용하는 운송비는 얼마인가? (1inch = 2.54cm이며, 물품의 무게는 반올림하여 정수로 표시한다. 물품의 무게 이외의 다른 사항은 고려하지 않는다.)

항공 배송의 경우, 비행기 안에 많은 공간을 차지하게 되는 물품은 그렇지 않은 물품을 적재할 때보다 비용 면에서 항공사 측에 손해가 발생하게 된다. 비행기 안에 스티로폼 200박스를 적재하는 것과 스마트폰 2,000개를 적재하는 것을 생각해 보면 쉽게 이해할 수 있다. 이 경우 항공사 측에서는 당연히 스마트폰 2,000개를 적재하는 것이 더 경제적일 것이다. 이와 같은 문제로 거의 모든 항공 배송사에서 제품의 무게에 비해 부피가 큰 제품들은 '부피 무게'를 따로 정해서 운송비를 계산하게 된다. 이 때 사용하는 부피 무게 측정 방식은 다음과 같다.

부피 무게(파운드) = 가로(inch) × 세로(inch) × 높이(inch) ÷ 166

A배송사는 물건의 무게에 다음과 같은 규정을 적용하여 운송비를 결정한다.
1. 실제 무게 < 부피 무게 → 부피 무게
2. 실제 무게 > 부피 무게이지만 박스의 어느 한 변의 길이가 50cm 이상인 경우 → (실제 무게+부피 무게) × 60%

17파운드 미만	14,000원	19 ~ 20파운드 미만	17,000원
17 ~ 18파운드 미만	15,000원	20 ~ 21파운드 미만	18,000원
18 ~ 19파운드 미만	16,000원	21 ~ 22파운드 미만	19,000원

① 15,000원　　　　　　　　　　② 16,000원
③ 17,000원　　　　　　　　　　④ 18,000원
⑤ 19,000원

43 다음은 J 씨가 상품 매매업을 개업하여 운영한 결과에 대한 지출 내역이다. 이를 통해 알 수 있는 판매비와 관리비의 합계 금액으로 옳은 것은?

지출 내역

종업원의 급여 : 600,000원　　　　　　전기요금 : 50,000원
전화요금 : 30,000원　　　　　　　　　집세 : 100,000원
대출이자 : 70,000원

① 700,000원　　　　　　　　　　② 750,000원
③ 780,000원　　　　　　　　　　④ 800,000원

[44 ~ 45] 푸르미펜션을 운영하고 있는 K 씨는 P 씨에게 예약 문의전화를 받았다. 아래의 예약 일정과 정보를 보고 K 씨가 P 씨에게 안내할 사항으로 옳은 것을 고르시오.

〈푸르미펜션 1월 예약 일정〉

일	월	화	수	목	금	토
					1	2
					• 매 가능 • 난 가능 • 국 완료 • 죽 가능	• 매 가능 • 난 완료 • 국 완료 • 죽 가능
3	4	5	6	7	8	9
• 매 완료 • 난 가능 • 국 완료 • 죽 가능	• 매 가능 • 난 가능 • 국 가능 • 죽 가능	• 매 가능 • 난 가능 • 국 가능 • 죽 가능	• 매 가능 • 난 가능 • 국 가능 • 죽 가능	• 매 가능 • 난 가능 • 국 가능 • 죽 가능	• 매 완료 • 난 가능 • 국 완료 • 죽 완료	• 매 완료 • 난 가능 • 국 완료 • 죽 완료
10	11	12	13	14	15	16
• 매 가능 • 난 완료 • 국 완료 • 죽 가능	• 매 가능 • 난 가능 • 국 가능 • 죽 가능	• 매 가능 • 난 가능 • 국 가능 • 죽 가능	• 매 가능 • 난 가능 • 국 가능 • 죽 가능	• 매 가능 • 난 가능 • 국 가능 • 죽 가능	• 매 가능 • 난 완료 • 국 완료 • 죽 가능	• 매 가능 • 난 완료 • 국 완료 • 죽 가능

※ 1) 완료 : 예약완료, 가능 : 예약가능
　2) 1월 공휴일 : 1월 1일(신정)

〈푸르미펜션 이용요금〉

(단위 : 만 원)

객실명	인원		이용요금			
			비수기		성수기	
	기준	최대	주중	주말	주중	주말
매	12	18	23	28	28	32
난	12	18	25	30	30	35
국	15	20	26	32	32	37
죽	30	35	30	34	34	40

※ 1) 주말 : 금 – 토, 토 – 일, 공휴일 전날 – 당일
　　성수기 : 7 ～ 8월, 12 ～ 1월
　2) 기준인원초과 시 1인당 추가 금액 : 10,000원

의사소통능력

수리능력

문제해결능력

자기개발능력

자원관리능력

대인관계능력

정보능력

기술능력

조직이해능력

직업윤리

K 씨 : 감사합니다. 푸르미펜션입니다.

P 씨 : 안녕하세요. 회사 워크숍 때문에 예약 문의를 좀 하려고 하는데요. 1월 8 ~ 9일이나 15 ~ 16일에 "국"
실에 예약이 가능할까요? 웬만하면 8 ~ 9일로 예약하고 싶은데….

K 씨 : 인원이 몇 명이시죠?

P 씨 : 일단 15명 정도이고요 추가적으로 3명 정도 더 올 수도 있습니다.

K 씨 : _____ ㉠ _____

P 씨 : 기준 인원이 12명으로 되어있던데 너무 좁지는 않겠습니까?

K 씨 : 두 방 모두 "국"실보다 방 하나가 적긴 하지만 총 면적은 비슷합니다. 하지만 화장실 등의 이용이
조금 불편하실 수는 있겠군요. 흠…. 8 ~ 9일로 예약하시면 비수기 가격으로 해드리겠습니다.

P 씨 : 아, 그렇군요. 그럼 8 ~ 9일로 예약 하겠습니다. 그럼 가격은 어떻게 됩니까?

K 씨 : _____ ㉡ _____ 인원이 더 늘어나게 되시면 1인당 10,000원씩 추가로 결제하시면 됩니다.
일단 10만 원만 홈페이지의 계좌로 입금하셔서 예약 완료하시고 차액은 당일에 오셔서 카드나 현금
으로 계산하시면 됩니다.

---

44 ㉠에 들어갈 K 씨의 말로 가장 알맞은 것은?

① 죄송합니다만 1월 8 ~ 9일, 15 ~ 16일 모두 예약이 모두 차서 이용 가능한 방이 없습니다.

② 1월 8 ~ 9일이나 15 ~ 16일에는 "국"실 예약이 모두 차서 예약이 어렵습니다. 15명이시면 1월 8 ~
9일에는 "난"실, 15 ~ 16일에는 "매"실에 예약이 가능하신데 어떻게 하시겠습니까?

③ 1월 8 ~ 9일에는 "국"실 예약 가능하시고 15 ~ 16일에는 예약이 완료되었습니다. 15명이시면 15 ~
16일에는 "매"실에 예약이 가능하신데 어떻게 하시겠습니까?

④ 1월 8 ~ 9일에는 "국"실 예약이 완료되었고 15 ~ 16일에는 예약 가능하십니다. 15명이시면 8 ~ 9
일에는 "난"실에 예약이 가능하신데 어떻게 하시겠습니까?

---

45 ㉡에 들어갈 K 씨의 말로 가장 알맞은 것은?

① 그럼 1월 8 ~ 9일로 "난"실 예약 도와드리겠습니다. 15인일 경우 기본 30만 원에 추가 3인 하셔서
총 33만 원입니다.

② 그럼 1월 8 ~ 9일로 "난"실 예약 도와드리겠습니다. 15인일 경우 기본 35만 원에 추가 3인 하셔서
총 38만 원입니다.

③ 그럼 1월 8 ~ 9일로 "매"실 예약 도와드리겠습니다. 15인일 경우 기본 28만 원에 추가 3인 하셔서
총 31만 원입니다.

④ 그럼 1월 8 ~ 9일로 "매"실 예약 도와드리겠습니다. 15인일 경우 기본 32만 원에 추가 3인 하셔서
총 35만 원입니다.

[46 ~ 47] S사 홍보팀에서는 사내 행사를 위해 다음과 같이 3개 공급업체로부터 경품1과 경품2에 대한 견적서를 받아보았다. 행사 참석자가 모두 400명이고 1인당 경품1과 경품2를 각각 1개씩 나누어 주어야 한다. 다음 자료를 보고 이어지는 질문에 답하시오.

공급처	물품	세트당 포함 수량(개)	세트 가격
A업체	경품1	100	85만 원
	경품2	60	27만 원
B업체	경품1	110	90만 원
	경품2	80	35만 원
C업체	경품1	90	80만 원
	경품2	130	60만 원

• A업체 : 경품2 170만 원 이상 구입 시, 두 물품 함께 구매하면 총 구매가의 5% 할인
• B업체 : 경품1 350만 원 이상 구입 시, 두 물품 함께 구매하면 총 구매가의 5% 할인
• C업체 : 경품1 350만 원 이상 구입 시, 두 물품 함께 구매하면 총 구매가의 20% 할인

※ 모든 공급처는 세트 수량으로만 판매한다.

46 홍보팀에서 가장 저렴한 가격으로 인원수에 모자라지 않는 수량의 물품을 구매할 수 있는 공급처와 공급가격은 어느 것인가?

① A업체 – 5,000,500원
② A업체 – 5,025,500원
③ B업체 – 5,082,500원
④ B업체 – 5,095,000원

47 다음 중 C업체가 S사의 공급처가 되기 위한 조건으로 적절한 것은?

① 경품1의 세트당 포함 수량을 100개로 늘린다.
② 경품2의 세트당 가격을 2만 원 인하한다.
③ 경품1의 세트당 가격을 5만 원 인하한다.
④ 경품2의 세트당 포함 수량을 120개로 줄인다.

의사소통능력

수리능력

문제해결능력

자기개발능력

자원관리능력

대인관계능력

정보능력

기술능력

조직이해능력

직업윤리

48 다음은 김 과장이 휴가 기간 중 할 수 있는 활동 내역을 정리한 표이다. 집을 출발한 김 과장이 활동을 마치고 다시 집으로 돌아올 경우 전체 소요시간이 가장 짧은 것은?

활동	이동 수단	거리	속력	목적지 체류 시간
배드민턴	자전거	5km	15km/h	2시간
영화 관람	도보	1km	4km/h	2시간 30분
북 카페 방문	자가용	15km	50km/h	2시간
전시관 방문	도보	2km	4km/h	2시간

※ 단, 표에서 거리는 김 과장의 집에서부터 목적지까지의 거리를 뜻한다.

① 배드민턴   ② 영화 관람

③ 북 카페 방문   ④ 전시관 방문

[49 ~ 50] 다음은 G사 영업본부 직원들의 담당 업무와 다음 달 주요 업무 일정표이다. 다음을 참고하여 이어지는 물음에 답하시오.

〈다음 달 주요 업무 일정〉

일	월	화	수	목	금	토
		1 사업계획 초안 작성(2)	2	3	4 사옥 이동 계획 수립(2)	5
6	7	8 인트라넷 요청 사항 정리(2)	9 전 직원 월간회의	10	11 TF팀 회의(1)	12
13	14 법무실무 교육 담당자 회의(3)	15	16	17 신제품 진행과정 보고(1)	18	19
20	21 매출 부진 원인 분석(2)	22	23 홍보자료 작성(3)	24 인사고과(2)	25	26
27	28 매출 집계(2)	29 부서 경비 정리(2)	30	31		

※ ( ) 안의 숫자는 해당 업무 소요 일수

〈담당자별 업무〉

담당자	담당 업무
갑	부서 인사고과, 사옥 이동 관련 이사 계획 수립, 내년 사업계획 초안 작성
을	매출 부진 원인 분석, 신제품 개발 진행과정 보고
병	자원개발 프로젝트 TF팀 회의 참석, 부서 법무실무 교육 담당자 회의
정	사내 인트라넷 구축 관련 요청사항 정리, 대외 홍보자료 작성
무	월말 부서 경비 집행 내역 정리 및 보고, 매출 집계 및 전산 입력

의사소통능력

수리능력

문제해결능력

자기개발능력

자원관리능력

대인관계능력

정보능력

기술능력

조직이해능력

직업윤리

49 위의 일정과 담당 업무를 참고할 때, 다음 달 월차 휴가를 사용하기에 적절한 날짜를 선택한 직원이 아닌 것은?

① 갑 - 23일

② 을 - 8일

③ 병 - 4일

④ 정 - 25일

⑤ 무 - 24일

50 갑작스런 해외 거래처의 일정 변경으로 인해 다음 달 넷째 주에 영업본부에서 2명이 일주일간 해외 출장을 가야 한다. 따라서 위에 제시된 5명의 직원 중 담당 업무에 지장이 없는 2명을 뽑아 출장을 보내야 한다면 출장자로 적절한 직원은 누구인가?

① 갑, 병

② 을, 정

③ 정, 무

④ 을, 병

⑤ 병, 무

대인관계능력

(1) 대인관계능력

직장생활에서 협조적인 관계를 유지하고, 조직구성원들에게 도움을 줄 수 있으며, 조직내부 및 외부의 갈등을 원만히 해결하고 고객의 요구를 충족시켜줄 수 있는 능력이다.

(2) 감정은행계좌를 적립하기 위한 6가지 주요 예입 수단

① 상대방에 대한 이해심
② 사소한 일에 대한 관심
③ 약속의 이행
④ 기대의 명확화
⑤ 언행일치
⑥ 진지한 사과

(3) 대인관계 양식

구분	특징	보완점
지배형	• 자기주장이 강하고 주도권을 행사한다. • 지도력과 추진력으로 집단적인 일을 잘 지휘하지만 강압적이고 독단적인 모습으로 타인과 갈등을 겪을 수 있다.	타인의 의견을 경청하고 수용하는 태도를 가져야 한다.
실리형	• 자신의 이익을 최우선으로 생각하기 때문에 타인에 대한 관심과 배려가 부족하다. • 타인을 신뢰하지 못하고 불공평하다고 생각하면 보복하려는 경향이 강하다.	타인의 이익을 배려하는 태도와 타인과의 신뢰형성에 노력이 필요하다.
냉담형	• 이성적이고 냉철하다. • 타인과 거리를 두며 타인의 감정에 무관심하고 자칫 상처주기 쉽다.	타인에게 긍정적이고 부드럽게 표현하는 기술이 필요하다.
고립형	• 타인을 두려워하고 혼자 일하는 것을 선호한다. • 자신의 감정을 지나치게 억제하고, 지속될 경우 사회적으로 고립될 수 있다.	대인관계의 중요성을 인식하고 보다 적극적인 노력이 필요하다.
복종형	• 대인관계에서 수동적이고 의존적인 성향이 강하다. • 자신이 원하는 바에 대해 명확하게 전달하지 못한다.	자기표현과 자기주장, 대인관계에서 독립성을 키우는 노력이 필요하다.
순박형	• 대인관계에서 솔직하고 너그러운 경향이 있다. • 자칫 주관이 없어보일 수 있다.	타인의 의도를 깊게 들여다보고 행동하는 신중함이 필요하다.
친화형	• 인정이 많고 대인관계에서 자기희생적인 태도를 보인다. • 타인의 요구에 과도하게 나서는 경향이 있다.	타인과 정서적 거리를 유지하는 노력이 필요하다.
사교형	• 외향적이며 좋아하는 사람으로부터 인정받고자 하는 욕구가 강하다. • 혼자 보다는 타인과의 활동을 선호하며, 개인적인 일을 타인에게 지나치게 이야기하는 경향이 있다.	타인보다 자신의 내면에 더 깊은 관심을 갖고, 타인으로부터 인정받으려는 태도에 대해 생각해 볼 필요가 있다.

대인관계능력은 업무를 수행함에 있어 구성원들과의 원만하고 협조적인 관계를 유지하고 내·외부의 갈등을 해결할 수 있는 능력이다. 주로 회사 내에서 동료 혹은 상사와 발생하는 갈등 상황을 제시하여 이를 갈등을 파악하고 협상·해결할 수 있는 능력을 묻는 질문이 출제된다.

하위능력별 출제 유형

팀워크능력 ◆◆◆◆◇
팀워크의 특성과 멤버십, 팔로우십의 특징을 묻는 문제가 출제된다.

리더십능력 ◆◆◆◇◇
리더와 관리자, 리더십이란, 임파워먼트와 관련한 문제로 구성된다.

갈등관리능력 ◆◆◆◆◇
갈등의 해결 방법과 관련한 문제가 출제된다.

협상능력 ◆◆◇◇◇
협상 과정, 협상전략, See – Feel – Change전략 등을 다룬다.

고객 서비스능력 ◆◆◆◇◇
고객 불만의 유형 및 처리 과정 등에 관한 문제가 출제된다.

의사소통능력

수리능력

문제해결능력

자기개발능력

자원관리능력

대인관계능력

정보능력

기술능력

조직이해능력

직업윤리

하위능력별 출제 빈도

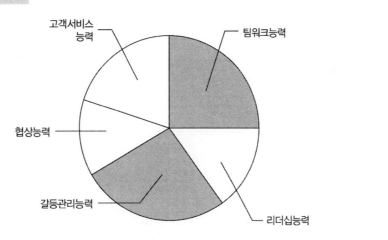

(1) 팀워크와 응집력

① 팀워크 : 팀 구성원이 공동의 목적을 달성하기 위해 상호 관계성을 가지고 협력하여 일을 해 나가는 것

② 응집력 : 사람들로 하여금 집단에 머물도록 만들고 그 집단의 멤버로서 계속 남아있기를 원하게 만드는 힘

(2) 팀워크의 유형

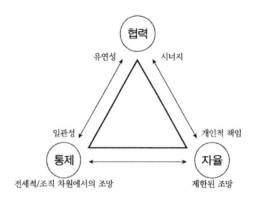

(3) 효과적인 팀의 특성

① 팀의 사명과 목표를 명확하게 기술한다.

② 창조적으로 운영된다.

③ 결과에 초점을 맞춘다.

④ 역할과 책임을 명료화시킨다.

⑤ 조직화가 잘 되어 있다.

⑥ 개인의 강점을 활용한다.

⑦ 리더십 역량을 공유하며 구성원 상호 간에 지원을 아끼지 않는다.

⑧ 팀 풍토를 발전시킨다.

⑨ 의견의 불일치를 건설적으로 해결한다.

⑩ 개방적으로 의사소통한다.

⑪ 객관적인 결정을 내린다.

⑫ 팀 자체의 효과성을 평가한다.

(4) 팀워크 촉진 방법

① 동료 피드백 장려하기

② 갈등 해결하기

③ 창의력 조성을 위해 협력하기

④ 참여적으로 의사결정하기

(5) 멤버십의 의미

① 멤버십은 조직의 구성원으로서의 자격과 지위를 갖는 것으로 훌륭한 멤버십은 팔로워십(Followership)의 역할을 충실하게 수행하는 것이다.

② 멤버십 유형 : 독립적 사고와 적극적 실천에 따른 구분

구분	소외형	순응형	실무형	수동형	주도형
자아상	• 자립적인 사람 • 일부러 반대의견 제시 • 조직의 양심	• 기쁜 마음으로 과업 수행 • 팀플레이를 함 • 리더나 조직을 믿고 헌신함	• 조직의 운영방침에 민감 • 사건을 균형 잡힌 시각으로 봄 • 규정과 규칙에 따라 행동함	• 판단, 사고를 리더에 의존 • 지시가 있어야 행동	• 스스로 생각하고 건설적 비판을 하며 자기 나름의 개성이 있고 혁신적·창조적 • 솔선수범하고 주인의식을 가지며 적극적으로 참여하고 자발적, 기대 이상의 성과를 내려고 노력
동료/리더의 시각	• 냉소적 • 부정적 • 고집이 셈	• 아이디어가 없음 • 인기 없는 일은 하지 않음 • 조직을 위해 자신과 가족의 요구를 양보함	• 개인의 이익을 극대화하기 위한 흥정에 능함 • 적당한 열의와 평범한 수완으로 업무 수행	• 하는 일이 없음 • 제 몫을 하지 못 함 • 업무 수행에는 감독이 반드시 필요	
조직에 대한 자신의 느낌	• 자신을 인정 안 해줌 • 적절한 보상이 없음 • 불공정하고 문제있음	• 기존 질서를 따르는 것이 중요 • 리더의 의견을 거스르는 것은 어려운 일임 • 획일적인 태도 행동에 익숙함	• 규정준수를 강조 • 명령과 계획의 빈번한 변경 • 리더와 부하 간의 비인간적 풍토	• 조직이 나의 아이디어를 원치 않음 • 노력과 공헌을 해도 아무 소용이 없음 • 리더는 항상 자기 마음대로 함	

(6) 팀워크 촉진 방법

① 동료 피드백 장려하기

② 갈등 해결하기

③ 창의력 조성을 위해 협력하기

④ 참여적으로 의사결정하기

의사소통능력

수리능력

문제해결능력

자기개발능력

자원관리능력

대인관계능력

정보능력

기술능력

조직이해능력

직업윤리

리더십능력

(1) 리더십

① 의미 : 리더십이란 조직의 공통된 목적을 달성하기 위하여 개인이 조직원들에게 영향을 미치는 과정이다.

② 리더십 발휘 구도 : 산업 사회에서는 상사가 하급자에게 리더십을 발휘하는 수직적 구조였다면 정보 사회로 오면서 하급자뿐만 아니라 동료나 상사에게까지도 발휘하는 정방위적 구조로 바뀌었다.

③ 리더와 관리자

리더	관리자
• 새로운 상황 창조자 • 혁신지향적 • 내일에 초점을 둠 • 사람의 마음에 불을 지핀다. • 사람을 중시 • 정신적 • 계산된 리스크를 취한다. • '무엇을 할까'를 생각한다.	• 상황에 수동적 • 유지지향적 둠 • 오늘에 초점을 둠 • 사람을 관리한다. • 체제나 기구를 중시 • 기계적 • 리스크를 회피한다. • '어떻게 할까'를 생각한다.

(2) 리더십 유형

구분	내용
독재자 유형	정책의사결정과 대부분의 핵심정보를 그들 스스로에게만 국한하여 소유하고 고수하려는 경향이 있다. 통제 없이 방만한 상태, 가시적인 성과물이 안 보일 때 효과적이다.
민주주의에 근접한 유형	그룹에 정보를 잘 전달하려고 노력하고 전체 그룹의 구성원 모두를 목표방향으로 설정에 참여하게 함으로써 구성원들에게 확신을 심어주려고 노력한다. 혁신적이고 탁월한 부하직원들을 거느리고 있을 때 효과적이다.
파트너십 유형	리더와 집단 구성원 사이의 구분이 희미하고 리더가 조직에서 한 구성원이 되기도 한다. 소규모 조직에서 경험, 재능을 소유한 조직원이 있을 때 효과적으로 활용할 수 있다.
변혁적 리더십 유형	개개인과 팀이 유지해 온 업무 수행 상태를 뛰어넘어 전체 조직이나 팀원들에게 변화를 가져오는 원동력이 된다. 조직에 있어 획기적인 변화가 요구될 때 활용할 수 있다.

(3) 동기부여 방법

① 긍정적 강화법을 활용한다.

② 새로운 도전의 기회를 부여한다.

③ 창의적인 문제 해결법을 찾는다.

④ 책임감으로 철저히 무장한다.

⑤ 몇 가지 코칭을 한다.

⑥ 변화를 두려워하지 않는다.

⑦ 지속적으로 교육한다.

(4) 코칭

코칭은 조직의 지속적인 성장과 성공을 만들어내는 리더의 능력으로 직원들의 능력을 신뢰하며 확신하고 있다는 사실에 기초한다.

(5) 코칭의 기본 원칙

① 관리는 만병통치약이 아니다.

② 권한을 위임한다.

③ 훌륭한 코치는 뛰어난 경청자이다.

④ 목표를 정하는 것이 가장 중요하다.

(6) 임파워먼트

조직성원들을 신뢰하고 그들의 잠재력을 믿으며 그 잠재력의 개발을 통해 High Performance 조직이 되도록 하는 일련의 행위이다.

(7) 임파워먼트의 이점(High Performance 조직의 이점)

① 나는 매우 중요한 일을 하고 있으며, 이 일은 다른 사람이 하는 일보다 훨씬 중요한 일이다.

② 일의 과정과 결과에 나의 영향력이 크게 작용했다.

③ 나는 정말로 도전하고 있고 나는 계속해서 성장하고 있다.

④ 우리 조직에서는 아이디어가 존중되고 있다.

⑤ 내가 하는 일은 항상 재미가 있다.

⑥ 우리 조직의 구성원들은 모두 대단한 사람들이며, 다 같이 협력해서 승리하고 있다.

의사소통능력

수리능력

문제해결능력

자기개발능력

자원관리능력

대인관계능력

정보능력

기술능력

조직이해능력

직업윤리

(8) 임파워먼트의 충족 기준

사람들이 자유롭게 참여하고 기여할 수 있는 여건 조성하고 재능과 에너지의 극대화한다. 또한 명확하고 의미 있는 목적에 초점을 둔다.

(9) 높은 성과를 내는 임파워먼트 환경의 특징

① 도전적이고 흥미 있는 일
② 학습과 성장의 기회
③ 높은 성과와 지속적인 개선을 가져오는 요인들에 대한 통제
④ 성과에 대한 지식
⑤ 긍정적인 인간관계
⑥ 개인들이 공헌하며 만족한다는 느낌
⑦ 상부로부터의 지원

(10) 임파워먼트의 장애요인

① 개인 차원 : 주어진 일을 해내는 역량의 결여, 동기의 결여, 결의의 부족, 책임감 부족, 의존성
② 대인 차원 : 다른 사람과의 성실성 결여, 약속 불이행, 성과를 제한하는 조직의 규범, 갈등처리 능력 부족, 승패의 태도
③ 관리 차원 : 통제적 리더십 스타일, 효과적 리더십 발휘 능력 결여, 경험 부족, 정책 및 기획의 실행 능력 결여, 비전의 효과적 전달능력 결여
④ 조직 차원 : 공감대 형성이 없는 구조와 시스템, 제한된 정책과 절차

(11) 변화 관리의 3단계

변화 이해 → 변화 인식 → 변화 수용

갈등관리능력

(1) 갈등

상호 간의 의견차이 때문에 생기는 것으로 당사가 간에 가치, 규범, 이해, 아이디어, 목표 등이 서로 불일치하여 충돌하는 상태를 의미한다.

(2) 갈등을 확인할 수 있는 단서

① 지나치게 감정적으로 논평과 제안을 하는 것

② 타인의 의견발표가 끝나기도 전에 타인의 의견에 대해 공격하는 것

③ 핵심을 이해하지 못한데 대해 서로 비난하는 것

④ 편을 가르고 타협하기를 거부하는 것

⑤ 개인적인 수준에서 미묘한 방식으로 서로를 공격하는 것

(3) 갈등을 증폭시키는 원인

적대적 행동, 입장 고수, 감정적 관여 등이 있다.

(4) 갈등의 두 가지 쟁점

핵심 문제	감정적 문제
• 역할 모호성 • 방법에 대한 불일치 • 목표에 대한 불일치 • 절차에 대한 불일치 • 책임에 대한 불일치 • 가치에 대한 불일치 • 사실에 대한 불일치	• 공존할 수 없는 개인적 스타일 • 통제나 권력 확보를 위한 싸움 • 자존심에 대한 위협 • 질투 • 분노

(5) 갈등의 두 가지 유형

① 불필요한 갈등 : 개개인이 저마다 문제를 다르게 인식하거나 정보가 부족한 경우, 편견 때문에 발생한 의견 불일치로 적대적 감정이 생길 때 불필요한 갈등이 일어난다.

② 해결할 수 있는 갈등 : 목표와 욕망, 가치, 문제를 바라보는 시각과 이해하는 시각이 다를 경우에 일어날 수 있는 갈등이다.

의사소통능력

수리능력

문제해결능력

자기개발능력

자원관리능력

대인관계능력

정보능력

기술능력

조직이해능력

직업윤리

(6) 갈등 해결 방법

① 다른 사람들의 입장을 이해한다.

② 사람들이 당황하는 모습을 자세하게 살핀다.

③ 어려운 문제는 피하지 말고 맞선다.

④ 자신의 의견을 명확하게 밝히고 지속적으로 강화한다.

⑤ 사람들과 눈을 자주 마주친다.

⑥ 마음을 열어놓고 적극적으로 경청한다.

⑦ 타협하려 애쓴다.

⑧ 어느 한쪽으로 치우치지 않는다.

⑨ 논쟁하고 싶은 유혹을 떨쳐낸다.

⑩ 존중하는 자세로 사람들을 대한다.

(7) 윈 − 윈(Win − Win) 갈등관리법

갈등과 관련된 모든 사람으로부터 의견을 받아서 문제의 본질적인 해결책을 얻고자 하는 방법이다.

(8) 갈등을 최소화하기 위한 기본 원칙

① 먼저 다른 팀원의 말을 경청하고 나서 어떻게 반응할 것인가를 결정한다.

② 모든 사람이 거의 대부분의 문제에 대해 나름의 의견을 가지고 있다는 점을 인식한다.

③ 의견의 차이를 인정한다.

④ 팀 갈등 해결 모델을 사용한다.

⑤ 자신이 받기를 원하지 않는 형태로 남에게 작업을 넘겨주지 않는다.

⑥ 다른 사람으로부터 그러한 작업을 넘겨받지 않는다.

⑦ 조금이라도 의심이 날 때에는 분명하게 말해 줄 것을 요구한다.

⑧ 가정하는 것은 위험하다.

⑨ 자신의 책임이 어디서부터 어디까지인지를 명확히 하고 다른 팀원의 책임과 어떻게 조화되는지를 명확히 한다.

⑩ 자신이 알고 있는 바를 알 필요가 있는 사람들을 새롭게 파악한다.

⑪ 다른 팀원과 불일치하는 쟁점이나 사항이 있다면 다른 사람이 아닌 당사자에게 직접 말한다.

협상능력

(1) 협상의 의미

① **의사소통 차원** : 이해당사자들이 자신들의 욕구를 충족시키기 위해 상대방으로부터 최선의 것을 얻어내려 설득하는 커뮤니케이션 과정

② **갈등 해결 차원** : 갈등관계에 있는 이해당사자들이 대화를 통해서 갈등을 해결하고자 하는 상호작용과정

③ **지식과 노력 차원** : 우리가 얻고자 하는 것을 가진 사람의 호의를 쟁취하기 위한 것에 관한 지식이며 노력의 분야

④ **의사결정 차원** : 선호가 서로 다른 협상 당사자들이 합의에 도달하기 위해 공동으로 의사결정 하는 과정

⑤ **교섭 차원** : 둘 이상의 이해당사자들이 여러 대안들 가운데서 이해당사자들 모두가 수용 가능한 대안을 찾기 위한 의사결정 과정

(2) 협상 과정

단계	내용
협상 시작	• 협상 당사자들 사이에 상호 친근감을 쌓음 • 간접적인 방법으로 협상의사를 전달함 • 상대방의 협상의지를 확인함 • 협상진행을 위한 체제를 짬
상호이해	• 갈등문제의 진행상황과 현재의 상황을 점검함 • 적극적으로 경청하고 자기주장을 제시함 • 협상을 위한 협상대상 안건을 결정함
실질 이해	• 겉으로 주장하는 것과 실제로 원하는 것을 구분하여 실제로 원하는 것을 찾아 냄 • 분할과 통합 기법을 활용하여 이해관계를 분석함
해결 대안	• 협상 안건마다 대안들을 평가함 • 개발한 대안들을 평가함 • 최선의 대안에 대해서 합의하고 선택함 • 대안 이행을 위한 실행계획을 수립함
합의 문서	• 합의문을 작성함 • 합의문상의 합의내용, 용어 등을 재점검함 • 합의문에 서명함

의사소통능력

수리능력

문제해결능력

자기개발능력

자원관리능력

대인관계능력

정보능력

기술능력

조직이해능력

직업윤리

(3) 협상전략

① 협력전략 : 협상 참여자들이 협동과 통합으로 문제를 해결하고자 하는 협력적 문제 해결전략

② 유화전략 : 양보전략으로 상대방이 제시하는 것을 일방적으로 수용하여 협상의 가능성을 높이려는 전략이다. 순응전략, 화해전략, 수용전략이라고도 한다.

③ 회피전략 : 무행동전략으로 협상으로부터 철수하는 철수전략이다. 협상을 피하거나 잠정적으로 중단한다.

④ 강압전략 : 경쟁전략으로 자신이 상대방보다 힘에 있어서 우위를 점유하고 있을 때 자신의 이익을 극대화하기 위한 공격적 전략이다.

(4) 상대방 설득 방법의 종류

① See - Feel - Change 전략 : 시각화를 통해 직접 보고 스스로가 느끼게 하여 변화시켜 설득에 성공하는 전략

② 상대방 이해 전략 : 상대방에 대한 이해를 바탕으로 갈등 해결을 용이하게 하는 전략

③ 호혜관계 형성 전략 : 혜택들을 주고받은 호혜관계 형성을 통해 협상을 용이하게 하는 전략

④ 헌신과 일관성 전략 : 협상 당사자 간에 기대하는 바에 일관성 있게 헌신적으로 부응하여 행동함으로서 협상을 용이하게 하는 전략

⑤ 사회적 입증 전략 : 과학적인 논리보다 동료나 사람들의 행동에 의해서 상대방을 설득하는 전략

⑥ 연결전략 : 갈등 문제와 갈등관리자를 연결시키는 것이 아니라 갈등을 야기한 사람과 관리자를 연결시킴으로서 협상을 용이하게 하는 전략

⑦ 권위전략 : 직위나 전문성, 외모 등을 활용하여 협상을 용이하게 하는 전략

⑧ 희소성 해결 전략 : 인적, 물적자원 등의 희소성을 해결함으로서 협상 과정상의 갈등 해결을 용이하게 하는 전략

⑨ 반항심 극복 전략 : 억압하면 할수록 더욱 반항하게 될 가능성이 높아지므로 이를 피함으로서 협상을 용이하게 하는 전략

(1) 고객 서비스의 의미

다양한 고객의 요구를 파악하고 대응법을 마련하여 고객에게 양질의 서비스를 제공하는 것을 말한다.

(2) 고객의 불만표현 유형 및 대응방안

유형	대응방안
거만형	• 정중하게 대하는 것이 좋다. • 자신의 과시욕이 채워지도록 뽐내게 내버려 둔다. • 의외로 단순한 면이 있으므로 일단 호감을 얻게 되면 득이 될 경우도 있다.
의심형	• 분명한 증거나 근거를 제시하여 스스로 확신을 갖도록 유도한다. • 때로는 책임자로 하여금 응대하는 것도 좋다.
트집형	• 이야기를 경청하고 맞장구를 치며 추켜세우고 설득해 가는 방법이 효과적이다. • '손님의 말씀이 맞습니다.' 하고 고객의 지적이 옳음을 표시한 후 '저도 그렇게 생각하고 있습니다만……' 하고 설득한다. • 잠자코 고객의 의견을 경청하고 사과를 하는 응대가 바람직하다.
빨리빨리형	• '글쎄요.', '아마' 하는 식으로 애매한 화법을 사용하지 않는다. • 만사를 시원스럽게 처리하는 모습을 보이면 응대하기 쉽다.

(3) 고객 불만 처리 프로세스

단계	내용
경청	• 고객의 항의를 경청하고 끝까지 듣는다. • 선입관을 버리고 문제를 파악한다.
감사와 공감표시	• 일부러 시간을 내서 해결의 기회를 준 것에 감사를 표시한다. • 고객의 항의에 공감을 표시한다.
사과	고객의 이야기를 듣고 문제점에 대해 인정하고, 잘못된 부분에 대해 사과한다.
해결약속	고객이 불만을 느낀 상황에 대해 관심과 공감을 보이며, 문제의 빠른 해결을 약속한다.
정보파악	• 문제 해결을 위해 꼭 필요한 질문만 하여 정보를 얻는다. • 최선의 해결 방법을 찾기 어려우면 고객에게 어떻게 해주면 만족스러운지를 묻는다.
신속처리	잘못된 부분을 신속하게 시정한다.
처리확인과 사과	불만 처리 후 고객에게 처리 결과에 만족하는지를 물어본다.
피드백	고객 불만 사례를 회사 및 전 직원에게 알려 다시는 동일한 문제가 발생하지 않도록 한다.

의사소통능력

수리능력

문제해결능력

자기개발능력

자원관리능력

대인관계능력

정보능력

기술능력

조직이해능력

직업윤리

(4) 고객 만족 조사의 목적

고객의 주요 요구를 파악하여 가장 중요한 고객요구를 도출하고 자사가 가지고 있는 자원을 토대로 경영 프로세스의 개선에 활용함으로써 경쟁력을 증대시키는 것이다.

(5) 고객 만족 조사계획에서 수행되어야 할 것

① 조사 분야 및 대상 결정

② 조사목적 설정하여 전체적 경향 고객에 대한 개별대응 및 고객과의 관계유지, 평가·개선목적을 파악한다.

③ 조사방법 및 횟수

④ 조사 결과 활용 계획

대표 예제 모듈형 문제

예제 01 팀워크능력

인간관계를 형성하는 데 있어 가장 중요한 것은?

① 외적 성격 위주의 사고
② 이해득실 위주의 만남
③ 자신의 내면
④ 피상적인 인간관계 기법

의사소통능력

수리능력

문제해결능력

자기개발능력

자원관리능력

대인관계능력

정보능력

기술능력

조직이해능력

직업윤리

출제의도
인간관계형성에 있어서 가장 중요한 요소가 무엇인지 묻는 문제다.

해설
인간관계를 형성하는 데 있어서 가장 중요한 것은 자신의 내면이고 이때 필요한 기술이나 기법 등은 자신의 내면에서 자연스럽게 우러나와야 한다.

예제 02 팀워크능력

A회사에서는 격주로 사원 소식지 '우리가족'을 발행하고 있다. 이번 호의 특집 테마는 팀워크에 대한 것으로, 좋은 사례를 모으고 있다. 다음 중 팀워크의 사례로 가장 적절하지 않은 것은 무엇인가?

① 팀원들의 개성과 장점을 살려 사내 직원 연극대회에서 대상을 받을 수 있었던 사례
② 팀장의 갑작스러운 부재 상황에서 팀원들이 서로 역할을 분담하고 소통을 긴밀하게 하면서 팀의 당초 목표를 원만하게 달성할 수 있었던 사례
③ 자재 조달의 차질로 인해 납기 준수가 어려웠던 상황을 팀원들이 똘똘 뭉쳐 헌신적으로 일한 결과 주문 받은 물품을 성공적으로 납품할 수 있었던 사례
④ 팀의 분위기가 편안하고 인간적이어서 주기적인 직무순환 시기가 도래해도 다른 부서로 가고 싶어 하지 않는 사례

출제의도
팀워크와 응집력에 대한 문제로 각 용어에 대한 정의를 알고 이를 실제 사례를 통해 구분할 수 있어야 한다.

해설
④ 응집력에 대한 사례에 해당한다.

예제 03 리더십능력

리더에 대한 설명으로 옳지 않은 것은?

① 사람을 중시한다.
② 오늘에 초점을 둔다.
③ 혁신지향적이다.
④ 새로운 상황 창조자이다.

출제의도
리더와 관리자에 대한 문제로 각각에 대해 완벽하게 구분할 수 있어야 한다.

해설
리더는 내일에 초점을 둔다.

Answer. 01.③ 02.④ 03.②

예제 04 갈등관리능력

갈등의 두 가지 쟁점 중 감정적 문제에 대한 설명으로 적절하지 않은 것은?

① 공존할 수 없는 개인적 스타일
② 역할 모호성
③ 통제나 권력 확보를 위한 싸움
④ 자존심에 대한 위협

출제의도
갈등의 두 가지 쟁점인 핵심 문제와 감정적 문제에 대해 묻는 문제로 이 두 가지 쟁점을 구분할 수 있는 능력이 필요하다.

해설
갈등의 두 가지 쟁점 중 핵심 문제에 대한 설명이다.

예제 05 고객 서비스능력

고객중심 기업의 특징으로 옳지 않은 것은?

① 고객이 정보, 제품, 서비스 등에 쉽게 접근할 수 있도록 한다.
② 보다 나은 서비스를 제공할 수 있도록 기업정책을 수립한다.
③ 고객 만족에 중점을 둔다.
④ 기업이 행한 서비스에 대한 평가는 한 번으로 끝낸다.

출제의도
고객 서비스능력에 대한 포괄적인 문제로 실제 고객중심 기업의 입장에서 생각해 보면 쉽게 풀 수 있는 문제다.

해설
기업이 행한 서비스에 대한 평가는 수시로 이루어져야 한다.

Answer. 04.② 05.④

출제예상문제

정답 및 해설 **p.521**

1 다음 중 효과적인 팀의 특성으로 보기 어려운 것은?

① 역할과 책임을 명료화시킨다.

② 조직화가 잘 되어 있다.

③ 개방적으로 의사소통한다.

④ 주관적인 결정을 내린다.

2 다음 중 멤버십 유형이 수동형인 B 씨의 특징으로 보기 어려운 것은?

① 자신의 조직을 믿고 헌신하는 사람이라 생각한다.

② 동료는 자신을 제 몫을 하지 못 하는 사람으로 본다.

③ 리더는 항상 자기 마음대로 한다고 생각한다.

④ 본인이 노력을 해도 조직은 변화가 없을 것이라 생각한다.

의사소통능력

수리능력

문제해결능력

자기개발능력

자원관리능력

대인관계능력

정보능력

기술능력

조직이해능력

직업윤리

3 다음에서 설명하고 있는 개념으로 적절한 것은?

이 개념은 성과향상에 걸림돌이 되는 장애들을 극복하고 핵심역량을 극대화하기 위해 설계된 지속적인 프로세스이다. 이것은 행동의 변화를 유발하며, 학습자가 능력이나 지식을 갖고 있음에도 불구하고 성과가 떨어질 때, 이를 다시 상승시킬 수 있는 매우 유용한 방법이다. 즉, 코치와 발전하려고 하는 의지가 있는 개인이 잠재능력을 최대한 개발하고, 발견 프로세스를 통해 목표설정, 전략적인 행동, 그리고 매우 뛰어난 결과의 성취를 가능하게 해주는 강력하면서도 협력적인 관계로 정의할 수 있다.

① 코칭   ② 팀워크
③ 리더십   ④ 멤버십

4 다음에서 설명하고 있는 개념은 무엇인가?

조직 현장의 구성원에게 업무 재량을 위임하고 자주적이고 주체적인 체제 속에서 사람이나 조직의 의욕과 성과를 이끌어 내기 위한 '권한 부여', '권한 이양'의 의미이다. 최근 고객 니즈에 대한 신속한 대응과 함께 구성원이 직접 의사결정에 참여하여 현장에서 개선·변혁이 신속 정확하게 이루어지기 위해서 활용도가 높아지고 있다.

① 리니어먼트   ② 컴파트먼트
③ 임파워먼트   ④ 리더블먼트

5 다음 중 갈등을 최소화하기 위한 원칙으로 가장 적절하지 않은 것은?

① 조금이라도 의심이 날 때에는 분명하게 말해 줄 것을 요구한다.
② 자신이 받기를 원하지 않는 형태로 남에게 작업을 넘겨주지 않는다.
③ 자신의 책임이 어디서부터 어디까지인지를 명확히 한다.
④ 먼저 자신이 말하고 나서 상대방이 어떻게 반응하는지 확인한다.

6 다음 내용을 읽고 C시가 취한 협상전략으로 옳은 것은?

> A동 주민들과 B동 주민들은 쓰레기 처리장 신축을 두고 서로 언성을 높이고 있다. A동 주민들은 기존에 계획한 대로 B동에 설치할 것을 주장하고 있고, B동의 주민들은 여기에 반발해 절대 불가를 외치고 있다. 해당 C시는 A, B 두 동의 불화가 장기화됨에 따라 중재를 포기하였고, 결국 전문기관이 일에 개입하게 되었다.

① 협력전략   ② 유화전략
③ 회피전략   ④ 강압전략

의사소통능력

수리능력

문제해결능력

자기개발능력

자원관리능력

대인관계능력

정보능력

기술능력

조직이해능력

직업윤리

7 다음은 전문가 효과에 대한 내용이다. 이와 관련된 설득 전략으로 옳은 것은?

> 수용자가 커뮤니케이터에 대해 특정 분야에 대한 전문성을 갖고 있는 전문가라는 인식을 갖게 되면 전문가 효과가 발생한다. 전문가 효과는 수용자들이 전문가가 제시하는 정보를 내면화해 자신의 생각을 변화시키는 효과다. 수용자들이 원래 자신이 갖고 있던 생각인지, 아니면 타인의 생각을 전달받은 것인지를 구분하지 못하고 타인의 생각마저도 자신의 생각처럼 표현한다면 타인이 전달한 생각을 수용자가 내면화했다고 볼 수 있다.

① 권위전략   ② 연결전략
③ 상대방 이해 전략   ④ 사회적 입증 전략

8 다음 중 거만형 고객에 대한 대응방안으로 옳지 않은 것은?

① '글쎄요.', '아마'하는 식으로 화법을 사용한다.
② 정중하게 고객을 대한다.
③ 자신의 과시욕이 채워지도록 뽐내게 내버려 둔다.
④ 고객에게 호감을 얻어 대화를 이어간다.

9 다음에서 설명하고 있는 개념은 무엇인가?

> 기존 매상고나 이익 증대 같은 목표와 달리 고객에게 최대의 만족을 주는 것에서 기업의 존재 의의를 찾으려는 경영방식

① 감량경영   ② 품질경영

③ 다각경영   ④ 고객 만족경영

10 팀워크에서 가장 중요한 것은 리더십과 팔로워십이다. 다음 중 팔로워십에 대한 설명으로 옳지 않은 것은?

① 조직의 구성원으로서 자격과 지위를 갖는 것으로 팔로워십의 역할을 충실하게 수행하여야 한다.

② 리더십과 팔로워십은 각각 개별적이고 독립적인 관계이다.

③ 리더를 따르는 것으로 헌신, 전문성, 용기, 정직하고 현명한 평가능력이 뒷받침되어야 한다.

④ 조직을 제대로 구성하려면 탁월한 리더와 탁월한 팔로워십을 갖춘 팀원이 있어야 한다.

11 다음에서 설명하는 멤버십의 유형은?

> • 조직의 운영방침에 민감하다.
> • 사건을 균형 잡힌 시각으로만 본다.
> • 규정과 규칙에 따라 행동한다.

① 소외형   ② 순응형

③ 실무형   ④ 수동형

12 무역회사에 근무하는 팀장 S 씨는 오전 회의를 통해 신입사원 L이 작성한 견적서를 살펴보았다. 그러던 중 다른 신입사원에게 지시한 주문양식이 어떻게 진행되고 있는지를 묻기 위해 신입사원 M을 불렀다. M은 "K가 제대로 주어진 업무를 하지 못하고 있어서 저는 아직까지 계속 기다리고만 있습니다. 그래서 아직 완성되지 못했습니다.'라고 하였다. 그래서 K를 불러 물어보니 "M의 말은 사실이 아닙니다."라고 변명을 하고 있다. 팀장 S 씨가 할 수 있는 가장 효율적인 대처 방법은?

① 사원들 간의 피드백이 원활하게 이루어지는지 확인을 한다.

② 팀원들이 업무를 하면서 서로 협력을 하는지 확인을 한다.

③ 의사결정 과정에 잘못된 부분이 있는지 확인한다.

④ 중재를 하고 문제가 무엇인지 확인을 한다.

의사소통능력

수리능력

문제해결능력

자기개발능력

자원관리능력

대인관계능력

정보능력

기술능력

조직이해능력

직업윤리

13 G사 홍보팀 직원들은 팀워크를 향상시킬 수 있는 방법에 대한 토의를 진행하며 다음과 같은 의견들을 제시하였다. 다음 중 팀워크의 기본요소를 제대로 파악하고 있지 못한 사람은 누구인가?

> A : 팀워크를 향상시키기 위해서는 무엇보다 팀원 간의 상호 신뢰와 존중이 중요하다고 봅니다.
>
> B : 또 하나 빼놓을 수 없는 것은 스스로에 대한 넘치는 자아의식이 수반되어야 팀워크에 기여할 수 있어요.
>
> C : 팀워크는 상호 협력과 각자의 역할에서 책임을 다하는 자세가 기본이 되어야 함을 우리 모두 명심해야 합니다.
>
> D : 저는 팀원들끼리 솔직한 대화를 통해 서로를 이해하는 일이 무엇보다 중요하다고 생각해요.

① A

② B

③ C

④ D

14 다음에서 설명하는 리더십의 형태는 무엇인가?

> 주식회사 서원각의 편집부 팀장인 K 씨는 그동안 자신의 팀이 유지해온 업무 수행 상태에 문제가 있음을 판단하고 있다. 이를 개선하기 위하여 K 씨는 팀에 명확한 비전을 제시하고 팀원들로 하여금 업무에 몰두할 수 있도록 격려하였다.

① 독재자 유형   ② 파트너십 유형

③ 민주주의 유형   ④ 변혁적 유형

15 제약회사 영업부에 근무하는 U 씨는 영업부 최고의 성과를 올리는 영업사원으로 명성이 자자하다. 그러나 그런 그에게도 단점이 있었으니 그것은 바로 서류 작업을 정시에 마친 적이 없다는 것이다. U 씨가 회사로 복귀하여 서류 작업을 지체하기 때문에 팀 전체의 생산성에 차질이 빚어지고 있다면 영업부 팀장인 K 씨의 행동으로 올바른 것은?

① U 씨의 영업 실적은 뛰어나므로 다른 직원에게 서류 작업을 지시한다.
② U 씨에게 퇴근 후 서류 작업을 위한 능력을 개발하라고 지시한다.
③ U 씨에게 서류 작업만 할 수 있는 아르바이트 직원을 붙여준다.
④ U 씨로 인한 팀의 분위기를 설명하고 해결책을 찾아보라고 격려한다.

16 다음 중 동기부여와 관련된 설명으로 옳지 않은 것은?

① 목표 달성을 높이 평가하여 조직원에게 곧바로 보상하는 행위를 긍정적 강화하고 한다.
② 환경 변화에 따라 조직원들에게 새로운 업무를 맡을 기회를 준다면, 팀에는 발전과 창조성을 고무하는 분위기가 자연스럽게 조성된다.
③ 단기적인 관점에서 보면 공포 분위기로 인해 직원들이 일을 적극적으로 할 수도 있지만, 장기적으로는 공포감 조성이 오히려 해가 될 수도 있다.
④ 조직원들을 지속적으로 동기부여하기 위해 가장 좋은 방법은 금전적인 보상이나 편익, 승진 등의 외적인 동기유발이다.

17 코칭에 대한 설명으로 옳지 않은 것은?

① 코칭은 직원들의 능력을 신뢰하며 확신하고 있다는 사실을 전제로 한다.
② 코칭은 조직의 지속적인 성장과 성공을 만들어내는 리더의 능력이라고 할 수 있다.
③ 코칭은 직원들의 의견을 적극적으로 경청하고 필요한 지원을 아끼지 않아 생산성을 향상시킬 수 있다.
④ 코칭은 명령을 내리거나 지시를 내리는 것보다 적은 시간이 소요된다.

의사소통능력

수리능력

문제해결능력

자기개발능력

자원관리능력

대인관계능력

정보능력

기술능력

조직이해능력

직업윤리

18 다음 중 임파워먼트에 해당하는 사례는 무엇인가?

① 영업부 팀장 L 씨는 사원 U 씨에게 지난 상반기의 판매 수치를 정리해 오라고 요청하였다. 또한 데이터베이스를 업데이트하고, 회계부서에서 받은 수치를 반영하여 새로운 보고서를 제출하라고 지시하였다.

② 편집부 팀장 K 씨는 사원 S 씨에게 지난 3달간의 도서 판매 실적을 정리해 달라고 요청하였다. 또한 신간등록이 되어 있는지 확인 후 업데이트하고, 하반기에 내놓을 새로운 도서의 신간 기획안을 제출하라고 지시하였다.

③ 마케팅팀 팀장 I 씨는 사원 Y 씨에게 상반기 판매 수치를 정리하고 이 수치를 분석하여 하반기 판매 향상에 도움이 될 만한 마케팅 계획을 직접 개발하도록 지시했다.

④ 홍보부 팀장 H 씨는 사원 R 씨에게 지난 2년간의 회사 홍보물 내용을 검토하고 업데이트 할 내용을 정리한 후 보고서로 작성하여 10부를 복사해 놓으라고 지시하였다.

19 직장생활을 하다보면 조직원들 사이에 갈등이 존재할 수 있다. 이러한 갈등은 서로 불일치하는 규범, 이해, 목표 등이 충돌하는 상태를 의미한다. 다음 중 갈등을 확인할 수 있는 단서로 볼 수 없는 것은?

① 논리적으로 논평과 제안을 하는 태도
② 타인의 의견발표가 끝나기도 전에 타인의 의견에 대해 공격하는 태도
③ 핵심을 이해하지 않고 무조건 상대를 비난하는 태도
④ 무조건 편을 가르고 타협하기를 거부하는 태도

20 경영상의 위기를 겪고 있는 S사의 사장은 직원들을 모아 놓고 위기 탈출을 위한 방침을 설명하며, 절대 사기를 잃지 말 것을 주문하고자 한다. 다음 중 S사 사장이 바람직한 리더로서 직원들에게 해야 할 연설의 내용으로 적절하지 않은 것은 어느 것인가?

① "지금의 어려움뿐 아니라 항상 미래의 지향점을 잊지 않고 반드시 이 위기를 극복하겠습니다."
② "저는 이 난관을 극복하기 위해 당면한 과제를 어떻게 해결할까 하는 문제보다 무엇을 해야 하는지에 집중하며 여러분을 이끌어 나가겠습니다."
③ "여러분들이 해 주어야 할 일들을 하나하나 제가 지시하기보다 모두가 자발적으로 우러나오는 마음을 가질 수 있는 길이 무엇인지 고민할 것입니다."
④ "저는 어떠한 일이 있어도 위험이 따르는 도전을 거부할 것이니 모두들 안심하고 업무에 만전을 기해 주시길 바랍니다."

21 귀하는 A대학 대졸 공채 입학사정관의 조직구성원들 간의 원만한 관계 유지를 위한 갈등관리 역량에 관해 입학사정관 인증교육을 수료하게 되었다. 인증교육은 다양한 갈등사례를 통해 갈등과정을 시뮬레이션 함으로써 바람직한 갈등 해결 방법을 모색하는 데 중점을 두고 있다. 입학사정관 교육을 통해 습득한 갈등과정을 바르게 나열한 것을 고르시오.

① 대결 국면 – 의견불일치 – 진정 국면 – 격화 국면 – 갈등의 해소
② 의견 불일치 – 격화 국면 – 대결 국면 – 갈등의 해소 – 진정 국면
③ 의견 불일치 – 진정 국면 – 격화 국면 – 대결 국면 – 갈등의 해소
④ 대결 국면 – 의견불일치 – 격화 국면 – 진정 국면 – 갈등의 해소
⑤ 의견 불일치 – 대결 국면 – 격화 국면 – 진정 국면 – 갈등의 해소

22 윈 – 윈(WIN – WIN) 갈등관리법에 대한 설명으로 적절하지 않은 것은?

① 문제의 근본적인 해결책을 얻는 방법이다.
② 갈등을 피하거나 타협으로 예방하기 위한 방법이다.
③ 갈등 당사자 서로가 원하는 바를 얻을 수 있는 방법이다.
④ 긍정적인 접근방식에 의거한 갈등 해결 방식이다.

23 다음 사례의 프로젝트 팀은 현재 팀 발달단계 중 어디에 해당되는가?

> △△기업에서는 신제품 개발을 위해 프로젝트 팀을 구성하였다. 연구개발부서의 A가 팀장직은 맡았으며 연구개발부서와 마케팅부서 등 여러 부서에서 인력을 추출하여 투입하였다. 약 1개월이 지난 현재 팀에서는 그동안 인지하지 못했던 문제들이 발생하고 있다. 본격적인 프로젝트가 시작되면서 서로 다른 부서의 업무 방식 차이로 인해 갈등이 빚어지기 시작한 것이다. 갈등으로 인해 예정되었던 기간은 지연되고, 갈등이 점점 심화되자 팀원들은 팀장의 자질마저 의심하고 있는 지경에 이르렀다. 프로젝트 팀은 어수선한 분위기로 개인의 역량에 훨씬 못 미치는 성과를 내고 있다.

① 형성기　　　　　　　② 격동기
③ 규범기　　　　　　　④ 성취기

의사소통능력

수리능력

문제해결능력

자기개발능력

자원관리능력

대인관계능력

정보능력

기술능력

조직이해능력

직업윤리

24 협상의 의미를 바르게 연결한 것은?

① 의사소통 차원의 협상 – 자신이 얻고자 하는 것을 가진 사람의 호의를 쟁취하기 위한 것에 관한 지식이며 노력의 분야이다.

② 갈등 해결 차원의 협상 – 갈등관계에 있는 이해당사자들이 대화를 통해서 갈등을 해결하고자 하는 상호작용과정이다.

③ 지식과 노력 차원의 협상 – 이해당사자들이 자신들의 욕구를 충족시키기 위해 상대로부터 최선의 것을 얻어내기 위해 상대를 설득하는 커뮤니케이션 과정이다.

④ 의사결정 차원의 협상 – 둘 이상의 이해당사자들이 여러 대안들 가운데 이해당사자들의 찬반을 통해 다수의 의견이 모아지는 대안을 선택하는 의사결정 과정이다.

25 다음의 내용은 협상의 단계 중 어디에 해당하는가?

> • 협상 안건이나 대안들을 평가한다.
> • 개발한 대안들을 평가한다.
> • 최선의 대안에 대해서 합의를 하고 선택을 한다.
> • 대안 이행을 위한 실행계획을 수립한다.

① 협상시작   ② 상호이해

③ 해결 대안   ④ 합의 문서

26 고객 서비스에 대한 설명으로 옳지 않은 것은?

① 고객에게 제공하고자 하는 서비스의 내용을 소개하고 소비를 촉진시키기 위해 사전에 잠재 고객들과 상담 등을 통해 예약을 받는 등 의견조절을 하고, 방문고객을 위해 사전에 상품을 진열하는 등의 준비하는 단계의 서비스는 사전서비스에 해당한다.

② 서비스의 특성상 생산과 소비가 동시에 발생하므로 현장서비스가 종료되면 그 후에는 아무 일도 없던 것처럼 보이지만, 실제로는 고객유지를 위해 사후 서비스도 매우 중요하다.

③ 현장서비스는 서비스가 고객과 제공자의 상호거래에 의해 진행되는 단계로 서비스의 본질 부분이라 할 수 있다.

④ 주차유도원서비스, 상품게시판 예약서비스는 현장서비스에 해당한다.

27 무역회사 영업부에 근무하는 A 씨는 부장 K 씨가 자신의 의견을 따라주는 직원을 좋아한다는 사실을 알고 부장 K 씨에게 작성한 보고서를 들고 결제를 맡으러 갔다. K 씨가 한참 보고서를 검토하는 과정에서 A 씨가 "전에 회의에서 K 부장님께서 말씀하신 의견을 토대로 하여 작성한 것입니다."라고 하자, K 씨는 고개를 끄덕이며, 기분 좋게 A 씨의 보고서를 결제하였다. 이 과정에서 A 씨가 취한 K 씨에게 사용한 방법은 무엇인가?

① 상대방 이해 전략
② 호혜관계 형성 전략
③ 헌신과 일관성 전략
④ 연결전략

의사소통능력

수리능력

문제해결능력

자기개발능력

자원관리능력

대인관계능력

정보능력

기술능력

조직이해능력

직업윤리

28 다음 중 고객 만족에 대한 정의로 보기 어려운 것은?

① 고객이 느끼는 어떤 가치에 대해서 적절한 보상 또는 부적절한 보상을 받았다는 느낌을 가지는 심리 상태를 말한다.
② 고객의 경험과정과 결과에 따라 만족감이 달라지는 현상이다.
③ 소비자의 성취반응으로 소비자의 판단이다.
④ 고객에게 주어진 서비스 또는 제품의 수준이 고객의 기대와 얼마만큼 일치하는가의 척도이다.

29 의류매장에서 근무하는 S 씨는 옷을 구매하러 온 손님 때문에 온 신경이 곤두서있다. 이 손님은 "왜 이리 옷이 촌스럽지?", "왜 다 싸구려만 갖다 놓은 거야.", "이 동네 옷가게도 이제 한물 갔네." 등 온갖 불평만 늘어놓고 옷을 집었다가 놨다가 하고 있다. S 씨가 이 손님을 응대하여야 하는 방법으로 옳지 않은 것은?

① 정중하게 대한다.
② 자신의 과시욕이 채워지도록 내버려 둔다.
③ 손님의 호감을 얻으려 노력한다.
④ 책임자를 불러 온다.

30 다음은 고객 불만 처리 프로세스이다. ( ) 안에 들어갈 알맞은 말은?

> (   )→ 감사와 공감표시 →(   )→ 해결약속 → 정보파악 → 신속처리 →(   )→ 피드백

① 경청, 사과, 사과
② 경청, 사과, 처리약속
③ 경청, 사과, 처리확인과 사과
④ 경청, 문제확인, 사과

31 보통 협상의 실패는 협상의 과정에서 일어나게 된다. 따라서 협상 시에 발생할 수 있는 실수를 방지하기 위하여 사전에 철저한 준비가 필요하다. 다음 대화에 나타난 내용 중, 협상 시 주로 나타나는 실수를 보여주는 것이 아닌 것은 어느 것인가?

① "이봐, 우리가 주도권을 잃어선 안 되네. 저쪽의 입장을 주장할 기회를 주게 되면 결국 끌려가게 되어 있어."
② "상대측 박 본부장이 평소 골프광이라고 했지? 우리 신입사원 중에 티칭 프로 출신이 있다고 들었는데, 그 친구도 이번 상담에 참석 시키게나."
③ "이게 얼마나 좋은 기회인데요. 미비한 자료는 추후 보완하면 될 테니 당장 협상에 참석해서 성과를 이루어내야 한다고 봅니다."
④ "일단 누가 됐든 협상파트너에게 다짐을 받아두면 되지 않겠나. 담당자가 약속을 했으니 거의 다 성사된 거나 다름없겠지."

32 고객 만족을 측정하는 데 있어 오류를 범하는 경우가 발생한다. 다음 중 오류를 범할 수 있는 유형에 해당하지 않는 것은?

① 고객이 원하는 것을 알고 있다고 착각한다.
② 포괄적인 가치만을 질문한다.
③ 모든 고객들이 동일 수준의 서비스를 원한다고 생각한다.
④ 전문가로부터 도움을 얻는다.

33 다음의 사례를 보고 이 고객의 불만유형으로 적절한 것은?

> ○○전자상가에서 근무하는 K 씨는 퇴근 시간이 다 되어 퇴근 준비를 하고 있는데 한 고객이 매장을 찾았다. 이 고객은 갓 20살이 넘은 듯 보였는데 태블릿 PC를 찾는 듯 보였다. 그래서 가장 최근에 발매된 신제품을 보여주고 자세하게 설명을 해 주었지만 고객은 계속적으로 K 씨의 말을 믿지 않았다. "동일한 하드웨어를 사용한 제품이 쉽게 고장이 난다던데 이것은 괜찮나요?", "이 회사는 A/S가 형편없다고 하던데 괜찮을까요?" 등 계속 의심만 하고 있다.

① 거만형 ② 의심형
③ 트집형 ④ 빨리빨리형

의사소통능력

수리능력

문제해결능력

자기개발능력

자원관리능력

대인관계능력

정보능력

기술능력

조직이해능력

직업윤리

34 다음의 사례를 보고 리츠칼튼 호텔의 고객 서비스의 특징으로 옳은 것은?

> Robert는 미국 출장길에 샌프란시스코의 리츠칼튼 호텔에서 하루를 묵은 적이 있었다. 그는 서양식의 푹신한 베개가 싫어서 프런트에 전화를 걸어 좀 딱딱한 베개를 가져다 달라고 요청하였다. 호텔 측은 곧이어 딱딱한 베개를 구해왔고 덕분에 잘 잘 수 있었다. 다음날 현지 업무를 마치고 다음 목적지인 뉴욕으로 가서 우연히 다시 리츠칼튼 호텔에서 묵게 되었는데 아무 생각 없이 방 안에 들어간 그는 깜짝 놀랐다. 침대 위에 전날 밤 사용하였던 것과 같은 딱딱한 베개가 놓여 있는 게 아닌가.
> 어떻게 뉴욕의 호텔이 그것을 알았는지 그저 놀라울 뿐이었다. 그는 호텔 측의 이 감동적인 서비스를 잊지 않고 출장에서 돌아와 주위 사람들에게 침이 마르도록 칭찬했다.
> 어떻게 이런 일이 가능했을까? 리츠칼튼 호텔은 모든 체인점이 항시 공유할 수 있는 고객 데이터베이스를 구축하고 있었고, 데이터베이스에 저장된 정보를 활용해서 그 호텔을 다시 찾는 고객에게 완벽한 서비스를 제공하고 있었던 것이다.

① 불만 고객에 대한 사후 서비스가 철저하다.
② 신규 고객 유치를 위해 이벤트가 다양하다.
③ 고객이 물어보기 전에 고객이 원하는 것을 실행한다.
④ 고객이 원하는 것이 이루어질 때까지 노력한다.

35 다음의 밑줄 친 부분에 대한 설명으로 옳지 않은 것은?

네이버와 다음카카오는 지속적으로 조직개편을 착착 진행하고 있다. 내부 사업 부서를 별도 법인으로 설립하거나 조직을 세분화하는 등 조직의 체질을 완전히 바꿔놓겠다는 의지를 보이고 있다. 우선 네이버는 <u>팀제</u>를 폐지한 데 이어 본부제를 폐지하고 의사결정단계를 기존 3단계에서 '센터·그룹 – 실·랩'의 2단계로 축소하였다. 본부에 속해 있는 18개 센터와 8개의 셀을 상하구조 없이 전면배치하였다. 조직의 규모는 14명인 조직부터 최대 173명인 곳까지 다양하다. 조직 리더들의 직급도 제한을 두지 않았다. 네이버는 또 독립기업 제도인 CIC를 도입했다. 회사 측은 CIC에 대해 셀 조직의 진화된 형태로, 가능성 있는 서비스가 독립적으로 성장할 수 있도록 적극 지원하는 구조라고 설명하였다. 셀이 서비스 자체에서만 독립성을 지녔다면, CIC는 인사나 재무 등 경영전반의 주도권도 갖는다. 네이버 관계자는 메일과 캘린더, 클라우드 사업을 하던 네이버 웍스를 분사하는 계획도 검토 중이라며 벤처 정신을 살리고 빠른 의사결정을 할 수 있는 조직을 갖추는 것이 핵심이라고 말했다.

① 다양한 팀 간의 수평적인 연결 관계를 창출해 전체 구성원들이 정보를 공유하기가 용이하다.
② 경영환경에 유연하게 대처하여 기업의 경쟁력을 제고할 수 있다.
③ 구성원 간 이질성 및 다양성의 결합과 활용을 통한 시너지의 효과를 촉진시킨다.
④ 팀장이 되지 못한 기존 조직의 간부사원의 사기가 저하되지 않는다.

정보능력

(1) 정보와 정보화사회

① 자료 · 정보 · 지식

구분	특징
자료(Data)	객관적 실제의 반영이며, 그것을 전달할 수 있도록 기호화한 것
정보(Information)	자료를 특정한 목적과 문제 해결에 도움이 되도록 가공한 것
지식(Knowledge)	정보를 집적하고 체계화하여 장래의 일반적인 사항에 대비해 보편성을 갖도록 한 것

② 정보화사회 : 필요로 하는 정보가 사회의 중심이 되는 사회

(2) 컴퓨터의 활용 분야

① 기업 경영 분야에서의 활용 : 판매, 회계, 재무, 인사 및 조직관리, 금융 업무 등

② 행정 분야에서의 활용 : 민원처리, 각종 행정 통계 등

③ 산업 분야에서의 활용 : 공장 자동화, 산업용 로봇, 판매시점관리 시스템(POS) 등

④ 기타 분야에서의 활용 : 교육, 연구소, 출판, 가정, 도서관, 예술 분야 등

(3) 정보처리 과정

① 정보 활용 절차 : 기획 → 수집 → 관리 → 활용

② 5W2H : 정보 활용의 전략적 기획

• WHAT(무엇을?) : 정보의 입수대상을 명확히 한다.

• WHERE(어디에서?) : 정보의 소스(정보원)를 파악한다.

• WHEN(언제까지) : 정보의 요구(수집)시점을 고려한다.

• WHY(왜?) : 정보의 필요목적을 염두에 둔다.

• WHO(누가?) : 정보활동의 주체를 확정한다.

• HOW(어떻게) : 정보의 수집 방법을 검토한다.

• HOW MUCH(얼마나?) : 정보 수집의 비용성(효용성)을 중시한다.

(4) 인터넷의 역기능

① 불건전 정보의 유통

② 개인정보 유출

③ 사이버 성폭력

④ 사이버 언어폭력

⑤ 언어 훼손

⑥ 인터넷 중독

⑦ 불건전한 교제

⑧ 저작권 침해

(5) 개인정보의 종류

① **일반 정보** : 이름, 주민등록번호, 운전면허정보, 주소, 전화번호, 생년월일, 출생지, 본적지, 성별, 국적 등

② **가족 정보** : 가족의 이름, 직업, 생년월일, 주민등록번호, 출생지 등

③ **교육 및 훈련 정보** : 최종학력, 성적, 기술자격증·전문면허증, 이수훈련 프로그램, 서클 활동, 상벌사항, 성격·행태보고 등

④ **병역 정보** : 군번 및 계급, 제대유형, 주특기, 근무부대 등

⑤ **부동산 및 동산 정보** : 소유주택 및 토지, 자동차, 저축현황, 현금카드, 주식 및 채권, 수집품, 고가의 예술품 등

⑥ **소득 정보** : 연봉, 소득의 원천, 소득세 지불 현황 등

⑦ **기타 수익 정보** : 보험가입현황, 수익자, 회사의 판공비 등

⑧ **신용 정보** : 대부상황, 저당, 신용카드, 담보설정 여부 등

⑨ **고용 정보** : 고용주, 회사주소, 상관의 이름, 직무수행 평가 기록, 훈련기록, 상벌기록 등

⑩ **법적 정보** : 전과기록, 구속기록, 이혼기록 등

⑪ **의료 정보** : 가족병력기록, 과거 의료기록, 신체장애, 혈액형 등

⑫ **조직 정보** : 노조가입, 정당가입, 클럽회원, 종교단체 활동 등

⑬ **습관 및 취미 정보** : 흡연·음주량, 여가활동, 도박성향, 비디오 대여 기록 등

(6) 개인정보 유출방지 방법

① 회원가입 시 이용 약관을 읽는다.

② 이용 목적에 부합하는 정보를 요구하는지 확인한다.

③ 비밀번호는 정기적으로 교체한다.

④ 정체불명의 사이트는 멀리한다.

⑤ 가입 해지 시 정보 파기 여부를 확인한다.

⑥ 남들이 쉽게 유추할 수 있는 비밀번호는 자제한다.

정보능력은 업무를 수행함에 있어 컴퓨터를 활용하여 필요한 정보를 수집하고 분석하는 능력이다. Excel의 이론보다는 실무에 활용하는 문제로 출제되며 검색 연산자에 대해 묻는 질문도 다수 출제된다.

하위능력별 출제 유형

컴퓨터활용능력 ✦ ✦ ✦ ✦ ✦
컴퓨터 이론, 소프트웨어 사용 방법과 프로그램 별 단축키, 엑셀 함수, PC관리기법 등

정보처리능력 ✦ ✦ ✦ ◇ ◇
소프트웨어의 활용과 제시된 상황에 따른 결과를 도출하는 유형이 출제된다.

하위능력별 출제 빈도

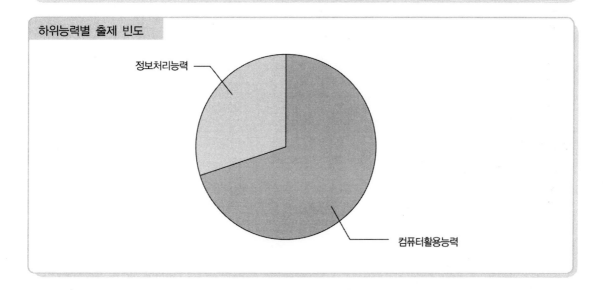

정보처리능력

컴퓨터활용능력

의사소통능력

수리능력

문제해결능력

자기개발능력

자원관리능력

대인관계능력

정보능력

기술능력

조직이해능력

직업윤리

(1) 인터넷 서비스 활용

① 전자우편(E - mail) 서비스 : 정보 통신망을 이용하여 다른 사용자들과 편지나 여러 정보를 주고받는 통신 방법
② 인터넷 디스크 · 웹 하드 : 웹 서버에 대용량의 저장 기능을 갖추고 사용자가 개인용 컴퓨터의 하드디스크와 같은 기능을 인터넷을 통하여 이용할 수 있게 하는 서비스
③ 메신저 : 인터넷에서 실시간으로 메시지와 데이터를 주고받을 수 있는 소프트웨어
④ 전자상거래 : 인터넷을 통해 상품을 사고팔거나 재화나 용역을 거래하는 사이버 비즈니스

(2) 정보 검색

여러 곳에 분산되어 있는 수많은 정보 중에서 특정 목적에 적합한 정보만을 신속하고 정확하게 찾아내어 수집, 분류, 축적하는 과정

(3) 검색엔진의 유형

① 키워드 검색 방식 : 찾고자 하는 정보와 관련된 핵심적인 언어인 키워드를 직접 입력하여 이를 검색 엔진에 보내어 검색 엔진이 키워드와 관련된 정보를 찾는 방식
② 주제별 검색 방식 : 인터넷상에 존재하는 웹 문서들을 주제별, 계층별로 정리하여 데이터베이스를 구축한 후 이용하는 방식
③ 통합형 검색 방식 : 사용자가 입력하는 검색어들이 연계된 다른 검색 엔진에게 보내고 이를 통하여 얻어진 검색 결과를 사용자에게 보여주는 방식

(4) 정보 검색 연산자

기호	연산자	검색 조건
*, &	AND	두 단어가 모두 포함된 문서를 검색
|	OR	두 단어가 모두 포함되거나 두 단어 중에서 하나만 포함된 문서를 검색
–, !	NOT	' – ' 기호나 '!' 기호 다음에 오는 단어는 포함하지 않는 문서를 검색
~, near	인접검색	앞/뒤의 단어가 가깝게 있는 문서를 검색

(5) 소프트웨어의 활용

① 워드프로세서
- **특징** : 문서의 내용을 화면으로 확인하면서 쉽게 수정 가능, 문서 작성 후 인쇄 및 저장 가능, 글이나 그림의 입력 및 편집 가능
- **기능** : 입력기능, 표시기능, 저장 기능, 편집기능, 인쇄기능 등

② 스프레드시트
- **특징** : 쉽게 계산 수행, 계산 결과를 차트로 표시, 문서를 작성하고 편집 가능
- **기능** : 계산, 수식, 차트, 저장, 편집, 인쇄기능 등

③ 프레젠테이션
- **특징** : 각종 정보를 사용자 또는 대상자에게 쉽게 전달
- **기능** : 저장, 편집, 인쇄, 슬라이드 쇼 기능 등

④ 유틸리티 프로그램 : 파일 압축 유틸리티, 바이러스 백신 프로그램

(6) 데이터베이스의 필요성

① 데이터의 중복을 줄인다.
② 데이터의 무결성을 높인다.
③ 검색을 쉽게 해준다.
④ 데이터의 안정성을 높인다.
⑤ 개발 기간을 단축한다.

의사소통능력

수리능력

문제해결능력

자기개발능력

자원관리능력

대인관계능력

정보능력

기술능력

조직이해능력

직업윤리

(1) 정보원

① 정의 : 1차 자료는 원래의 연구성과가 기록된 자료이며, 2차 자료는 1차 자료를 효과적으로 찾아보기 위한 자료 또는 1차 자료에 포함되어 있는 정보를 압축·정리한 형태로 제공하는 자료이다.

② 1차 자료 : 단행본, 학술지와 논문, 학술회의자료, 연구보고서, 학위논문, 특허정보, 표준 및 규격자료, 레터, 출판 전 배포자료, 신문, 잡지, 웹 정보자원 등

③ 2차 자료 : 사전, 백과사전, 편람, 연감, 서지데이터베이스 등

(2) 정보분석 및 가공

① 정보분석의 절차 : 분석과제의 발생 → 과제(요구)의 분석 → 조사항목의 선정 → 관련 정보의 수집(기존자료 조사/신규자료 조사) → 수집정보의 분류 → 항목별 분석 → 종합·결론 → 활용·정리

② 가공 : 서열화 및 구조화

(3) 정보관리

① 목록을 이용한 정보관리

② 색인을 이용한 정보관리

③ 분류를 이용한 정보관리

예제 01 정보처리능력

5W2H는 정보를 전략적으로 수집·활용할 때 주로 사용하는 방법이다. 5W2H에 대한 설명으로 옳지 않은 것은?

① WHAT : 정보의 수집 방법을 검토한다.
② WHERE : 정보의 소스(정보원)를 파악한다.
③ WHEN : 정보의 요구(수집)시점을 고려한다.
④ HOW : 정보의 수집 방법을 검토한다.

출제의도
방대한 정보들 중 꼭 필요한 정보와 수집 방법 등을 전략적으로 기획하고 정보 수집이 이루어질 때 효과적인 정보 수집이 가능해진다. 5W2H는 이러한 전략적 정보 활용 기획의 방법으로 그 개념을 이해하고 있는지를 묻는 질문이다.

해설
5W2H의 'WHAT'은 정보의 입수대상을 명확히 하는 것이다. 정보의 수집 방법을 검토하는 것은 HOW(어떻게)에 해당되는 내용이다.

예제 02 컴퓨터활용능력

귀하는 커피 전문점을 운영하고 있다. 아래와 같이 엑셀 워크시트로 4개 지점의 원두 구매 수량과 단가를 이용하여 금액을 산출하고 있다. 귀하가 다음 중 D3셀에서 사용하고 있는 함수식으로 옳은 것은? (단, 금액 = 수량 × 단가)

	A	B	C	D	E
1	지점	원두	수량(100g)	금액	
2	A	케냐	15	150000	
3	B	콜롬비아	25	175000	
4	C	케냐	30	300000	
5	D	브라질	35	210000	
6					
7		원두	100g당 단가		
8		케냐	10,000		
9		콜롬비아	7,000		
10		브라질	6,000		
11					

① = C3*VLOOKUP(B3, B8 : C10, 1, 1)
② = B3*HLOOKUP(C3, B8 : C10, 2, 0)
③ = C3*VLOOKUP(B3, B8 : C10, 2, 0)
④ = C3*HLOOKUP(B8 : C10, 2, B3)

출제의도
본 문항은 엑셀 워크시트 함수의 활용도를 확인하는 문제이다.

해설
"VLOOKUP(B3,B8 : C10, 2, 0)"의 함수를 해설해보면 B3의 값(콜롬비아)을 B8 : C10에서 찾은 후 그 영역의 2번째 열(C열, 100g당 단가)에 있는 값을 나타내는 함수이다. 금액은 "수량 × 단가"으로 나타내므로 D3셀에 사용되는 함수식은 " = C3*VLOOKUP(B3, B8 : C10, 2, 0)"이다.
※ HLOOKUP과 VLOOKUP
　㉠ HLOOKUP : 배열의 첫 행에서 값을 검색하여, 지정한 행의 같은 열에서 데이터를 추출
　㉡ VLOOKUP : 배열의 첫 열에서 값을 검색하여, 지정한 열의 같은 행에서 데이터를 추출

의사소통능력

수리능력

문제해결능력

자기개발능력

자원관리능력

대인관계능력

정보능력

기술능력

조직이해능력

직업윤리

Answer. 01.① 02.③

예제 03 정보처리능력

인사팀에서 근무하는 J 씨는 회사가 성장함에 따라 직원 수가 급증하기 시작하면서 직원들의 정보관리 방법을 모색하던 중 다음과 같은 A사의 직원 정보관리 방법을 보게 되었다. J 씨는 A사가 하고 있는 이 방법을 회사에도 도입하고자 한다. 이 방법은 무엇인가?

> A사의 인사부서에 근무하는 H 씨는 직원들의 개인정보를 관리하는 업무를 담당하고 있다. A사에서 근무하는 직원은 수천 명에 달하기 때문에 H 씨는 주요 키워드나 주제어를 가지고 직원들의 정보를 구분하여 관리하여, 찾을 때도 쉽고 내용을 수정할 때도 이전보다 훨씬 간편할 수 있도록 했다.

① 목록을 활용한 정보관리
② 색인을 활용한 정보관리
③ 분류를 활용한 정보관리
④ 1 : 1 매칭을 활용한 정보관리

출제의도
본 문항은 정보관리 방법의 개념을 이해하고 있는가를 묻는 문제이다.

해설
주어진 자료의 A사에서 사용하는 정보관리는 주요 키워드나 주제어를 가지고 정보를 관리하는 방식인 색인을 활용한 정보관리이다. 디지털 파일에 색인을 저장할 경우 추가, 삭제, 변경 등이 쉽다는 점에서 정보관리에 효율적이다.

Answer. | 03.②

출제예상문제

정답 및 해설 **p.529**

1 다음 빈칸에 들어갈 단어로 적절한 것은?

> Netiquette = (   ) + Etiquette

① Necessity   ② Network

③ Nation   ④ Notice

2 다음 내용과 관련 있는 인터넷의 역기능은?

> 지적재산권(知的財産權, Intellectual Property Right)이란 특허권, 실용신안권, 상표권, 디자인권을 총칭하는 개념으로 개개의 권리는 특허법, 실용신안법, 상표법, 디자인보호법, 저작권법, 부정경쟁방지 및 영업비밀보호에 관한 법률, 민법, 상법 등에 의하여 규율되고 보호된다. 우리나라 헌법은 제22조 제2항에 "저작자·발명가·과학기술자와 예술가의 권리는 법률로써 보호한다."라고 규정함으로써 지적재산권 보호의 근거를 마련하였고, 이에 근거하여 지적재산권법이 제정되었다.

① 개인정보 유출   ② 사이버 언어폭력

③ 인터넷 중독   ④ 저작권 침해

의사소통능력

수리능력

문제해결능력

자기개발능력

자원관리능력

대인관계능력

정보능력

기술능력

조직이해능력

직업윤리

3 다음 중 개인정보 유출을 막는 방법으로 옳지 않은 것은?

① 회원가입 시 이용 약관을 확인한다.

② 정체불명의 사이트는 멀리한다.

③ 비밀번호는 외우기 쉽도록 하나로 통일한다.

④ 이용 목적에 부합하는 정보를 요구하는지 확인한다.

[4 ~ 6] 다음 K서점 물류 창고 책임자와 담당하고 있는 재고 상품의 코드 목록을 보고 이어지는 질문에 답하시오.

가. 국가 코드

한국	일본	중국	베트남
1	2	3	4

나. 공장라인 코드

국가	공장	
한국	A	제1공장
	B	제2공장
	C	제3공장
	D	제4공장
일본	A	제1공장
	B	제2공장
	C	제3공장
	D	제4공장
중국	A	제1공장
	B	제2공장
	C	제3공장
	D	제4공장
베트남	A	제1공장
	B	제2공장
	C	제3공장
	D	제4공장

다. 제품코드

분류코드		용량번호	
01	xs1	001	500GB
		002	1TB
		003	2TB
02	xs2	001	500GB
		002	1TB
		003	2TB
03	oz	001	500GB
		002	1TB
		003	2TB
04	스마트S	001	500GB
		002	1TB
		003	2TB
05	HS	001	500GB
		002	1TB
		003	2TB

마. 제조연월

2020년 11월 11일 제조 → 201111

2021년 1월 7일 제조 → 210107

바. 완성 순서

00001부터 시작하여 완성된 순서대로 번호가 매겨짐

1511번째 품목일시 → 01511

사. 코드 부여

2020년 3월 23일에 한국 제1공장에서 제조된 xs1 1TB 326번째 품목

→ 200323 - 1A - 01002 - 00326

---

4 2020년 6월 19일에 베트남 제3공장에서 제조된 스마트S 모델로 용량이 500GB인 1112번째 품목 코드로 알맞은 것은?

① 20200619C00101112

② 2000619C404001012

③ 2006194C0020011102

④ 2006194C0040011012

⑤ 2006194C0400101112

5 상품코드 1912132B0300205201에 대한 설명으로 옳지 않은 것은?

① 2019년 12월 13일에 제조되었다.

② 완성된 품목 중 5201번째 품목이다.

③ 일본 제2공장에서 제조되었다.

④ xs2에 해당한다.

⑤ 용량은 1TB이다.

6 담당자의 실수로 코드번호가 다음과 같이 부여되었을 경우 올바르게 수정한 것은?

> 2019년 12월 23일 한국 제4공장에서 제조된 xs2 2TB 13698번째 품목
> → 1912231D0200213698

① 제조연월일 : 191223 → 20191223

② 생산라인 : 1D → 2D

③ 제품종류 : 02002 → 02003

④ 완성된 순서 : 13698 → 13699

⑤ 수정할 부분 없음

7 다음 개념들에 관한 설명으로 옳지 않은 것은?

① 비트(Bit) – Binary Digit의 약자로 데이터(정보) 표현의 최소 단위이다.

② 바이트(Byte) – 하나의 문자, 숫자, 기호의 단위로 8Bit의 모임이다.

③ 레코드(Record) – 하나 이상의 필드가 모여 구성되는 프로그램 처리의 기본 단위이다.

④ 파일(File) – 항목(Item)이라고도 하며, 하나의 수치 또는 일련의 문자열로 구성되는 자료처리의 최소 단위이다.

8 웹 서버에 대용량의 저장 기능을 갖추고 사용자가 개인용 컴퓨터의 하드디스크와 같은 기능을 인터넷을 통하여 이용할 수 있게 하는 서비스를 무엇이라고 하는가?

① 메신저
② 빅 데이터
③ 웹하드
④ 전자메일

의사소통능력

수리능력

문제해결능력

자기개발능력

자원관리능력

대인관계능력

정보능력

기술능력

조직이해능력

직업윤리

9 메신저를 사용하면 얻을 수 있는 장점으로 옳지 않은 것은?

① 인터넷에 접속해 있는지 확인이 가능하므로 응답이 즉시 이루어질 수 있다.
② 컴퓨터로 작업을 하다 중단하고 바로 메시지를 주고받을 수 있다.
③ 여러 사람과 대화가 가능하며 대용량의 동영상 파일의 전송이 가능하다.
④ 뉴스나 증권, 음악 정보 등의 서비스도 제공받을 수 있다.

10 다음 중 우리나라 저작권법상 저작권이 존재하지 않는 저작물은 무엇인가?

① 정치인이 출간한 자서전
② 신문사 사진기자가 촬영한 사진
③ 작곡가가 작사한 가사
④ 사실 전달에 국한되는 시사보도

11 개인정보보호법에 의하여 영상정보처리기기를 설치·운영할 수 없는 경우는?

① 범죄의 수사 및 예방

② 시설안전 및 화재의 예방

③ 불특정다수가 이용하는 시설의 감시

④ 교통정보의 수집·분석 및 제공

12 인터넷 익스플로러의 바로가기 키에 대한 설명으로 옳지 않은 것은?

① F11 – 전체화면 표시와 브라우저 창의 기본보기 간의 전환

② F4 – 인쇄할 첫 페이지 미리보기

③ Ctrl + D – 즐겨찾기에 현재 페이지 추가하기

④ Ctrl + Shift + P – InPrivate 브라우징 창 열기

13 △△보안팀에서 근무하는 과장 S는 회사 내 컴퓨터 바이러스 예방 교육을 담당하고 있으며 한 달에 한 번 직원들을 교육시키고 있다. 정 과장의 교육 내용으로 옳지 않은 것은?

① 중요한 자료나 프로그램은 항상 백업을 해두셔야 합니다.

② 램에 상주하는 바이러스 예방 프로그램을 설치하셔야 합니다.

③ 의심 가는 메일은 반드시 확인 후 삭제하셔야 합니다.

④ 최신 백신 프로그램을 사용하여 디스크검사를 수행하셔야 합니다.

⑤ 실시간 보호를 통해 멜웨어를 찾고 디바이스에서 설치되거나 실행하는 것은 방지해야 합니다.

14 다음에서 설명하는 검색 옵션은 무엇인가?

> 와일드 카드 문자를 키워드로 입력한 단어에 붙여 사용하는 검색으로 어미나 어두를 확장시켜 검색한다.

① 필드 검색   ② 절단 검색
③ 구문 검색   ④ 자연어 검색

15 우리가 원하는 정보를 검색하고자 할 경우 갖추어야 할 검색기술에 대한 설명으로 옳지 않은 것은?

① 키워드는 구체적이고 자세하게 만드는 것이 좋다.
② 검색엔진별 연산자를 숙지하는 것이 좋다.
③ 원하는 정보를 찾을 수 있도록 적절한 검색엔진을 사용하는 것이 좋다.
④ 검색엔진이 제공하는 결과물에 가중치를 크게 부여하여야 한다.

16 다음은 정보 검색 연산자에 대해 정리한 표인데 (　　)에 들어갈 기호는 어느 것인가?

기호	연산자	검색 조건
*, &	AND	두 단어가 모두 포함된 문서를 검색
(　　)	OR	두 단어가 모두 포함되거나, 두 단어 중에서 하나만 포함된 문서를 검색
—, !	NOT	'—'나 '!' 기호 다음에 오는 단어를 포함하지 않는 문서 검색
~ , near	인접검색	앞뒤의 단어가 가깝게 인접해 있는 문서를 검색

① @   ② |
③ /   ④ $
⑤ ^

의사소통능력

수리능력

문제해결능력

자기개발능력

자원관리능력

대인관계능력

정보능력

기술능력

조직이해능력

직업윤리

17 데이터베이스에 대한 설명으로 옳지 않은 것은?

① 정보를 효과적으로 조작하고 효율적인 검색을 할 수 있도록 이용하기 시작한 것이 데이터베이스이다.

② 여러 개의 서로 연관된 파일을 데이터베이스라고 한다.

③ 데이터베이스 관리 시스템은 데이터와 파일, 그들의 관계 등을 생성하고 유지하고 검색할 수 있게 해주는 소프트웨어를 말한다.

④ 데이터베이스 파일시스템은 한 번에 한 개의 파일에 대하여 생성, 유지, 검색할 수 있는 소프트웨어 이다.

18 다음 중 Windows 7의 [작업 표시줄 및 시작 메뉴 속성] 창에서 설정할 수 있는 항목으로 옳지 않은 것은?

① 작업 표시줄 항상 위 표시

② 화면에서의 작업 표시줄 위치

③ 시작 메뉴의 사용자 지정

④ 알림 영역의 사용자 지정

19 다음 중 차트에 관한 설명으로 옳지 않은 것은?

① 차트를 작성하려면 반드시 원본 데이터가 있어야 하며, 작성된 차트는 원본 데이터가 변경되면 차트 의 내용이 함께 변경된다.

② 특정 차트 서식 파일을 자주 사용하는 경우에는 이 서식 파일을 기본 차트로 설정할 수 있다.

③ 차트에 사용될 데이터를 범위로 지정한 후 〈Alt〉+〈F11〉키를 누르면 데이터가 있는 워크시트에 기 본 차트인 묶은 세로 막대형 차트가 작성된다.

④ 차트에 두 개 이상의 차트 종류를 사용하여 혼합형 차트를 만들 수 있다.

20 다음과 같은 시트에서 이름에 '철'이라는 글자가 포함된 셀의 서식을 채우기 색 '노랑', 글꼴 스타일 '굵은 기울임꼴'로 변경하고자 한다. 이를 위해 [A2 : A7] 영역에 설정한 조건부 서식의 수식 규칙으로 옳은 것은?

	A	B	C	D
1	이름	편집부	영업부	관리부
2	박초롱	89	65	92
3	강원철	69	75	85
4	김수현	75	86	35
5	민수진	87	82	80
6	신해철	55	89	45
7	안진철	98	65	95

① = COUNT(A2, "*철*")
② = COUNT(A2 : A7, "*철*")
③ = COUNTIF(A2, "*철*")
④ = COUNTIF(A2 : A7, "*철*")

의사소통능력

수리능력

문제해결능력

자기개발능력

자원관리능력

대인관계능력

정보능력

기술능력

조직이해능력

직업윤리

21 다음 중 컴퓨터 사용 도중 발생하는 문제들을 해결하는 방법으로 옳지 않은 것은?

① 시스템 속도가 느린 경우 : [제어판] − [프로그램 추가/제거] − [Windows 구성요소 추가/제거] − [인덱스 서비스]를 선택하여 설치한다.
② 네트워크 통신이 되지 않을 경우 : 케이블 연결과 프로토콜 설정을 확인하여 수정한다.
③ 메모리가 부족한 경우 : 메모리를 추가 또는 불필요한 프로그램을 종료한다.
④ 제대로 동작하지 않는 하드웨어가 있을 경우 : 올바른 장치 드라이버를 재설치한다.

22 다음 중 Windows 7의 [그림판]에서 실행할 수 있는 기능으로 옳지 않은 것은?

① 선택한 영역을 대칭으로 이동시킬 수 있다.
② 그림판에서 그림을 그린 다음 다른 문서에 붙여 넣거나 바탕 화면 배경으로 사용할 수 있다.
③ 선택한 영역의 색을 [색 채우기] 도구를 이용하여 다른 색으로 변경할 수 있다.
④ JPG, GIF, BMP와 같은 그림 파일도 그림판에서 작업할 수 있다.

23 다음 중 컴퓨터에서 데이터를 표현하기 위한 코드에 관한 설명으로 옳지 않은 것은?

① EBCDIC 코드는 4개의 Zone 비트와 4개의 Digit 비트로 구성되며, 256개의 문자를 표현할 수 있다.

② 표준 BCD 코드는 2개의 Zone 비트와 4개의 Digit 비트로 구성되며, 영문 대문자와 소문자를 포함하여 64개의 문자를 표현할 수 있다.

③ 해밍 코드(Hamming Code)는 잘못된 정보를 체크하고 오류를 검출하여 다시 교정할 수 있는 코드이다.

④ 유니코드는(Unicode)는 전 세계의 모든 문자를 2바이트로 표현하는 국제 표준 코드이다.

24 다음은 어머니의 핸드폰에 저장되어 있는 연락처의 일부이다. 검색결과로 옳은 것은?

이름	번호
김예지	010 – 3722 – 622*
박소연	010 – 4971 – 396*
전주희	010 – 3707 – 372*
서현준	010 – 9410 – 502*
안주환	010 – 4671 – 742*
송해준	010 – 3707 – 735*
박윤진	010 – 9263 – 172*
우민희	010 – 7246 – 813*
한현지	010 – 5965 – 193*

① '72'를 누르면 4명이 뜬다.

② 'ㅅ'을 누르면 4명이 뜬다.

③ '3707'을 누르면 1명이 뜬다.

④ '3'을 누르면 1명을 제외한 모든 사람이 나온다.

⑤ 'ㅅㅎㅈ'을 누르면 1명이 뜬다.

25 다음 중 엑셀에서 날짜 데이터의 입력 방법을 설명한 것으로 옳지 않은 것은?

① 날짜 데이터는 하이픈(−)이나 슬래시(/)를 이용하여 년, 월, 일을 구분한다.

② 날짜의 연도를 생략하고 월과 일만 입력하면 자동으로 올해의 연도가 추가되어 입력된다.

③ 날짜의 연도를 두 자리로 입력할 때 연도가 30 이상이면 1900년대로 인식하고, 29 이하면 2000년대로 인식한다.

④ 오늘의 날짜를 입력하고 싶으면 Ctrl + Shift + ;(세미콜론)키를 누르면 된다.

의사소통능력

수리능력

문제해결능력

자기개발능력

자원관리능력

대인관계능력

정보능력

기술능력

조직이해능력

직업윤리

26 다음 중 아래의 〈수정 전〉 차트를 〈수정 후〉 차트와 같이 변경하려고 할 때 사용해야 할 서식은?

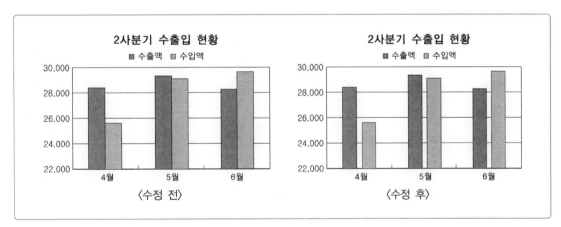

① 차트 영역 서식　　　　　　　② 그림 영역 서식

③ 데이터 계열 서식　　　　　　④ 축 서식

27 다음 중 아래 워크시트에서 참고표를 참고하여 55,000원에 해당하는 할인율을 [C6]셀에 구하고자 할 때의 적절한 함수식은?

⬚A	B	C	D	E	F
1	<참고표>				
2	금액	30,000	50,000	80,000	150,000
3	할인율	3%	7%	10%	15%
4					
5	금액	55,000			
6	할인율	7%			

① = LOOKUP(C5,C2 : F2,C3 : F3)

② = HLOOKUP(C5,B2 : F3,1)

③ = VLOOKUP(C5,C2 : F3,1)

④ = VLOOKUP(C5,B2 : F3,2)

28 다음 중 워크시트 셀에 데이터를 자동으로 입력하는 방법에 대한 설명으로 옳지 않은 것은?

① 셀에 입력하는 문자 중 처음 몇 자가 해당 열의 기존 내용과 일치하면 나머지 글자가 자동으로 입력된다.

② 실수인 경우 채우기 핸들을 이용한 [연속 데이터 채우기]의 결과는 소수점 이하 첫째 자리의 숫자가 1씩 증가한다.

③ 채우기 핸들을 이용하면 숫자, 숫자/텍스트 조합, 날짜 또는 시간 등 여러 형식의 데이터 계열을 빠르게 입력할 수 있다.

④ 사용자 지정 연속 데이터 채우기를 사용하면 이름 이나 판매 지역 목록과 같은 특정 데이터의 연속 항목을 더 쉽게 입력할 수 있다.

29 다음 중 아래 그림과 같이 [A2 : D5] 영역을 선택하여 이름을 정의한 경우에 대한 설명으로 옳지 않은 것은?

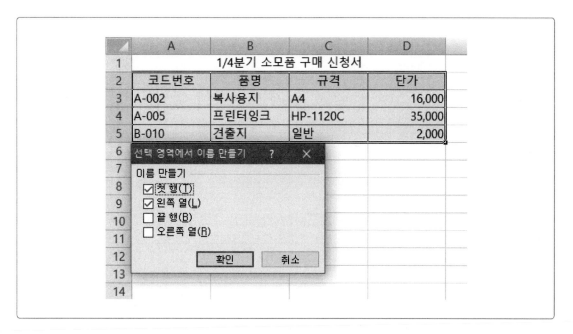

① 정의된 이름은 모든 시트에서 사용할 수 있으며, 이름 정의 후 참조 대상을 편집할 수도 있다.

② 현재 통합문서에 이미 사용 중인 이름이 있는 경우 기존 정의를 바꿀 것인지 묻는 메시지 창이 표시된다.

③ 워크시트의 이름 상자에서 '코드번호'를 선택하면 [A3 : A5] 영역이 선택된다.

④ [B3 : B5] 영역을 선택하면 워크시트의 이름 상자에 '품 명'이라는 이름이 표시된다.

의사소통능력

수리능력

문제해결능력

자기개발능력

자원관리능력

대인관계능력

정보능력

기술능력

조직이해능력

직업윤리

30 다음 중 아래 보고서에 대한 설명으로 옳지 않은 것은? (단, 이 보고서는 전체 4페이지이며, 현재 페이지는 2페이지이다.)

거래처별 제품품목

거래처명	제품번호	제품이름	단가	재고량
㈜맑은세상	15	아쿠아렌즈	₩50,000	22
	14	바슈롬렌즈	₩35,000	15
	20	C – BR렌즈	₩50,000	3
	제품수 :	3	총재고량 :	40

거래처명	제품번호	제품이름	단가	재고량
참아이㈜	9	선글래스C	₩170,000	10
	7	선글래스A	₩100,000	23
	8	선글래스B	₩120,000	46

2/4

① '거래처명'을 표시하는 컨트롤은 '중복내용 숨기기' 속성이 '예'로 설정되어 있다.

② '거래처명'에 대한 그룹 머리글 영역이 만들어져 있고, '반복 실행 구역'속성이 '예'로 설정되어 있다.

③ '거래처명'에 대한 그룹 바닥글 영역이 설정되어 있고, 요약 정보를 표시하고 있다.

④ '거래처별 제품목록'이라는 제목은 '거래처명'에 대한 그룹 머리글 영역에 만들어져 있다.

31 다음 중 ( )에 들어갈 알맞은 말은 무엇인가?

분석과제의 발생 → 과제(요구)의 분석 → 조사항목의 선정 → ( ) → 자료의 조사 → 수집정보의 분류 → 항목별 분석 → 종합 · 결론 → 활용 · 정리

① 1차 자료 조사

② 조사정보의 선정

③ 관련 정보의 수집

④ 관련 정보의 분석

32 정보를 분석함에 있어 1차 정보와 2차 정보에 대한 용어를 사용한다. 다음 중 1차 정보와 2차 정보에 대한 설명으로 옳지 않은 것은?

① 2차 정보를 분석하고 압축 · 가공하여 1차 정보를 작성하게 된다.

② 1차 정보가 포함되는 내용을 몇 개의 설정된 카테고리로 분석하여 각 카테고리별 상관관계를 확정한다.

③ 1차 정보가 포함하는 주요 개념을 대표하는 용어를 추출한다.

④ 추출한 용어를 간결하게 서열화 및 구조화하여야 한다.

의사소통능력

수리능력

문제해결능력

자기개발능력

자원관리능력

대인관계능력

정보능력

기술능력

조직이해능력

직업윤리

33 통지서는 비즈니스와 관련하여 기업 간에 주고받음으로써 상대방에게 일정한 정보를 전달하는 업무상의 통지이다. 다음 중 옳지 않은 것은?

① 전달하고자 하는 내용을 정확하고 일목요연하게 작성한다.

② 육하원칙에 따라 작성하는 것이 좋다.

③ 예의를 갖추기 위하여 의례적인 인사말 등 문구를 될 수 있는 한 자세히 쓴다.

④ 금액, 날짜 등 숫자의 작성에는 특별히 주의한다.

34 다음 중 행정기관이 업무를 효율적으로 처리하고 책임 소재를 명확하게 하기 위하여 소관 업무를 단위업무별로 분장하고 그에 따른 단위업무에 대한 업무계획, 업무 현황 및 그 밖의 참고자료 등을 체계적으로 정리한 업무 자료 철을 무엇이라고 하는가?

① 업무현황집

② 집무처리집

③ 행정편람

④ 직무편람

35 다음 내용의 문서정리법으로 가장 알맞은 것은?

> • 같은 종류의 주제나 활동에 관련된 정보들을 종류별로 모아 정리
> • 어떤 주제나 활동에 관한 발생사실을 한꺼번에 일목요연하게 파악 가능

① 가나다식 문서정리법　　　　　　　② 지역별 문서정리법

③ 주제별 문서정리법　　　　　　　　④ 번호별 문서정리법

36 다음 중 디지털 파일로 정보를 관리하는 경우에 대한 장점으로 볼 수 없는 것은?

① 정보의 삭제가 용이하다.

② 정보의 변경이 용이하다.

③ 검색 기능을 활용하여 정보의 검색이 용이하다.

④ 휴대하기가 편리하다.

37 다음 제시된 내용은 물건과 정보, 정적인 것과 동적인 것으로 분류한 것이다. 연결이 바르지 못한 것은?

① 동적인 정보 – 뉴스 프로그램, 신문기사, 이메일

② 정적인 정보 – 잡지, 책, CD – ROM

③ 동적인 물건 – 오래된 식료품, 화장실용 휴지, 구멍 난 양말 등

④ 정적인 물건 – SNS, 노트북, 인터넷기사

38 컴퓨터 운영체제(OS)에 대한 설명으로 옳지 않은 것은?

① 시스템 메모리를 관리하고 응용프로그램이 제대로 실행되도록 제어한다.

② 컴퓨터 하드웨어와 응용프로그램은 사용하고자 하는 사용자 사이에 위치하여 인터페이스 역할을 해주는 소프트웨어이다.

③ 프로세스 및 기억장치관리, 파일 및 주변장치 관리 그리고 컴퓨터에 설치된 프로그램 등을 관리하는 역할과 유틸리티 프로그램을 제공한다.

④ 사용자 측면에서 특정 분야의 작업을 처리하기 위한 프로그램으로 반드시 설치될 필요는 없으나 설치하여 사용할 것을 권고하고 있다.

39 다음은 업무에 필요한 소프트웨어에 대해 설명한 자료이다. 그런데 빨리 정리하다보니 잘못된 내용이 정리되어 있는 것이 발견되었다. 잘못 설명된 내용은 어느 것인가?

프로그램명	설명
워드프로세서	문서를 작성하고 편집하거나 저장, 인쇄할 수 있는 프로그램 예 Word, HWP
스프레드시트	대량의 자료를 관리하고 검색하거나 자료 관리를 효과적으로 하게 하는 프로그램 예 오라클, Access
프레젠테이션	각종 정보를 사용자 또는 다수의 대상에게 시각적으로 전달하는데 적합한 프로그램 예 Power Point, 프리랜스 그래픽스
그래픽 소프트웨어	새로운 그림을 그리거나 그림 또는 사진 파일을 불러와 편집하는 프로그램 예 포토샵, 일러스트레이터, 3DS MAX
유틸리티	사용자가 컴퓨터를 효과적으로 사용하는데 도움이 되는 프로그램 예 파일 압축 유틸리티, 바이러스 백신, 동영상 재생 프로그램

① 워드프로세서 　　　　　　　　　② 스프레드시트

③ 프레젠테이션 　　　　　　　　　④ 그래픽 소프트웨어

⑤ 유틸리티

의사소통능력

수리능력

문제해결능력

자기개발능력

자원관리능력

대인관계능력

정보능력

기술능력

조직이해능력

직업윤리

40 다음에서 설명하는 것은?

> 웹사이트의 정보를 그대로 복사하여 관리하는 사이트를 말한다. 방문자가 많은 웹사이트의 경우 네트워크상의 트래픽이 빈번해지기 때문에 접속이 힘들고 속도가 떨어지므로 이런 상황을 방지하기 위해 자신이 가진 정보와 같은 정보를 세계 여러 곳에 복사해 두는 것이다.

① 미러(Mirror) 사이트

② 패밀리(Family) 사이트

③ 페어(Pair) 사이트

④ 서브(Sub) 사이트

[41 ~ 42] 다음은 시스템 모니터링 코드 입력 방법을 설명하고 있다. 시스템을 보고 이어지는 〈보기〉에 알맞은 입력코드를 고르시오.

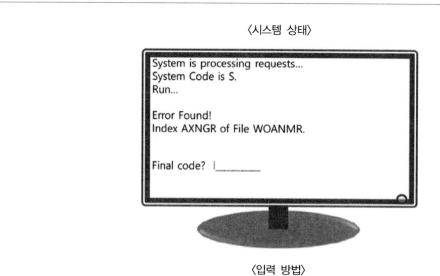

〈시스템 상태〉

System is processing requests...
System Code is S.
Run...

Error Found!
Index AXNGR of File WOANMR.

Final code? |_____

〈입력 방법〉

항목	세부사항
Index XX of File YY	• 오류 문자 : 'Index' 뒤에 오는 문자 'XX' • 오류 발생 위치 : File 뒤에 오는 문자 'YY'
Error Value	오류 문자와 오류 발생 위치를 의미하는 문자에 사용된 알파벳을 비교하여 일치하는 알파벳의 개수를 확인
Final Code	Error Value를 통하여 시스템 상태 판단

〈시스템 상태 판단 기준〉

판단 기준	Final Code
일치하는 알파벳의 개수 = 0	Maple
0 < 일치하는 알파벳의 개수 ≤ 1	Walnut
1 < 일치하는 알파벳의 개수 ≤ 2	Cherry
2 < 일치하는 알파벳의 개수 ≤ 3	Aceraceae
3 < 일치하는 알파벳의 개수 ≤ 4	Hockey

41

〈보기〉

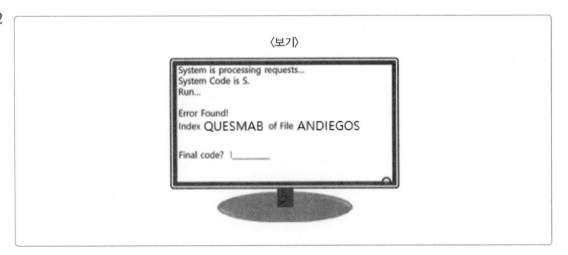

System is processing requests...
System Code is S.
Run...

Error Found!
Index AVENGORS of File JINIANWAVE

Final code? I_____

① Maple   ② Walnut
③ Cherry   ④ Aceraceae
⑤ Hockey

의사소통능력

수리능력

문제해결능력

자기개발능력

자원관리능력

대인관계능력

정보능력

기술능력

조직이해능력

직업윤리

42

〈보기〉

System is processing requests...
System Code is S.
Run...

Error Found!
Index QUESMAB of File ANDIEGOS

Final code? I_____

① Maple   ② Walnut
③ Cherry   ④ Aceraceae
⑤ Hockey

[43 ~ 44] 다음 자료는 O회사 창고에 있는 전자기기 코드 목록이다. 다음을 보고 물음에 답하시오.

〈전자기기 코드 목록〉

BL-19-JAP-1C-1501	HA-07-PHI-3A-1902	BB-37-KOR-3B-1502
HA-32-KOR-2B-1809	CO-17-JAP-2A-1601	BB-37-PHI-1B-1502
MP-14-PHI-1A-2108	TA-18-CHA-2A-1611	CO-17-JAP-2A-2109
TA-18-CHA-2C-1503	BL-19-KOR-2B-1707	EA-22-CHA-3A-2102
MP-14-KOR-2B-1501	EA-22-CHA-3A-2109	EA-22-CHA-3A-2103
EA-22-CHA-2C-2102	TA-18-KOR-2B-1805	BL-19-JAP-1C-1505
EA-22-CHA-2B-2108	MP-14-KOR-2B-1905	CO-17-JAP-2A-2010
BB-37-CHA-1A-1808	BB-37-CHA-2A-1502	BB-37-KOR-2B-1502
BL-19-KOR-2B-1812	CO-17-JAP-2A-2011	TA-18-KOR-2B-2107
CO-17-JAP-2A-2012	EA-22-CHA-3A-2110	BB-37-PHI-1A-1908
TA-18-PHI-3B-2107	HA-07-KOR-2B-1602	TA-18-PHI-2B-1805
EA-22-CHA-3A-2104	TA-18-PHI-3B-1611	CO-17-JAP-2A-1801

〈코드 부여 방식〉

[기기 종류]-[모델 번호]-[생산 국가]-[공장과 라인]-[제조연월]

〈예시〉

NO-10-KOR-3A-2109

→ 2021년 9월에 한국 3공장 A라인에서 생산된 노트북 10번 모델

기기 종류 코드	기기 종류	생산 국가 코드	생산 국가
NO	노트북	CHA	중국
CO	데스크톱pc	KOR	한국
TA	태블릿pc	JAP	일본
HA	외장하드	PHI	필리핀
MP	MP3	EA	이어폰
BL	블루투스	BA	보조배터리
BB	블랙박스		

43 위의 코드 부여 방식을 참고할 때 옳지 않은 것은?

① 창고에 있는 기기 중 데스크톱pc는 모두 일본 2공장 A라인에서 생산된 것들이다.

② 창고에 있는 기기 중 한국에서 생산된 것은 모두 2공장 B라인에서 생산된 것들이다.

③ 창고에 있는 기기 중 이어폰은 모두 2021년에 생산된 것들이다.

④ 창고에 있는 기기 중 외장하드는 있지만 보조배터리는 없다.

⑤ 창고에 있는 기기 중 일본에서 생산된 블랙박스는 없다.

44 甲회사에 다니는 K 대리는 전자기기 코드 목록을 파일로 불러와 검색을 하고자 한다. 다음의 결과로 옳은 것은?

① K 대리는 창고에 있는 기기 중 일본에서 생산된 것이 몇 개인지 알기 위해 'JAP'를 검색한 결과 7개임을 알았다.

② K 대리는 '07'이 들어가는 코드를 알고 싶어서 검색한 결과 '07'이 들어가는 코드가 5개임을 알았다.

③ K 대리는 창고에 있는 데스크톱pc가 몇 개인지 알기 위해 'CO'를 검색한 결과 7개임을 알았다.

④ K 대리는 '15' 검색을 통해 창고에 있는 기기 중 2015년에 생산된 제품이 9개임을 알았다.

⑤ K 대리는 'MP' 검색을 통해 창고에 있는 MP3가 4개임을 알았다.

의사소통능력

수리능력

문제해결능력

자기개발능력

자원관리능력

대인관계능력

정보능력

기술능력

조직이해능력

직업윤리

45 다음 시트의 [D10]셀에서 = DCOUNT(A1 : D6,3,A8 : B10)을 입력했을 때 결과 값으로 옳은 것은?

	A	B	C	D
1	**차종**	**연식**	**주행거리**	**색상**
2	SUV	2015	50,000	검은색
3	세단	2013	100,000	흰색
4	SUV	2018	12,000	파란색
5	세단	2017	25,000	검은색
6	SUV	2009	150,000	흰색
7				
8	**차종**	**연식**		
9	세단			
10		>2014		

① 1

② 2

③ 3

④ 4

⑤ 5

기술능력

(1) 노하우(Know How)

특허권을 수반하지 않는 과학자, 엔지니어 등이 가지고 있는 체화된 기술로 경험적이고 반복적인 행위에 의해 얻어진다.

(2) 노와이(Know — Why)

기술이 성립하고 작용하는가에 관한 원리적 측면에 중심을 둔 개념으로 이론적인 지식으로서 과학적인 탐구에 의해 얻어진다.

(3) 기술의 특징

① 하드웨어나 인간에 의해 만들어진 비자연적인 대상, 혹은 그 이상을 의미한다.
② 기술은 노하우(Know How)를 포함한다.
③ 기술은 하드웨어를 생산하는 과정이다.
④ 기술은 인간의 능력을 확장시키기 위한 하드웨어와 그것의 활용을 뜻한다.
⑤ 기술은 정의 가능한 문제를 해결하기 위해 순서화되고 이해 가능한 노력이다.

(4) 기술과 과학

기술은 과학과 같이 추상적 이론보다는 실용성, 효용, 디자인을 강조하고 과학은 그 반대로 추상적 이론, 지식을 위한 지식, 본질에 대한 이해를 강조한다.

(5) 기술능력과 기술교양

기술능력은 기술교양의 개념을 보다 구체화시킨 개념이고 기술교양은 모든 사람들이 광범위한 관점에서 기술의 특성, 기술적 행동, 기술의 힘, 기술의 결과에 대해 어느 정도의 지식을 가지는 것을 의미한다.

(6) 기술능력이 뛰어난 사람의 특징

① 실질적 해결을 필요로 하는 문제를 인식한다.
② 인식된 문제를 위한 다양한 해결책을 개발하고 평가한다.
③ 실제적 문제를 해결하기 위해 지식이나 기타 자원을 선택 · 최적화시키며 적용한다.
④ 주어진 한계 속에서 제한된 자원을 가지고 일한다.
⑤ 기술적 해결에 대한 효용성을 평가한다.
⑥ 여러 상황 속에서 기술의 체계와 도구를 사용하고 배울 수 있다.

의사소통능력

수리능력

문제해결능력

자기개발능력

자원관리능력

대인관계능력

정보능력

기술능력

조직이해능력

직업윤리

(7) 새로운 기술능력 습득방법

① 전문 연수원을 통한 기술과정 연수

② E – Learning을 활용한 기술교육

③ 상급학교 진학을 통한 기술교육

④ OJT를 활용한 기술교육

(8) 분야별 유망 기술 전망

① 전기전자정보공학분야 : 지능형 로봇 분야

② 기계공학분야 : 하이브리드 자동차 기술

③ 건설환경공학분야 : 지속가능한 건축 시스템 기술

④ 화학생명공학분야 : 재생에너지 기술

(9) 지속가능한 기술

① 이용 가능한 자원과 에너지를 고려하는 기술

② 자원이 사용되고 그것이 재생산되는 비율의 조화를 추구하는 기술

③ 자원의 질을 생각하는 기술

④ 자원이 생산적인 방식으로 사용되는가에 주의를 기울이는 기술

(10) 산업재해

산업 활동 중의 사고로 인해 사망하거나 부상을 당하고, 또는 유해 물질에 의한 중독 등으로 직업성 질환에 걸리거나 신체적 장애를 가져오는 것을 말한다.

(11) 산업재해의 기본적 원인

① **교육적 원인** : 안전 지식의 불충분, 안전 수칙의 오해, 경험이나 훈련의 불충분과 작업 관리자의 작업 방법의 교육 불충분, 유해 위험 작업 교육 불충분 등

② **기술적 원인** : 건물·기계 장치의 설계 불량, 구조물의 불안정, 재료의 부적합, 생산 공정의 부적당, 점검·정비·보존의 불량 등

③ **작업 관리상 원인** : 안전 관리 조직의 결함, 안전 수칙 미제정, 작업 준비 불충분, 인원 배치 및 작업 지시 부적당 등

⑿ 산업재해의 직접적 원인

① **불안전한 행동** : 위험 장소 접근, 안전장치 기능 제거, 보호 장비의 미착용 및 잘못 사용, 운전 중인 기계의 속도 조작, 기계·기구의 잘못된 사용, 위험물 취급 부주의, 불안전한 상태 방치, 불안전한 자세와 동장, 감독 및 연락 잘못 등

② **불안전한 상태** : 시설물 자체 결함, 전기 기설물의 누전, 구조물의 불안정, 소방기구의 미확보, 안전 보호 장치 결함, 복장·보호구의 결함, 시설물의 배치 및 장소 불량, 작업 환경 결함, 생산 공정의 결함, 경계 표시 설비의 결함 등

⒀ 산업재해의 예방 대책

① **안전 관리 조직** : 경영자는 사업장의 안전 목표를 설정하고, 안전 관리 책임자를 선정해야 하며, 안전 관리 책임자는 안전 계획을 수립하고, 이를 시행·후원·감독해야 한다.

② **사실의 발견** : 사고 조사, 안전 점검, 현장 분석, 작업자의 제안 및 여론 조사, 관찰 및 보고서 연구, 면담 등을 통하여 사실을 발견한다.

③ **원인 분석** : 재해의 발생 장소, 재해 형태, 재해 정도, 관련 인원, 직원 감독의 적절성, 공구 및 장비의 상태 등을 정확히 분석한다.

④ **시정책의 선정** : 원인 분석을 토대로 적절한 시정책, 즉 기술적 개선, 인사 조정 및 교체, 교육, 설득, 호소, 공학적 조치 등을 선정한다.

⑤ **시정책 적용 및 뒤처리** : 안전에 대한 교육 및 훈련 실시, 안전시설과 장비의 결함 개선, 안전 감독 실시 등의 선정된 시정책을 적용한다.

의사소통능력

수리능력

문제해결능력

자기개발능력

자원관리능력

대인관계능력

정보능력

기술능력

조직이해능력

직업윤리

기술능력은 업무를 수행함에 있어 요구되는 기술적 요소(수단·도구·조작)를 이해하고 선택하여 적용하는 능력이다. NCS를 시행하는 공기업 중 이공계열에서 포함하는 영역이며, 제품 및 업무 매뉴얼을 제시하고 갖추어야 하는 능력과 역량을 묻는 문제가 출제되고 있다.

하위능력별 출제유형

기술이해능력 ✦✦✦✦✦
기술의 원리와 절차에 대한 명확한 이해와 관련된 문제가 출제된다.

기술 선택능력 ✦✦✦◇◇
최적의 기술 선택, 매뉴얼과 관련한 문제 등이 출제된다.

기술 적용능력 ✦✦✦✦◇
기술을 얼만큼 효과적으로 활용했는지를 평가하는 문제가 출제된다.

하위능력별 출제 빈도

기술이해능력

(1) 기술시스템

① 정의 : 기술시스템은 인공물의 집합체만이 아니라 회사, 투자회사, 법적 제도, 정치, 과학, 자연자원을 모두 포함하는 것이기 때문에, 기술적인 것(The Technical)과 사회적인 것(The Social)이 결합해서 공존한다.

② 기술시스템의 발전 단계 : 발명·개발·혁신의 단계→기술 이전의 단계→기술 경쟁의 단계→기술 공고화 단계

(2) 기술혁신 특성

① 기술혁신은 그 과정 자체가 매우 불확실하고 장기간의 시간을 필요로 한다.

② 기술혁신은 지식 집약적인 활동이다.

③ 혁신 과정의 불확실성과 모호함은 기업 내에서 많은 논쟁과 갈등을 유발할 수 있다.

④ 기술혁신은 조직의 경계를 넘나드는 특성을 갖고 있다.

(3) 기술혁신의 과정과 역할

기술혁신 과정	혁신 활동	필요한 자질과 능력
아이디어 창안	• 아이디어를 창출하고 가능성을 검증 • 일을 수행하는 새로운 방법 고안 • 혁신적인 진보를 위한 탐색	• 각 분야의 전문지식 • 추상화와 개념화 능력 • 새로운 분야의 일을 즐김
챔피언	• 아이디어의 전파 • 혁신을 위한 자원 확보 • 아이디어 실현을 위한 헌신	• 정력적이고 위험을 감수함 • 아이디어의 응용에 관심
프로젝트 관리	• 리더십 발휘 • 프로젝트의 기획 및 조직 • 프로젝트의 효과적인 진행 감독	• 의사결정 능력 • 업무 수행 방법에 대한 지식
정보 수문장	• 조직외부의 정보를 내부 구성원들에게 전달 • 조직 내 정보원 기능	• 높은 수준의 기술적 역량 • 원만한 대인관계능력
후원	• 혁신에 대한 격려와 안내 • 불필요한 제약에서 프로젝트 보호 • 혁신에 대한 자원 획득을 지원	조직의 주요 의사결정에 대한 영향력

의사소통능력

수리능력

문제해결능력

자기개발능력

자원관리능력

대인관계능력

정보능력

기술능력

조직이해능력

직업윤리

(1) 기술 선택

기업이 어떤 기술을 외부로부터 도입하거나 자체 개발하여 활용할 것인가를 결정하는 것이다.

(2) 기술 선택을 위한 의사결정

① 상향식 기술 선택 : 기업 전체 차원에서 필요한 기술에 대한 체계적인 분석이나 검토 없이 연구자나 엔지니어들이 자율적으로 기술을 선택하는 것

② 하향식 기술 선택 : 기술경영진과 기술기획담당자들에 의한 체계적인 분석을 통해 기업이 획득해야 하는 대상기술과 목표기술수준을 결정하는 것

(3) 기술 선택을 위한 절차

```
        외부환경분석
            ↓
중장기 사업목표 설정 → 사업 전략 수립 → 요구기술 분석 → 기술전략 수립 → 핵심기술 선택
            ↓
        내부 역량 분석
```

① 외부환경분석 : 수요변화 및 경쟁자 변화, 기술 변화 등 분석

② 중장기 사업목표 설정 : 기업의 장기비전, 중장기 매출목표 및 이익목표 설정

③ 내부 역량 분석 : 기술능력, 생산능력, 마케팅/영업능력, 재무능력 등 분석

④ 사업 전략 수립 : 사업 영역결정, 경쟁 우위 확보 방안 수립

⑤ 요구기술 분석 : 제품 설계/디자인 기술, 제품 생산 공정, 원재료/부품 제조기술 분석

⑥ 기술전략 수립 : 기술획득 방법 결정

(4) 기술 선택을 위한 우선순위 결정

① 제품의 성능이나 원가에 미치는 영향력이 큰 기술

② 기술을 활용한 제품의 매출과 이익 창출 잠재력이 큰 기술

③ 쉽게 구할 수 없는 기술

④ 기업 간에 모방이 어려운 기술

⑤ 기업이 생산하는 제품 및 서비스에 보다 광범위하게 활용할 수 있는 기술

⑥ 최신 기술로 진부화될 가능성이 적은 기술

(5) 벤치마킹 종류

기준	종류
비교대상에 따른 분류	• **내부 벤치마킹** : 같은 기업 내의 다른 지역, 타 부서, 국가 간의 유사한 활동을 비교대상으로 함 • **경쟁적 벤치마킹** : 동일 업종에서 고객을 직접적으로 공유하는 경쟁기업을 대상으로 함 • **비경쟁적 벤치마킹** : 제품, 서비스 및 프로세스의 단위 분야에 있어 가장 우수한 실무를 보이는 비경쟁적 기업 내의 유사 분야를 대상으로 함 • **글로벌 벤치마킹** : 프로세스에 있어 최고로 우수한 성과를 보유한 동일업종의 비경쟁적 기업을 대상으로 함
수행방식에 따른 분류	• **직접적 벤치마킹** : 벤치마킹 대상을 직접 방문하여 수행하는 방법 • **간접적 벤치마킹** : 인터넷 및 문서형태의 자료를 통해서 수행하는 방법

(6) 벤치마킹의 주요 단계

① **범위결정** : 벤치마킹이 필요한 상세 분야를 정의하고 목표와 범위를 결정하며 벤치마킹을 수행할 인력들을 결정

② **측정범위 결정** : 상세분야에 대한 측정항목을 결정하고, 측정항목이 벤치마킹의 목표를 달성하는 데 적정한가를 검토

③ **대상 결정** : 비교분석의 대상이 되는 기업/기관들을 결정하고, 대상 후보별 벤치마킹 수행의 타당성을 검토하여 최종적인 대상 및 대상별 수행방식을 결정

④ **벤치마킹** : 직접 또는 간접적인 벤치마킹을 진행

⑤ **성과차이 분석** : 벤치마킹 결과를 바탕으로 성과차이를 측정항목별로 분석

⑥ **개선계획 수립** : 성과차이에 대한 원인 분석을 진행하고 개선을 위한 성과목표를 결정하며, 성과목표를 달성하기 위한 개선계획을 수립

⑦ **변화 관리** : 개선목표 달성을 위한 변화사항을 지속적으로 관리하고, 개선 후 변화사항과 예상했던 변화 사항을 비교

(7) 매뉴얼

매뉴얼의 사전적 의미는 어떤 기계의 조작 방법을 설명해 놓은 사용 지침서이다.

(8) 매뉴얼의 종류

① **제품 매뉴얼** : 사용자를 위해 제품의 특징이나 기능 설명, 사용 방법과 고장 조치방법, 유지 보수 및 A/S, 폐기까지 제품에 관련된 모든 서비스에 대해 소비자가 알아야 할 모든 정보를 제공하는 것

② **업무 매뉴얼** : 어떤 일의 진행 방식, 지켜야할 규칙, 관리상의 절차 등을 일관성 있게 여러 사람이 보고 따라할 수 있도록 표준화하여 설명하는 지침서

(9) 매뉴얼 작성을 위한 Tip

① 내용이 정확해야 한다.

② 사용자가 알기 쉽게 쉬운 문장으로 쓰여야 한다.

③ 사용자의 심리적 배려가 있어야 한다.

④ 사용자가 찾고자 하는 정보를 쉽게 찾을 수 있어야 한다.

⑤ 사용하기 쉬워야 한다.

의사소통능력

수리능력

문제해결능력

자기개발능력

자원관리능력

대인관계능력

정보능력

기술능력

조직이해능력

직업윤리

(1) 기술 적용 형태

① 선택한 기술을 그대로 적용한다.

② 선택한 기술을 그대로 적용하되, 불필요한 기술은 과감히 버리고 적용한다.

③ 선택한 기술을 분석하고 가공하여 활용한다.

(2) 기술 적용 시 고려 사항

① 기술 적용에 따른 비용이 많이 드는가?

② 기술의 수명주기는 어떻게 되는가?

③ 기술의 전략적 중요도는 어떻게 되는가?

④ 잠재적으로 응용 가능성이 있는가?

(3) 기술경영자에게 필요한 능력

① 기술을 기업의 전반적인 전략 목표에 통합시키는 능력

② 빠르고 효과적으로 새로운 기술을 습득하고 기존의 기술에서 탈피하는 능력

③ 기술을 효과적으로 평가할 수 있는 능력

④ 기술 이전을 효과적으로 할 수 있는 능력

⑤ 새로운 제품개발 시간을 단축할 수 있는 능력

⑥ 크고 복잡하고 서로 다른 분야에 걸쳐 있는 프로젝트를 수행할 수 있는 능력

⑦ 조직 내의 기술 이용을 수행할 수 있는 능력

⑧ 기술 전문 인력을 운용할 수 있는 능력

(4) 기술관리자에게 필요한 능력

① 기술을 운용하거나 문제 해결을 할 수 있는 능력

② 기술직과 의사소통을 할 수 있는 능력

③ 혁신적인 환경을 조성할 수 있는 능력

④ 기술적, 사업적, 인간적인 능력을 통합할 수 있는 능력

⑤ 시스템적인 관점

⑥ 공학적 도구나 지원방식에 대한 이해능력

⑦ 기술이나 추세에 대한 이해능력

⑧ 기술팀을 통합할 수 있는 능력

(5) 네트워크 혁명의 3가지 법칙

① **무어의 법칙** : 컴퓨터의 파워가 18개월마다 2배씩 증가한다는 법칙

② **메트칼피의 법칙** : 네트워크의 가치는 사용자 수의 제곱에 비례한다는 법칙

③ **카오의 법칙** : 창조성은 네트워크에 접속되어 있는 다양한 지수함수로 비례한다는 법칙

(6) 네트워크 혁명의 역기능

디지털 격차(Digital Divide), 정보화에 따른 실업의 문제, 인터넷 게임과 채팅 중독, 범죄 및 반사회적인 사이트의 활성화, 정보기술을 이용한 감시 등

의사소통능력

수리능력

문제해결능력

자기개발능력

자원관리능력

대인관계능력

정보능력

기술능력

조직이해능력

직업윤리

예제 01 기술이해능력

Y그룹 기술연구소에 근무하는 정호는 연구 역량 강화를 위한 업계 워크숍에 참석해 기술능력이 뛰어난 사람의 특징에 대해 기조 발표를 하려고 한다. 다음 중 정호가 발표에 포함시킬 내용으로 옳지 않은 것은?

① 기술의 체계와 같은 무형의 기술에 대한 능력과는 무관하다.
② 주어진 한계 속에서 제한된 자원을 가지고 일한다.
③ 기술적 해결에 대한 효용성을 평가한다.
④ 실질적 해결을 필요로 하는 문제를 인식한다.

출제의도
기술능력이 뛰어난 사람의 특징에 대해 묻는 문제로 문제의 길이가 길 경우 그 속에 포함된 핵심 어구를 찾는다면 쉽게 풀 수 있는 문제다.

해설
① 여러 상황 속에서 기술의 체계와 도구를 사용하고 배울 수 있다.

예제 02 기술 적용능력

다음은 철재가 알아낸 산업재해 원인과 관련된 자료이다. 다음 자료에 해당하는 산업재해의 기본적인 원인은 무엇인가?

2020년 산업재해 현황분석 자료에 따른 사망자의 수

(단위 : 명)

사망원인	사망자 수
안전 지식의 불충분	120
안전 수칙의 오해	56
경험이나 훈련의 불충분	73
작업 관리자의 작업 방법 교육 불충분	28
유해 위험 작업 교육 불충분	91
기타	4

① 정책적 원인
② 작업 관리상 원인
③ 기술적 원인
④ 교육적 원인

출제의도
산업재해의 원인은 크게 기본적 원인과 직접적 원인으로 나눌 수 있고 이들 원인은 다시 여러 개의 세부 원인들로 나뉜다. 표에 나와 있는 각각의 원인들이 어디에 속하는지 잘 구분할 수 있어야 한다.

해설
안전 지식의 불충분, 안전 수칙의 오해, 경험이나 훈련의 불충분, 작업 관리자의 작업 방법 교육 불충분, 유해 위험 작업 교육 불충분 등은 산업재해의 기본적 원인 중 교육적 원인에 해당한다.

Answer. 01.① 02.④

예제 03 기술 선택능력

주현은 건설회사에 근무하면서 프로젝트 관리를 한다. 얼마 전 대규모 프로젝트에 참가한 한 하청업체가 중간 보고회를 열고 다음과 같이 자신들이 이번 프로젝트의 성공적 마무리를 위해 노력하고 있음을 설명하고 있다. 다음 중 총괄 책임자로서 주현이 하청업체의 올바른 추진 방향으로 인정해줘야 하는 부분으로 바르게 묶인 것은?

출제의도
실제 현장에서 사용하는 기술들에 대해 바람직한 평가요소는 무엇인지 묻는 문제다.

해설
㉣ 환경영향평가에 대해서는 철저한 사전평가 방식으로 진행해야 한다.

> ㉠ 정부 및 환경단체가 요구하는 성과평가의 실천 방안을 연구하여 반영하고 있습니다.
> ㉡ 이번 프로젝트 성공을 위해 기술적 효용과 함께 환경적 효용도 추구하고 있습니다.
> ㉢ 오염 예방을 위한 청정 생산 기술을 진단하고 컨설팅하면서 협력회사와 연대하고 있습니다.
> ㉣ 환경영향평가에 대해서는 철저한 사후평가 방식으로 진행하고 있습니다.

① ㉠㉡㉢   ② ㉠㉡㉣
③ ㉠㉢㉣   ④ ㉡㉢㉣

예제 04 기술 적용능력

다음은 기술경영자의 어떤 부분을 이야기하고 있는가?

출제의도
해당 사례가 기술경영자에게 필요한 능력 중 무엇에 해당하는 내용인지 묻는 문제로 각 능력에 대해 확실하게 이해하고 있어야 한다.

해설
기술경영자는 기술 전문 인력을 운용함에 있어 강한 리더십을 발휘하고 직원 스스로 움직일 수 있게 이끌 수 있어야 한다.

> 어떤 일을 마무리하는 데 있어서 6개월의 시간이 걸린다면 그는 그 일을 한 달 안으로 끝낼 것을 원한다. 그에게 강한 밀어붙임을 경험한 사람들은 그에 대해 비판적인 입장을 취하기도 한다. 그의 직원 중 일부는 그 무게를 이겨내지 못하고, 다른 일부의 직원들은 그것을 스스로 더욱 열심히 할 수 있는 자극제로 사용한다고 말한다.

① 빠르고 효과적으로 새로운 기술을 습득하는 능력
② 기술 이전을 효과적으로 할 수 있는 능력
③ 기술 전문 인력을 운용할 수 있는 능력
④ 조직 내의 기술 이용을 수행할 수 있는 능력

예제 05 기술 적용능력

직표는 J그룹의 기술연구팀에서 근무하고 있는데 하루는 공정 개선 워크숍이 열려 최근 사내에서 이슈로 떠오른 신 제조공법의 도입과 관련해 토론을 벌이고 있다. 신 제조공법 도입으로 인한 이해득실에 대해 의견이 분분한 가운데 직표가 할 수 있는 발언으로 옳지 않은 것은?

출제의도
기술 적용능력에 대해 포괄적으로 묻는 문제로 신기술 적용 시 중요하게 생각해야 할 요소로는 무엇이 있는지 파악하고 있어야 한다.

해설
기계 교체로 인한 막대한 비용뿐만 아니라 신 기술도입과 관련된 모든 사항에 대해 사전에 철저히 고려해야 한다.

① "기술의 수명주기뿐만 아니라 기술의 전략적 중요성과 잠재적 응용 가능성 등도 따져봐야 합니다."
② "다른 것은 그냥 넘어가도 되지만 기계 교체로 인한 막대한 비용만큼은 철저히 고려해야 합니다."
③ "신 제조공법 도입이 우리 회사의 어떤 시장 전략과 연관되어 있는지 궁금합니다."
④ "신 제조공법의 수명을 어떻게 예상하고 있는지 알고 싶군요."

의사소통능력

수리능력

문제해결능력

자기개발능력

자원관리능력

대인관계능력

정보능력

기술능력

조직이해능력

직업윤리

Answer.   03.①   04.③   05.②

출제예상문제

정답 및 해설 **p.538**

1 다음 글에 나타난 준영이 기술능력을 습득하기 위해 사용한 방법은?

> 준영이는 군 복무 중 인터넷으로 학점 이수제를 이용하였다. 이 제도는 복무 중 대학교 수업을 인터넷 강좌로 수강하는 것으로 1년에 최대 12학점까지 수강이 가능하다. 피곤하긴 하지만 군 복무 중 미리 학점을 이수해놓으면 복학해서 조금 더 편하게 학교를 다닐 수 있을 생각에 어제부터 강의를 듣고 있다.

① 전문 연수원을 통한 과정 연수
② E – Learning을 활용한 교육
③ 상급학교 진학을 통한 교육
④ OJT를 활용한 기술교육

2 다음에서 언급한 기술혁신의 특징으로 적절하지 않은 것은?

> 이 개념은 동일한 생산 요소의 투입량으로 보다 많은 생산물의 산출을 가능하게 하거나, 신종 재화나 서비스를 생산 가능하게 하는 생산 기술의 개량을 말한다. 슘페터(Schumpeter, J. A.)는 "혁신가들은 미래를 보는 눈을 가지며, 변화에 대한 장애를 극복하는 용기와 능력을 지님으로써 혁신을 성취하여 경제 성장의 원동력을 이룬다."고 하여 기술혁신의 중요성을 강조하였다.
>
> 기술혁신은 기술의 발전뿐만 아니라 새로운 시장의 개척, 상품 공급방식의 변경 등 경제에 충격을 주어 변동을 야기시키고, 이것에 의해 끊임없는 이윤 동기를 낳게 한다. 일반적으로 기술혁신은 설비 투자의 확대를 수반하여 호황을 가져오고, 노동 생산성을 향상시키며, 새로운 제품이 보다 질 좋고 값싸게 생산되어 새로운 산업의 성립과 기존 산업에 변혁을 일으키게 함으로써 수요 구조와 패턴을 변화시킨다. 그러므로 기술혁신은 자본주의 경제 발전의 원동력이라 할 수 있다.

① 기술혁신은 지식 집약적인 활동이다.
② 기술혁신은 조직의 경계를 넘나드는 특성을 갖고 있다.
③ 기술혁신은 그 과정 자체가 매우 불확실해서 단기간의 시간을 필요로 한다.
④ 혁신 과정의 불확실성과 모호함은 기업 내에서 많은 논쟁과 갈등을 유발할 수 있다.

3 다음 글에 나타난 기술을 선택할 때, 그 기준이 될 수 있는 것은?

> 사용자 개인의 생체 정보를 이용하여 사용자의 신원을 인증하기 위한 보안 기술. 지문 인증, 음성 인증, 얼굴 인증, 정맥 인증, 홍채 인증, 손금 인증, 손 모양 인증 등 개인의 고유 정보를 사용하여 개인의 신원을 식별하는 기술이다.

① 광범위하게 활용할 수 있는 기술
② 정보가 쉽게 유출될 수 없는 기술
③ 매출과 이익 창출 잠재력이 큰 기술
④ 제품의 성능이나 원가에 미치는 영향력이 큰 기술

의사소통능력

수리능력

문제해결능력

자기개발능력

자원관리능력

대인관계능력

정보능력

기술능력

조직이해능력

직업윤리

4 다음에서 설명하고 있는 법칙은 무엇인가?

> 통신망 사용자에 대한 효용성을 나타내는 망의 가치는 대체로 사용자 수의 제곱에 비례한다는 법칙이다. 네트워크의 규모가 n이면 접속 가능한 경우의 수는 h(n − 1)인 데서 기인한다. 미국 3Com사의 설립자 Bob Metcalfe의 이름에서 유래했다.

① 무어의 법칙
② 메트칼피의 법칙
③ 세이의 법칙
④ 카오의 법칙

5 다음 글에 나타난 산업재해의 원인으로 적절한 것은?

> 2017년 건설 업계를 긴장하게 만들었던 키워드는 '타워크레인'이다. 5월 1일 근로자의 날에 크레인 전도사고가 발생했고, 22일 남양주에서도 타워크레인 사고가 발생했다. 또한 10월에 영등포 아파트 공사현장에서도 대형 크레인이 부러지면서 근로자 5명이 사망하는 사고도 일어났다. 5명의 사상자를 낸 타워크레인은 제조 된지 27년이 되었지만 타워크레인의 사용 기한에 제한이 없기 때문에 불법은 아닌 것으로 확인되었다. 이는 남양주 타워크레인 사고 때도 크게 논란이 되었음에도 불구하고 별다른 조치가 취해지지 않아 발생한 사고라고 해도 무방하다.

① 안전 수칙의 오해
② 작업 경험의 불충분
③ 기계 장치의 노후화
④ 안전 관리 조직의 결함

6 다음에서 설명하고 있는 개념의 특징으로 보기 어려운 것은?

> OJT(On The Job Training)는 직장 내 교육 및 훈련이다. 종업원과 경영자가 직무를 수행함으로써 기업목적 달성에 기여하는 동시에, 직무에 대한 훈련을 받도록 하는 제도다.

① 기업의 필요에 합치되는 교육훈련을 할 수 있다.
② 지도자와 피교육자 사이에 친밀감을 조성한다.
③ 업무 수행이 중단되는 일이 없다.
④ 교육훈련 내용의 체계화가 간단하다.

[7 ~ 8] 다음은 그래프 구성 명령어 실행 예시이다. 이를 참고하여 다음 물음에 답하시오.

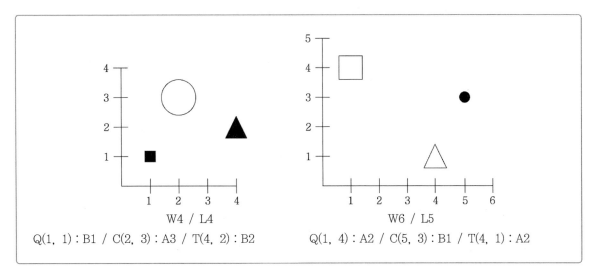

W4 / L4

Q(1, 1) : B1 / C(2, 3) : A3 / T(4, 2) : B2

W6 / L5

Q(1, 4) : A2 / C(5, 3) : B1 / T(4, 1) : A2

7 다음 그래프에 알맞은 명령어는 무엇인가?

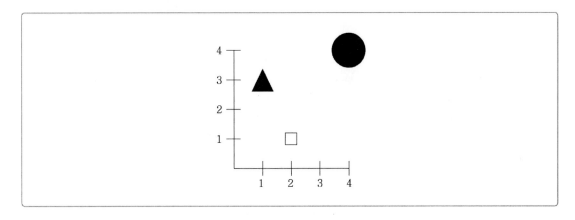

① W4 / L4

　Q(2, 1) : A1 / C(4, 4) : B3 / T(1, 3) : A2

② W4 / L4

　Q(2, 1) : A1 / C(4, 4) : B3 / T(1, 3) : B2

③ W4 / L5

　Q(2, 1) : A1 / C(4, 4) : A3 / T(1, 3) : B2

④ W4 / L5

　Q(2, 1) : B1 / C(4, 4) : B3 / T(1, 3) : B2

의사소통능력

수리능력

문제해결능력

자기개발능력

자원관리능력

대인관계능력

정보능력

기술능력

조직이해능력

직업윤리

8 W6 / L5 Q(1, 4) : B2 / T(3, 2) : A2 / C(4, 3) : B1의 그래프를 산출할 때, 오류가 발생하여 다음과 같은 그래프가 산출되었다. 다음 중 오류가 발생한 값은?

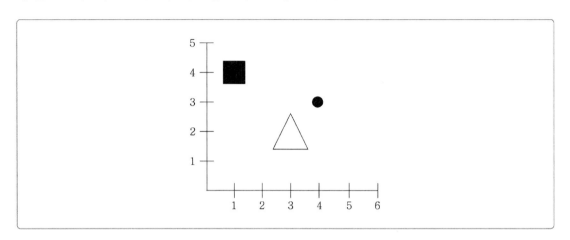

① W6 / L5
② Q(1, 4) : B2
③ T(3, 2) : A2
④ C(4, 3) : B1

[9 ~ 10] 다음은 그래프 구성 명령어 실행 예시이다. 이를 참고하여 다음 물음에 답하시오.

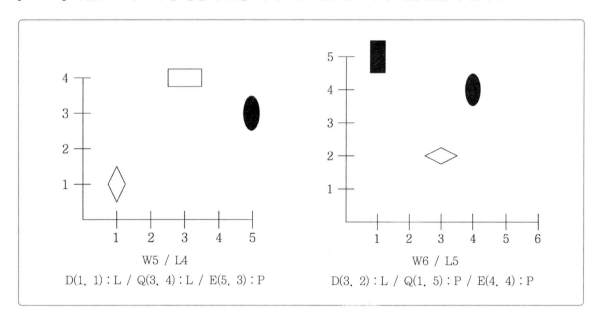

9 다음 그래프에 알맞은 명령어는 무엇인가?

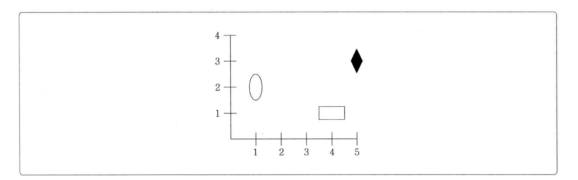

① W4 / L4

　　D(5, 3) : P / Q(4, 1) : L / E(1, 2) : L

② W4 / L4

　　D(5, 3) : P / Q(4, 1) : P / E(1, 2) : L

③ W5 / L4

　　D(5, 3) : P / Q(4, 1) : L / E(1, 2) : L

④ W5 / L4

　　D(5, 3) : P / Q(4, 1) : P / E(1, 2) : L

10 W5 / L5 D(3, 2) : P / Q(4, 4) : L / E(1, 3) : P의 그래프를 산출할 때, 오류가 발생하여 다음과 같은 그래프가 산출되었다. 다음 중 오류가 발생한 값은?

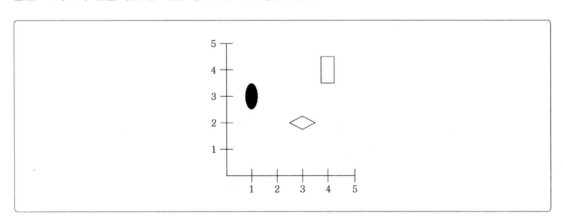

① W5 / L5　　　　　　　　　　② D(3, 2) : P

③ Q(4, 4) : L　　　　　　　　　④ E(1, 3) : P

의사소통능력

수리능력

문제해결능력

자기개발능력

자원관리능력

대인관계능력

정보능력

기술능력

조직이해능력

직업윤리

[11 ~ 15] 다음 표를 참고하여 질문에 답하시오.

스위치	기능
♤	1번과 2번 기계를 180도 회전함
♠	1번과 3번 기계를 180도 회전함
♡	2번과 3번 기계를 180도 회전함
♥	3번과 4번 기계를 180도 회전함

11 처음 상태에서 스위치를 두 번 눌렀더니 화살표 모양과 같은 상태로 바뀌었다. 어떤 스위치를 눌렀는가?

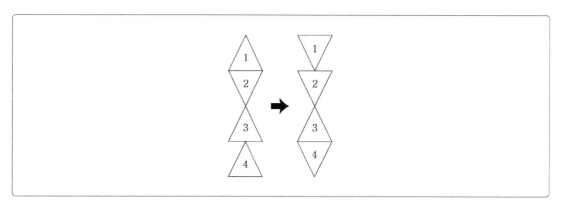

① ♠ ♥

② ♤ ♡

③ ♤ ♠

④ ♡ ♥

12 처음 상태에서 스위치를 한 번 눌렀더니 화살표 모양과 같은 상태로 바뀌었다. 어떤 스위치를 눌렀는가?

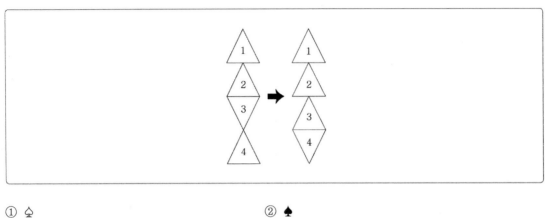

① ♤

② ♠

③ ♡

④ ♥

13 처음 상태에서 스위치를 세 번 눌렀더니 화살표 모양과 같은 상태로 바뀌었다. 어떤 스위치를 눌렀는가?

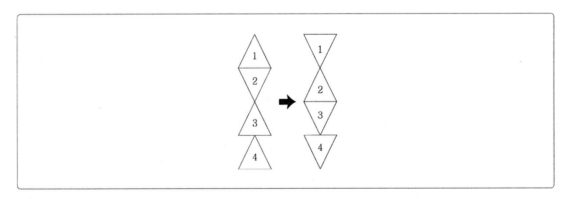

① ♤ ♡ ♥

② ♤ ♠ ♡

③ ♡ ♥ ♠

④ ♡ ♥ ♤

의사소통능력

수리능력

문제해결능력

자기개발능력

자원관리능력

대인관계능력

정보능력

기술능력

조직이해능력

직업윤리

14 처음 상태에서 스위치를 두 번 눌렀더니 화살표 모양과 같은 상태로 바뀌었다. 어떤 스위치를 눌렀는가?

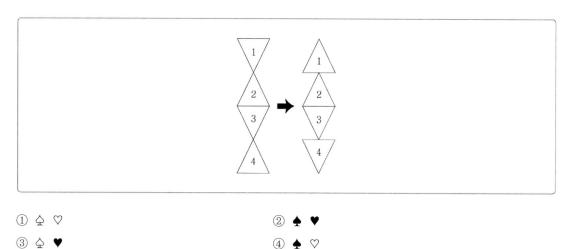

① ♤ ♡　　　　　　　　　　　② ♠ ♥

③ ♤ ♥　　　　　　　　　　　④ ♠ ♡

15 처음 상태에서 스위치를 두 번 눌렀더니 화살표 모양과 같은 상태로 바뀌었다. 어떤 스위치를 눌렀는가?

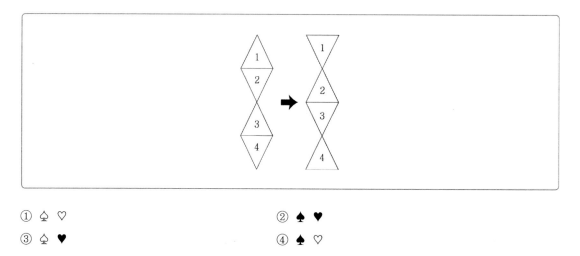

① ♤ ♡　　　　　　　　　　　② ♠ ♥

③ ♤ ♥　　　　　　　　　　　④ ♠ ♡

[16 ~ 20] 다음 표를 참고하여 물음에 답하시오.

스위치	기능
♤	1번과 2번 기계를 오른쪽으로 180도 회전시킨다.
♠	1번과 3번 기계를 오른쪽으로 180도 회전시킨다.
♡	2번과 3번 기계를 오른쪽으로 180도 회전시킨다.
♥	3번과 4번 기계를 오른쪽으로 180도 회전시킨다.
♧	1번 기계와 4번 기계의 작동상태를 다른 상태로 바꾼다. (운전 → 정지, 정지 → 운전)
♣	2번 기계와 3번 기계의 작동상태를 다른 상태로 바꾼다. (운전 → 정지, 정지 → 운전)
◉	모든 기계의 작동상태를 다른 상태로 바꾼다. (운전 → 정지, 정지 → 운전)
	△ = 운전, ▲ = 정지

의사소통능력

수리능력

문제해결능력

자기개발능력

자원관리능력

대인관계능력

정보능력

기술능력

조직이해능력

직업윤리

16 처음 상태에서 스위치를 세 번 눌렀더니 화살표 모양과 같은 상태로 바뀌었다. 어떤 스위치를 눌렀는가?

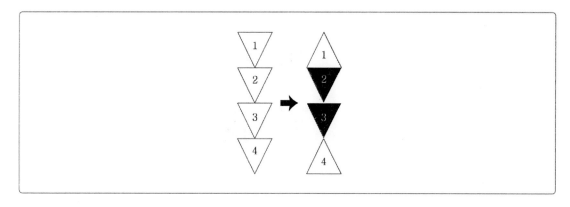

① ♤ ♡ ♧
② ♠ ♥ ♣
③ ♤ ♥ ♧
④ ♠ ♡ ♣

17 처음 상태에서 스위치를 세 번 눌렀더니 화살표 모양과 같은 상태로 바뀌었다. 어떤 스위치를 눌렀는가?

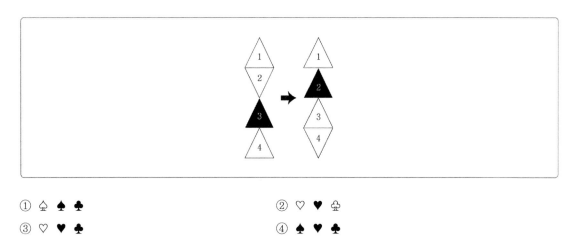

① ♤ ♠ ♣

② ♡ ♥ ♧

③ ♡ ♥ ♣

④ ♠ ♥ ♣

18 처음 상태에서 스위치를 세 번 눌렀더니 화살표 모양과 같은 상태로 바뀌었다. 어떤 스위치를 눌렀는가?

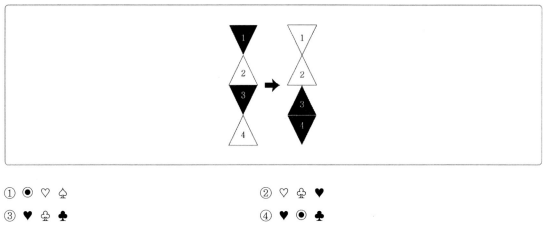

① ◉ ♡ ♤

② ♡ ♧ ♥

③ ♥ ♧ ♣

④ ♥ ◉ ♣

19 처음 상태에서 스위치를 세 번 눌렀더니 화살표 모양과 같은 상태로 바뀌었다. 어떤 스위치를 눌렀는가?

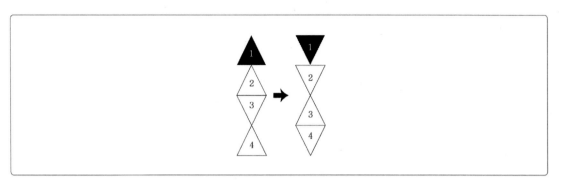

① ♡ ♠ ♧
② ♡ ♥ ♠
③ ♥ ♡ ♧
④ ♥ ♤ ♣

20 처음 상태에서 스위치를 두 번 눌렀더니 화살표 모양과 같은 상태로 바뀌었다. 어떤 스위치를 눌렀는가?

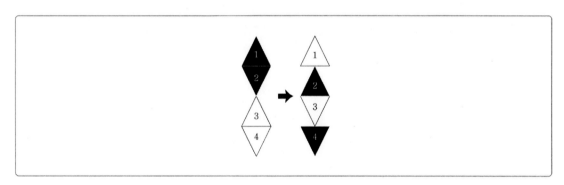

① ♤ ♡
② ♠ ♥
③ ♡ ♣
④ ♡ ♧

의사소통능력

수리능력

문제해결능력

자기개발능력

자원관리능력

대인관계능력

정보능력

기술능력

조직이해능력

직업윤리

스위치	기능
○	1번, 2번 연산을 순방향으로 1회 진행함
●	3번, 4번 연산을 순방향으로 1회 진행함
◇	1번, 4번 연산을 역방향으로 1회 진행함
◆	2번, 3번 연산을 역방향으로 1회 진행함
□	모든 연산을 순방향으로 1회 진행함
■	모든 연산을 역방향으로 1회 진행함

순방향 : + ▶ − ▶ × ▶ ÷ / 역방향 : ÷ ▶ × ▶ − ▶ +

21 처음 상태에서 스위치를 두 번 눌렀더니 다음과 같이 바뀌었다. 어떤 스위치를 눌렀는가?

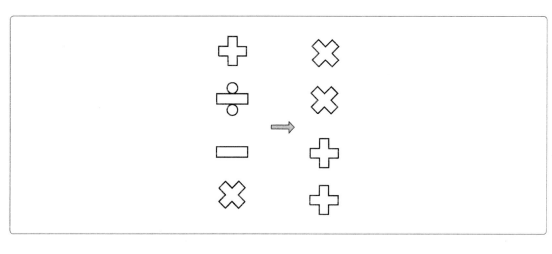

① ○, ■
③ □, ●
② ■, ◇
④ ○, ◆

22 처음 상태에서 스위치를 세 번 눌렀더니 다음과 같이 바뀌었다. 어떤 스위치를 눌렀는가?

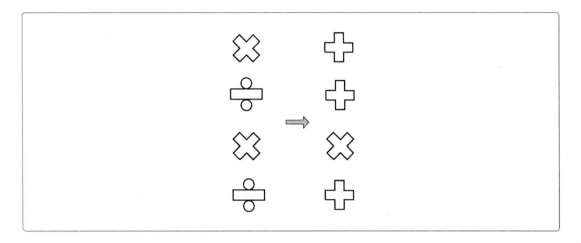

① □, ◆, ○　　　　　　② ●, ■, ◇

③ ◇, □, ●　　　　　　④ ○, ●, ◆

23 처음 상태에서 스위치를 세 번 눌렀더니 다음과 같이 바뀌었다. 어떤 스위치를 눌렀는가?

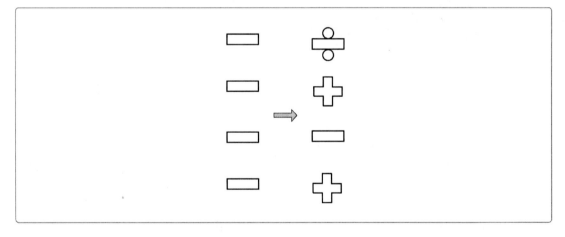

① □, □, ◆　　　　　　② ○, ◆, ◇

③ ■, ◇, ●　　　　　　④ ■, ●, ◆

의사소통능력

수리능력

문제해결능력

자기개발력

자원관리능력

대인관계능력

정보능력

기술능력

조직이해능력

직업윤리

[24 ～ 25] 다음은 디지털 카메라의 사용설명서이다. 이를 읽고 물음에 답하시오.

〈오류 메시지 대처 방법〉

오류 메시지	대처 방법
렌즈가 잠겨 있습니다.	줌 렌즈가 닫혀 있습니다. 줌 링을 반시계 방향으로 딸깍 소리가 날 때까지 돌리세요.
메모리 카드 오류!	• 전원을 껐다가 다시 켜세요. • 메모리 카드를 뺐다가 다시 넣으세요. • 메모리 카드를 포맷하세요.
배터리를 교환하십시오.	충전된 배터리로 교체하거나 배터리를 충전하세요.
사진 파일이 없습니다.	사진을 촬영한 후 또는 촬영한 사진이 있는 메모리 카드를 넣은 후 재생 모드를 실행하세요.
잘못된 파일입니다.	잘못된 파일을 삭제하거나 가까운 서비스 센터로 문의하세요.
저장 공간이 없습니다.	필요 없는 파일을 삭제하거나 새 메모리 카드를 넣으세요.
카드가 잠겨 있습니다.	SD, SDHC, SDXC, UHS － 1 메모리 카드에는 잠금 스위치가 있습니다. 잠금 상태를 확인한 후 잠금을 해제하세요.
폴더 및 파일 번호가 최댓값입니다. 카드를 교환해주세요.	메모리 카드의 파일명이 DCF 규격에 맞지 않습니다. 메모리 카드에 저장된 파일은 컴퓨터에 옮기고 메모리 카드를 포맷한 후 사용하세요.
Error 00	카메라의 전원을 끄고, 렌즈를 분리한 후 재결합하세요. 동일한 메시지가 나오는 경우 가까운 서비스 센터로 문의하세요.
Error 01/02	카메라의 전원을 끄고, 배터리를 뺐다가 다시 넣으세요. 동일한 메시지가 나오는 경우 가까운 서비스 센터로 문의하세요.

24 카메라를 작동하던 중 다음과 같은 메시지가 나타났을 때 대처 방법으로 가장 적절한 것은?

Error 00

① 배터리를 뺐다가 다시 넣는다.
② 카메라의 전원을 끄고 줌 링을 반시계 방향으로 돌린다.
③ 카메라의 전원을 끄고 렌즈를 분리한 후 재결합한다.
④ 메모리 카드를 뺐다가 다시 넣는다.

25 카메라를 작동하던 중 '메모리 카드 오류!'라는 메시지가 뜰 경우 적절한 대처 방법으로 가장 옳은 것은?

① 충전된 배터리로 교체하거나 배터리를 충전한다.

② 가까운 서비스 센터로 문의한다.

③ 메모리 카드를 뺐다가 다시 넣는다.

④ 카메라의 전원을 끄고 렌즈를 분리했다가 재결합한다.

[26 ~ 27] 다음은 태블릿 PC의 사용설명서이다. 이를 보고 물음에 답하시오.

의사소통능력

수리능력

문제해결능력

자기개발능력

자원관리능력

대인관계능력

정보능력

기술능력

조직이해능력

직업윤리

〈고장이라고 생각하기 전에〉

이런 증상일 때는?	이렇게 확인하세요.
제품 사용 중 입력이 되지 않거나 화면이 멈추고 꺼질 때	잠금/전원 버튼을 8초 이상 누를 경우 자동 전원 리셋되며, 작동하지 않을 경우 15초 이상 누르면 전원이 꺼집니다. 제품의 전원을 끈 후 다시 켤 때는 약 5초 정도 경과 후 켜 주세요. 그래도 변함이 없다면 배터리를 충분히 충전시킨 후 사용해 보거나 고객상담실로 문의 후 가까운 서비스 센터에서 제품확인을 받으세요.
제품에서 열이 날 때	게임, 인터넷 등을 오래 사용하면 열이 발생할 수도 있습니다. 제품의 수명과 성능에는 영향이 없습니다.
충전 중 터치 오작동 또는 동작 안 할 때	미 인증 충전기 사용 시 발생할 수 있습니다. 제품 구매 시 제공된 충전기를 사용하세요.
배터리가 충분히 남았는데 제품이 켜지지 않을 때	고객상담실로 문의 후 가까운 서비스 센터에서 제품 확인을 받으세요.
제품에 있는 데이터가 지워졌을 때	제품 재설정, 고장 등으로 인해 데이터가 손상된 경우에 백업한 데이터가 없으면 복원할 수 없습니다. 이를 대비하여 미리 데이터를 백업하세요. 제조업체는 데이터 유실에 대한 피해를 책임지지 않으니 주의하세요.
사진을 찍으려는데 화면이 깨끗하지 않을 때	카메라 렌즈에 이물질이 묻어 있을 수 있으니 부드러운 천으로 깨끗이 닦은 후, 사용해 보세요.
사용 중 화면이 어두워질 때	제품 온도가 너무 높거나, 배터리 레벨이 낮아지면 사용자 안전과 절전을 위해 화면 밝기가 제한될 수 있습니다. 제품 사용을 잠시 중단하고 배터리 충전 후 재사용 해 주시기 바랍니다.
사진/동영상, 멀티미디어 콘텐츠가 재생되지 않을 때	부가 서비스 업체에서 공식 제공된 콘텐츠를 지원합니다. 그 외 인터넷을 통해 유포되는 콘텐츠(동영상, 배경화면 등)는 재생되지 않을 수 있습니다.
충전전류 약함 현상 알림 문구가 뜰 때	USB케이블로 PC와 제품을 연결해서 충전을 하는 경우 또는 비정품 충전기로 충전을 하는 경우 전류량이 낮아 충전이 늦어질 수 있어 충전 지연 현상 알림 문구가 표시됩니다. 제품 구매 시 제공된 정품 충전기로 충전하세요. 정품 충전기 사용 시 충전 지연 현상 알림 문구는 표시되지 않습니다.

26 제품을 사용하다 갑자기 화면이 멈추고 꺼질 경우 이에 대한 대처 방법으로 적절한 것은?

① 제품 온도가 너무 높을 경우이므로 제품 사용을 잠시 중단한다.

② 제품 구매 시 제공된 정품 충전기를 사용하여 충전한다.

③ 전원을 끈 후 5초 후 다시 켠다.

④ 오래 사용한 것이므로 잠시 제품 사용을 중단한다.

27 배터리가 충분히 남아있는데도 불구하고 전원이 켜지지 않을 경우 이에 대한 대처 방법으로 적절한 것은?

① 고객상담실로 문의 후 가까운 서비스 센터를 방문한다.

② 정품 충전기를 사용하여 다시 충전을 한다.

③ 전원 버튼을 8초 이상 눌러 리셋을 시킨다.

④ 전원 버튼을 15초 이상 눌러 완전히 전원을 끈 후 다시 켠다.

L 씨는 도서출판 서원각의 편집부에 인턴사원으로 입사하였다. L 씨는 선임 직원인 A 씨로부터 다음과 같은 사내 연락망을 전달 받았다.

한글편집팀(대표번호 : 1420)		편집기획팀(대표번호 : 2420)	
이름	직통	이름	직통
이○미 팀장	1400	김수○ 팀장	2400
이미○	1421	신○근대리	2410
최○정	1422	류○은	2421
디자인팀(대표번호 : 3420)		L 씨	2422
정○정 팀장	3400		
이혜○	3421		
김○숙	3422		

도서출판 서원각 (Tel : 070 - 1234 - 직통번호)
당겨받기 : 수화기를 들고 + # + #
사내통화 : 내선번호
돌려주기 : # + 내선번호 + # + 연결 확인 후 끊기
전화를 받았을 경우 : 안녕하십니까? 도서출판 서원각 ○○팀 ○○○입니다.

28 L 씨가 사내 연락망을 살펴보는 과정에서 직통번호에 일정한 규칙이 있음을 발견하였다. 이 규칙은 자릿수에 적용되어 있다. 이 규칙은 무엇인가?

① 첫 번째 자릿수는 부서를 나타낸다.
② 두 번째 자릿수는 근무년수를 나타낸다.
③ 세 번째 자릿수는 나이를 나타낸다.
④ 네 번째 자릿수는 직위를 나타낸다.

29 도서출판 서원각의 직통번호 중 세 번째 자릿수가 나타내는 것은 무엇인가?

① 근속연수   ② 직위
③ 나이   ④ 부서

의사소통능력

수리능력

문제해결능력

자기개발능력

자원관리능력

대인관계능력

정보능력

기술능력

조직이해능력

직업윤리

[30 ~ 31] 다음은 광파오븐기의 사용설명서에 나타난 조치사항에 대한 내용이다. 물음에 답하시오.

〈고장신고 전에.〉

증상	조치방법
진행표시부에 불이 들어오지 않아요	• 절전 기능이 설정되어 있습니다. 제품 문을 열거나 취소 버튼을 누른 후 사용하세요. • 220볼트 콘센트에 꽂혀 있는지 확인하세요.
실내 조리등이 꺼져요	절전 기능이 설정되어 있습니다. 제품 문을 열거나 취소 버튼을 누른 후 사용하세요.
버튼을 눌러도 작동되지 않아요.	제품 문에 덮개 등 이물질이 끼어 있는지 확인한 후 제품 문을 잘 닫고 눌러 보세요. 혹시 잠금장치 기능이 설정되어 있을 수 있습니다. 취소버튼을 4초간 누르면 잠금기능이 해제됩니다.
내부에서 연기나 악취가 나요	• 음식찌꺼기, 기름 등이 내부에 붙어 있을 수 있습니다. 항상 깨끗이 청소해 주세요. • 탈취 기능을 사용하세요.
제품 작동시 옆으로 바람이 나와요	냉각팬이 작동되어 바람의 일부가 내부 전기부품을 식혀주기 위해 옆으로 나올 수 있습니다. 고장이 아니므로 안심하고 사용하세요.
처음 사용할 때 냄새가 나요	• 제품을 처음 사용 시 히터 등 내부부품이 가열되면서 타는 냄새가 나거나 소리가 날 수 있습니다. 사용상 문제가 없으니 안심하고 사용하세요. • 탈취기능을 5 ~ 10분 사용하면 초기 냄새가 빨리 없어집니다.
조리 후 문이나 진행 표시부에 습기가 생겨요	조리 완료 후 음식물을 꺼내지 않고 방치하면 습기가 찰 수 있으므로 문을 열어 두세요.
조리 중에 불꽃이 일어나요	조리실 내부에 알루미늄 호일이나 금속이 닿지 않았는지 확인하세요. 금선이나 은선이 있는 그릇은 사용하지 마세요.
시작 버튼을 눌러도 동작을 하지 않아요	• 문이 제대로 닫혀 있지 않은 경우 시작 버튼을 누르면 표시창에 'door' 라고 표시됩니다. • 문틈에 이물질이 끼어 있는지 확인하고 문을 제대로 닫았는데도 동작하지 않으면 전원코드를 뽑고 서비스 기사에게 전화해 주세요.

30 광파오븐기를 작동시키려고 하는데 자꾸 실내 조리등이 꺼진다. 이럴 경우 적절한 조치 방법은?

① 콘센트에 전원이 제대로 꽂혀 있는지 확인한다.

② 조리실 내부에 금속이나 알루미늄 호일 등이 있는지 확인한다.

③ 제품의 문을 열거나 취소버튼을 누른 후 사용한다.

④ 음식물에 랩 또는 뚜껑을 벗겼는지 확인한다.

의사소통능력

수리능력

문제해결능력

자기개발능력

자원관리능력

대인관계능력

정보능력

기술능력

조직이해능력

직업윤리

31 아무리 시작 버튼을 눌러도 제품이 작동을 하지 않을 경우 취할 수 있는 적절한 조치로 알맞은 것은?

① 문을 다시 연 후 취소버튼을 누르고 사용한다.

② 취소 버튼을 4초간 누른다.

③ 문을 제대로 닫았는지 확인한다.

④ 내부를 깨끗이 청소를 한 후 다시 눌러 본다.

신입사원 L 씨는 중요한 회의의 자료를 출력하여 인원수에 맞게 복사를 해두라는 팀장님의 지시를 받았는데 아무리 인쇄버튼을 눌러도 프린터에서는 서류가 나오지 않는다. 이때, 서랍 속에서 프린터기의 사용설명서를 찾았다.

항목	문제	점검사항	조치사항
A	인쇄 출력 품질이 떨어집니다.	올바른 용지를 사용하고 있습니까?	• 프린터 권장 용지를 사용하면 인쇄 출력 품질이 향상됩니다. • 본 프린터는 ○○용지 또는 ◇◇용지의 사용을 권장합니다.
		프린터기의 상태메뉴에 빨간불이 들어와 있습니까?	• 프린터기의 잉크 노즐이 오염된 신호입니다. • 잉크 노즐을 청소하십시오.
B	문서가 인쇄되지 않습니다.	인쇄 대기열에 오류 문서가 있습니까?	인쇄 대기열의 오류 문서를 취소하십시오.
		네트워크가 제대로 연결되어 있습니까?	컴퓨터와 프린터의 네트워크 연결을 확인하고 연결하십시오.
		프린터기에 용지 또는 토너가 공급되어 있습니까?	프린터기에 용지 또는 토너를 공급하십시오.
C	프린터의 기능이 일부 작동하지 않습니다.	본사에서 제공하는 드라이버를 사용하고 있습니까?	본사의 홈페이지에서 제공하는 프린터 드라이버를 받아 설치하십시오.
D	인쇄 속도가 느립니다.	인쇄 대기열에 오류 문서가 있습니까?	인쇄 대기열의 오류 문서를 취소하십시오.
		인쇄하려는 파일에 많은 메모리가 필요합니까?	하드디스크의 사용 가능한 공간의 양을 늘려 보십시오.

32 신입사원인 L 씨가 확인해야 할 항목은 무엇인가?

① A   ② B

③ C   ④ D

33 신입사원인 L 씨가 확인하지 않아도 될 사항은 무엇인가?

① 인쇄 대기열에 오류 문서가 있는지 확인한다.

② 네트워크가 제대로 연결되어 있는지 확인한다.

③ 프린터기에 용지나 토너가 제대로 공급되어 있는지 확인한다.

④ 올바른 용지를 사용하고 있는지 확인한다.

의사소통능력

수리능력

문제해결능력

자기개발능력

자원관리능력

대인관계능력

정보능력

기술능력

조직이해능력

직업윤리

34 다음 중 인쇄가 진행되는데 인쇄 속도가 느릴 경우 신입사원 L 씨가 취할 수 있는 행동으로 적절한 것은?

① 잉크 노즐을 청소한다.

② 프린터 회사에서 제공하는 프린터 드라이버를 다시 설치한다.

③ 인쇄 대기열에 오류 문서가 있는지 확인한다.

④ 용지 또는 토너를 다시 공급한다.

[35 ~ 37] 다음의 내용을 보고 물음에 답하시오.

- **하드디스크 교환하기**
  1. 데이터 백업하기
  2. 하드디스크 교환하기
  3. 시스템 소프트웨어 재설치하기
  4. 백업한 데이터를 PS4에 복사하기

- **하드디스크 교환 시 주의사항**
  1. 하드디스크를 교환하실 때는 AC 전원 코드의 플러그를 콘센트에서 **빼** 주십시오. 또한 어린이의 손이 닿지 않는 곳에서 해 주십시오. 나사 등의 부품을 실수로 삼킬 위험이 있습니다.
  2. 본 기기를 사용한 직후에는 본체 내부가 뜨거워져 있습니다. 잠시 그대로 두어 내부열을 식힌 후 작업을 시작해 주십시오.
  3. 부품 사이에 손가락이 끼거나, 부품의 모서리에 손이나 손가락이 다치지 않도록 충분히 주의해 주십시오.
  4. 전원을 켤 때는 반드시 HDD 베이 커버를 고정해 주십시오. HDD 베이 커버가 분리되어 있으면 본체 내부 온도 상승의 원인이 됩니다.
  5. 하드디스크는 충격이나 진동, 먼지에 약하므로 주의해서 다루어 주십시오.
     - 진동이 있거나 불안정한 장소에서 사용하거나 강한 충격을 가하지 마십시오.
     - 내부에 물이나 이물질이 들어가지 않게 하십시오.
     - 하드디스크의 단자부를 손으로 만지거나 이물질을 넣지 마십시오. 하드디스크 고장 및 데이터 파손의 원인이 됩니다.
     - 하드디스크 근처에 시계 등의 정밀기기나 마그네틱 카드 등을 두지 마십시오. 기기 고장이나 마그네틱 카드 손상의 원인이 됩니다.
     - 위에 물건을 얹지 마십시오.
     - 고온다습하거나 직사광선이 비추는 장소에 두지 마십시오.
  6. 나사를 조이거나 풀 때는 나사의 크기에 맞는 드라이버를 사용해 주십시오. 사이즈가 맞지 않으면 나사 머리의 홈이 으스러지는 경우가 있습니다.
  7. 데이터는 정기적으로 백업해 두시기를 권장합니다. 어떤 원인으로 데이터가 소실·파손된 경우, 데이터를 복구·복원할 수 없습니다. 데이터가 소실·피손되어도 당사는 일절 책임을 지지 않습니다. 이 점 양해해 주십시오.
  8. 시스템 소프트웨어를 설치 중에는 PS4의 전원을 **끄거나** USB저장장치를 **빼지** 마십시오. 설치가 도중에 중단되면 고장의 원인이 됩니다.
  9. 시스템 소프트웨어 설치중에는 본체의 전원 버튼 및 컨트롤러의 PS 버튼이 기능하지 않게 됩니다.

- **게임의 저장 데이터 백업하기**
  PS4에 저장된 게임의 저장 데이터를 USB 저장장치에 복사할 수 있습니다. 필요에 따라 백업해 주십시오.
  1. 본체에 USB 저장장치를 연결합니다.
  2. 기능 영역에서 설정을 선택합니다.
  3. 애플리케이션 저장 데이터 관리 → 본체 스토리지의 저장 데이터 → USB 저장장치에 복사하기를 선택합니다.
  4. 타이틀을 선택합니다.
  5. 복사할 저장 데이터의 체크 박스에 체크 표시를 한 후 복사를 선택합니다.

35 다음 중 하드디스크를 교환할 경우 제일 먼저 행해야 할 행동은 무엇인가?

① 데이터 백업하기

② 하드디스크 교환하기

③ 시스템 소프트웨어 재설치하기

④ 백업한 데이터를 PS4에 복사하기

36 하드디스크 교환 시 주의사항으로 옳지 않은 것은?

① 하드디스크를 교환할 때에는 AC 전원 코드의 플러그를 콘센트에서 빼야 한다.

② 내부에 물이나 이물질이 들어가지 않게 하여야 한다.

③ 나사를 조이거나 풀 때는 나사의 크기에 상관없이 십자 드라이버를 사용해야 한다.

④ 시스템 소프트웨어를 설치 중에는 PS4의 전원을 끄거나 USB저장장치를 빼면 안 된다.

37 게임의 저장 데이터 백업하는 방법으로 옳지 않은 것은?

① 본체에 USB 저장장치를 연결하여야 한다.

② 기능 영역에서 설정을 선택하도록 한다.

③ 애플리케이션 저장 데이터 관리 → 본체 스토리지의 저장 데이터 → USB 저장장치에 복사하기를 선택한다.

④ 타이틀을 선택하면 바로 복사가 시작된다.

의사소통능력

수리능력

문제해결능력

자기개발능력

자원관리능력

대인관계능력

정보능력

기술능력

조직이해능력

직업윤리

[38 ~ 39] 다음 글을 읽고 물음에 답하시오.

〈압력밥솥으로 맛있는 밥짓기〉

쌀은 계량컵으로! 물은 내솥눈금으로 정확히!	• 쌀은 반드시 계량컵을 사용하여 정확히 계량합니다.(시중에 유통되고 있는 쌀통은 제품에 따라 쌀의 양이 다소 차이가 날 수도 있습니다.) • 물의 양은 내솥을 평평한 곳에 놓고 내솥의 물 높이에 맞춥니다.	쌀의 양과 물의 양이 맞지 않으면 밥이 퍼석하거나 설익거나 질게 될 수가 있습니다.
쌀은 보관방법이 중요!	• 쌀은 가급적이면 소량으로 구입하여 통풍이 잘 되고 직사광선이 없는 서늘한 곳에 쌀의 수분이 잘 증발되지 않도록 보관합니다. • 쌀을 개봉한 지 오래되어 말라 있는 경우는 물을 반눈금 정도 더 넣고 취사를 하면 좋습니다.	쌀이 많이 말라 있는 경우는 계량을 정확히 하더라도 밥이 퍼석할 수가 있습니다.
예약 취사 시간은 짧을수록 좋습니다!	쌀이 많이 말라 있는 경우는 가급적 예약 취사를 피하시고 물을 반눈금 정도 더 넣고 취사합니다.	• 10시간 이상 예약 취사하거나 말라있는 쌀을 예약 취사할 경우는 밥이 퍼석하거나 설익을 수가 있으며 심한 경우는 층밥이 될 수도 있습니다. • 예약 설정 시간이 길어질수록 멜라노이징 현상이 증가할 수 있습니다.
보온시간은 짧을수록 좋습니다!	보온은 12시간 이내로 하는 것이 좋습니다.	장시간 보온을 하게되면 밥색깔이 변하거나 밥에서 냄새가 날 수도 있습니다.
제품은 깨끗하게	청소를 자주 하십시오. 특히, 뚜껑부에 이물질이 묻어 있지 않도록 자주 닦아 주십시오.	청소를 자주 하지 않으면 세균이 번식하여 보온 시 밥에서 냄새가 날 수 있습니다.

〈고장 신고 전에 확인하십시오.〉

상태	확인사항	조치사항
밥이 되지 않을 때	[취사/쾌속]버튼을 눌렀습니까?	원하는 메뉴 선택 후 반드시 [취사/쾌속] 버튼을 1회 눌러 화면에 '취사 중' 문구가 표시되는지 확인하십시오.
밥이 설익거나 퍼석할 때 또는 층밥이 될 때	계량컵을 사용하셨습니까?	쌀의 양을 계량컵을 사용하여 정확히 계량하여 주십시오. 쌀을 계량컵의 윗면 기준하여 평평하게 맞추면 1인분에 해당됩니다.
	물 조절은 정확히 하셨습니까?	물 조절을 정확히 하십시오. 바닥이 평평한 곳에 내솥을 올려 놓고 내솥에 표시된 눈금에 맞춰 물의 양을 조절하십시오. 내솥에 표시된 눈금을 쌀과 물을 함께 부었을 때의 물눈금을 표시합니다.

콩(잡곡/현미)이 설익을 때	콩(잡곡/현미)이 너무 마르지 않았습니까?	콩(현미/잡곡)을 불리거나 삶아서 잡곡메뉴에서 취사를 하십시오. 잡곡의 종류에 따라 설익을 수도 있습니다.
밥이 너무 질거나 된밥일 때	물 조절은 정확히 하셨습니까?	물 조절을 정확히 하십시오. 바닥이 평평한 곳에 내솥을 올려 놓고 내솥에 표시된 눈금에 맞춰 물의 양을 조절하십시오. 내솥에 표시된 눈금은 쌀과 물을 함께 부었을 때의 물눈금을 표시합니다.
취사 도중 밥물이 넘칠 때	계량컵을 사용하셨습니까?	쌀의 양을 계량컵을 사용하여 정확히 계량하여 주십시오. 쌀을 계량컵의 윗면 기준으로 평평하게 맞추면 1인분에 해당됩니다.
밥이 심하게 눌을 때	온도감지기, 내솥 외면에 밥알이 심하게 눌어 붙어 있거나 이물질이 있지는 않습니까?	온도감지기, 내솥외면의 이물질을 제거하여 주십시오.
보온 중 냄새가 날 때	12시간 이상 보온하였거나 너무 적은 밥을 보온하지 않았습니까?	보온시간은 가능한 12시간 이내로 하십시오.
보온 중 보온경과 시간 표시가 깜빡일 때	보온 후 24시간이 경과하지 않으셨습니까?	보온 24시간이 경과하면 보온이 장시간 경과 되었음을 알리는 기능입니다.
뚜껑 사이로 증기가 누설되거나 '삐'하는 휘파람 소리가 날 때	패킹에 이물질(밥알 등)이 묻어 있지 않습니까?	패킹을 행주나 부드러운 헝겊으로 깨끗이 닦은 후 사용하십시오.
취사 또는 요리 중 [취소]버튼이 눌러지지 않을 때	내솥의 내부가 뜨겁지 않습니까?	취사 또는 요리 중 부득이 하게 취소할 경우 내솥 내부 온도가 높으면 안전을 위해 [취소]버튼을 1초간 눌러야 취사 또는 요리가 취소됩니다.
LCD화면에 아무것도 나타나지 않고, 상태 LED에 보라색이 점등될 때	LCD 통신에 이상이 있을 때 나타납니다.	전원을 차단한 후 고객상담실로 문의하십시오.
취사나 보온 시 이상한 소음이 날 때	취사 및 보온 중 '찌'하는 소리가 납니까?	취사 및 보온 중 '찌'하는 소리는 IH 압력 밥솥이 동작될 때 나는 소리입니다. 정상입니다.

의사소통능력

수리능력

문제해결능력

자기개발능력

자원관리능력

대인관계능력

정보능력

기술능력

조직이해능력

직업윤리

38 다음 중 보온의 적정시간은 얼마인가?

① 8시간   ② 12시간

③ 18시간   ④ 24시간

39 다음 중 압력밥솥을 이용하여 맛있는 밥짓기 방법이 아닌 것은?

① 쌀과 물은 계량컵을 사용하여 눈금에 정확히 맞춘다.

② 쌀은 가급적이면 소량으로 구입하여 통풍이 잘되고 직사광선이 없는 서늘한 곳에 쌀의 수분이 잘 증발되지 않도록 보관한다.

③ 쌀이 많이 말라 있는 경우는 가급적 예약 취사를 피하고 물을 반눈금 정도 더 넣고 취사한다.

④ 뚜껑부에 이물질이 묻어 있지 않도록 자주 닦아 주도록 한다.

[40 ~ 42] 다음은 전기밥솥 사용 중 고장으로 예상되는 경우 설명서이다. 각 물음에 답하시오.

〈A/S를 요청하기 전에 아래의 사항을 확인해 주십시오.〉

제품의 고장은 아니지만 사용법에 익숙하지 않거나 사소한 원인으로 전기압력밥솥이 정상적으로 작동하지 않을 수 있습니다. 이런 때에는 다음의 사항에 대해 점검하신다면 서비스 센터의 도움 없이도 간단한 문제는 해결할 수 있습니다. 아래의 항목에 대해 점검하시고도 문제가 해결이 안 되면 서비스 센터로 문의해 주십시오.

현상	확인해 주세요.	조치방법
가끔 취사가 안 된다. 시간이 오래 걸린다.	• 전원 플러그가 빠져 있지 않았나요? • 취사 중에 정전이 되지 않았나요? • 취사 중 취소버튼을 누르거나 다른 조작은 하지 않았나요?	• 전원 플러그를 확실히 꽂아주십시오. • 장시간 정전시에는 다시 취사를 하십시오. • 취사 중에는 다른 버튼 조작을 하지 마십시오.
취사 도중 밥물이 넘친다.	• 압력추가 기울지 않았나요? • 계량컵을 사용하셨습니까? • 물조절을 확실히 하셨습니까? • 메뉴 선택은 확실히 하셨습니까?	압력추를 똑바로 세워주십시오.
밥이 너무 되거나 설익었을 때나 너무 진밥일 때	• 밥물 조절은 제대로 되었나요? • 내솥 바닥에 이물질이 붙어있지는 않은가요?	• 쌀의 양에 따라 측정 눈금에 맞게 수위 조절을 해주십시오. • 자동 온도센서의 이물질을 제거해 주십시오.
뚜껑 옆으로 증기가 샌다.	• 압력패킹 부위에 밥알 등이 붙어 있지 않나요? • 압력패킹을 적기에 교환하셨나요? • 압력패킹이 낡지 않았습니까?	• 내솥의 상부측면과 압력패킹 외측면을 깨끗이 손질해 주십시오.(압력패킹이 닿는 부위) • 증기가 누설되면 압력추를 젖혀서 증기를 빼낸 후 전원 플러그를 뽑아 센터로 문의하십시오.(패킹은 소모품입니다.) • 패킹의 수명은 약 12개월이므로 1년에 한 번씩 교체하는 것이 좋습니다.
Er2 표시가 나타날 때	압력 조절 노즐이 막혀 내부 압력이 높을 때 나타나거나 내부 온도가 너무 높을 때 나타납니다.	서비스 센터로 문의하십시오.
예약이 안 될 때	예약이 가능한 메뉴입니까?	예약 기능 메뉴인지 확인하십시오.(2페이지 참조)
13Ho, 8Ho 표시가 나타날 때	• 예약 취사를 13시간이 초과하도록 설정하지 않았습니까? • 절약보온을 8시간이 초과하도록 설정하지 않았습니까?	• 자동으로 13시간으로 예약시간이 조정되어 예약 취사가 시작됩니다. • 자동으로 8시간으로 시간이 조정되어 절약보온이 시작됩니다.

의사소통능력

수리능력

문제해결능력

자기개발능력

자원관리능력

대인관계능력

정보능력

기술능력

조직이해능력

직업윤리

현상	확인해 주세요.	조치방법
Er1, Er3, Er5, Er6, Er7, Er8 표시가 나타날 때	온도감지기에 이상이 있을 때 나타납니다.	서비스 센터로 문의하십시오.
밥의 밑면에 누런 빛깔이 나타날 때	• 밥 특유의 향기와 맛을 내는 현상(멜라노이징 현상)으로 맛있는 밥이 되도록 설계되어 있기 때문입니다. • 백미 메뉴에서 밥맛 조절 기능으로 가열온도를 2 ~ 4℃로 선택하지 않았습니까?	밥맛 조절 기능에서 가열 온도를 − 2℃ 또는 0℃로 선택하여 주십시오.
취사나 보온 시 이상한 소음이 날 때	• 취사 시 바람부는 소리('붕')가 나지 않습니까? • 취사 및 보온 중 '찌'하는 소리가 납니까?	• 내부 부품의 열을 식혀주기 위해 송풍모터가 돌아가는 소리입니다. 정상입니다. • 취사 및 보온 중 '짝'하는 소리는 IH 입력 밥솥이 동작할 때 나는 소리입니다.
보온 중에 밥에서 냄새가 나거나 변색이 된다.	• 12시간 이상 보온하지 않았나요? • 장시간 예약 취사한 밥을 보온하지 않았나요? • 요리기능을 사용하지 않았나요? • 압력패킹을 자주 세척하셨나요?	• 12시간 이상 보온하지 마십시오. • 장시간 예약 취사한 밥은 가능한 보온하지 마십시오.

40 위 설명서를 기준으로 판단할 때 전기밥솥에 대한 설명으로 옳지 않은 것을 고르면?

① 압력추가 똑바른 상태에서 작동하여야 한다.

② 압력패킹의 수명은 별 문제가 없는 한 반영구적이다.

③ 예약 취사는 13시간 이내에서 설정하여 사용하도록 한다.

④ Er1 표시는 온도감지기에 이상이 있는 경우 나타난다.

⑤ Er2 표시는 압력 조절 노즐이 막혔을 경우 나타난다.

41 제품에 문제가 발생했을 때 서비스 센터에 연락해야만 해결이 가능한 현상인 것은?

① 가끔 취사가 안 된다.

② 취사 도중 밥물이 넘친다.

③ Er2 표시가 나타날 때

④ 취사 시 바람부는 소리가 들릴 경우

⑤ 밥의 밑면에 누런 빛깔이 나타날 때

42 위 설명서를 기준으로 판단할 때 전기밥솥에 대한 설명으로 옳은 것을 모두 고르면?

> ㉠ 취사 중 다른 버튼 조작을 하더라도 취사 기능에 문제가 발생하지는 않는다.
> ㉡ 온도감지기에 이상이 있을 경우 Er8 표시가 나타나게 된다.
> ㉢ 멜라노이징 현상으로 밥 밑면에 누런 빛깔이 나타날 수 있다.
> ㉣ 압력패킹을 자주 세척할 경우 밀착력이 떨어져 증기가 샐 수 있다.

① ㉠㉡　　　　　　　　　　　② ㉠㉢

③ ㉡㉢　　　　　　　　　　　④ ㉢㉣

⑤ ㉠㉣

의사소통능력

수리능력

문제해결능력

자기개발능력

자원관리능력

대인관계능력

정보능력

기술능력

조직이해능력

직업윤리

[43 ～ 45] 다음은 팩시밀리의 사용설명서이다. 물음에 답하시오.

〈기기 사용 시의 주의사항〉

1. 제품 가까이에 있고 쉽게 접근 가능하며 올바르게 접지된 콘센트에 전원 코드를 연결해 주십시오. 물기가 있거나 습기 찬 장소에서 제품을 사용하거나 보관하지 마십시오.
2. 기기 내부의 정착 유니트와 그 주변은 기기 작동 중에 매우 뜨겁습니다. 걸린 용지를 제거하거나 기기 내부를 살펴보는 경우에 정착 유니트 주변에 손이 닿지 않도록 주의해 주십시오. 화상의 원인이 될 수도 있습니다.
3. 걸린 용지를 제거하거나 토너 카트리지를 교체하는 경우에 토너 가루가 눈이나 입에 들어가지 않도록 주의해 주십시오. 만일 토너가 눈이나 입에 들어간 경우에는 즉시 깨끗한 물로 씻어내고 의사와 상담해 주십시오.
4. 손이나 옷에 토너가 묻지 않도록 주의해 주십시오. 만일 손이나 옷에 토너가 묻은 경우에는 즉시 차가운 물로 씻어내 주십시오. 따뜻한 물로 씻으면 얼룩이 남을 수도 있습니다.
5. 본 사용설명서에서 명시되지 않은 기기 작동은 일체 하지 마십시오.

〈문제 해결〉

[송신할 수 없는 경우]

상태	확인사항	해결 방법
송신할 수 없다.	송신 방법을 확인해 주십시오.	송신 방법을 확인한 후에 다시 전송해 주십시오.
	전송처 번호가 올바른지 확인해 주십시오.	단축 다이얼을 이용한다면 그 리스트를 인쇄해서 번호가 올바르게 입력되었는지 확인해 주십시오.
	외부 회선 접속 번호가 포함되었는지 확인해 주십시오.	구내 전화에서 외부 회선으로 다이얼하는 경우에는 외부 회선 접속 번호를 포함시켜 주십시오.
	상대방 기기에 문제가 없는지 확인해 주십시오.	상대방에게 팩스 전송 준비(전원, 용지 등)를 하도록 요청해 주십시오.
문서가 연속으로 송신되지 않는다.	놓여진 문서들의 위쪽 가장 자리가 맞추어져 있는지 확인해 주십시오.	문서를 다시 놓아 주십시오.
	문서의 폭이 최소 제한 폭보다 작은 페이지가 있는지 확인해 주십시오.	그러한 페이지만 따로 원고 유리에 놓고 전송해 주십시오.
번호를 다이얼해도 송신할 수 없다.	문서가 올바르게 놓였는지 확인해 주십시오.	문서를 올바르게 놓아 주십시오.
	상대방 기기에 용지가 있는지 확인해 주십시오.	상대방에게 용지를 넣도록 요청해 주십시오.
	상대방이 통화 중인지 확인해 주십시오.	통화가 끝날 때까지 기다려 주십시오.

[기기가 작동하지 않는 경우]

상태	확인사항	해결 방법
기기가 작동하지 않는다.	전원 코드가 제대로 꽂혀있는지 확인해 주십시오.	전원 스위치와 전원 플러그를 확인해 주십시오.
	전원 스위치가 [ON]인지 확인해 주십시오.	전원 스위치를 [ON]으로 켜 주십시오.
화면에 아무것도 나타나지 않는다.	전원 스위치가 제대로 꽂혀 있고 전원 스위치가 [ON]인지 확인해 주십시오.	전원 스위치와 전원 플러그를 확인하고 전원 스위치를 [ON]으로 켜 주십시오.
다이얼 할 수 없다.	벽면 전화 콘센트와 기기에 전화선이 올바르게 연결되어 있는지 확인해 주십시오.	전화선을 올바르게 연결해 주십시오.
용지가 배출되지 않는다.	용지나 기타 물체가 걸려 있는지 확인해 주십시오.	에러 메시지를 확인한 후에 걸린 용지나 기타 물체를 제거해 주십시오.
용지가 자주 걸린다. 용지에 주름이 생긴다.	용지가 올바르게 놓였는지 확인해 주십시오.	용지를 올바르게 놓아 주십시오.
	용지 크기가 올바르게 설정되었는지 확인해 주십시오.	들어있는 용지에 맞추어 용지 크기를 설정해 주십시오.
	적합한 용지를 사용하는지 확인해 주십시오.	이 매뉴얼에 설명된 용지를 사용해 주십시오.
	용지에 습기가 있는지 확인해 주십시오.	습기가 없는 새 용지로 교체해 주십시오.

43 팩시밀리의 토너가 없다는 메시지를 읽은 K 씨가 토너를 교체하다가 옷에 토너가 묻었다. 이때 K 씨의 올바른 대처 방법은?

① 손으로 툭툭 털어낸다.
② 따뜻한 물로 씻어낸다.
③ 차가운 물로 씻어낸다.
④ 고객상담실에 전화를 걸어 물어본다.

의사소통능력

수리능력

문제해결능력

자기개발능력

자원관리능력

대인관계능력

정보능력

기술능력

조직이해능력

직업윤리

44 급하게 K 씨는 거래처에 팩스를 보내야 하는데 계속 번호를 눌러도 팩스가 송신되지 않을 경우 K 씨가 확인해야 하는 사항으로 옳지 않은 것은?

① 문서가 올바르게 놓였는지 확인한다.

② 상대방 기기에 용지가 있는지 확인한다.

③ 상대방이 통화 중인지 확인한다.

④ 새 토너 카트리지로 교환한다.

45 세무사로부터 팀원들의 원천징수영수증이 팩스로 발송되었다고 전화가 왔다. 확인을 하러 간 K 씨는 전송된 용지가 모두 찌글찌글 주름이 져 있어 내용을 확인할 수가 없었다. 다시 송부해 달라고 해서 받았지만 계속적으로 용지에 주름이 져 나온다면 이에 대한 해결 방법으로 옳지 않은 것은?

① 전화선을 올바르게 연결한다.

② 들어있는 용지에 맞추어 용지 크기를 설정한다.

③ 적합한 용지가 들어있는지 확인한다.

④ 습기가 없는 새 용지로 교체한다.

확인하세요	조치하세요
탈수 시 진동, 소음이 요란한 경우 • 세탁물이 한쪽으로 치우치지 않았습니까? • 세탁기가 수평으로 설치되어 있습니까? • 운송용 고정볼트는 제거하셨습니까?	• 세탁물을 고르게 펴 주세요. • 바닥을 단단하고 수평인 곳에 설치하고 수평상태를 확인하여 끄덕거림이 없도록 하세요. • 운송용 고정볼트를 제거하세요.
탈수가 진행되지 않을 경우 • 인형, 발매트, 니트류 등을 하나만 세탁하셨습니까? • 소재가 다른 두 종류의 이불을 같이 세탁 하셨습니까?	• 인형, 발매트 등은 치우침에 의해 탈수가 안 될 수 있습니다. 니트류는 골고루 펴서 다시 한 번 진행시켜 주세요. • 이불을 하나씩 나누어서 탈수 해 주세요.
급수가 안되거나 물이 약하게 나올 경우 • 수도꼭지가 잠겨 있지 않습니까? • 단수는 아닌가요? • 수도꼭지나 급수 호스가 얼지는 않았습니까? • 수압이 낮거나 급수구 거름망이 막히지 않았습니까? • 냉수 밸브에 급수 호스가 연결되어 있습니까? • 급수 호스가 꺾여 있지 않습니까?	• 수도꼭지를 열어주세요. • 다른 곳의 수도꼭지를 확인해 보세요. • 수도꼭지를 잠근 후 뜨거운 물수건으로 수도꼭지 및 세탁기 급수 호스 양쪽 연결 부위를 녹여주세요. • 급수구의 거름망을 꺼내어 청소하세요. • 냉수측 밸브에 급수 호스를 연결해 주세요. • 급수 호스가 꺾이지 않도록 펴 주세요.
급수 호스 연결부에 물이 새는 경우 급수 호스가 수도꼭지에 제대로 연결되어 있습니까?	급수 호스를 수도꼭지에 밀착되게 다시 조이세요.
배수가 안되거나 물이 조금씩 빠질 경우 • 배수호스가 내려져 있습니까? • 배수호스가 꺾여 있거나 문턱이 높아 내부가 막혀 있지 않습니까? • 배수펌프 속에 핀 등 이물질이 걸려있어 펌프가 돌아가지 않습니까?	• 배수호스를 내려주세요. • 호스가 꺾여 굴곡이 생기면 이물질이 막혀 배수가 되지 않으므로 평평한 곳에 바르게 놓아 주세요. • 펌프마개를 열고 이물질을 꺼내어 주세요.
세제 투입구나 뒷면의 환기구로 증기가 나올 경우 삶음 코스를 선택하여 세탁 중이지 않습니까?	세탁수를 가열할 때 나는 수증기이므로 고장이 아닙니다.
전원이 들어오지 않을 경우 • 세탁기의 전원 버튼을 눌렀습니까? • 전원 플러그가 빠지지 않았습니까? • 누전차단기가 off로 되어 있지 않습니까? • 110볼트 전원에 연결하지 않았습니까?	• 세탁기의 전원 버튼을 눌러주세요. • 전원 플러그를 끼워주세요. • 누전차단기를 on으로 하세요. • 본 제품은 220볼트 전용입니다.
동작이 되지 않을 경우 • 문을 닫고 전원 버튼을 눌렀습니까? • 물을 받고 있는 중이지 않습니까? • 수도꼭지가 잠겨 있지는 않습니까?	• 전원 버튼을 눌러주세요. • 물이 설정된 물 높이에 채워질 때까지 기다리세요. • 수도꼭지를 열어 주세요.
세탁통 문의 아래쪽으로 물이 흘러나올 경우 세탁통 문의 유리와 그에 접하는 고무에 실밥, 세제 등의 이물질이 묻어 있지 않습니까?	깨끗한 천으로 닦아 이물질을 제거해 주세요.

의사소통능력

수리능력

문제해결능력

자기개발능력

자원관리능력

대인관계능력

정보능력

기술능력

조직이해능력

직업윤리

46 세탁기를 사용하여 탈수를 하던 중 갑자기 요란한 진동현상이 나타날 경우 적절한 조치방법으로 옳은 것은?

① 수도꼭지를 열어본다.
② 배수호스를 내려본다.
③ 전원 버튼을 다시 한 번 눌러 본다.
④ 세탁물을 고르게 펴 본다.

47 오랜만에 이불 빨래를 하려고 하는데 세탁기의 전원이 들어오지 않는다. 이럴 경우 적절한 조치 방법으로 알맞은 것은?

① 펌프마개를 열고 이물질을 제거한다.
② 세탁기의 전원 버튼을 눌러 본다.
③ 냉수측 밸브에 급수 호스를 연결한다.
④ 운송용 고정볼트를 제거했는지 확인한다.

48 세탁을 하려고 전원 버튼을 누르고 청소를 하다가 갑자기 이상한 느낌이 들어 세탁기 쪽을 바라보았더니 세탁통 문 아래쪽으로 물이 흘러나오고 있었다. 이럴 경우 적절한 조치방법은?

① 배수호스를 평평한 곳에 바르게 놓는다.
② 급수구의 거름망을 청소한다.
③ 깨끗한 천으로 닦아 이물질을 제거한다.
④ 급수 호스를 꺾이지 않게 한다.

49 다음 사례에 대한 조치로 옳은 것은?

> ○○회사에서 근무 중인 A 씨는 연삭기 작업을 할 때 낮은 자세로 일해 허리가 아프며, 연삭기에는 덮개가 없어 불꽃과 칩이 튀어 부상의 위험이 있다. 또한 연삭기 쪽으로 손가락이 말려 들어가는 사고에 노출되어 있지만 작동을 멈출 수 있는 브레이크 장치가 없다.

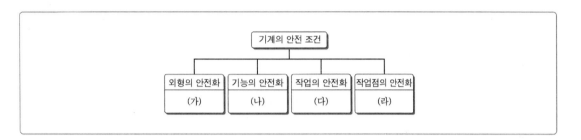

① (가)는 불꽃과 칩이 튀지 않도록 보호구를 착용하여 작업을 하도록 한다.

② (나)는 연삭기를 멈출 수 있도록 풀 프루프(Fool Proof) 장치를 설치한다.

③ (다)는 연삭기를 충분한 강도가 유지되도록 설계한다.

④ (라)는 인간 공학적 요인을 해결할 수 있도록 작업대 높이를 조절한다.

의사소통능력

수리능력

문제해결능력

자기개발능력

자원관리능력

대인관계능력

정보능력

기술능력

조직이해능력

직업윤리

50 ○○푸드 시스템즈에 근무하는 L 씨는 운동과 영양제 섭취가 장수에 미치는 영향을 조사한 결과, 운동만이 장수의 요인으로 작용한 것을 발견하였다. 이러한 결론을 지지하는 자료로 적합한 것은?

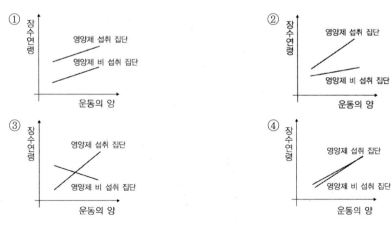

조직이해능력

(1) 조직, 기업, 업무

① 조직 : 두 사람 이상이 공동의 목표를 달성하기 위해 의식적으로 구성된 상호작용과 조정을 행하는 행동의 집합체

② 기업 : 노동, 자본, 물자, 기술 등을 투입하여 제품이나 서비스를 산출하는 기관

③ 업무 : 상품이나 서비스를 창출하기 위한 생산적인 활동

(2) 조직의 유형

기준	구분	예
공식성	공식조직	조직의 규모, 기능, 규정이 조직화된 조직
	비공식조직	인간관계에 따라 형성된 자발적 조직
영리성	영리조직	사기업
	비영리조직	정부조직, 병원, 대학, 시민단체
조직규모	소규모 조직	가족 소유의 상점
	대규모 조직	대기업

(3) 조직변화의 과정

환경 변화 인지 → 조직변화 방향 수립 → 조직변화 실행 → 변화결과 평가

(4) 조직과 개인

개인	지식, 기술, 경험 → ← 연봉, 성과급, 인정, 칭찬, 만족감	조직

하위능력별 출제 유형

경영이해능력 ◆ ◆ ◆ ◆ ◇
SWOT분석 및 경영전략과 관련된 문항으로 구성된다.

체제이해능력 ◆ ◆ ◆ ◆ ◆
조직도와 같은 조직의 유형 등이 출제된다.

업무 이해능력 ◆ ◆ ◆ ◇ ◇
업무의 종류와 특성에 대한 이해도를 평가, 업무 수행과 관련한 시트 작성 등으로 구성된다.

국제감각 ◆ ◇ ◇ ◇ ◇
국제 경제의 전반적인 흐름과 국제, 비즈니스 상식 등이 출제된다.

의사소통능력

수리능력

문제해결능력

자기개발능력

자원관리능력

대인관계능력

정보능력

기술능력

조직이해능력

직업윤리

하위능력별 출제 빈도

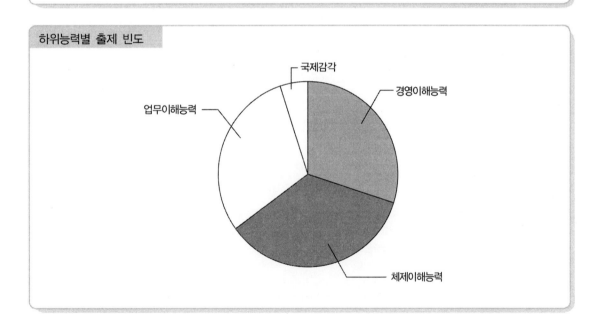

경영이해능력

(1) 경영

경영은 조직의 목적을 달성하기 위한 전략, 관리, 운영활동이다.

(2) 경영의 구성요소

① 경영 목적 : 조직의 목적을 달성하기 위한 방법이나 과정

② 인적자원 : 조직의 구성원·인적자원의 배치와 활용

③ 자금 : 경영활동에 요구되는 돈·경영의 방향과 범위 한정

④ 경영전략 : 변화하는 환경에 적응하기 위한 경영활동 체계화

(3) 경영의 과정

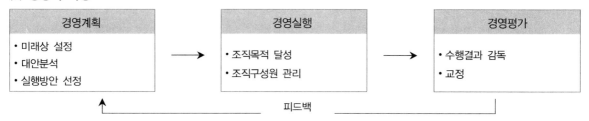

경영계획		경영실행		경영평가
• 미래상 설정 • 대안분석 • 실행방안 선정	→	• 조직목적 달성 • 조직구성원 관리	→	• 수행결과 감독 • 교정

피드백

(4) 경영활동 유형

① 외부경영활동 : 조직외부에서 조직의 효과성을 높이기 위해 이루어지는 활동이다.

② 내부경영활동 : 조직내부에서 인적, 물적자원 및 생산 기술을 관리하는 것이다.

(5) 경영자의 역할

대인적 역할	정보적 역할	의사결정적 역할
• 조직의 대표자 • 조직의 리더 • 상징자, 지도자	• 외부환경 모니터 • 변화전달 • 정보전달자	• 문제 조정 • 대외적 협상 주도 • 분쟁조정자, 자원배분자, 협상가

(6) 의사결정의 과정

① 확인 단계 : 의사결정이 필요한 문제를 인식한다.

② 개발 단계 : 확인된 문제에 대하여 해결방안을 모색하는 단계이다.

③ 선택 단계 : 해결방안을 마련하며 실행가능한 해결안을 선택한다.

(7) 집단의사결정의 특징

① 지식과 정보가 더 많아 효과적인 결정을 할 수 있다.

② 다양한 견해를 가지고 접근할 수 있다.

③ 결정된 사항에 대하여 의사결정에 참여한 사람들이 해결책을 수월하게 수용하고, 의사소통의 기회도 향상된다.

④ 의견이 불일치하는 경우 의사결정을 내리는데 시간이 많이 소요된다.

⑤ 특정 구성원에 의해 의사결정이 독점될 가능성이 있다.

(8) 경영전략 추진과정

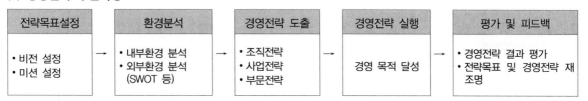

(9) 마이클 포터의 본원적 경쟁전략

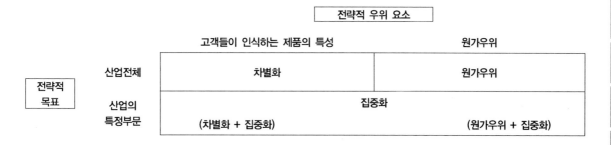

(10) 경영참가제도 목적

① 경영의 민주성을 제고할 수 있다.

② 공동으로 문제를 해결하고 노사 간의 세력 균형을 이룰 수 있다.

③ 경영의 효율성을 제고할 수 있다.

④ 노사 간 상호 신뢰를 증진시킬 수 있다.

(11) 경영참가제도 유형

① 경영참가 : 경영자의 권한인 의사결정 과정에 근로자 또는 노동조합이 참여하는 것

② 이윤참가 : 조직의 경영성과에 대하여 근로자에게 배분하는 것

③ 자본참가 : 근로자가 조직 재산의 소유에 참여하는 것

의사소통능력

수리능력

문제해결능력

자기개발능력

자원관리능력

대인관계능력

정보능력

기술능력

조직이해능력

직업윤리

(1) 조직목표 기능

① 조직이 존재하는 정당성과 합법성 제공

② 조직이 나아갈 방향 제시

③ 조직구성원 의사결정의 기준

④ 조직구성원 행동수행의 동기유발

⑤ 수행평가 기준

⑥ 조직설계의 기준

(2) 조직목표의 특징

① 공식적 목표와 실제적 목표가 다를 수 있음

② 다수의 조직목표 추구 가능

③ 조직목표 간 위계적 상호관계가 있음

④ 가변적 속성

⑤ 조직의 구성요소와 상호관계를 가짐

(3) 조직구조

① 조직구조의 결정요인 : 전략, 규모, 기술, 환경

② 조직구조의 유형과 특징

유형	특징
기계적 조직	• 구성원들의 업무가 분명하게 규정 • 엄격한 상하 간 위계질서 • 다수의 규칙과 규정 존재
유기적 조직	• 비공식적인 상호의사소통 • 급변하는 환경에 적합한 조직

(4) 조직문화 기능

① 조직구성원들에게 일체감, 정체성 부여

② 조직몰입 향상

③ 조직구성원들의 행동지침은 사회화 및 일탈행동 통제

④ 조직의 안정성 유지

⑸ 조직문화 구성요소(7S)

공유가치(Shared Value), 리더십 스타일(Style), 구성원(Staff), 제도·절차(System), 구조(Structure), 전략(Strategy), 스킬(Skill)

⑹ 조직체제 구성요소

① **조직목표** : 전체 조직의 성과, 자원, 시장, 인력개발, 혁신과 변화, 생산성에 대한 목표

② **조직구조** : 조직 내의 부문 사이에 형성된 관계

③ **조직문화** : 조직구성원들 간에 공유하는 생활양식이나 가치

④ **규칙 및 규정** : 조직의 목표나 전략에 따라 수립되어 조직구성원들이 활동범위를 제약하고 일관성을 부여하는 기능

⑺ 조직 내 집단

① **공식적 집단** : 조직에서 의식적으로 만든 집단으로 집단의 목표, 임무가 명확하게 규정되어 있다.
　　예 임시위원회, 작업팀 등

② **비공식적 집단** : 조직구성원들의 요구에 따라 자발적으로 형성된 집단이다.
　　예 스터디모임, 봉사활동 동아리, 각종 친목회 등

의사소통능력

수리능력

문제해결능력

자기개발능력

자원관리능력

대인관계능력

정보능력

기술능력

조직이해능력

직업윤리

(1) 업무의 종류

부서	업무(예)
총무부	주주총회 및 이사회개최 관련 업무, 의전 및 비서업무, 집기비품 및 소모품의 구입과 관리, 사무실 임차 및 관리, 차량 및 통신시설의 운영, 국내외 출장 업무 협조, 복리후생 업무, 법률자문과 소송관리, 사내 외 홍보 광고업무
인사부	조직기구의 개편 및 조정, 업무분장 및 조정, 인력수급계획 및 관리, 직무 및 정원의 조정 종합, 노사관 리, 평가관리, 상벌관리, 인사발령, 교육체계 수립 및 관리, 임금제도, 복리후생제도 및 지원업무, 복무관 리, 퇴직관리
기획부	경영계획 및 전략 수립, 전사기획업무 종합 및 조정, 중장기 사업계획의 종합 및 조정, 경영정보 조사 및 기획보고, 경영진단업무, 종합예산수립 및 실적관리, 단기사업계획 종합 및 조정, 사업계획, 손익추 정, 실적관리 및 분석
회계부	회계제도의 유지 및 관리, 재무상태 및 경영실적 보고, 결산 관련 업무, 재무제표분석 및 보고, 법인세, 부가가치세, 국세 지방세 업무자문 및 지원, 보험가입 및 보상업무, 고정자산 관련 업무
영업부	판매 계획, 판매예산의 편성, 시장조사, 광고 선전, 견적 및 계약, 제조지시서의 발행, 외상매출금의 청 구 및 회수, 제품의 재고 조절, 거래처로부터의 불만 처리, 제품의 애프터서비스, 판매원가 및 판매가격 의 조사 검토

(2) 업무의 특성

① 공통된 조직의 목적 지향

② 요구되는 지식, 기술, 도구의 다양성

③ 다른 업무와의 관계, 독립성

④ 업무 수행의 자율성, 재량권

(3) 업무 수행 계획

① 업무 지침 확인 : 조직의 업무 지침과 나의 업무 지침을 확인한다.

② 활용 자원 확인 : 시간, 예산, 기술, 인간관계

(4) 업무 수행 시트 작성

① 간트 차트 : 단계별로 업무의 시작과 끝 시간을 바 형식으로 표현

② 워크 플로 시트 : 일의 흐름을 동적으로 보여줌

③ 체크리스트 : 수행수준 달성을 자가점검

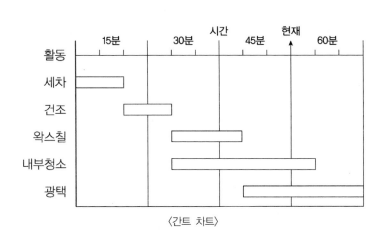

〈간트 차트〉

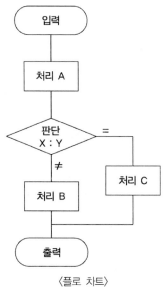

〈플로 차트〉

(5) 업무 방해요소

① 다른 사람의 방문, 인터넷, 전화, 메신저 등

② 갈등관리

③ 스트레스

의사소통능력

수리능력

문제해결능력

자기개발능력

자원관리능력

대인관계능력

정보능력

기술능력

조직이해능력

직업윤리

하위능력 04 국제감각능력

(1) 세계화

3Bs(국경 : Border, 경계 : Boundary, 장벽 : Barrier)가 완화되면서 활동범위가 세계로 확대되는 현상이다.

(2) 국제경영

다국적 내지 초국적 기업이 등장하여 범지구적 시스템과 네트워크 안에서 기업 활동이 이루어지는 것이다.

(3) 이문화 커뮤니케이션

서로 상이한 문화 간 커뮤니케이션으로 직업인이 자신의 일을 수행하는 가운데 문화배경을 달리하는 사람과 커뮤니케이션을 하는 것이 이에 해당한다. 이문화 커뮤니케이션은 언어적 커뮤니케이션과 비언어적 커뮤니케이션으로 구분된다.

(4) 국제 동향 파악 방법

① 관련 분야 해외사이트를 방문해 최신 이슈를 확인한다.
② 매일 신문의 국제면을 읽는다.
③ 업무와 관련된 국제잡지를 정기구독 한다.
④ 고용노동부, 한국산업인력공단, 산업통상자원부, 중소기업청, 상공회의소, 산업별인적자원개발협의체 등의 사이트를 방문해 국제동향을 확인한다.
⑤ 국제학술대회에 참석한다.
⑥ 업무와 관련된 주요 용어의 외국어를 알아둔다.
⑦ 해외서점 사이트를 방문해 최신 서적 목록과 주요 내용을 파악한다.
⑧ 외국인 친구를 사귀고 대화를 자주 나눈다.

(5) 대표적인 국제매너

① 미국인과 인사할 때에는 눈이나 얼굴을 보는 것이 좋으며 오른손으로 상대방의 오른손을 힘주어 잡았다가 놓아야 한다.
② 러시아와 라틴아메리카 사람들은 인사할 때에 포옹을 하는 경우가 있는데 이는 친밀함의 표현이므로 자연스럽게 받아주는 것이 좋다.
③ 명함은 받으면 구기거나 계속 만지지 않고 한 번 보고나서 탁자 위에 보이는 채로 대화하거나 명함집에 넣는다.
④ 미국인들은 시간 엄수를 중요하게 생각하므로 약속시간에 늦지 않도록 주의한다.
⑤ 스프를 먹을 때에는 몸쪽에서 바깥쪽으로 숟가락을 사용한다.
⑥ 생선요리는 뒤집어 먹지 않는다.
⑦ 빵은 스프를 먹고 난 후부터 디저트를 먹을 때까지 먹는다.

대표예제 모듈형 문제

예제 01 체제이해능력

주어진 글의 빈칸에 들어갈 말로 가장 적절한 것은?

> 조직이 지속되게 되면 조직구성원들 간 생활양식이나 가치를 공유하게 되는데 이를 조
> 직의 (㉠)라고 한다. 이는 조직구성원들의 사고와 행동에 영향을 미치며 일체감과
> 정체성을 부여하고 조직이 (㉡)으로 유지되게 한다. 최근 이에 대한 중요성이 부각
> 되면서 긍정적인 방향으로 조성하기 위한 경영층의 노력이 이루어지고 있다.

	㉠	㉡			㉠	㉡
①	목표	혁신적		②	구조	단계적
③	문화	안정적		④	규칙	체계적

출제의도

본 문항은 조직체계의 구성요소들의 개념을 묻는 문제이다.

해설

조직문화란 조직구성원들 간에 공유하게 되는 생활양식이나 가치를 말한다. 이는 조직구성원들의 사고와 행동에 영향을 미치며 일체감과 정체성을 부여하고 조직이 안정적으로 유지되게 한다.

예제 02 경영이해능력

다음은 경영전략을 세우는 방법 중 하나인 SWOT에 따른 어느 기업의 분석 결과이다. 다음 중 주어진 기업 분석 결과에 대응하는 전략은?

강점 (Strength)	• 차별화된 맛과 메뉴 • 폭넓은 네트워크
약점 (Weakness)	• 매출의 계절적 변동폭이 큼 • 딱딱한 기업 이미지
기회 (Opportunity)	• 소비자의 수요 트랜드 변화 • 가계의 외식 횟수 증가 • 경기회복 가능성
위협 (Threat)	• 새로운 경쟁자의 진입 가능성 • 과도한 가계부채

내부환경 외부환경	강점(Strength)	약점(Weakness)
기회 (Opportunity)	① 계절 메뉴 개발을 통한 분기 매출 확보	② 고객의 소비패턴을 반영한 광고를 통한 이미지 쇄신
위협 (Threat)	③ 소비 트렌드 변화를 반영한 시장 세분화 정책	④ 고급화 전략을 통한 매출 확대

출제의도

본 문항은 조직이해능력의 하위능력인 경영관리능력을 측정하는 문제이다. 기업에서 경영전략을 세우는데 많이 사용되는 SWOT분석에 대해 이해하고 주어진 분석표를 통해 가장 적절한 경영전략을 도출할 수 있는지를 확인할 수 있다.

해설

② 딱딱한 이미지를 현재 소비자의 수요 트렌드라는 환경 변화에 대응하여 바꿀 수 있다.

의사소통능력

수리능력

문제해결능력

자기개발능력

자원관리능력

대인관계능력

정보능력

기술능력

조직이해능력

직업윤리

Answer. 01.③ 02.②

다음은 중국의 H사에서 시행하는 경영참가제도에 대한 기사이다. 밑줄 친 이 제도는 무엇인가?

> H사는 '사람' 중심의 수평적 기업문화가 발달했다. H사는 이 제도의 시행을 통해 직원들이 경영에 간접적으로 참여할 수 있게 하였는데 이에 따라 자연스레 기업에 대한 직원들의 책임 의식도 강화됐다. 참여주주는 8만 2,471명이다. 모두 H사의 임직원이며, 이 중 창립자인 CEO R은 개인 주주로 총 주식의 1.18%의 지분과 퇴직연금으로 주식총액의 0.21%만을 보유하고 있다.

① 노사협의회제도
② 이윤분배제도
③ 종업원지주제도
④ 노동주제도

다음은 I기업의 조직도와 팀장님의 지시사항이다. H 씨가 팀장님의 심부름을 수행하기 위해 연락해야 할 부서로 옳은 것은?

> H 씨! 내가 지금 너무 바빠서 그러는데 부탁 좀 들어줄래요? 다음 주 중에 사장님 모시고 클라이언트와 만나야 할 일이 있으니까 사장님 일정을 확인해주시고요. 이번 달에 신입사원 교육·훈련계획이 있었던 것 같은데 정확한 시간이랑 날짜를 확인해주세요.

① 총무부, 인사부
② 총무부, 홍보실
③ 기획부, 총무부
④ 영업부, 기획부

Answer.   03.③   04.①

다음 중 업무 수행 시 단계별로 업무를 시작해서 끝나는 데까지 걸리는 시간을 바 형식으로 표시하여 전체 일정 및 단계별로 소요되는 시간과 각 업무활동 사이의 관계를 볼 수 있는 업무 수행 시트는?

① 간트 차트
② 워크 플로 차트
③ 체크리스트
④ 퍼트 차트

출제의도

업무 수행 계획을 수립할 때 간트 차트, 워크 플로 시트, 체크리스트 등의 수단을 이용하면 효과적으로 계획하고 마지막에 급하게 일을 처리하지 않고 주어진 시간 내에 끝마칠 수 있다. 본 문항은 그러한 수단이 되는 차트들의 이해도를 묻는 문항이다.

해설

② 일의 절차 처리의 흐름을 표현하기 위해 기호를 써서 도식화한 것
③ 업무를 세부적으로 나누고 각 활동별로 수행수준을 달성했는지를 확인하는 데 효과적
④ 하나의 사업을 수행하는 데 필요한 다수의 세부사업을 단계와 활동으로 세분하여 관련된 계획 공정으로 묶고, 각 활동의 소요시간을 낙관시간, 최가능시간, 비관시간 등 세 가지로 추정하고 이를 평균하여 기대시간을 추정

의사소통능력

수리능력

문제해결능력

자기개발능력

자원관리능력

대인관계능력

정보능력

기술능력

조직이해능력

직업윤리

Answer. 05.①

출제예상문제

정답 및 해설 **p.548**

1 다음 빈칸에 공통적으로 들어갈 개념은 무엇인가?

> • _____을/를 하는 사람, 즉 기업가는 자본을 조달하여 생산 요소를 결합시켜서 새로운 부가가치를 가지는 재화와 용역을 생산한다.
>
> • _____은/는 개인이 영리 등을 목적으로 하여 운영하는 사기업과 국가 또는 공공단체가 공공의 목적을 위하여 운영하는 공기업으로 크게 구분할 수 있다. 우리나라의 경우는 개인 상인, 민법상의 조합과 상법상의 특수조합, 합명회사·합자회사·주식회사 등으로 분류하고 있다. 일반적으로 기업은 주식회사 형태의 사기업이 대표적이다.

① 자금

② 경영

③ 조직

④ 기업

2 다음 빈칸에 들어갈 용어로 적절한 것끼리 짝지어진 것은?

- 조직은 ___㉠___ 에 따라 공식조직과 비공식조직으로 나뉘어진다.
- 조직은 ___㉡___ 에 따라 영리조직과 비영리조직으로 나뉘어진다.
- 조직은 ___㉢___ 에 따라 소규모조직과 대규모조직으로 나뉘어진다.

의사소통능력

수리능력

문제해결능력

자기개발능력

자원관리능력

대인관계능력

정보능력

기술능력

조직이해능력

직업윤리

	㉠	㉡	㉢
①	대표성	조직규모	공식성
②	공식성	영리성	조직규모
③	영리성	대표성	공식성
④	조직규모	공식성	영리성

3 다음은 A기업의 조직도이다. 각 부서의 업무로 옳지 않은 것은?

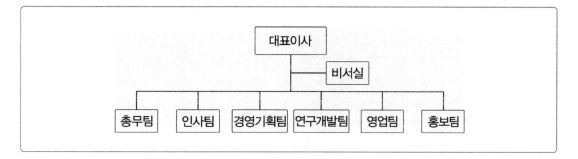

① 총무팀 : 소모품의 구입과 관리, 사무실 임차 및 관리, 차량 및 통신시설의 운영

② 인사팀 : 회계제도의 유지 및 관리, 재무상태 및 경영실적 보고, 결산 관련 업무

③ 영업팀 : 판매 계획, 시장조사, 광고, 선전, 계약, 재고 조절

④ 기획팀 : 경영계획 및 전략 수립, 전사기획업무 종합 및 조정

4 다음 중 비공식조직의 순기능이 아닌 것은?

① 조직구성원들은 비공식집단을 통하여 조직에 대한 귀속감과 자기 신분에 대한 안정감을 느끼게 되어 조직에서 오는 소외감을 감소시켜 준다.

② 비공식집단은 구성원 간에 업무에 관한 지식이나 경험을 서로 나누어 갖고, 또 상호 간의 밀접한 협조를 가능하게 함으로써 공식조직이 요구하는 능률적인 업무 수행을 촉진시킨다.

③ 비공식집단이 활성화되어 있는 조직일수록 구성원은 조직에 대한 귀속감과 자기 집무에 대한 만족감을 느껴 사기가 향상될 수 있다.

④ 비공식집단은 조직 내의 어떤 구성원이 비공식집단의 세력을 배경으로 하거나 정실적인 접촉을 통하여 개인적 이익을 도모하는 데 이용될 가능성이 있다.

5 다음의 빈칸에 들어갈 말을 순서대로 나열한 것은?

조직의 (㉠)은/는 조직 내의 부문 사이에 형성된 관계로 조직목표를 달성하기 위한 조직구성원들의 상호작용을 보여준다. 이는 결정권의 집중정도, 명령계통, 최고 경영자의 통제, 규칙과 규제의 정도에 따라 달라지며 구성원들의 업무나 권한이 분명하게 정의된 기계적 조직과 의사결정권이 하부 구성원들에게 많이 위임되고 업무가 고정적이지 않은 유기적 조직으로 구분될 수 있다. (㉡)은/는 이를 쉽게 파악할 수 있다. 구성원들의 임무, 수행하는 과업, 일하는 장소 등을 파악하는데 용이하다. 한편 조직이 지속되게 되면 조직구성원들 간 생활양식이나 가치를 공유하게 되는데 이를 조직의 (㉢)라고 한다. 이는 조직구성원들의 사고와 행동에 영향을 미치며 일체감과 정체성을 부여하고 조직이 안정적으로 유지되게 한다. 최근 이에 대한 중요성이 부각되면서 긍정적인 방향으로 조성하기 위한 경영층의 노력이 이루어지고 있다.

	㉠	㉡	㉢
①	구조	조직도	문화
②	목표	비전	규정
③	미션	핵심가치	구조
④	직급	규정	비전

6 다음 밑줄 친 용어의 '의사결정적 역할'에 해당하는 것은?

경영자란 기업 경영에 관하여 최고의 의사결정을 내리고, 경영활동의 전체적 수행을 지휘·감독하는 사람이나 또는 기관을 말한다.

① 대외 협상　　　　　　　② 기업을 대표
③ 외부환경 모니터　　　　④ 기업의 상징

7 다음에서 설명하고 있는 업무 수행 시트는?

아래와 같은 차트는 미리 정의된 기호와 그것들을 서로 연결하는 선을 사용하여 그린 도표를 말한다. 프로그램 논리의 흐름이나 어떤 목적을 달성하기 위한 처리 과정을 표현하는 데 사용할 수 있다. 특히 짧은 프로그램 모듈의 처리 과정을 자세히 설명할 수 있어서, 프로그램 작성 시에 거의 필수적인 전 단계로 받아들여지고 있다. 그러나 전체적인 시스템의 구성을 설명해 줄 수 없으며, 구조적 프로그램을 짜는 것을 방해하고, 프로그램 작성자로 하여금 전체적인 구성보다 지엽적인 문제에 집착하도록 하는 경향이 있다.

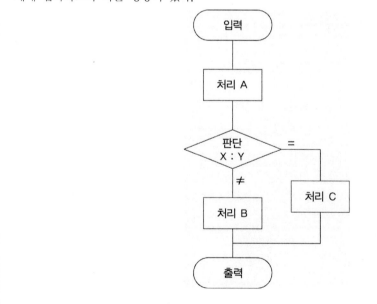

① 워크 플로 차트　　　　② 간트 차트
③ 체크리스트　　　　　　④ 퍼트 차트

의사소통능력

수리능력

문제해결능력

자기개발능력

자원관리능력

대인관계능력

정보능력

기술능력

조직이해능력

직업윤리

[8 ~ 12] 다음 결재규정을 보고 주어진 상황에 알맞게 작성된 양식을 고르시오.

결재규정

- 결재를 받으려면 업무에 대해서는 최고결재권자(대표이사)를 포함한 이하 직책자의 결재를 받아야 한다.
- '전결'이라 함은 회사의 경영활동이나 관리활동을 수행함에 있어 의사결정이나 판단을 요하는 일에 대하여 최고결재권자의 결재를 생략하고, 자신의 책임하에 최종적으로 의사결정이나 판단을 하는 행위를 말한다.
- 전결사항에 대해서도 위임 받은 자를 포함한 이하 직책자의 결재를 받아야 한다.
- 표시내용 : 결재를 올리는 자는 최고결재권자로부터 전결사항을 위임 받은 자가 있는 경우 결재란에 전결이라고 표시하고 최종 결재권자에 위임 받은 자를 표시한다. 다만, 결재가 불필요한 직책자의 결재란은 상황대각선으로 표시한다.
- 최고결재권자의 결재사항 및 최고결재권자로부터 위임된 전결사항은 다음의 표에 따른다.

구분	내용	금액기준	결재서류	팀장	본부장	대표이사
접대비	거래처 식대, 조사비 등	20만 원 이하	접대비지출품의서 지출결의서	● ■		
		30만 원 이하			● ■	
		30만 원 초과				● ■
교통비	국내 출장비	30만 원 이하	출장계획서 출장비신청서	● ■		
		50만 원 이하		●	■	
		50만 원 초과		●		■
	해외 출장비			●		■
소모품비	사무용품		지출결의서	■		
	문서, 전산소모품					■
	기타 소모품	20만 원 이하		■		
		30만 원 이하			■	
		30만 원 초과				■
교육 훈련비	사내외 교육		기안서 지출결의서	●		■
법인카드	법인카드 사용	50만 원 이하	법인카드신청서	■		
		100만 원 이하			■	
		100만 원 초과				■

- ● : 기안서, 출장계획서, 접대비지출품의서
- ■ : 지출결의서, 세금계산서, 발행요청서, 각종 신청서

8 영업부 사원 L 씨는 편집부 K 씨의 부친상에 부조금 50만 원을 회사 명의로 지급하기로 하였다. L 씨가 작성한 결재 방식은?

①

접대비지출품의서			
결재 담당	팀장	본부장	최종 결재
L			팀장

②

접대비지출품의서			
결재 담당	팀장	본부장	최종 결재
L		전결	본부장

③

지출결의서			
결재 담당	팀장	본부장	최종 결재
L	전결		대표이사

④

지출결의서			
결재 담당	팀장	본부장	최종 결재
L			대표이사

의사소통능력

수리능력

문제해결능력

자기개발능력

자원관리능력

대인관계능력

정보능력

기술능력

조직이해능력

직업윤리

9 영업부 사원 I 씨는 거래업체 직원들과 저녁식사를 위해 270,000원을 지불하였다. I 씨가 작성해야 하는 결재 방식으로 옳은 것은?

①

접대비지출품의서			
결재	담당	팀장	본부장	최종 결재
	I			전결

②

접대비지출품의서			
결재	담당	팀장	본부장	최종 결재
	I	전결		본부장

③

지출결의서			
결재	담당	팀장	본부장	최종 결재
	I	전결		본부장

④

접대비지출품의서			
결재	담당	팀장	본부장	최종 결재
	I		전결	본부장

10 영상 촬영팀 사원 Q 씨는 외부 교육업체로부터 1회에 20만 원씩 총 5회에 걸쳐 진행하는 〈디지털 영상 복원 기술〉 강의를 수강하기로 하였다. Q 씨가 작성해야 할 결재 방식으로 옳은 것은?

①

기안서			
결재	담당	팀장	본부장	최종 결재
	Q			전결

②

지출결의서			
결재	담당	팀장	본부장	최종 결재
	Q	전결		대표이사

③

기안서			
결재	담당	팀장	본부장	최종 결재
	Q	전결		팀장

④

지출결의서			
결재	담당	팀장	본부장	최종 결재
	Q			전결

의사소통능력

수리능력

문제해결능력

자기개발능력

자원관리능력

대인관계능력

정보능력

기술능력

조직이해능력

직업윤리

11 편집부 직원 R 씨는 해외 시장 모색을 위해 영국행 비행기 티켓 500,000원과 호주행 비행기 티켓 500,000원을 지불하였다. R 씨가 작성해야 할 결재 방식으로 옳은 것은?

①

		출장계획서		
결 재	담당	팀장	본부장	최종 결재
	R		/	전결

②

		출장계획서		
결 재	담당	팀장	본부장	최종 결재
	R		전결	본부장

③

		출장비신청서		
결 재	담당	팀장	본부장	최종 결재
	R	전결	/	본부장

④

		출장비신청서		
결 재	담당	팀장	본부장	최종 결재
	R			대표이사

12 편집부 사원 S는 회의에 사용될 인쇄물을 준비하던 도중 잉크 카트리지가 떨어진 것을 확인하였다. 그래서 급하게 개당 가격이 150,000원인 토너 2개를 법인카드로 구매하려고 한다. 이때 S가 작성할 결재 방식으로 옳은 것은?

①

지출결의서			
결재	담당	팀장	본부장	최종 결재
	S			전결

②

법인카드신청서			
결재	담당	팀장	본부장	최종 결재
	S	전결	/	팀장

③

지출결의서			
결재	담당	팀장	본부장	최종 결재
	S	전결	전결	본부장

④

법인카드신청서			
결재	담당	팀장	본부장	최종 결재
	S			대표이사

의사소통능력

수리능력

문제해결능력

자기개발능력

자원관리능력

대인관계능력

정보능력

기술능력

조직이해능력

직업윤리

13 다음 중 조직에서 업무가 배정되는 방법에 대한 설명으로 옳지 않은 것은?

① 조직의 업무는 조직 전체의 목적을 달성하기 위해 배분된다.

② 업무를 배정하면 조직을 가로로 구분하게 된다.

③ 직위는 조직의 업무체계 중 하나의 업무가 차지하는 위치이다.

④ 업무를 배정할 때에는 일의 동일성, 유사성, 관련성에 따라 이루어진다.

14 다음 중 조직변화의 유형에 대한 설명으로 옳지 않은 것은?

① 조직변화는 서비스, 제품, 전략, 구조, 기술, 문화 등에서 이루어질 수 있다.

② 기존 제품이나 서비스의 문제점을 인식하고 고객의 요구에 부응하기 위한 변화를 제품ㆍ서비스 변화라 한다.

③ 새로운 기술이 도입되는 것으로 신기술이 발명되었을 때나 생산성을 높이기 위해 이루어지는 것을 전략변화라 한다.

④ 문화변화는 구성원들의 사고방식이나 가치체계를 변화시키는 것을 말한다.

15 다음 ( )에 들어갈 알맞은 말이 바르게 짝지어진 것은?

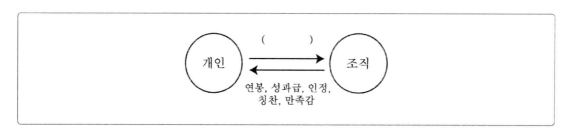

① 지식, 경험, 세금   ② 지식, 경험, 기술

③ 경영, 체제, 업무   ④ 성과, 수행, 선발

16 조직구성원으로서 가져야 할 상식으로 볼 수 없는 것은?

① 협동

② 존중과 이해

③ 공동체의식

④ 빡빡한 업무분장

17 다음 중 경영의 구성요소로 보기 어려운 것은?

① 자금

② 경영 목적

③ 전략

④ 평가

18 집단 의사결정 과정의 하나인 브레인스토밍에 대한 설명으로 옳지 않은 것은?

① 다른 사람이 아이디어를 제시할 때에는 비판을 하지 않아야 한다.

② 문제에 대한 제안은 자유롭게 이루어질 수 있다.

③ 아이디어는 적을수록 결정이 빨라져 좋다.

④ 모든 아이디어들이 제안되고 나면 이를 결합하여 해결책을 마련한다.

19 조직 내 의사결정의 단점으로 볼 수 있는 것은?

① 여러 사람이 모여 자유롭게 논의가 이루어진다.

② 다양한 시각에서 문제를 바라볼 수 있다.

③ 상하 간의 의사소통이 활발해진다.

④ 의사결정을 내리는 데 시간이 오래 소요된다.

의사소통능력

수리능력

문제해결능력

자기개발능력

자원관리능력

대인관계능력

정보능력

기술능력

조직이해능력

직업윤리

20 다음은 L 씨가 경영하는 스위치 생산 공장의 문제점과 대안을 나타낸 것이다. 이에 대한 설명으로 옳지 않은 것은?

- **문제점** : 불량률의 증가
- **해결 방법** : 신기술의 도입
- **가능한 대안**
  - 신기술의 도입
  - 업무시간의 단축
  - 생산라인의 변경

① 신기술을 도입할 경우 신제품의 출시가 가능하다.

② 업무시간을 단축할 경우 직원 채용에 대한 시간이 감소한다.

③ 생산라인을 변경하면 새로운 라인에 익숙해지는 데 시간이 소요된다.

④ 업무시간을 단축하면 구성원들의 직무만족도를 증가시킬 수 있다.

21 경영전략에 대한 설명으로 적절하지 못한 것은?

① 원가우위 전략은 원가절감을 위해 해당 산업에서 우위를 차지하는 전략으로 대량생산을 통해 단위 원가를 낮추거나 새로운 생산 기술을 개발하여야 한다.

② 차별화 전략은 우리나라 70년대의 섬유, 의류, 신발업체가 미국에 진출할 때 사용했던 전략이다.

③ 집중화 전략은 특정 시장이나 고객에게 한정된 전략으로 원가우위나 차별화 전략과는 달리 특정 산업을 대상으로 이루어진다.

④ 경쟁조직들이 소홀히 하고 있는 한정된 시장을 원가우위나 차별화전략을 사용하여 집중적으로 공략하는 것을 집중화 전략이라 한다.

22 다음에서 설명하고 있는 마케팅 기법을 일컫는 말로 적절한 것은?

> • 앨빈 토플러 등 미래학자들이 예견한 상품 개발 주체에 관한 개념
> • 소비자의 아이디어가 신제품 개발에 직접 관여
> • 기업이 소비자의 아이디어를 수용해 고객 만족을 최대화시키는 전략
> • 국내에서도 컴퓨터, 가구, 의류회사 등에서 공모 작품을 통해 적극적 수용

① 코즈 마케팅
② 니치 마케팅
③ 플래그십 마케팅
④ 노이즈 마케팅
⑤ 프로슈머 마케팅

23 조직목표에 대한 설명으로 옳지 않은 것은?

① 조직목표는 조직이 존재하는 이유와 관련된 조직의 사명과 사명을 달성하기 위한 세부목표를 가진다.
② 조직구성원들의 수행을 평가할 수 있는 기준이 된다.
③ 조직목표는 조직의 구조, 조직의 전략, 조직의 문화 등과 같은 조직체계의 다양한 구성요소들과 상호관계를 가진다.
④ 조직목표에 영향을 미치는 외적요인으로는 조직리더의 태도변화, 조직 내 권력구조 변화, 목표형성 과정 변화 등이 있다.

24 조직구조의 유형과 그 특징에 대한 설명으로 옳지 않은 것은?

① 조직구조는 의사결정 권한의 집중 정도, 명령계통, 최고경영자의 통제, 규칙과 규제의 정도 등에 따라 기계적 조직과 유기적 조직으로 구분할 수 있다.
② 기계적 조직은 구성원들의 업무가 분명하게 정의되고 많은 규칙과 규제들이 있으며, 상하 간 의사소통이 공식적인 경로를 통해 이루어진다.
③ 유기적 조직은 의사결정권한이 조직의 하부구성원들에게 많이 위임되어 있으며 업무 또한 고정되지 않고 공유 가능한 조직이다.
④ 유기적 조직은 비공식적인 상호의사소통이 원활히 이루어지며, 규제나 통제의 정도가 높아 엄격한 위계질서가 존재한다.

의사소통능력

수리능력

문제해결능력

자기개발능력

자원관리능력

대인관계능력

정보능력

기술능력

조직이해능력

직업윤리

25 다음 중 조직구조에 영향을 미치는 요인으로 볼 수 없는 것은?

① 전략   ② 규모

③ 만족   ④ 환경

26 다음 중 팀에 대한 설명으로 옳지 않은 것은?

① 구성원들이 공동의 목표를 성취하기 위하여 서로 기술을 공유하고 공동으로 책임을 지는 집단을 말한다.

② 다른 집단에 비해 구성원들의 개인적 기여를 강조하고, 개인적 책임뿐 아니라 상호 공동책임을 중요시한다.

③ 다른 집단에 비해 위계질서가 강하며, 목표 추구를 위해 헌신한다는 자세를 가지고 있다.

④ 생산성을 높이고 의사결정을 신속하게 내리며 구성원들의 다양한 창의성 향상을 도모하기 위하여 조직된다.

27 업무에 대한 설명으로 옳지 않은 것은?

① 상품이나 서비스를 창출하기 위한 생산적인 활동을 업무라 한다.

② 자신이 속한 조직의 다양한 업무를 통해 조직의 체제를 이해할 수 있다.

③ 개별적인 업무에는 지식, 기술, 도구의 종류가 다르고 이들 간 다양성도 차이가 있다.

④ 모든 업무는 구매에서 출고와 같이 일련의 과정을 거치게 된다.

28 조직 내 갈등관리를 위해 갖추어야 할 사항으로 옳지 않은 것은?

① 서로 문제 해결을 위한 협력적인 관계에 있다고 생각한다.

② 신뢰를 기반으로 자신과 상대를 이해하기 위한 대화를 한다.

③ 서로가 가능한 많은 정보를 공유한다.

④ 문제 해결을 위한 최적의 방법만을 강구한다.

의사소통능력

수리능력

문제해결능력

자기개발능력

자원관리능력

대인관계능력

정보능력

기술능력

조직이해능력

직업윤리

결국 밖에서 지켜보고 이야기를 듣는 것 자체만으로는 안타까움을 넘어서 짜증스럽기까지 했던 골 깊은 조직 갈등이 대형 사고를 쳤다. 청주시문화산업진흥재단의 안종철 사무총장과 이상현 비엔날레부장, 정규호 문화예술부장, 변광섭 문화산업부장, 유향걸 경영지원부장 등 4명의 집단사표, 지역사회에 충격을 안겨준 사태는 출범 초기부터 안고 있던 정치적 행태와 <u>조직문화의 병폐</u>가 더 이상 갈 곳을 잃고 폭발하고 만 것이라는 지적이다. 청주시문화재단은 선거캠프 보은인사, 지역인사의 인척 등 복잡한 인적 구성으로 인해 조직 안의 세력이 갈리고 불신이 깊게 자리 잡다 보니 한 부서에서 일어나는 작은 일까지 굴절된 시각을 확대 해석하는 일들이 빈번하게 발생하면서 구성원들의 사기저하와 불만이 팽배한 상태였다. 문화재단의 한 직원은 "그 동안 지역의 문화예술발전을 위해 정부 공모사업 유치와 다양한 문화 행사를 펼쳤지만, 업무 외에 접하는 서로 간의 불신과 음해가 많은 상처와 회의감을 줬다."며 "실제로 이런 조직문화에 지치고 염증을 느껴 재단을 떠난 사람들도 많고, 지금도 업무보다 사람에 시달리는 게 더 힘들다."고 토로했다. 이와 함께 이승훈 청주시장이 취임하면서 강조하고 있는 경제 활성화를 초점에 둔 '문화예술의 산업화'가 이번 사태의 한 원인이 됐다는 지적도 있다.

전임 한범덕 시장은 '향유하는 문화'를 지향한 반면, 이승훈 시장은 '수익 창출 문화산업'에 방점을 찍고 있다. 임기만료를 앞두고 시행한 안 총장의 목표관리 평가와 최근 단행한 전 부서장의 순환인사도 연임을 염두에 두고 현 시장의 문화예술정책 기조를 받들기 위한 것임은 다 알고 있던 터였다. 이러한 안 총장의 행보는 50대 초반의 전문가가 2년만 일하고 떠나기는 개인적으로나 업무적으로나 아쉬움이 클 거라는 동조 의견과 의욕은 좋으나 포용력과 리더십이 부족하다는 양면적인 평가를 받아왔다. 안 총장은 그동안 청주국제공예비엔날레, 한 · 중 · 일 예술명인전 등 국제행사의 성공적 개최는 물론 2014년 지역문화브랜드 최우수상 수상, 2015년 동아시아 문화도시 선정 등 의욕적인 활동을 벌였으나 밀어붙이기식 업무 추진이 내부 직원들의 불만을 샀다.

안 총장은 그 동안 시청의 고위직이 맡았던 기존의 관례를 깨고 전 한범덕 시장 시절 처음으로 외부 공모를 통해 임명된 인사다. 그렇기 때문에 안 총장 본인도 휴가를 반납하면서까지 열정적으로 일하며 '첫 외부인사로서 새로운 신화'를 쓰고자 했으나, 결국 재단이 출범 초기부터 안고 있던 고질적 병폐에 백기를 들었다는 해석도 가능하다. 아무튼 재단을 진두지휘하는 수장과 실무 부서장들의 전원 사표라는 초유 사태는 시민들에게 큰 실망감을 안겨주고 있으며, 청주문화재단의 이미지를 대내외적으로 크게 실추시키고 있다. 사태를 기점으로 정치색과 행정을 벗어나 좀 더 창의적으로 일할 수 있는 조직혁신과 업무에만 매진할 수 있는 인적 쇄신 등 대대적 수술이 필요하다. 청주국제공예비엔날레, 국립현대미술관 분원 유치, 2015 동아시아 문화도시 선정 등 그 동안 재단이 이루어놓은 굵직한 사업이 차질 없이 추진되고, '문화로 행복한 청주'를 만드는 일에 전념할 수 있는 청주시문화재단으로 새롭게 만들어야 한다는 여론이다. 한 지역문화예술인은 "집단사표 소식을 전해 듣고 깜짝 놀랐다."며 "사무총장은 그렇다 치고 10여 년 세월을 고생하고 애써서 가꾼 문화재단의 명예를 성숙하지 못한 처신으로 이렇게 허물 수 있냐"고 반문하며 안타까워했다. 이어 "이 사태는 공중에 떠 있는 문화재단의 현주소를 시인한 것이며 이 일을 거울삼아 대대적인 조직정비를 단행해 건강한 '통합청주시의 문화예술의 전초기지'로 거듭났으면 좋겠다."고 말했다.

① 조직구성원들의 고유 가치에도 동기부여를 함으로써 종업원들의 조직에 대한 근로의욕 및 조직에 대한 몰입도를 낮출 수 있는 역할을 수행한다.

② 하나의 조직구성원들이 공유하는 가치와 신념 및 이념, 관습, 전통, 규범 등을 통합한 개념이다.

③ 조직문화의 기능은 그 역할이 강할수록, 기업 조직의 활동에 있어서 통일된 지각을 형성하게 해 줌으로써 조직 내 통제에 긍정적인 역할을 할 수가 있다.

④ 조직구성원들에게 정보의 탐색 및 그에 따른 해석과 축적, 전달 등을 쉽게 할 수 있으므로, 그들 구성원들에게 공통의 의사결정기준을 제공해주는 역할을 한다.

의사소통능력

수리능력

문제해결능력

자기개발능력

자원관리능력

대인관계능력

정보능력

기술능력

조직이해능력

직업윤리

30 다음 중 조직의 성격 및 특성에 관한 설명으로 가장 옳지 않은 것은?

① 직분으로서의 목적과 이의 달성을 위한 직위에 의하여 뒷받침되고 있는 의식적으로 조정된 직능의 체계이다.

② 투입, 산출, 피드백을 통해 외부환경과 상호작용을 하는 개방체계이다.

③ 성장과 변화에 대응하지 않는 정태적 균형을 추구한다.

④ 공동의 목적을 위해 정립된 체계화된 구조이다.

31 다음 조직몰입에 관련한 내용으로 가장 거리가 먼 것은?

① 정서적 몰입은 현재의 조직을 떠나 타조직으로 이동할 때 발생하는 비용 때문에 현 조직에서의 구성원으로서 자격을 지속적으로 유지하려는 심리적 상태에 따른 몰입의 차원이다.

② 조직몰입은 직무만족과 같이 주관적 개념이다.

③ 개인의 조직에 대한 태도가 조직몰입이며 직무만족에 의해 조직몰입이 증대되어진다.

④ 조직몰입은 조직에 대해 원하는 것과 실제 얻는 것과의 비교로 나타난다.

32 다음 중 스트레스의 유발 원인으로 바르지 않은 것은?

① 쉬운 선택   ② 갈등
③ 고립   ④ 욕구좌절

33 다음 중 직무 스트레스의 관리방안으로 적절하지 않은 것은?

① 역할분석   ② 사회적 미지원
③ 목표설정   ④ 경력개발

34 다음 중 테일러시스템에 관한 설명으로 옳지 않은 것은?

① 관리 대상이 전반적인 경영관리뿐만 아니라 공장관리 및 생산관리까지 포괄적으로 적용된다.

② 과업을 설정하는 과정에 객관성이 부족하다는 문제점이 있다.

③ 시간연구 및 동작연구가 과업 설정의 기초가 된다.

④ 차별 성과급제를 도입하여 조직적인 태업을 사전에 예방한다.

35 프랑스의 비즈니스 매너에 관한 설명으로 옳지 않은 것은?

① 인적교류와 인간관계 유지를 중요하게 여긴다.

② 포도주에 대한 상식이 없으면 대화에 유용하다.

③ 비즈니스 수행 중에는 주류와 음식 제공을 삼간다.

④ 독점거래를 좋아하고 상담 시에는 구체적이고 전문적이다.

36 다음 중 영국의 에티켓에 관한 내용 중 가장 바르지 않은 것은?

① 침 뱉는 행위를 가장 지저분한 행동으로 여긴다.

② 에스컬레이터는 무조건 오른쪽에서만 서야 한다.

③ 영국인에게 생계를 위해서 무슨 일을 하는지 반드시 물어야 한다.

④ 대부분의 다른 나라들과 달리 차량은 좌측통행을 한다.

의사소통능력

수리능력

문제해결능력

자기개발능력

자원관리능력

대인관계능력

정보능력

기술능력

조직이해능력

직업윤리

37 다음 그림과 같은 두 개의 조직도 (A), (B)의 특징을 적절하게 설명한 것은 어느 것인가? (전체 인원 수는 같다고 가정함)

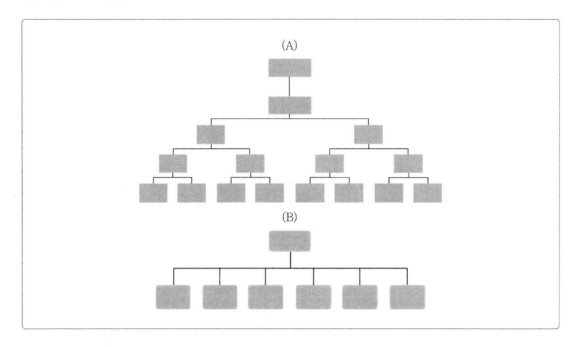

① (B)는 결재 단계가 많아 신속한 의사결정이 (A)보다 어렵다.

② (A)는 중간 관리자층이 얇아 다양한 검증을 거친 의견 수렴이 (B)보다 어렵다.

③ (A)보다 (B)는 소집단만의 조직문화가 형성될 수 있어 조직 간 경쟁체제를 유지할 수 있다.

④ (B)는 회사가 안정적이거나 일상적인 기술, 조직의 내부 효율성을 중요시하며 기업의 규모가 작을 때에는 주로 볼 수 있는 기능적인 구조이다.

38 B사의 다음 조직구조를 참고하여, 경영진의 아래와 같은 지시사항을 반영한 새로운 조직구조를 구상할 경우, 이에 대한 올바른 설명이 아닌 것은?

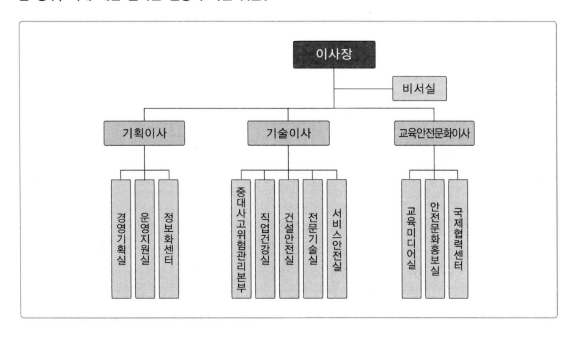

"인사 팀장님, 이번 조직개편에서는 조직구조를 좀 바꾸는 게 어떨까 합니다. 기술이사 산하에는 기술 관련 조직만 놔두고 직원들 작업상의 안전과 건강을 담당하는 나머지 조직은 모두 관리이사를 신설하여 그 산하조직으로 이동하는 것이 더 효율적인 방법일 것 같군요. 아, 중대사고위험관리본부는 이사장 직속 기구로 편제해야 할 것 같고요."

① 모두 4명의 이사가 생기게 된다.
② 기술이사 산하에는 2실이 있게 된다.
③ 중대사고위험관리본부장은 업무상 이사를 거치지 않고 이사장에게 직접 보고를 하게 된다.
④ 관리이사 산하에는 3실이 있게 된다.

의사소통능력

수리능력

문제해결능력

자기개발능력

자원관리능력

대인관계능력

정보능력

기술능력

조직이해능력

직업윤리

39 다음 중 다른 나라의 문화를 이해하는 내용과 관련이 없는 것은?

① 외국 문화를 이해하는 데에는 많은 시간과 노력이 필요하다.

② 직장인은 외국인과 함께 일을 할 경우 커뮤니케이션이 중요하며, 상이한 문화 간 커뮤니케이션을 이문화 커뮤니케이션이라 한다.

③ 한 문화권에 속하는 사람이 다른 문화를 접하게 될 경우 체험하게 되는 불일치, 위화감, 심리적 부적응 등을 문화충격이라 한다.

④ 문화충격에 대비하기 위해서는 자신이 속한 문화를 기준으로 다른 문화를 평가하여야 한다.

40 이문화 커뮤니케이션 방식 중 다른 하나는?

① 가치관
② 행동규범
③ 모국어
④ 생활양식

41 다음 B사의 국내 출장 관련 규정의 일부를 참고할 때, 올바른 판단을 하지 못한 것은?

제2장 국내 출장

제12조〈국내 출장 신청〉

　국내 출장 시에는 출장 신청서를 작성하여 출장 승인권자의 승인을 얻은 후 부득이한 경우를 제외하고는 출발 24시간 전까지 출장 담당부서에 제출하여야 한다.

제13조〈국내 여비〉

제1항 철도여행에는 철도운임, 수로여행에는 선박운임, 항로여행에는 항공운임, 철도 이외의 육로여행에는 자동차운임을 지급하며, 운임의 지급은 별도 규정에 의한다. 다만, 전철구간에 있어서 철도운임 외에 전철요금이 따로 책정되어 있는 때에는 철도운임에 갈음하여 전철요금을 지급할 수 있다.

제2항 공단 소유의 교통수단을 이용하거나 요금 지불이 필요 없는 경우에는 교통비를 지급하지 아니한다. 이 경우 유류대, 도로사용료, 주차료 등은 귀임 후 정산할 수 있다.

제3항 직원의 항공여행은 일정 등을 고려하여 필요하다고 인정되는 경우로 부득이 항공편을 이용하여야 할 경우에는 출장 신청 시 항공여행 사유를 명시하고 출장 결과 보고서에 영수증을 첨부하여야 하며, 기상악화 등으로 항공편 이용이 불가한 경우 사후 그 사유를 명시하여야 한다.

제4항 국내 출장자의 일비 및 식비는 별도 규정에서 정하는 바에 따라 정액 지급하고(사후 실비 정산 가능) 숙박비는 상한액 범위 내에서 실비로 지급한다. 다만, 업무 형편, 그 밖에 부득이한 사유로 인하여 숙박비를 초과하여 지출한 때에는 숙박비 상한액의 10분의 3을 넘지 아니하는 범위에서 추가로 지급할 수 있다.

제5항 일비는 출장일수에 따라 지급하되, 공용차량 또는 공용차량에 준하는 별도의 차량을 이용하거나 차량을 임차하여 사용하는 경우에는 일비의 2분의 1을 지급한다.

제6항 친지 집 등에 숙박하거나 2인 이상이 공동으로 숙박하는 경우 출장자가 출장 이행 후 숙박비에 대한 정산을 신청하면 회계 담당자는 숙박비를 지출하지 않은 인원에 대해 1일 숙박당 20,000원을 지급 할 수 있다. 단, 출장자의 출장에 대한 증빙은 첨부하여야 한다.

---

① 특정 이동 구간에 철도운임보다 비싼 전철요금이 책정되어 있을 경우, 전철요금을 여비로 지급받을 수 있다.

② 숙박비 상한액이 5만 원인 경우, 부득이한 사유로 10만 원을 지불하고 호텔에서 숙박하였다면 결국 자비로 3만 5천 원을 지불한 것이 된다.

③ 일비가 7만 원인 출장자가 3일은 대중교통을, 2일은 공용차량을 이용할 예정인 경우, 총 지급받을 일비는 28만 원이다.

④ 1일 숙박비 4만 원씩을 지급받은 갑과 을이 출장 시 공동 숙박에 의해 갑의 비용으로 숙박료 3만 원만 지출하였다면, 을은 사후 미사용 숙박비 중 1만 원을 회사에 반납하게 된다.

의사소통능력

수리능력

문제해결능력

자기개발능력

자원관리능력

대인관계능력

정보능력

기술능력

조직이해능력

직업윤리

42 다음은 각 지역에 사무소를 운영하고 있는 A사의 임직원 행동강령의 일부이다. 다음 중 내용에 부합하지 않는 설명은?

제5조〈이해관계 직무의 회피〉

제1항 임직원은 자신이 수행하는 직무가 다음 각 호의 어느 하나에 해당하는 경우에는 그 직무의 회피 여부 등에 관하여 지역관할 행동강령책임관과 상담한 후 처리하여야 한다. 다만, 사무소장이 공정한 직무수행에 영향을 받지 아니한다고 판단하여 정하는 단순 민원 업무의 경우에는 그러하지 아니한다.

  1. 자신, 자신의 직계 존속·비속, 배우자 및 배우자의 직계 존속·비속의 금전적 이해와 직접적인 관련이 있는 경우

  2. 4촌 이내의 친족이 직무 관련자인 경우

  3. 자신이 2년 이내에 재직하였던 단체 또는 그 단체의 대리인이 직무 관련자이거나 혈연, 학연, 지연, 종교 등으로 지속적인 친분관계에 있어 공정한 직무수행이 어렵다고 판단되는 자가 직무 관련자인 경우

  4. 그 밖에 지역관할 행동강령책임관이 공정한 직무수행이 어려운 관계에 있다고 정한 자가 직무 관련자인 경우

제2항 제1항에 따라 상담요청을 받은 지역관할 행동강령책임관은 해당 임직원이 그 직무를 계속 수행하는 것이 적절하지 아니하다고 판단되면 본사 행동강령책임관에게 보고하여야 한다. 다만, 지역관할 행동강령책임관이 그 권한의 범위에서 그 임직원의 직무를 일시적으로 재배정할 수 있는 경우에는 그 직무를 재배정하고 본사 행동강령책임관에게 보고하지 아니할 수 있다.

제3항 제2항에 따라 보고를 받은 본사 행동강령책임관은 직무가 공정하게 처리될 수 있도록 인력을 재배치하는 등 필요한 조치를 하여야 한다.

제6조〈특혜의 배제〉

임직원은 직무를 수행함에 있어 지연·혈연·학연·종교 등을 이유로 특정인에게 특혜를 주거나 특정인을 차별하여서는 아니 된다.

제6조의2〈직무 관련자와의 사적인 접촉 제한〉

제1항 임직원은 소관업무와 관련하여 우월적 지위에 있는 경우 그 상대방인 직무 관련자(직무 관련자인 퇴직자를 포함한다)와 당해 직무 개시 시점부터 종결 시점까지 사적인 접촉을 하여서는 아니 된다. 다만, 부득이한 사유로 접촉할 경우에는 사전에 소속 사무소장에게 보고(부재 시 등 사후 보고)하여야 하고, 이 경우에도 내부 정보 누설 등의 행위를 하여서는 아니 된다.

제2항 제1항의 "사적인 접촉"이란 다음 각 호의 어느 하나에 해당하는 것을 말한다.

  1. 직무 관련자와 사적으로 여행을 함께하는 경우

  2. 직무 관련자와 함께 사행성 오락(마작, 화투, 카드 등)을 하는 경우

제3항 제1항의 "부득이한 사유"는 다음 각 호의 어느 하나에 해당하는 경우를 말한다. (제2항 제2호 제외)

  1. 직무 관련자인 친족과 가족 모임을 함께하는 경우

  2. 동창회 등 친목단체에 직무 관련자가 있어 부득이하게 함께하는 경우

  3. 사업추진을 위한 협의 등을 사유로 계열사 임직원과 함께하는 경우

  4. 사전에 직무 관련자가 참석한 사실을 알지 못한 상태에서 그가 참석한 행사 등에서 접촉한 경우

① 이해관계 직무를 회피하기 위해 임직원의 업무가 재배정된 경우 이것이 반드시 본사 행동강령책임관에게 보고되는 것은 아니다.

② 임직원이 직무 관련 우월적 지위에 있는 경우, 소속 사무소장에게 보고하지 않는(사후 보고 제외) 직무 상대방과의 '사적인 접촉'은 어떠한 경우에도 허용되지 않는다.

③ 지역관할 행동강령책임관은 공정한 직무수행이 가능한 직무 관련자인지의 여부를 본인의 판단으로 결정할 수 없다.

④ 직무 관련성이 있는 대학 동창이 포함된 동창회에서 여행을 가게 될 경우 사무소장에게 보고 후 참여할 수 있다.

[43 ~ 44] 다음 설명을 읽고 분석 결과에 대응하는 전략을 고르시오.

SWOT 분석은 내부환경요인과 외부환경요인의 2개의 축으로 구성되어 있다. 내부환경요인은 자사 내부의 환경을 분석하는 것으로 분석은 다시 자사의 강점과 약점으로 분석된다. 외부환경요인은 자사 외부의 환경을 분석하는 것으로 분석은 다시 기회와 위협으로 구분된다. 내부환경요인과 외부환경요인에 대한 분석이 끝난 후에 매트릭스가 겹치는 SO, WO, ST, WT에 해당되는 최종 분석을 실시하게 된다. 내부의 강점과 약점을, 외부의 기회와 위협을 대응시켜 기업의 목표를 달성하려는 SWOT 분석에 의한 발전전략의 특성은 다음과 같다.

• SO전략 : 외부환경의 기회를 활용하기 위해 강점을 사용하는 전략 선택
• ST전략 : 외부환경의 위협을 회피하기 위해 강점을 사용하는 전략 선택
• WO전략 : 자신의 약점을 극복함으로써 외부환경의 기회를 활용하는 전략 선택
• WT전략 : 외부환경의 위협을 회피하고 자신의 약점을 최소화하는 전략 선택

43 아래 환경 분석 결과에 대응하는 가장 적절한 전략은 어느 것인가?

강점(Strength)	• 핵심 정비기술 보유 • 고객과의 우호적인 관계 구축
약점(Weakness)	• 품질관리 시스템 미흡 • 관행적 사고 및 경쟁 기피
기회(Opportunity)	• 고품질 정비서비스 요구 확대 • 해외시장 사업 기회 지속 발생
위협(Threat)	• 정비시장경쟁 심화 • 미래 선도 산업 변화 전망 • 차별화된 고객 서비스 요구 지속 확대

의사소통능력
수리능력
문제해결능력
자기개발능력
자원관리능력
대인관계능력
정보능력
기술능력
조직이해능력
직업윤리

내부환경 외부환경	강점(Strength)	약점(Weakness)
기회(Opportunity)	① 교육을 통한 조직문화 체질 개선 대책 마련	② 산업 변화에 부응하는 정비기술력 개발
위협(Threat)	③ 직원들의 관행적 사고 개선을 통해 고객과의 신뢰체제 유지 및 확대	④ 품질관리 강화를 통한 고객 서비스 만족도 제고

44 아래 환경 분석 결과에 대응하는 가장 적절한 전략은 어느 것인가?

강점(Strength)	• 다년간의 건설 경험 및 신공법 보유 • 우수하고 경험이 풍부한 일용직 근로자 수급 경험 및 루트 보유
약점(Weakness)	• 모기업 이미지 악화 • 숙련 근로자 이탈 가속화 조짐
기회(Opportunity)	• 지역 주민의 우호적인 분위기 및 기대감 상승 • 은행의 중도금 대출 기준 완화
위협(Threat)	• 인구 유입 유인책 부족으로 미분양 우려 • 자재비용 상승에 따른 원가 경쟁력 저하

내부환경 외부환경	강점(Strength)	약점(Weakness)
기회(Opportunity)	① 새로운 건축공법 홍보 강화를 통한 분양률 제고 모색	② 금융권의 협조를 통한 분양 신청자 유인
위협(Threat)	③ 우수 근로자 운용에 따른 비용 절감으로 가격 경쟁력 확보	④ 일용직 근로자 수급 경험을 살려 인원 이탈에 따른 피해 최소화

45 다음은 P사의 경력평정에 관한 규정의 일부이다. 다음 중 규정을 올바르게 이해하지 못한 설명은 어느 것인가?

제15조〈평정기준〉
직원의 경력평정은 회사의 근무경력으로 평정한다.

제16조〈경력평정 방법〉
제1항 평정기준일 현재 근무경력이 6개월 이상인 직원에 대하여 별첨 서식에 의거 기본 경력과 초과 경력으로 구분하여 평정한다.
제2항 경력평정은 당해 직급에 한하되 기본 경력과 초과경력으로 구분하여 평정한다.
제3항 기본 경력은 3년으로 하고, 초과경력은 기본 경력을 초과한 경력으로 한다.
제4항 당해 직급에 해당하는 휴직, 직위해제, 정직기간은 경력기간에 산입하지 아니한다.
제5항 경력은 1개월 단위로 평정하되, 15일 이상은 1개월로 계산하고, 15일 미만은 산입하지 아니한다.

제17조〈경력평정 점수〉
평가에 의한 경력평정 총점은 30점으로 하며, 다음 각 호의 기준으로 평정한다.
제1항 기본 경력은 월 0.5점씩 가산하여 총 18점을 만점으로 한다.
제2항 초과경력은 월 0.4점씩 가산하여 총 12점을 만점으로 한다.

제18조〈가산점〉
제1항 가산점은 5점을 만점으로 한다.
• 정부포상 및 자체 포상 등(대통령 이상 3점, 총리 2점, 장관 및 시장 1점, 사장 1점, 기타 0.5점)
• 회사가 장려하는 분야에 자격증을 취득한 자(자격증의 범위와 가점은 사장이 정하여 고시한다)
제2항 가산점은 당해 직급에 적용한다.

① 과장 직책인 자는 대리 시기의 경력을 인정받을 수 없다.
② 휴직과 가산점 등의 요인 없이 해당 직급에서 4년간 근무한 직원은 경력평정 점수 23점이 될 수 없다.
③ 대리 직급으로 2년간 근무한 자가 국무총리 상을 수상한 경우, 경력평정 점수는 14점이다.
④ 대리 직급 시 휴직 1개월을 하였으며 사장 포상을 받은 자가 과장 근무 1년을 마친 경우, 경력평정 점수는 6.5점이다.
⑤ 회사가 장려하는 분야 자격증을 취득한 자는 경력평정 점수가 30점을 넘을 수 있다.

의사소통능력

수리능력

문제해결능력

자기개발능력

자원관리능력

대인관계능력

정보능력

기술능력

조직이해능력

직업윤리

직업윤리

(1) 윤리의 의미

① **윤리적 인간** : 공동의 이익을 추구하고 도덕적 가치 신념을 기반으로 형성된다.

② **윤리규범의 형성** : 공동생활과 협력을 필요로 하는 인간생활에서 형성되는 공동행동의 룰을 기반으로 형성된다.

③ **윤리의 의미** : 인간과 인간 사이에서 지켜야 할 도리를 바르게 하는 것으로 인간 사회에 필요한 올바른 질서라고 할 수 있다.

(2) 직업의 의미

① 직업은 본인의 자발적 의사에 의한 장기적으로 지속하는 일로, 경제적 보상이 따라야 한다.

② **입신출세론** : 입신양명(立身揚名)이 입신출세(立身出世)로 바뀌면서 현대에 와서는 직업 활동의 결과를 출세에 비중을 두는 경향이 짙어졌다.

③ **3D 기피현상** : 힘들고(Difficult), 더럽고(Dirty), 위험한(Dangerous) 일은 하지 않으려고 하는 현상을 말한다.

(3) 직업윤리

직업인이라면 반드시 지켜야 할 공통적인 윤리규범으로 어느 직장에 다니느냐를 구분하지 않는다.

(4) 직업윤리와 개인윤리의 조화

① 업무상 행해지는 개인의 판단과 행동이 사회적 파급력이 큰 기업시스템을 통하여 다수의 이해관계자와 관련된다.

② 많은 사람의 고도화 된 협력을 요구하므로 맡은 역할에 대한 책임완수와 투명한 일 처리가 필요하다.

③ 규모가 큰 공동 재산·정보 등을 개인이 관리하므로 높은 윤리의식이 요구된다.

④ 직장이라는 특수 상황에서 갖는 집단적 인간관계는 가족관계, 친분관계와는 다른 배려가 요구된다.

⑤ 기업은 경쟁을 통하여 사회적 책임을 다하고, 보다 강한 경쟁력을 키우기 위하여 조직원인의 역할과 능력을 꾸준히 향상시켜야 한다.

⑥ 직무에 따른 특수한 상황에서는 개인 차원의 일반 상식과 기준으로는 규제할 수 없는 경우가 많다.

직업윤리는 업무를 수행함에 있어 마땅히 필요한 윤리규범을 말한다. 특히 금융과 관련한 공기업에서 다루고 있으며 주관적인 판단보다는 직업에 따른 특성을 고려하여 묻는 질문이 출제되고 있다.

하위능력별 출제 유형

근로윤리 ✦✦✦◇◇
직업에 대한 생각과 태도, 개인윤리와 직업윤리의 조화 및 충돌에 관한 문제로 구성된다.

공동체 윤리 ✦✦✦✦◇
봉사, 책임, 준법, 예절에 관한 문제로 구성된다.

하위능력별 출제 빈도

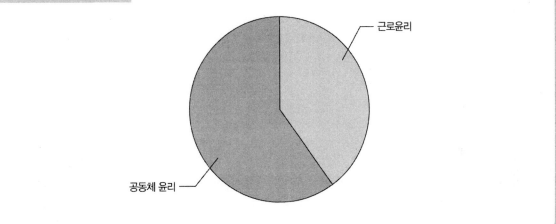

의사소통능력

수리능력

문제해결능력

자기개발능력

자원관리능력

대인관계능력

정보능력

기술능력

조직이해능력

직업윤리

근로윤리

(1) 근면의 특성

① 고난의 극복

② 비선호의 수용 차원에서 개인의 절제나 금욕 반영

③ 장기적이고 지속적인 행위 과정으로 인내 요구

(2) 근면한 태도

근면하기 위해서는 일에 임할 때 적극적이고 능동적인 자세가 필요하다. 근면에는 외부로부터 강요당한 근면과 스스로 자진하는 근면이 있는데, 자진해서 하는 근면은 능동적이고 적극적인 태도가 우선시되어야 한다.

(3) 정직과 신용을 구축하기 위한 지침

① 정직과 신뢰의 자산을 매일 조금씩 쌓는다.

② 잘못된 것도 정직하게 밝힌다.

③ 타협하거나 부정직을 눈감아 주지 말아야 한다.

④ 부정직한 관행은 인정하지 않는다.

(4) 성실한 자세

성실은 일관된 마음과 정성의 덕으로 자신의 일에 최선을 다하고자 하는 마음자세를 가지고 업무에 임하는 것을 말한다. 사회 구성원들이 공동 목표를 효율적으로 추구할 수 있게 하는 가장 확실한 사회적 자본으로 인식된다.

공동체 윤리

(1) 봉사(SERVICE)의 의미

① S(Smile & Speed) : 서비스는 미소와 함께 신속하게 하는 것

② E(Emotion) : 서비스는 감동을 주는 것

③ R(Respect) : 서비스는 고객을 존중하는 것

④ V(Value) : 서비스는 고객에게 가치를 제공하는 것

⑤ I(Image) : 서비스는 고객에게 좋은 이미지를 심어 주는 것

⑥ C(Courtesy) : 서비스는 예의를 갖추고 정중하게 하는 것

⑦ E(Excellence) : 서비스는 고객에게 탁월하게 제공되어져야 하는 것

(2) 고객접점서비스

고객과 서비스 요원 사이에서 15초 동안의 짧은 순간에 이루어지는 서비스로, 이 순간을 진실의 순간(MOT : Moment of Truth) 또는 결정적 순간이라고 한다.

(3) 책임의 의미

책임은 모든 결과는 나의 선택으로 인한 결과임을 인식하는 태도로, 상황을 회피하지 않고 맞닥뜨려 해결하는 자세가 필요하다.

(4) 준법의 의미

준법은 민주 시민으로서 기본적으로 지켜야 하는 의무이며 생활 자세이다.

(5) 예절의 의미

예절은 일정한 생활문화권에서 오랜 생활습관을 통해 하나의 공통된 생활방법으로 정립되어 관습적으로 행해지는 사회계약적 생활규범으로, 언어문화권에 따라 다르고 같은 언어문화권이라도 지방에 따라 다를 수 있다.

의사소통능력

수리능력

문제해결능력

자기개발능력

자원관리능력

대인관계능력

정보능력

기술능력

조직이해능력

직업윤리

(6) 직장에서의 인사예절

① 악수
- 악수를 하는 동안에는 상대에게 집중하는 의미로 반드시 눈을 맞추고 미소를 짓는다.
- 악수를 할 때는 오른손을 사용하고, 너무 강하게 쥐어짜듯이 잡지 않는다.
- 악수는 힘 있게 해야 하지만 상대의 뼈를 부수듯이 손을 잡지 말아야 한다.
- 악수는 서로의 이름을 말하고 간단한 인사 몇 마디를 주고받는 정도의 시간 안에 끝내야 한다.

② 소개
- 나이 어린 사람을 연장자에게 소개한다.
- 내가 속해 있는 회사의 관계자를 타 회사의 관계자에게 소개한다.
- 신참자를 고참자에게 소개한다.
- 동료임원을 고객, 손님에게 소개한다.
- 비임원을 임원에게 소개한다.
- 소개받는 사람의 별칭은 그 이름이 비즈니스에서 사용되는 것이 아니라면 사용하지 않는다.
- 반드시 성과 이름을 함께 말한다.
- 상대방이 항상 사용하는 경우라면, Dr. 또는 Ph.D. 등의 칭호를 함께 언급한다.
- 정부 고관의 직급명은 퇴직한 경우라도 항상 사용한다.
- 천천히 그리고 명확하게 말한다.
- 각각의 관심사와 최근의 성과에 대하여 간단한 언급을 한다.

③ 명함 교환
- 명함은 반드시 명함 지갑에서 꺼내고 상대방에게 받은 명함도 명함 지갑에 넣는다.
- 상대방에게서 명함을 받으면 받은 즉시 호주머니에 넣지 않는다.
- 명함은 하위에 있는 사람이 먼저 꺼내는데 상위자에 대해서는 왼손으로 가볍게 받쳐 내는 것이 예의이며, 동위자, 하위자에게는 오른손으로만 쥐고 건넨다.
- 명함을 받으면 그대로 집어넣지 말고 명함에 관해서 한두 마디 대화를 건네 본다.
- 쌍방이 동시에 명함을 꺼낼 때는 왼손으로 서로 교환하고 오른손으로 옮겨진다.

(7) 직장에서의 전화예절

① 전화걸기
- 전화를 걸기 전에 먼저 준비를 한다. 정보를 얻기 위해 전화를 하는 경우라면 얻고자 하는 내용을 미리 메모하도록 한다.
- 전화를 건 이유를 숙지하고 이와 관련하여 대화를 나눌 수 있도록 준비한다.
- 전화는 정상적인 업무가 이루어지고 있는 근무 시간에 걸도록 한다.
- 당신이 통화를 원하는 상대와 통화할 수 없을 경우에 대비하여 비서나 다른 사람에게 메시지를 남길 수 있도록 준비한다.
- 전화는 직접 걸도록 한다.
- 전화를 해달라는 메시지를 받았다면 가능한 한 48시간 안에 답해주도록 한다.

② 전화받기
- 전화벨이 3 ~ 4번 울리기 전에 받는다.
- 당신이 누구인지를 즉시 말한다.
- 천천히, 명확하게 예의를 갖추고 말한다.
- 밝은 목소리로 말한다.
- 말을 할 때 상대방의 이름을 함께 사용한다.
- 메시지를 받아 적을 수 있도록 펜과 메모지를 곁에 둔다.
- 주위의 소음을 최소화한다.
- 긍정적인 말로서 전화 통화를 마치고 전화를 건 상대방에게 감사를 표시한다.

③ 휴대전화
- 당신이 어디에서 휴대전화로 전화를 하든지 간에 상대방에게 통화를 강요하지 않는다.
- 상대방이 장거리 요금을 지불하게 되는 휴대전화의 사용은 피한다.
- 운전하면서 휴대전화를 하지 않는다.
- 친구의 휴대전화를 빌려 달라고 부탁하지 않는다.
- 비상시에만 휴대전화를 사용하는 친구에게는 휴대전화로 전화하지 않는다.

(8) 직장에서의 E − Mail 예절

① E − Mail 보내기
- 상단에 보내는 사람의 이름을 적는다.
- 메시지에는 언제나 제목을 넣도록 한다.
- 메시지는 간략하게 만든다.
- 요점을 빗나가지 않는 제목을 잡도록 한다.
- 올바른 철자와 문법을 사용한다.

② E − Mail 답하기
- 원래 E − Mail의 내용과 관련된 일관성 있는 답을 하도록 한다.
- 다른 비즈니스 서신에서와 마찬가지로 화가 난 감정의 표현을 보내는 것은 피한다.
- 답장이 어디로, 누구에게로 보내는지 주의한다.

(9) 성 예절을 지키기 위한 자세

① 직장에서 한정된 업무를 담당하던 과거와는 달리 여성과 남성이 대등한 동반자 관계로 동등한 역할과 능력발휘를 한다는 인식을 가져야 한다.

② 조직은 여성과 남성의 동등한 지위에 상응하는 여건을 조성해야 한다.

③ 성희롱 문제를 사전에 예방하고 효과적으로 처리하는 방안이 필요한 것이다.

④ 남성 위주의 가부장적 문화와 성 역할에 대한 과거의 잘못된 인식을 타파하고 남녀공존의 직장문화를 정착하는 노력이 필요하다.

의사소통능력

수리능력

문제해결능력

자기개발능력

자원관리능력

대인관계능력

정보능력

기술능력

조직이해능력

직업윤리

예제 01 직업윤리

윤리에 대한 설명으로 옳지 않은 것은?

① 윤리는 인간과 인간 사이에서 지켜져야 할 도리를 바르게 하는 것으로 볼 수 있다.
② 동양적 사고에서 윤리는 인륜과 동일한 의미이며, 엄격한 규율이나 규범의 의미가 배어 있다.
③ 인간은 윤리를 존중하며 살아야 사회가 질서와 평화를 얻게 되고, 모든 사람이 안심하고 개인적 행복을 얻게 된다.
④ 윤리는 세상에 두 사람 이상이 있으면 존재하며, 반대로 혼자 있을 때도 지켜져야 한다.

출제의도
윤리의 의미와 윤리적 인간, 윤리규범의 형성 등에 대한 기본적인 이해를 평가는 문제이다.

해설
윤리는 인간과 인간 사이에서 지켜져야 할 도리를 바르게 하는 것으로서 이 세상에 두 사람 이상이 있으면 존재하고 반대로 혼자 있을 때에는 의미가 없는 말이 되기도 한다.

예제 02 직업윤리

직업윤리에 대한 설명으로 옳지 않은 것은?

① 개인윤리를 바탕으로 각자가 직업에 종사하는 과정에서 요구되는 특수한 윤리규범이다.
② 직업에 종사하는 현대인으로서 누구나 공통적으로 지켜야 할 윤리기준을 직업윤리라 한다.
③ 개인윤리의 기본 덕목인 사랑, 자비 등과 공동발전의 추구, 장기적 상호이익 등의 기본은 직업윤리도 동일하다.
④ 직업을 가진 사람이라면 반드시 지켜야 할 윤리규범이며, 중소기업 이상의 직장에 다니느냐에 따라 구분된다.

출제의도
직업윤리의 정의와 내용에 대한 올바른 이해를 요구하는 문제이다.

해설
직업윤리란 직업을 가진 사람이라면 반드시 지켜야 할 공통적인 윤리규범을 말하는 것으로 어느 직장에 다니느냐를 구분하지 않는다.

Answer.   01.④   02.④

예제 03 근로윤리

우리 사회에서 정직과 신용을 구축하기 위한 지침으로 볼 수 없는 것은?

① 정직과 신뢰의 자산을 매일 조금씩 쌓아가도록 한다.
② 잘못된 것도 정직하게 밝혀야 한다.
③ 작은 실수는 눈감아 주고 때론 타협을 하여야 한다.
④ 부정직한 관행은 인정하지 말아야 한다.

출제의도
근로윤리 중에서도 정직한 행동과 성실한 자세에 대해 올바르게 이해하고 있는지 평가하는 문제이다.

해설
타협하거나 부정직한 일에 대해서는 눈감아주지 말아야 한다.

예제 04 근로윤리

예절에 대한 설명으로 옳지 않은 것은?

① 예절은 일정한 생활문화권에서 오랜 생활습관을 통해 하나의 공통된 생활방식으로 정립되어 관습적으로 행해지는 사회계약적인 생활규범이라 할 수 있다.
② 예절은 언어문화권에 따라 다르나 동일한 언어문화권일 경우에는 모두 동일하다.
③ 무리를 지어 하나의 문화를 형성하여 사는 일정한 지역을 생활문화권이라 하며, 이 문화권에 사는 사람들이 가장 편리하고 바람직한 방법이라고 여겨 그렇게 행하는 생활방법이 예절이다.
④ 예절은 한 나라에서 통일되어야 국민들이 생활하기가 수월하며, 올바른 예절을 지키는 것이 바른 삶을 사는 것이라 할 수 있다.

출제의도
공동체 윤리에 속하는 여러 항목 중 예절의 의미와 특성에 대한 이해능력을 평가하는 문제이다.

해설
예절은 언어문화권에 따라 다르고, 동일한 언어문화권이라도 지방에 따라 다를 수 있다. 예를 들면 우리나라의 경우 서울과 지방에 따라 예절이 조금씩 다르다.

의사소통능력

수리능력

문제해결능력

자기개발능력

자원관리능력

대인관계능력

정보능력

기술능력

조직이해능력

직업윤리

Answer. 03.③ 04.②

출제예상문제

정답 및 해설 **p.559**

1 다음 중 근면에 관한 설명으로 옳지 않은 것은?

① 근면한 것은 성공을 이루게 되는 기본 조건이다.

② 외부로부터 강요당한 근면은 결국 직업에 있어 본인을 불행하게 만든다.

③ 스스로 자진해서 하는 근면은 자기개발에 저해하는 요인이 된다.

④ 근면하기 위해서는 일에 임할 때 '적극적이고 능동적인 자세'가 필요하다.

2 다음 중 책임에 대한 설명으로 옳은 것은?

① 자신보다 고객의 가치를 최우선으로 하는 서비스 개념이다.

② 법은 민주 시민으로서 기본적으로 지켜야 하는 의무이다

③ 오랜 생활습관을 통해 정립된 관습적으로 행해지는 사회계약적 생활규범이다.

④ 모든 결과는 나의 선택으로 인한 결과임을 인식하는 태도이다.

3 다음에서 설명하고 있는 사회적 부조화 현상으로 적절한 것은?

> 문화변동 과정에서 물질 문화는 발명과 발견, 전파의 과정을 통하여 쉽게 발전하는 반면 비물질 문화는 제도, 관념, 의식, 가치관 등을 포함하기 때문에 빠르게 발전하지 못한다. 이 때문에 물질 문화의 변동이 앞서나가고 비물질 문화의 변동이 상대적으로 지체되는 현상이 발생한다. 즉, 물질 문화와 비물질 문화 간의 변동속도 차이로 나타나는 부조화 현상이라고 할 수 있다.

① 아노미 현상　　　　　　　　② 문화지체 현상
③ 코쿠닝 현상　　　　　　　　④ 사회촉진 현상

4 다음에서 설명하고 있는 공동체 윤리로 적절한 것은?

> 민주 시민으로서 기본적으로 지켜야 하는 의무이자 생활 자세로서 법률이나 규칙을 좇아 지키는 것이다.

① 봉사　　　　　　　　② 책임
③ 준법　　　　　　　　④ 예절

의사소통능력

수리능력

문제해결능력

자기개발능력

자원관리능력

대인관계능력

정보능력

기술능력

조직이해능력

직업윤리

5 다음 빈칸에 들어갈 의미로 적절한 것은?

> 직업인에게 봉사란 자신보다 고객의 가치를 최우선으로 하는 서비스 개념으로, 봉사(SERVICE)는 다음의 7가지 의미를 가진다.
> • S(Smile&Speed) : 서비스는 미소와 함께 신속하게 하는 것
> • E(Emotion) : 서비스는 감동을 주는 것
> • R(Respect) : 서비스는 고객을 존중하는 것
> • V(Value) : _____
> • I(Image) : 서비스는 고객에게 좋은 이미지를 심어 주는 것
> • C(Courtesy) : 서비스는 예의를 갖추고 정중하게 하는 것
> • E(Excellence) : 서비스는 고객에게 탁월하게 제공되어져야 하는 것

① 서비스는 의무와 책임을 가지는 것　　② 서비스는 가치를 제공하는 것
③ 서비스는 객관성이 보장되는 것　　　④ 서비스는 편리함을 제공하는 것

6 다음 중 악수 예절로 적절한 것은?

① 악수를 하는 동안에 상대의 눈을 쳐다보지 않는다.
② 악수를 할 때는 왼손을 사용한다.
③ 악수는 인사 몇 마디를 주고받는 정도의 시간 안에 끝내야 한다.
④ 악수는 상대보다 더 힘 있게 해야 한다.

7 다음 중 직장에서의 소개 예절로 옳지 않은 것은?

① 나이 어린 사람을 연장자에게 소개한다.
② 신참자를 고참자에게 소개한다.
③ 반드시 성과 이름을 함께 말한다.
④ 빠르게 그리고 명확하게 말한다.

8   다음 중 직장에서 전화를 거는 상황에서 지켜야할 예절로 적절하지 않은 것은?

① 전화를 건 이유를 숙지하고 이와 관련하여 대화를 나눌 수 있도록 준비한다.

② 전화는 정상적인 업무가 이루어지고 있는 근무 시간을 마친 다음에 걸도록 한다.

③ 정보를 얻기 위해 전화를 하는 경우라면 얻고자 하는 내용을 미리 메모하도록 한다.

④ 상대와 통화할 수 없을 경우에 대비하여 다른 사람에게 메시지를 남길 수 있도록 준비한다.

의사소통능력

수리능력

문제해결능력

자기개발능력

자원관리능력

대인관계능력

정보능력

기술능력

조직이해능력

직업윤리

9   다음 중 E – mail로 답하는 경우 지켜야 할 예절이 아닌 것은?

① 자신의 감정에 치우치지 않아야 한다.

② 답장이 어디로, 누구에게로 보내는지 주의한다.

③ 단문의 메시지인 경우 제목은 생략한다.

④ 원래 이메일의 내용과 관련된 일관성 있는 답을 하도록 한다.

10 직장에서 성 예절을 지키기 위한 자세로 옳지 않은 것은?

① 여성과 남성이 대등한 동반자 관계로 동등한 역할과 능력발휘를 한다는 인식을 가진다.

② 직장에서 여성은 한정된 업무를 담당하게 한다.

③ 조직은 남성과 여성의 동등한 지위 보장을 위한 여건을 조성해야 한다.

④ 성희롱 문제를 사전에 예방하고 효과적으로 처리하는 방안이 필요하다.

11 다음 빈칸에 공통적으로 들어가기에 가장 적절한 용어는?

> 미국 ○○대학교 MBA과정에서 기업 CEO를 대상으로 한 조사에 따르면, "당신의 성공에 가장 큰 영향을 준 요인은 무엇인가?"에 대한 답은 "＿＿＿"라고 답했다고 한다. 이것은 능력이나 재력보다 ＿＿＿을/를 중시했다는 점은 직장생활에서 예절교육이 얼마나 중요한지 보여주는 단적인 예라고 할 수 있다.

① 지위
② 조직
③ 매너
④ 제도

12 다음 중 직장에서 필요한 제스처에 관한 설명으로 옳지 않은 것은?

① 사람을 가리킬 때는 방향과 달리 두 손을 들고 가리킨다.
② 인사를 할 때는 목과 어깨 그리고 등이 일자가 되도록 인사한다.
③ 무더운 여름에는 악수를 할 때 손끝만 잡아 불쾌감을 덜어준다.
④ 외부 방문객이 화장실의 위치를 물어볼 땐 한 손을 펴고 방향을 향해 팔을 뻗어 안내한다.

13 다음의 상황에서 당신이 가장 우선적으로 해야 할 대답으로 적절한 것은?

> A기업은 프랜차이즈 시스템을 대형사업과 소형사업에 도입하여 최근 1년간 전라북도 지역에 지속적으로 투자하고 있다. 대형사업의 경우 매출이 매 분기마다 신장하며 성장세를 이루고 있지만 소형사업은 1분기에만 매출이 소폭 증가하고 이후로는 하락세를 타고 있다. 마땅한 대안을 찾지 못한 영업 부장은 당신에게 2018년도 소형사업 매출액을 조작하여 보고하라는 지시를 하였다.

① 다른 경쟁력 있는 사업을 창출해야 합니다.
② 공과 사를 명확히 하여 처리해야 합니다.
③ 본사에 사실을 알려 도움을 청해야 합니다.
④ 매출액을 조작하는 것은 엄연히 불법입니다.

14 다음 상황에서 박 사원이 할 행동으로 가장 적절한 것은?

> 박 사원은 출근 시간에 횡단보도에 술이 취해 누워있는 사람을 보았다. 다른 사람들은 이 상황을 무시하고 자기 갈 길이 더 바쁘다. 박 사원도 이 사람을 돕기에는 출근 시간이 너무 촉박하다.

① 상황을 무시하고 회사에 출근한다.
② 술에 취한 사람을 도와주고, 회사에 지각한다.
③ 회사에 연락하여 상황을 설명하고 양해를 구한다.
④ 주변 사람에게 도움을 요청하고 회사에 출근한다.

의사소통능력

수리능력

문제해결능력

자기개발능력

자원관리능력

대인관계능력

정보능력

기술능력

조직이해능력

직업윤리

15 다음 상황에서 B 씨가 할 행동으로 가장 적절한 것은?

> ○○문고 점장인 B 씨는 최근 몇 달간 매상이 좋지 않아 걱정이다. 마침 선박자격증을 공부하기 위해 들른 어르신이 출간된지 2년이 된 책을 구매하겠다고 한다. 그러나 B 씨는 이번 해에 선박자격증 시험 유형이 바뀌기 때문에 개정된 책으로 공부해야 한다는 것을 알고 있다.

① 한 번 구매하면 환불은 어렵다고 고지한다.
② 재고 상품이기 때문에 저렴한 가격에 판매한다.
③ 책이 마음에 드는지 확인한 후에 얘기를 할까 고민한다.
④ 시험 유형이 바뀌기 때문에 다음에 나올 개정된 책으로 공부하길 권한다.

16 다음의 사례와 가장 가까운 직업윤리 덕목은?

> 은성 씨에게 일은 인생에서 가장 중요한 부분 중 하나다. 그는 현재 하고 있는 그 일을 하는 것이 매우 기쁘다. 일은 그가 누구인지를 나타내 주는 필수적 요소이며, 그가 사람들에게 자신에 대해 말할 때 가장 먼저 말하는 부분이다. 그는 때로 집에서도 일을 하고 휴가 때도 일을 한다. 그의 친구 중 많은 수가 직장에서 알게 된 사람들이고, 그는 일과 관련된 몇 개의 단체에 소속되어 있다. 은성 씨는 자신의 일을 생각하면 기분이 좋은데, 그 이유는 현재 하고 있는 일을 사랑하고, 그 일이 세상을 더 좋은 곳으로 만든다고 생각하기 때문이다. 그는 친구들과 자녀들에게 자신과 같은 일을 하라고 추천할 것이다. 은성 씨는 만일 일을 그만두어야 한다면 매우 속상할 것 같으며, 현재 특별히 은퇴를 기대하고 있지 않다.

① 소명의식   ② 전문가의식
③ 봉사의식   ④ 계급의식

17 직업의 의미에 대한 설명으로 옳지 않은 것은?

① 직업은 생활에 필요한 경제적 보상을 제공한다.

② 직업은 본인의 자발적 의사에 의한 것이어야 한다.

③ 직업은 단기적으로 일하며 보수성이 있어야 한다.

④ 직업은 물질적 보수 외에 만족감과 명예 등의 자아실현의 기반이 된다.

의사소통능력

수리능력

문제해결능력

자기개발능력

자원관리능력

대인관계능력

정보능력

기술능력

조직이해능력

직업윤리

18 다음 중 부패에 대한 내용으로 적절하지 않은 것은 무엇인가?

① 관료제 내부 부패에 대해서는 내부고발자의 역할이 중요하다.

② 부패로 인한 불신의 증가는 막대한 사회적 비용의 증대로 이어질 수 있다.

③ 부패는 개인적 일탈과 더불어 사회적 산물로 급격한 근대화 과정에서 더욱 증가하였다.

④ 행정절차의 단순성이 부패를 발생시키기 쉬우므로 절차를 까다롭게 하는 것이 필요하다.

⑤ 부패 문제는 정부에 의해서만 발생한 것이 아니라 복합적으로 형성된 것이기 때문에 사회 전반의 의식 개선과 일관된 법 운영이 필요하다.

19 영업팀에서 근무하는 오 대리는 아래와 같은 상황을 갑작스레 맞게 되었다. 다음 중 오 대리가 취해야 할 행동으로 가장 적절한 것은?

> 오 대리는 오늘 휴일을 맞아 평소 자주 방문하던 근처 고아원을 찾아가기로 하였다. 매번 자신의 아들인 것처럼 자상하게 대해주던 영수에게 줄 선물도 준비하였고 선물을 받고 즐거워할 영수의 모습에 설레는 마음을 감출 수 없었다.
>
> 그러던 중 갑자기 일본 지사로부터, 내일 방문하기로 예정되어 있던 바이어 일행 중 한 명이 현지 사정으로 인해 오늘 입국하게 되었다는 소식을 전해 들었다. 바이어가 한국 체류 시 모든 일정을 동행하며 계약 체결에 차질이 없도록 접대를 해주어야 하는 오 대리는 갑자기 공항으로 서둘러 출발해야 하는 상황에 놓이게 되었다.

① 업무상 긴급한 상황이지만, 휴일인 만큼 계획대로 영수와의 시간을 갖는다.

② 지사에 전화하여 오늘 입국은 불가하며 내일 비행기 편을 다시 알아봐 줄 것을 요청한다.

③ 영수에게 아쉬움을 전하며 다음 기회를 약속하고 손님을 맞기 위해 공항으로 나간다.

④ 손님을 맞기 위한 모든 일정에 영수를 대동하고 참석한다.

20 신입사원들의 멘토 정 과장은 아직도 직장 예절에 대해서 잘 모르는 신입사원들을 대상으로 직장 예절에 대한 교육을 시행하였다. 교육을 마친 후 사원들에게 "지금까지의 내용을 바탕으로 적절하다고 생각하는 알고 있는 직장 내 예절 행동을 말해보세요."라고 했을 때 적절한 예를 든 사원은 누구인가?

① 메일의 제목은 발신자를 밝히고, 핵심 내용을 한 눈에 파악할 수 있는 것으로 정하도록 합니다.

② 다른 사람을 대신해서 전화를 받았을 때는 담당자인 척하고 내용을 메모해 둡니다.

③ 전화를 받을 때는 상대가 신원을 밝힐 때까지 기다리며, 긍정적인 말로 전화 통화를 마칩니다.

④ 업무에 필요한 전화는 가급적 업무 시간에 하고, 시간적 여유가 있다면 개인적 업무를 보도록 합니다.

⑤ 메일을 보낼 때는, 명확한 의사 전달을 위하여 이모티콘을 사용해 자신의 감정을 표현하는 것이 적절합니다.

21 직업윤리의 5대 원칙에 해당하지 않는 것은?

① 객관성의 원칙

② 고객중심의 원칙

③ 전문성의 원칙

④ 경쟁금지의 원칙

의사소통능력

수리능력

문제해결능력

자기개발능력

자원관리능력

대인관계능력

정보능력

기술능력

조직이해능력

직업윤리

22 다음 중 근면의 종류가 다른 하나는 무엇인가?

① 회사에서 진급시험을 위해 외국어를 열심히 공부한다.

② 영업사원이 자신의 성과를 위하여 열심히 노력한다.

③ 상사의 명령에 의해 매일매일 잔업을 한다.

④ 석사학위를 받기 위해 퇴근 후 야간에 대학을 다닌다.

23 직장에서 듣기 좋은 말과 듣기 싫은 말이 있다. 다음 중 듣기 좋은 말이 아닌 것은?

① 이번 일은 자네 덕분에 잘 끝난 것 같아.

② 수고했어. 역시 자네가 최고야.

③ 요새 한가하지, 일 좀 줄까?

④ 내가 뭐 도와 줄 건 없을까?

24 다음 중 직장 내 인간관계 및 분위기를 저해하는 내용에 대한 설명으로 옳지 않은 것은?

① 상급자 앞에서는 자신을 낮추고 동료, 하급자 등에 대해서는 우월적 지위를 이용한 태도를 보이는 것

② 상대방의 주량이나 입장은 생각하지 않고 강제로 술을 권하고 권하는 잔을 사양하는 것을 예절이 없다고 생각하는 것

③ 동료나 하급자 등을 대할 때 존댓말을 사용하는 것

④ 합리적인 근거 없이 사람을 대할 때 학연, 지연, 성별 등을 이유로 차별을 적용하는 것

25 다음 중 명함 교환 예절에 대한 설명으로 옳지 않은 것은 무엇인가?

① 명함은 반드시 지갑에서 꺼내며 새 것을 사용한다.

② 명함을 꺼낼 때는 하위자가 먼저 꺼내어 상위자에게 건넨다.

③ 상위자에게 명함을 건넬 때는 왼손으로 가볍게 받쳐 내는 것이 예의이다.

④ 명함에 관한 부가 정보는 상대방과의 만남에서 기입해 두는 것이 적절하다.

⑤ 명함을 받으면 이름과 직책을 확인한 후, 명함에 관한 이야기를 한두 마디 나눈다.

26 다음은 직장 내의 성희롱과 관련된 사례이다. 다음 중 성희롱 사례에 해당하는 것은 무엇인가?

① 대리 A 씨(남)는 주로 성에 관한 농담을 많이 하지만, 부서 사람들이 모두 즐거워하기 때문에 사원 D 씨(여)는 불쾌해도 어울리고 있다.

② 과장 C 씨(남)은 대리 A 씨(여)에게 커피 심부름을 시키며 "아무래도 그런 일은 여자가 해야 어울리지. 이런 것도 업무의 연장이라구."라고 하였다.

③ 과장 C 씨(남)은 사원 D 씨(여)에게 "나이 더 들기 전에 얼른 시집가야지."라고 하였다.

④ 사원 B 씨(남)는 사원 A 씨(여)에게 "아줌마"라고 부르며 잔심부름을 시켰다.

⑤ 사원 E 씨(남)는 사원 D 씨(여)에게 "여자는 집에서 살림을 잘하는 게 제일이야."라고 말하였다.

의사소통능력

수리능력

문제해결능력

자기개발능력

자원관리능력

대인관계능력

정보능력

기술능력

조직이해능력

직업윤리

27 다음 중 직장생활에서의 정직한 생활에 관한 내용으로 볼 수 없는 것은?

① 사적인 용건의 통화를 할 때에는 회사 전화를 사용하지 않는다.

② 근무 시간에 거짓말을 하고 개인적인 용무를 보지 않는다.

③ 장기적으로 생각하며, 나에게 이익이 되는 일을 한다.

④ 부정직한 관행을 인정하지 않고 고치도록 노력한다.

28 다음 중 윤리적 인간에 대한 설명으로 볼 수 없는 것은?

① 윤리적 인간은 공동의 이익을 추구하고 도덕적 가치 신념을 기반으로 형성된다.

② 인간은 사회적 동물이므로 다른 사람을 배려하면서 행동하는 사람은 윤리적 인간으로 볼 수 있다.

③ 눈에 보이는 육신의 안락보다 삶의 가치와 도덕적 신념을 존중하는 사람이다.

④ 공동의 이익보다는 자신의 이익을 우선으로 행동하는 사람이다.

29 다음의 사례를 보고 직업윤리에 벗어나는 행동을 바르게 지적한 것은?

> ☆☆기업의 영업부 과장인 K 씨는 항상 회사에서 자신만의 재테크를 한다. 업무시간에 컴퓨터 앞에서 자신의 주식이 어떻게 되나 늘 주시한다. 자신이 보유한 주식이 오르면 밝은 표정으로 직원들을 대하고 하루 종일 기분이 좋으나 주식이 떨어지면 사무실 분위기는 초상집 보다 더 엄숙한 분위기가 된다. 이럴 때 조금이라고 실수가 발생하기라도 하면 그 직원은 죽는 날이 되고 만다. 이러한 K 씨가 오늘도 아침 일찍 출근을 했다. 다행히 오늘은 기분이 좋다.

① 주식을 하는 K 씨는 한탕주의를 선호하는 사람이므로 직업윤리에 어긋난다.
② 사무실에서 사적인 재테크를 하는 행위는 직업윤리에 어긋난다.
③ 작은 것의 소중함을 잃고 살아가는 사람이므로 직업윤리에 어긋난다.
④ 자신의 기분에 따라 사원들이 조심해야 하므로 직업윤리에 어긋난다.

30 L병원 홍보실에서는 환자 서비스를 강화하기 위하여 내부적으로 논의를 거쳐 다음과 같은 행동수칙 항목들을 정했다. 이를 검토한 원장은 항목들을 '봉사'와 '준법'의 분야로 나누어 기재할 것을 지시하였다. 다음 중 원장의 지시에 맞게 항목들을 구분한 것은?

> **의료 서비스 개선을 위한 직원 행동수칙**
> ㉠ 인간생명의 존엄성을 인식하고 박애와 봉사정신으로 환자에게 최선의 진료를 제공한다.
> ㉡ 제반 법령과 규정을 준수하며, 언제나 정직한 의료를 제공한다.
> ㉢ 환자 편익을 위해 진료절차, 진료비용 등에 대해 투명하게 설명하고 성의를 다해 안내한다.
> ㉣ 직무를 수행함에 있어서 일체의 금전이나 향응, 각종 편의를 단호히 거부한다.
> ㉤ 환자이익을 우선시하고 업무과정에서 취득한 개인정보를 제3자에게 누설하지 아니한다.
> ㉥ 특정인에게 입원 및 진료순서를 바꿔주거나 의료비 할인 등 건강 불평등을 초래하는 일체의 의료 특혜를 제공하지 아니한다.

	봉사	준법
①	㉠㉡㉤	㉢㉣㉥
②	㉡㉣㉤㉥	㉠㉢
③	㉠㉤㉥	㉡㉢㉣
④	㉠㉢	㉡㉣㉤㉥

의사소통능력

수리능력

문제해결능력

자기개발능력

자원관리능력

대인관계능력

정보능력

기술능력

조직이해능력

직업윤리

31 다음 사례를 보고 두 사람의 가장 큰 차이점이 무엇인지 정확하게 파악한 것은?

> ◇◇자동차회사에 근무하는 영업사원 두 명이 있다. 바로 L 씨와 K 씨이다. L 씨는 차를 한 번 고객에게 팔고 나면 그 고객에게 전화가 오더라도 자신에게 금전적 이익이 생기는 일 외에는 바쁘다는 핑계를 대며 연락을 거부한다. 또한 자신의 이익을 위해 약간의 가격을 올려 회사 몰래 자신의 이득을 취하기도 한다. 그러나 K 씨는 한 번 고객은 영원한 고객이라는 신념으로 예전 고객이 전화를 걸어 차에 이상이 있다고 해도 바로 달려가 조치를 취해준다. 또한 고객의 사소한 연락에도 반기며 매번 상세하게 답변을 해주고, 심지어는 수많은 고객들의 생일도 잊지 않고 챙긴다. 그리고 한 번도 회사규정에 따른 가격 이상으로 판매를 해 본 적도 없다. 처음 입사하고 세 달 동안은 판매를 많이 한 L 씨가 실적이 우수하였으나 2년이 지난 지금은 압도적으로 K 씨가 실적왕의 자리를 고수하고 있다.

① 붙임성의 유무
② 성실성의 유무
③ 자립성의 유무
④ 윤리성의 유무

32 직장 근무 시의 자세에 대한 설명으로 옳지 않은 것은?

① 근무 중 사무로 외출을 하게 될 경우에는 상사의 허가를 받아야 한다.
② 복도나 현관 등에서 상사를 만나면 가벼운 인사를 한다.
③ 근무 중 개인적인 일을 해도 된다.
④ 출근은 상사보다 먼저 하고, 퇴근할 때에는 주변의 서류를 정리하고 나간다.

33 고객접점서비스에 대한 설명으로 옳지 않은 것은?

① 고객과 서비스요원 사이의 15초 동안의 짧은 순간에서 이루어지는 서비스를 말한다.

② 고객이 서비스 상품을 구매하기 위해서 입구에 들어올 때부터 나갈 때까지 여러 서비스요원과 몇 번의 짧은 순간을 경험하게 되는데, 그때마다 서비스요원은 모든 역량을 동원하여 고객을 만족시켜 주어야 한다.

③ 고객이 여러 번의 결정적 순간에서 단 한 명에게 0점의 서비스를 받는다고 해서 모든 서비스가 0점 이라는 것은 아니다.

④ 고객접점에서 종업원의 용모와 복장은 친절한 서비스를 제공하기 전에 첫인상을 좌우하는 첫 번째 요소이다.

의사소통능력

수리능력

문제해결능력

자기개발능력

자원관리능력

대인관계능력

정보능력

기술능력

조직이해능력

직업윤리

34 직장인의 인간관계 유형에 대한 설명 중 그 기준이 다른 하나는?

① 직장동료들과의 인간관계를 중시하며 이를 삶의 중요한 인간관계 영역으로 생각한다.

② 소속된 조직에 대한 소속감과 만족도가 높으며, 직장 내 업무에 대한 흥미도 높다.

③ 직장동료들과의 친밀도와 만족도가 낮으며, 직장의 분위기에 적응을 잘 못한다.

④ 직장동료와 개인적인 대화나 고민, 취미 등을 함께 공유하기도 한다.

35 다음 중 상사나 동료를 만났을 때 인사를 생략해도 되는 경우가 아닌 것은?

① 한 손에 짐을 들고 있을 경우

② 회의나 교육, 중요업무를 하고 있는 경우

③ 위험이 따르는 작업을 하는 경우

④ 상사로부터 주의를 받을 때나 결재 중인 경우

직무수행능력평가

PART

02

CHAPTER

직무수행능력평가

직무수행을 위해 필요한 능력(지식·기술·태도)을 NCS 기반 필기평가를 통해 인재를 선발한다.

직무수행능력평가

(1) 직무수행능력

일을 하는 데 있어 필요한 능력을 의미하며, 직무수행에 필요한 지식, 기술, 태도를 아우르는 능력을 말한다.

(2) 직무수행능력평가

직무수행을 위해 필요한 능력(지식 · 기술 · 태도)을 NCS 기반 필기평가를 통해 인재를 선발하는 방식을 말한다.

(3) 특징

해당 기업 · 공공기관의 모집분야별 직무와 NCS를 비교, 분석하여 선발인원(신규, 경력직)이 필수적으로 갖추어야 할 직무능력(지식, 기술, 태도)를 객관적, 타당적으로 평가하는 것이 특징이다.

(4) 출제방향

일반적인 지식측정 위주의 평가가 아닌, 해당 기업 · 공공기관의 직무수행을 위해 필수적으로 갖추어야 할 직무수행능력을 실제 직무환경에서 어떻게 발현할 수 있는지를 창의적으로 평가한다.

※ 직무수행능력평가는 직군(직무)별 NCS의 능력 단위에 제시된 지식을 활용하여 문항을 도출한다.

(5) 출제방법

(협업체계 구축) 해당 기업 · 공공기관의 특성을 반영한 직무수행능력 평가문항 출제를 위해 공공기관 실무자 · NCS전문가 · 채용문항 개발전문가 간의 협업을 통한 문항 출제로 문항의 객관성 및 신뢰도를 제고하고 있다.

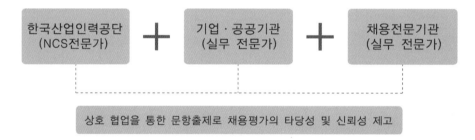

직무수행능력평가 예제

(1) 개발절차

직무수행능력평가는 다음과 같은 체계적인 절차를 통해 개발된다.

| 1 능력단위 목록화 및 중요도, 난이도, 활용빈도 평정 | 2 능력단위 별 평가방법 작성 | 3 평가기준 작성 | 4 평가문항개발 |

(2) 문항의 예시

다음은 직무분석 자료수집에서 사용되는 용어에 대한 설명이다. 올바른 것을 모두 고르면?

> ㉠ JOB : 관리가능한 직무의 최대 단위로 유사한 성격의 조직적인 공헌을 보여주는 직무들의 집합
> ㉡ Duty : 특정개인이 수행하는 여러 가지 작업 수행에 있어 기대되는 역할과 책임을 기준으로 묶어놓은 것
> ㉢ Task : 독립적인 최소 업무단위로서 분업이나 분담이 가능한 업무
> ㉣ Element : 업무수행의 가장 작은 행동단위

① ㉠
② ㉠㉡
③ ㉡㉢
④ ㉡㉢㉣

- 직군(직무) : 직업교육
- 관련 능력단위 : 직무분석자료수집
- 평가방법 : 선택형
- 난이도 : 중
- 해설 : 관리가능한 직무의 최대 단위로 유사한 성격의 조직적인 공헌을 보여주는 직무들의 집합은 직군(Job Family)에 대한 설명이다. 나머지는 모두 올바른 보기이므로 정답은 ㉡㉢㉣이다.

법학

1 지역권에 대한 설명 중 옳지 않은 것은?

① 지역권은 요역지소유권에 부종하여 이전하며 또는 요역지에 대한 소유권이외의 권리의 목적이 된다.

② 토지공유자의 1인은 지분에 관하여 그 토지를 위한 지역권 또는 그 토지가 부담한 지역권을 소멸하게 하지 못한다.

③ 공유자의 1인이 지역권을 취득한 때에는 다른 공유자도 이를 취득한다.

④ 점유로 인한 지역권취득기간의 중단은 지역권을 행사하는 모든 공유자에 대한 사유가 아니어도 효력이 있다.

⑤ 요역지가 수인의 공유인 경우에 그 1인에 의한 지역권소멸시효의 중단 또는 정지는 다른 공유자를 위하여 효력이 있다.

> 점유로 인한 지역권취득기간의 중단은 지역권을 행사하는 모든 공유자에 대한 사유가 아니면 그 효력이 없다〈민법 제295조 제2항〉.

2 다음 중 민법상 공탁에 관한 설명으로 옳지 않은 것은?

① 공탁은 채무이행지의 공탁소에 하여야 한다.

② 변제자는 언제든지 공탁물을 회수할 수 있다.

③ 채무자가 채권자의 상대의무이행과 동시에 변제할 경우에는 채권자는 그 의무이행을 하지 아니하면 공탁물을 수령하지 못한다.

④ 공탁자는 지체 없이 채권자에게 공탁통지를 하여야 한다.

⑤ 변제의 목적물이 공탁에 적당하지 아니한 경우에는 변제자는 법원의 허가를 얻어 물건을 경매하여 대금을 공탁할 수 있다.

> ② 채권자가 공탁을 승인하거나 공탁소에 대하여 공탁물을 받기를 통고하거나 공탁유효의 판결이 확정되기까지는 변제자는 공탁물을 회수할 수 있다. 이 경우에는 공탁하지 아니한 것으로 본다〈민법 제489조 제1항〉.
> ① 민법 제488조 제1항 ③ 민법 제491조 ④ 민법 제488조 제3항 ⑤ 민법 제490조

3 다음 중 형사소송법상 재정신청에 관한 설명으로 옳은 것은?

① 고소권자로서 고소를 한 자는 검사로부터 공소를 제기하지 아니한다는 통지를 받은 때에는 그 검사 소속의 지방검찰청 소재지를 관할하는 고등법원에 그 당부에 관한 재정을 신청할 수 있다.

② 재정신청서에는 사유를 기재하지 않아도 된다.

③ 항고 신청 후 항고에 대한 처분이 행하여지지 아니하고 5개월이 경과한 경우에도 항고를 거쳐 재정신청을 하여야 한다.

④ 재정신청을 하려는 자는 항고기각 결정을 통지받은 날부터 7일 이내에 지방검찰청검사장 또는 지청장에게 재정신청서를 제출하여야 한다.

⑤ 원칙적으로 검찰청법에 따른 항고를 거치지 않고서도 재정신청이 가능하다.

> **재정신청⟨형사소송법 제260조⟩**
>
> ㉠ 고소권자로서 고소를 한 자는 검사로부터 공소를 제기하지 아니한다는 통지를 받은 때에는 그 검사 소속의 지방검찰청 소재지를 관할하는 고등법원에 그 당부에 관한 재정을 신청할 수 있다. 다만, 형법에서 피의사실공표의 죄에 대하여는 피공표자의 명시한 의사에 반하여 재정을 신청할 수 없다.
>
> ㉡ ㉠에 따른 재정신청을 하려면 검찰청법에 따른 항고를 거쳐야 한다. 다만, 다음의 어느 하나에 해당하는 경우에는 그러하지 아니하다.
> • 항고 이후 재기수사가 이루어진 다음에 다시 공소를 제기하지 아니한다는 통지를 받은 경우
> • 항고 신청 후 항고에 대한 처분이 행하여지지 아니하고 3개월이 경과한 경우
> • 검사가 공소시효 만료일 30일 전까지 공소를 제기하지 아니하는 경우
>
> ㉢ ㉠에 따른 재정신청을 하려는 자는 항고기각 결정을 통지받은 날 또는 ㉡의 사유가 발생한 날부터 10일 이내에 지방검찰청검사장 또는 지청장에게 재정신청서를 제출하여야 한다. 다만, ㉡의 검사가 공소시효 만료일 30일 전까지 공소를 제기하지 아니하는 경우에는 공소시효 만료일 전날까지 재정신청서를 제출할 수 있다.
>
> ㉣ 재정신청서에는 재정신청의 대상이 되는 사건의 범죄사실 및 증거 등 재정신청을 이유 있게 하는 사유를 기재하여야 한다.

4 다음 중 행정상 강제집행에 관한 설명으로 옳지 않은 것은?

① 건축법상의 이행강제금 부과

② 국세징수법상의 체납처분

③ 주민등록법상의 과태료 부과

④ 식품위생법상의 무허가영업소 폐쇄

⑤ 건축법상의 대집행

⬛️Ⅱ🄻🄸🅃🄴 과태료 부과는 행정벌(행정질서벌)이다.

5 다음 중 헌법개정절차에 관한 순서가 올바르게 나열된 것은?

① 제안 – 공고 – 국민투표 – 국회의결 – 공포 – 발효

② 제안 – 공포 – 국회의결 – 국민투표 – 공고 – 발효

③ 제안 – 공포 – 국민투표 – 국회의결 – 공포 – 발효

④ 제안 – 공고 – 국회의결 – 국민투표 – 공포 – 발효

⑤ 제안 – 국회의결 – 공고 – 국민투표 – 공포 – 발효

⬛️Ⅱ🄻🄸🅃🄴 헌법개정절차

ⓐ **제안** : 헌법개정은 국회재적의원 과반수 또는 대통령의 발의로 제안된다.

ⓑ **공고** : 제안된 헌법개정안은 대통령이 20일 이상의 기간 이를 공고하여야 한다.

ⓒ **국회의결** : 국회는 헌법개정안이 공고된 날로부터 60일 이내에 의결하여야 하며, 국회의 의결은 재적의원 3분의 2 이상의 찬성을 얻어야 한다.

ⓓ **국민투표** : 헌법개정안은 국회가 의결한 후 30일 이내에 국민투표에 붙여 국회의원선거권자 과반수의 투표와 투표자 과반수의 찬성을 얻어야 한다.

ⓔ **공포** : 헌법개정안이 국민투표의 찬성을 얻은 때에는 헌법개정은 확정되며, 대통령은 즉시 이를 공포하여야 한다.

6 법의 효력에 대한 설명 중 옳지 않은 것은?

① 신법은 구법에 우선하여 적용된다.

② 특별법은 일반법에 우선하여 적용된다.

③ 법은 법률에 특별한 규정이 없는 한 공포한 날로부터 20일이 경과함으로써 효력을 발생한다.

④ 속인주의를 원칙으로 하고, 속지주의를 보충적으로 적용한다.

⑤ 성문법이 불문법에 우선하여 적용된다.

> **TIP** 대부분의 국가는 영토고권을 내세워 속지주의를 원칙으로 하고, 보충적으로 속인주의를 채택하고 있다.

7 다음 중 법의 효력발생요건은?

① 타당성과 임의성

② 타당성과 실효성

③ 강제성과 목적성

④ 정당성과 타당성

⑤ 강제성과 정당성

> **TIP** 법은 규범적 타당성과 실효성을 확보해야 한다.

Answer.   4.③   5.④   6.④   7.②

8 상거래로 생긴 채권의 소멸시효에 대해서 상법의 규정이 민법의 규정에 우선하여 적용된다. 어느 원칙이 적용되기 때문인가?

① 특별법은 일반법에 우선한다.

② 상위법은 하위법에 우선한다.

③ 신법은 구법에 우선한다.

④ 법률은 원칙적으로 소급하여 적용하여서는 안된다.

⑤ 성문법은 불문법에 우선한다.

> **Tip** 특별법우선의 원칙 … 일반법과 특별법이 서로 충돌할 때 특별법이 일반법에 우선하여 적용된다는 원칙이다.

9 법률이 시행시기를 정하고 있었는데, 법률이 정한 시행일 이후에 법률을 공포한 경우는?

① 법률은 효력이 발생하지 않는다.

② 법률을 공포한 때부터 효력이 발생한다.

③ 법률이 정한 시행시기부터 효력이 발생한다.

④ 법률을 공포한 때부터 20일이 지나야 효력이 발생한다.

⑤ 법률을 공포한 다음날부터 효력이 발생한다.

> **Tip** 공포가 없는 한 법률의 효력은 발생하지 않으며, 또 법률에 시행일이 명시된 경우에도 시행일 이후에 공포된 때에는 시행일에 관한 법률규정은 그 효력을 상실하게 된다. 따라서 본 사안에서는 시행일에 관한 규정이 효력을 상실하므로 헌법 제53조 제7항에 의해 공포한 날로부터 20일을 경과함으로써 효력을 발생한다.

10 우리나라 헌법전문(前文)이 직접 언급하고 있지 않은 것은?

① 기회균등
② 권력분립
③ 평화통일
④ 상해임시정부의 법통계승
⑤ 자유민주적 기본질서

헌법전문에 규정된 이념(내용)	헌법전문에 규정되지 않은 내용
• 국민주권주의 • 자유민주주의 • 평화통일원리 • 문화국가원리 • 국제평화주의 • 민족의 단결 • 기회균등, 능력의 발휘 • 자유화 권리에 따르는 책임과 의무 완수	• 권력분립제도 • 5·16혁명 • 국가형태〈헌법 제1조〉 • 대한민국의 영토〈헌법 제3조〉 • 침략전쟁의 부인〈헌법 제5조 제1항〉 • 민족문화의 창달〈헌법 제9조〉

※ **대한민국 헌법전문** … 유구한 역사와 전통에 빛나는 우리 대한민국은 3·1운동으로 건립된 대한민국 임시정부의 법통과 불의에 항거한 4·19민주이념을 계승하고 조국의 민주개혁과 평화적 통일의 사명에 입각하여 정의·인도와 동포애로써 민족의 단결을 공고히 하고, 모든 사회적 폐습과 불의를 타파하며, 자율과 조화를 바탕으로 자유민주적 기본질서를 더욱 확고히 하여 정치·경제·사회·문화의 모든 영역에 있어서 각인의 기회를 균등히 하고 능력을 최고도로 발휘하게 하며, 자유와 권리에 따르는 책임과 의무를 완수하게 하여 안으로는 국민생활의 균등한 향상을 기하고 밖으로는 항구적인 세계평화와 인류공영에 이바지함으로써 우리들과 우리들의 자손의 안전과 자유와 행복을 영원히 확보할 것을 다짐하면서 1948년 7월 12일에 제정되고 8차에 걸쳐 개정된 헌법을 이제 국회의 의결을 거쳐 국민투표에 의하여 개정한다.

행정학

1 다음 중 책임운영기관에 대한 설명으로 옳지 않은 것은?

① 직원의 임용권한은 중앙행정기관의 장에게 있다.

② 특별회계는 기획재정부 장관이 통합 관리한다.

③ 소속 직원의 신분은 공무원으로서 신분이 보장된다.

④ 공기업보다 책임운영기관이 이윤 추구를 더 중시한다.

⑤ 책임운영기관은 사업목표를 달성하는 데에 필요한 기관 운영의 독립성과 자율성이 보장된다.

 ④ 책임운영기관은 공공성이 더 큰 분야에 적용되기 때문에 기업성보다 공공성을 더 중시한다.

2 다음에서 설명하는 것으로 옳은 것은?

> 집단구성원 간의 친화와 반발을 조사하여 그 빈도와 강도에 따라 집단 구조를 이해하는 척도로 인간관계의 그래프나 조직망을 추적하는 이론이다.

① 소시오메트리

② 마르코프체인

③ 대기행렬

④ 네트워크

⑤ 델파이 기법

LTE ② 마르코프체인 : 각 시행의 결과가 바로 앞의 시행의 결과에만 영향을 받는 일련의 확률적 시행

③ 대기행렬 : 서비스를 받기 위해 기다리고 있는 처리요구의 행렬

④ 네트워크 : 각기 독자성을 지닌 조직 간의 협력적 연계장치로 구성된 조직

⑤ 델파이 기법 : 예측하고자하는 특정 현상에 대해 그 분야의 전문가 집단에게 설문을 실시하여 의견을 듣고 그 반응을 수집하여 종합·분석하는 기법

3 다음 중 기금에 대한 설명으로 옳은 것은?

① 특정수입과 특정지출을 연계한다는 점에서 특별회계와 다르다.

② 기금운용계획도 예산과 마찬가지로 국회의 승인이 필요하다.

③ 예산의 팽창을 예방하고자 할 때 설치한다.

④ 집행에 있어서 엄격한 통제가 이루어진다.

⑤ 기금을 운용하는 기금관리주체는 국정감사의 대상기관이 아니다.

> **TIP** ① 특정수입과 특정지출을 연계한다는 점에서 특별회계와 공통점이 있다.
> ③ 기금을 설치 할 경우 예산팽창의 가능성이 높아진다.
> ④ 집행에 있어서 상대적으로 자율성과 탄력성이 보장된다.
> ⑤ 기금을 운용하는 기금관리주체는 감사의 대상기관이다.

4 정책결정모형에 대한 설명으로 옳은 것만을 모두 고른 것은?

> ㉠ 점증모형은 기존 정책을 토대로 하여 그보다 약간 개선된 정책을 추구하는 방식으로 결정하는 것이다.
> ㉡ 만족모형은 모든 대안을 탐색한 후 만족할 만한 결과를 도출하는 것이다.
> ㉢ 사이버네틱스모형은 설정된 목표달성을 위해 정보제어와 환류과정을 통해 자신의 행동을 스스로 조정해 나간다고 가정하는 것이다.
> ㉣ 앨리슨모형은 정책문제, 해결책, 선택기회, 참여자의 네 요소가 독자적으로 흘러 다니다가 어떤 계기로 교차하여 만나게 될 때 의사결정이 이루어진다고 보는 것이다.

① ㉠㉡   ② ㉠㉢

③ ㉡㉢   ④ ㉢㉣

⑤ ㉠㉢㉣

> **TIP** ㉡ 만족모형은 인간의 인지능력, 시간, 비용, 정보 등의 부족으로 모든 대안을 탐색하는 것이 아니라 한정된 대안만을 검토하여 만족할 만한 대안을 선택한다.
> ㉣ 쓰레기통모형에 대한 설명이다.

5 본래의 정책목표를 달성하였거나 표방한 목표를 달성할 수 없게 되었을 경우 새로운 목표를 재설정하는 것은?

① 목표의 비중변동

② 목표의 전환

③ 목표의 승계

④ 목표의 축소

⑤ 목표의 다원화

> **Tip** ① **목표의 비중변동** : 목표 간의 우선순위나 비중이 변동되는 현상
> ② **목표의 전환** : 조직이 원래 추구하던 목표는 유명무실해지고, 그 목표를 달성하기 위해 사용하던 수
> 단에 더 주력하게 되는 현상
> ④ **목표의 축소** : 목표 수준을 하향조정하는 현상
> ⑤ **목표의 다원화** : 본래의 목표에 새로운 목표를 추가하는 현상

6 다음 중 행정을 정책의 구체화, 정책결정·형성 및 준입법적 기능으로 보며 행정의 가치지향성, 기술성을 중시하는 학설은?

① 통치기능설   ② 행정행태설

③ 행정관리설   ④ 발전기능설

⑤ 공공관리설

> **Tip** 통치기능설은 1930년대 경제대공황을 계기로 나타난 행정국가시절의 개념이다. 특히 Applibe는 「정책과
> 행정」에서 '행정은 정책형성'이라고 인식하였다.

7 다음 중 행정의 생태론적 접근방법에 대한 설명으로 옳지 않은 것은?

① 행정을 하나의 유기체로 파악한다.
② 1950년대 비교행정론의 중요한 방법론이 되었다.
③ 행정을 환경의 종속변수로 취급하는 접근법이다.
④ 행정을 독립변수로 취급한다.
⑤ 행정체제의 개방성을 강조한다.

> **Tip** 생태론적 접근방법은 행정을 하나의 유기체로 파악하여 행정과 환경의 상호작용을 연구하며, 행정을 환경의 종속변수로 취급하는 접근법이다.

8 다음 중 무의사결정의 수단 및 방법에 해당하지 않는 것은?

① 편견의 동원 　　　　　② 폭력
③ 적응적 흡수 　　　　　④ 과잉충성
⑤ 특혜의 박탈

> **Tip** 무의사결정 … 정책결정자의 이익을 침해할 경우, 사회의 지배적 가치·이해에 대한 도전의 방지·과잉동조 또는 과잉충성 등에 의해 발생한다. 즉, 의사결정자의 가치나 이익에 반대하는 잠재적이거나 현재적인 도전을 방해시키는 결과를 초래하는 결정을 말한다.
> ※ 무의사결정의 발생원인과 수단
> ㉠ 발생원인
> • 편견의 동원, 기득권 옹호, 이슈(Issue)의 억압
> • 관료이익과의 상충, 과잉충성과 과잉동조
> • 사회의 지배적 가치·이해에 대한 도전의 방지
> • 정책문제의 포착을 위한 정보·지식·기술의 부족
> ㉡ 행사수단
> • 폭력과 권력의 동원·행사, 지연전략
> • 적응적 흡수, 위장합의
> • 특혜의 부여와 박탈, 관심의 분산
> • 편견·고정관념의 동원 및 수정·강화

Answer.	5.③　6.①　7.④　8.④

9 다음 중 예산제도별 특징에 관한 설명으로 옳지 않은 것은?

① 품목별 예산제도 - 조직마다 품목예산을 배정하기 때문에 활동의 중복을 막을 수 있다.

② 성과주의 예산제도 - 성과주의 예산에 있어 가장 어려운 점은 업무측정단위의 선정이다.

③ 자본예산제도 - 경상계정과 자본계정으로 구분한다.

④ 계획예산제도 - 계획예산제도는 질적이라기보다는 계량적 분석을 주로 한다.

⑤ 영기준예산제도 - 사업의 중단이나 폐지도 고려할 수 있는 예산제도이다.

TIP 예산제도별 특징

ⓐ **품목별 예산제도** : 정부지출의 대상이 되는 물품 또는 품목을 기준으로 하는 통제중심의 예산제도이다. 조직마다 품목예산을 배정하기 때문에 활동의 중복을 막기 어렵다.

ⓑ **성과주의 예산제도** : 정부예산을 기능·활동·사업계획에 기초를 두고 편성하는 관리중심의 예산을 말한다. 이러한 성과주의 예산제도는 업무측정단위의 선정이 어렵다.

ⓒ **자본예산제도** : 자본예산은 정부예산을 정책이나 절차상의 편의를 위해 경상지출과 자본지출로 나누는데, 경상지출은 수지균형을 이루며 경상수입으로 충당하지만, 자본지출은 적자재정이나 공채발행으로 충당하는 복식예산제도이다.

ⓓ **계획예산제도** : 계획과 예산편성을 프로그램 작성을 통하여 합리적으로 결합시켜 자원배분을 효과적으로 달성하려는 일련의 계획예산제도이다. 따라서 단순한 예산편성제도가 아니라 예산이 갖는 계획·집행·통제의 전 관리과정에 걸친 기능을 충분히 발휘하기 위한 포괄적 기획관리의 발전체제이다. 계획예산은 B/C분석을 사용하기 때문에 질적이라기 보다는 계량적 분석을 주로 한다.

ⓔ **영기준예산제도** : 예산편성 시에 기존 사업을 근본적으로 재검토하여 예산의 삭감은 물론 사업의 중단이나 폐지도 고려할 수 있는 예산결정방식이다.

10 엽관주의에서 나타날 수 있는 병폐와 가장 거리가 먼 것은?

① 국민요구에 대한 비대응성

② 공무원 임명의 자의성

③ 정책의 비일관성

④ 행정의 비능률성

⑤ 행정관료의 정치적 부패

> **엽관주의의 단점**
> ㉠ 행정관료의 정치적 부패발생 및 정책의 일관성 저해
> ㉡ 공무원 임용의 공평성 상실 및 예산의 낭비와 행정의 비능률성, 자의성 발생
> ㉢ 행정의 대표성, 책임성, 공익성, 전문성, 안전성 저해

경영학

1 직무분석을 하는 법법 가운데 다음이 설명하는 직무분석법은?

> 직무분석자가 직무수행을 하는 종업원의 행동을 관찰한 것을 토대로 직무를 판단하는 것으로서, 장점으로는 간단하게 실시할 수 있는 반면에 정신적 집중을 필요로 하는 업무의 활용에는 다소 어려우며 피관찰자의 관찰을 의식한 직무수행 왜곡으로 인해 신뢰성의 문제점이 생길 수 있다.

① 면접법   ② 질문지법
③ 워크 샘플링법   ④ 관찰법
⑤ 작업기록법

Tip 직무분석의 방법

㉠ **관찰법(Observation Method)** : 관찰법은 직무분석자가 직무수행을 하는 종업원의 행동을 관찰한 것을 토대로 직무를 판단하는 것으로서, 장점으로는 간단하게 실시할 수 있는 반면에 정신적·집중을 필요로 하는 업무의 활용에는 다소 어려우며 피관찰자의 관찰을 의식한 직무수행 왜곡으로 인해 신뢰성의 문제점이 생길 수 있다.

㉡ **면접법(Interview Method)** : 면접법은 해당 직무를 수행하는 종업원과 직무분석자가 서로 대면해서 직무정보를 취득하는 방법으로서, 적용직무에 대한 제한은 없으나, 이에 따른 면접자의 노련미가 요구되며, 피면접자가 정보제공을 기피할 수 있다는 문제점이 생길 수 있다.

㉢ **질문지법(Questionnaire)** : 질문지법은 질문지를 통해 종업원에 대한 직무정보를 취득하는 방법으로서, 이의 적용에는 제한이 없으며 그에 따르는 시간 및 비용의 절감효과가 있는 반면에 질문지 작성이 어렵고 종업원들이 무성의한 답변을 할 여지가 있다.

㉣ **중요사건 서술법(Critical Incidents Method)** : 중요사건 서술법은 종업원들의 직무수행 행동 중에서 중요하거나 또는 가치가 있는 부분에 대한 정보를 수집하는 것을 말하며, 장점으로는 종업원들의 직무행동과 성과간의 관계를 직접적으로 파악이 가능한 반면에 시간 및 노력이 많이 들어가고 해당 직무에 대한 전반적인 정보획득이 어렵다는 문제점이 있다.

㉤ **워크 샘플링법(Work Sampling Method)** : 워크 샘플링법은 관찰법의 방식을 세련되게 만든 것으로서 이는 종업원의 전체 작업과정이 진행되는 동안에 무작위로 많은 관찰을 함으로써 직무행동에 대한 정보를 취득하는 것을 말한다. 더불어, 이는 종업원의 직무성과가 외형적일 때 잘 적용될 수 있는 방법이다.

㉥ **작업기록법** : 작업기록법은 직무수행자인 종업원이 매일매일 작성하는 일종의 업무일지로, 수행하는 해당 직무에 대한 정보를 취득하는 방법으로서, 비교적 종업원의 관찰이 곤란한 직무에 적용이 가능하고, 그에 따른 신뢰성도 높은 반면에 직무분석에 필요한 정보를 충분히 취득할 수 없다는 문제점이 있다.

2 다음 중 윤리경영의 중요성 및 그 효과에 대한 내용으로 가장 거리가 먼 것을 고르면?

① 기업의 경영성과 및 조직유효성 증대에도 영향을 미친다.

② 대내적인 기업이미지 향상으로 브랜드 가치를 높이는데 기여한다.

③ 조직구성원의 행동규범을 제시하고, 윤리적 성취감을 충족시켜준다.

④ 사회적 정당성 획득의 기반으로 시장, 특히 주주와 투자자로부터 지속적인 신뢰를 얻는 데 기여한다.

⑤ 기업의 국제경쟁력을 평가하는 글로벌 스탠더드의 잣대로 윤리경영이 최우선 순위이다.

> **TIP** 윤리경영의 중요성 및 효과
> ㉠ 대외적인 기업이미지 향상으로 브랜드 가치를 높이는데 기여
> ㉡ 기업의 국제경쟁력을 평가하는 글로벌 스탠더드의 잣대로 윤리경영이 최우선 순위
> ㉢ 기업의 경영성과 및 조직유효성 증대에 영향
> ㉣ 사회적 정당성 획득의 기반으로 시장, 특히 주주와 투자자로부터 지속적인 신뢰를 얻는 데 기여
> ㉤ 조직구성원의 행동규범을 제시하고, 윤리적 성취감의 충족

Answer.	1.④ 2.②

3 다음 중 마이클 포터의 5-Forces에 대한 설명으로 적절한 것은?

① 공급자의 교섭력 - 집중도
② 신규 진입의 위협 - 규모의 경제
③ 대체재의 위협 - 산업의 경기변동
④ 구매자의 교섭력 - 유통망에 대한 접근
⑤ 대체재의 위협 - 집중도

■■**TIP** Porter의 산업구조 분석모형

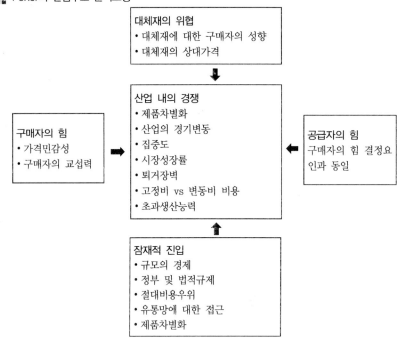

4 직업구조를 형성하기 위한 방법 중 조직 내의 직무에 관한 정보를 체계적으로 수집하여 처리하는 활동을 무엇이라 하는가?

① 직무평가
② 직무설계
③ 직무확장
④ 직무분석
⑤ 직무전환

■■**TIP** 직업구조를 형성하기 위한 방법
　ㄱ **직무분석** : 조직 내의 직무에 관한 정보를 체계적으로 수집하여 처리하는 활동을 말한다. 여기서 직무란 하나의 직위가 수행하는 업무의 묶음을 말한다.
　ㄴ **직무평가** : 직무들의 상대적인 가치를 체계적으로 결정하는 작업이다.
　ㄷ **직무설계** : 직무의 내용, 기능, 그리고 연관관계를 결정하는 활동이다.

5 다음 중 인적 자원 관리의 환경 요소 중 외부 환경에 속하지 않는 것은?

① 정부개입의 증대
② 가치관의 변화
③ 노동조합의 발전
④ 정보기술의 발전
⑤ 경제여건의 변화

> **TIP** 인적자원관리의 내부환경으로는 종업원들의 노동력 구성의 변화, 가치관의 변화, 조직규모의 확대 등
> 이 있으며, 외부환경으로는 정부개입의 증대, 경제여건의 변화, 노동조합의 발전, 정보기술의 발전 등
> 이 있다.

6 다음 중 기업인수 · 합병(M&A)에 따른 이점이 아닌 것은?

① 독자적인 시장개척능력이 신속하게 이루어진다.
② 기업을 그대로 인수할 경우 인수되는 기업이 보유한 유리함을 그대로 향유할 수 있다.
③ 경영실적을 어느 정도 예측할 수 있으므로 미래의 불확실성 정도를 줄일 수 있다.
④ 기존 기업이 갖고 있는 모든 설비나 종업원을 그대로 물려받게 될 경우 창업에 따르는 시간과 경비를 그만큼 절감할 수 있다.
⑤ 시장에 조기진입이 가능하다.

> **TIP** M&A의 장 · 단점
> ㉠ 장점
> • 시장에의 조기진입 가능
> • 기존업계 진입 시 마찰회피와 시장에서의 시장지배력 확보
> • 적절한 M&A 비용으로 인하여 투자비용을 절약
> • 신규 시장진입으로 인한 위험을 최소화하여 이를 회피하는 기능
> ㉡ 단점
> • M&A로 취득자산의 가치 저하 가능
> • M&A 시 필요 인재의 유출, 종업원 상호 간의 인간관계 악화 및 조직의 능률 저하 가능
> • M&A 성공 후 안이한 대처로 인해 기업이 약화
> • M&A 소요 자금의 외부차입으로 인한 기업의 재무구조 악화

| Answer. | 3.② | 4.④ | 5.② | 6.① |

7 포드주의에 대한 설명 중 옳은 것은?

① 유연생산체계를 극복하기 위해 고안된 생산방식이다.

② 과학적 관리법으로 노동자들의 숙련지식을 박탈하고 노동을 단순화시킨다.

③ 노동자들의 업무를 최대한 세분화하고 각 업무를 표준화시킴으로써 노동에 대한 구상기능과 실행기능을 분리시켜 작업에 대한 관리와 성과측정을 용이하게 한다.

④ 컨베이어 벨트라는 자동화설비를 도입하여 작업의 흐름을 기계의 흐름에 종속시켜 높은 생산성을 유지하게 하는 생산방식으로, 대량생산 · 소비체제를 구축한다.

⑤ 작업능률을 좌우하는 것은 물적 조건 뿐만이 아니라 인간관계도 매우 중요하다.

> **Tip** 포드주의(fordism) … 미국 포드자동차회사에서 처음 개발된 것으로 포디즘적 생산방식에 있어 부품들의 흐름은 기계(컨베이어 벨트, 운반기, 이동조립대)에 의해 이루어진다.

8 마케팅믹스 중 촉진(Promotion)에 관한 다음 설명 중 옳은 것은?

① 인적 판매(Personal Selling)란 제품 또는 서비스의 판매나 구매를 촉진시키기 위한 단기적인 자극책을 말한다.

② 홍보(Publicity)란 특정 기업의 아이디어, 제품 또는 서비스를 대가로 지불하면서 비인적 매체를 통해 제시하고 촉진하는 것이다.

③ 풀(Pull)전략이란 소비자 수요를 조장하고 또한 유통경로를 통해 제품을 끌어당기기 위해 광고와 소비자 촉진에 많은 예산을 투입하는 촉진전략을 말한다.

④ 판매촉진이란 한 사람 또는 그 이상의 잠재고객과 직접 대면하면서 대화를 통하여 판매를 실현시키는 방법이다.

⑤ 광고란 제품 및 서비스의 활동을 독려하기 위해 단기간에 전개되는 인센티브 위주의 커뮤니케이션 활동을 의미한다.

> **Tip** ① 판매촉진
> ② 광고
> ④ 인적 판매
> ⑤ 판매촉진

9 선진국이 먼저 이룩한 기술과 업적을 그대로 인정하고 우리나라는 그 위에 $+\alpha$ 를 찾아야 한다는 한국형 기술·산업전략의 경영철학이론은?

① X이론

② Y이론

③ Z이론

④ W이론

⑤ 동기이론

> **TIP** W이론 … 1993년 서울대학교 이면우교수가 주창한 이론으로 외국의 경영이론이나 철학을 무분별하게 수용하여 산업현장에서 무리하게 적용함으로써 발생하는 비능률을 제거하고 우리 실정에 맞는 독자적인 경영철학을 확립하자는 것이다.

10 의사결정에 필요한 모든 정보자료의 흐름을 과학적이고 합리적으로 체계화한 것은?

① MIS

② 포드시스템

③ 테일러시스템

④ 파일링시스템

⑤ 전략정보시스템

> **TIP** MIS(Management Information System) … 경영정보시스템을 의미한다. 기업경영의 의사결정에 사용할 수 있도록 기업 내외의 정보를 전자계산기로 처리하고 필요에 따라 이용할 수 있도록 인간과 전자계산기를 연결시킨 경영방식이다.

Answer.	7.④ 8.③ 9.④ 10.①

경제학

1 다음 중 설명이 바르지 않은 것은?

① 경상수지는 제품이나 서비스를 해외에 사고 판 총액에서 받은 돈과 내준 돈의 차액을 말한다.

② 서비스수지는 자본수지의 일부이다.

③ 상품수지는 상품의 수출과 수입의 차액을 나타내는 수지이다.

④ 소득수지는 경상수지에 해당한다.

⑤ 자본수지는 실물이 아닌 자본 거래에 따른 수입과 지급의 차액이다.

> **국제수지의 종류**
> ㉠ **경상수지** : 제품이나 서비스를 해외에 사고 판 총액에서 받은 돈과 내준 돈의 차액을 말한다.
> • **상품수지** : 상품의 수출과 수입의 차액을 나타내는 수지
> • **서비스수지** : 해외여행, 유학·연수, 운수서비스 등과 같은 서비스 거래 관계가 있는 수입과 지출의 차액을 나타내는 수지
> • **소득수지** : 임금, 배당금, 이자처럼 투자의 결과로 발생한 수입과 지급의 차액을 나타내는 수지
> • **경상이전수지** : 송금, 기부금, 정부의 무상원조 등 대가없이 주고받은 거래의 차액을 나타내는 수지
> ㉡ **자본수지** : 소득을 이루지 않는 돈 자체가 오고 간 결과의 차이를 나타내는 것이다.

2 희소성의 법칙이란 무엇인가?

① 모든 재화의 수량이 어떤 절대적 기준에 미달한다는 원칙이다.

② 몇몇 중요한 재화의 수량이 어떤 절대적 기준에 미달한다는 법칙이다.

③ 인간의 생존에 필요한 재화가 부족하다는 법칙이다.

④ 인간의 욕망에 비해 재화의 수량이 부족하다는 법칙이다.

⑤ 투입된 생상요소가 늘어나면 늘어날수록 산출량이 기하급수적으로 늘어난다는 법칙이다.

> **TIP** 희소성의 법칙 … 무한한 인간욕망에 대하여 재화와 용역이 희소하기 때문에 경제문제가 발생한다는 법칙을 의미한다. 희소한 자원은 경제주체로 하여금 경제적 선택(Economic Choice)을 강요한다.

3 다음 중 케인즈 경제학이 성립된 역사적 배경으로 적절한 것은?

① 1930년대 대공황

② 제2차 세계대전

③ 1950년대 냉전시대

④ 제1차 석유파동

⑤ 제2차 석유파동

> **TIP** 미국의 경제대공황의 처방책으로 케인즈(J.M Keynes)는 소비가 있어야 공급이 생긴다고 주장하면서 정부 지출의 필요성을 역설하였다.

Answer. 1.② 2.④ 3.①

4 경제활동에 있어서는 합리적인 선택과 결정이 항상 필요하다. 그렇다면 다음의 내용과 관련하여 중요한 판단기준 두 가지를 고른다면?

> • 인간의 욕망은 무한한데 자원은 희소하므로 항상 선택의 문제에 직면한다.
> • 누구를 위하여 생산할 것인가의 문제에는 공공복리와 사회정의의 실현을 함께 고려해야 한다.

① 효율성과 형평성
② 타당성과 실효성
③ 안정성과 능률성
④ 희소성과 사회성
⑤ 효율성과 효과성

> **TIP** 제시된 내용은 자원의 희소성과 분배의 문제에 대해 언급하고 있다. 자원의 희소성 때문에 선택의 문제가 발생하므로 최소의 비용으로 최대의 만족을 추구하는 효율성이 판단기준이 되고, 분배의 경우 가장 바람직한 상태인 형평성이 판단기준이 된다.

5 소득소비곡선상의 X재의 수요가 증대할 때 Y재의 수요는 감소하는 경우 X재에 대해서 Y재를 무엇이라 부르는가?

① 보통재   ② 보완재
③ 대체재   ④ 열등재
⑤ 기펜재

> **TIP** ② 재화 중에서 동일 효용을 증대시키기 위해 함께 사용해야 하는 두 재화를 말한다.
> ④ 소득이 증가할수록 그 수요가 줄어드는 재화를 의미한다.
> ⑤ 열등재 중에서 소득효과가 너무 커서 가격이 하락했는데도 수요가 감소하는 재화를 말한다.
> ※ 대체재(경쟁재) … 재화 중에서 동종의 효용을 얻을 수 있는 두 재화를 말한다. 대체관계에 있는 두 재화는 하나의 수요가 증가하면 다른 하나는 감소하고, 소득이 증대되면 상급재의 수요가 증가하고 하급재의 수요는 감소한다. 예를 들어 버터(상급재)와 마가린(하급재), 쌀(상급재)과 보리(하급재), 쇠고기(상급재)와 돼지고기(하급재) 등이다.

6 기업이 생산물을 해외시장에서는 낮은 가격에 판매하고, 국내시장에서는 높은 가격에 판매하여 이윤을 증대시킬 수 있는 경우로 옳은 것은?

① 수요의 가격탄력성이 해외시장에서는 높고 국내시장에서는 낮은 경우

② 수요의 가격탄력성이 해외시장에서는 낮고 국내시장에서는 높은 경우

③ 수요의 소득탄력성이 해외시장에서는 높고 국내시장에서는 낮은 경우

④ 수요의 소득탄력성이 해외시장에서는 낮고 국내시장에서는 높은 경우

⑤ 수요의 가격탄력성이 해외시장과 국내시장이 같은 경우

> **Tip** 가격차별에 따른 이윤증대 방법 … 가격차별이란 동일한 재화에 대하여 서로 다른 가격을 설정하는 것으로, 수요의 가격탄력성에 따라 이루어지는데, 기업은 수요의 가격탄력성에 반비례하도록 가격을 설정해야 한다. 가격탄력성이 높은 시장은 낮은 가격을 설정해야 하며 가격탄력성이 낮은 시장은 높은 가격을 설정해야 한다.
>
> ※ 가격차별 결과 소비자들에게 미치는 영향 … 가격차별이 이루어지면 수요가 탄력적인 소비자들은 유리해지는 반면에, 수요가 비탄력적인 소비자들은 오히려 불리해진다.

7 다음 내용 중 옳은 것은?

① 열등재는 항상 기펜의 역설현상을 나타낸다.

② 정상재는 절대로 기펜의 역설현상을 나타낼 수 없다.

③ 대체효과는 항상 가격의 변화와 같은 방향으로 나타난다.

④ 소득효과는 항상 가격의 변화와 같은 방향으로 나타난다.

⑤ 열등재이면서 대체효과가 소득효과보다 큰 것이 기펜재이다.

> **Tip** ①⑤ 열등재이면서 대체효과보다 소득효과가 더 큰 것이 기펜재이다.
> ③ 대체효과는 재화와 관계없이 항상 가격효과는 부(−)의 효과이다.
> ④ 소득효과는 정상재는 정(+)의 효과이고, 열등재·기펜재는 부(−)의 효과이다.

8 생산요소의 투입량과 생산량 간의 관계가 다음과 같다면 알 수 있는 것은?

구분	노동 = 1	노동 = 2	노동 = 3
자본 = 1	60	90	110
자본 = 2	80	120	150
자본 = 3	90	140	180

① 규모에 대한 수확체감, 한계생산성 체감
② 규모에 대한 수확체감, 한계생산성 불변
③ 규모에 대한 수확불변, 한계생산성 체감
④ 규모에 대한 수확불변, 한계생산성 불변
⑤ 규모에 대한 수확체증, 한계생산성 체감

> ■■■ 모든 생산요소 투입량이 x배 증가하였을 때 생산량이 정확히 x배 증가하는 경우를 규모에 대한 수확 (수익)불변이라고 한다. 한계생산물이란 가변요소 1단위를 추가적으로 투입하였을 때 총생산물의 증가 분을 의미하는데, 자본투입량이 일정하게 주어져 있을 때 노동의 한계생산물은 점점 감소하므로 한계 생산성은 체감하고 있다.

9 일정 기간 한 나라 안에서 자국민과 외국인이 생산한 최종생산물 가치의 합계는?

① 국민순생산(NNP)

② 국민소득(NI)

③ 국내총생산(GDP)

④ 국민총생산(GNP)

⑤ 국민총처분가능소득(GNDI)

> ③ 한 나라의 국경 안에서 일정 기간에 걸쳐 새로이 생산한 재화와 용역의 부가가치 또는 모든 최종
> 재의 값을 화폐단위로 합산한 것을 의미한다.
> ① 국민총생산에서 감가상각비를 제외한 금액으로 국민경제의 순생산액이다.
> ② 국민순생산에서 간접세를 빼고 정부보조금을 더한 합계액으로 요소소득의 합계액이다.
> ④ 한 나라의 국민이 국내와 국외에서 생산한 것의 총합을 의미한다.
> ⑤ 국민경제 전체가 소비나 저축으로 자유롭게 처분할 수 있는 소득을 말한다.

10 한국의 한 MP3 제조회사가 중국에 공장을 세우고 한국인과 중국인 노동자를 고용하는 경우, 다음 설명 중 옳은 것은?

① 한국의 GNP와 중국의 GNP가 증가한다.

② 한국의 GDP와 중국의 GDP가 증가한다.

③ 중국의 GNP는 증가하지만 한국의 GNP는 증가하지 않는다.

④ 중국의 GDP는 증가하지만 한국의 GDP는 감소한다.

⑤ 한국의 GDP만 증가한다.

> 한국인과 중국인 노동자를 고용하여 생산하므로 두 국가의 GNP는 모두 증가하며, 중국 내에서 생산
> 활동이 이루어지므로 중국의 GDP도 증가한다.
> ※ GDP와 GNP
> ㉠ GDP : 일정 기간 동안에 한 나라의 국경 내에서 생산된 최종총생산의 시장가치
> ㉡ GNP : 일정 기간 동안에 한 나라의 국민에 의해서 생산된 최종생산물의 시장가치

Answer.	8.③	9.③	10.①

면접평가

PART

03

CHAPTER

면접평가

NCS기반 면접평가는 해당 직무수행 시 요구되는 기초 소양 및 실제 직무수행과 관련된 지식 · 기술 · 태도를 객관적으로 평가한다.

chapter 01

면접 유형 파악하기

(1) 면접 전형

다양한 면접 기법을 활용하여 업무 수행에 필요한 능력(직무역량, 직무지식 등)을 보유하고 있는지 확인하고 평가하는 절차이다. 서류나 인적성 검사에서 드러나지 않는 지원자의 태도나 능력, 적성을 심층적으로 파악할 수 있다.

전통적 면접	**구조화 면접**

일상적이고 단편적인 질문	직무관련 역량에 초점을 둔 구체적인 질문
술을 잘 마시나요? 주량은 어떻게 되나요?	당신은 신제출 기획서 작성 업무를 수행 중입니다. 직속 상사의 검토를 거친 후 팀장님께 보고를 드릴 계획이나 여러 차례 반려 조치하는 직속 상사가 지나치다고 느껴집니다. 자신이 생각할 때 보고서의 구성이나 내용에 문제가 없다고 판단될 때, 상사와의 의사소통을 어떻게 진행할 것입니까?
인상, 외모 등 다른 외부요소의 역량	
키가 작은 편인데 업무 수행에 불편함은 없겠어요?	

주관적인 판단	체계적인 면접 질문 및 평가
자신의 장점은 무엇이라고 생각합니까?	**주질문** 업무나 학교 과제 등 수행과정에서 겪은 시행착오를 말해보세요.
	세부질문 당시 수행과정에서 시행착오를 겪을 때 중요하게 고려한 점은 무엇입니까?

(2) 면접 유형

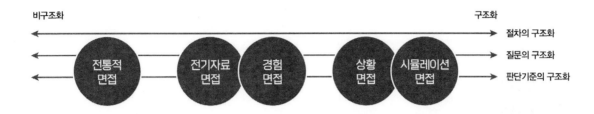

〈구조화 정도에 따른 분류〉

① 비구조화 면접 : 표준화된 질문이나 평가요소 없이 진행되며 면접관의 주관적 판단에 따라 평가가 이루어진다.

② 구조화 면접 : 표준화된 질문이나 평가요소가 면접 전에 확정되어 비구조화 면접에 비해 객관적이며, 신뢰성과 타당성이 높다.

(3) 면접 기법

① 비구조화 면접
- **전통적 면접** : 직무역량과 무관한 질문이 많으며 면접관의 개인적 가치관과 경험에 의해 판단된다.
- **전기자료 면접** : 지원서를 토대로 질문하여 지원자별 질문이 상이할 수 있으며 해당 역량의 수준과 경험의 진실성 등을 파악할 수 있다.
- **압박 면접** : 지원자의 답변에 따라 돌발적인 질문을 하여 문제해결능력과 위기 대처 능력 등을 파악한다.
- **무자료 면접** : 지원자의 최소한의 정보로만 판단하며 평가요소는 전적으로 면접관에게 일임하므로 면접관의 역량에 따라 면접의 효과가 좌우된다.

② 구조화 면접
- **경험 면접** : 역량 발휘가 요구되는 일반적인 상황을 제시하고 지원자의 과거 경험을 통해 수준과 구체성, 진실성 등을 파악한다.
- **상황 면접** : 직무 수행 시 마주할 수 있는 상황을 제시하고 어떻게 대처할 것인지 질문한다. 해당 질문을 통해 지원자의 가치관과 태도 등을 평가할 수 있다.
- **발표 면접** : 과제를 부여하여 지원자가 과제를 수행하는 과정과 결과를 관찰한다. 주제에 대한 사고력과 논리력 등을 파악할 수 있다.
- **토론 면접** : 토론 과제를 제시하여 그 과정에서 개인 간의 상호작용을 관찰하는 면접이다. 최종안을 도출하는 것도 중요하지만 과정에서의 태도(팀워크, 갈등 조정, 의사소통 능력)을 파악한다.

경험 면접

(1) 면접 과정

면접안내
입실 후 면접관이 면접에 대한 간단한 안내를 한다.

도입 질문
역량이 드러나는 답변을 이끌어내기 위해 선행되는 일반적인 질문이다. 직업기초능력과 직무수행능력과 관련된 주요 질문을 통해 평가한다.

추가 질문
도입질문에서의 답변을 토대로 세부 질문이 이루어진다.

(2) 예시

[경험 면접의 질문 및 평가지 예시]

지원분야	경영자원관리	지원자		면접관	(인)
정의	조직이 보유한 인적자원을 효율적으로 활용하여, 조직 내 유·무형자산 및 재무자원을 효율적으로 관리한다.				

주질문
어떤 과제를 처리할 때 기존에 팀이 사용했던 방식의 문제점을 찾아내 이를 보완하여 과제를 효율적으로 처리했던 경험에 대해 이야기해주시기 바랍니다.

세부질문
[상황 및 과제] 사례와 관련하여 당시 상황에 대해 이야기해주시기 바랍니다. [역할] 당시 맡았던 역할은 무엇이었습니까? [행동] 이야기한 사례와 관련하여 구성원들의 설득을 이끌어내기 위해 어떤 노력을 하였습니까? [결과] 결과는 어땠습니까?

기대행동	평점
업무진행에 있어서 한정된 자원을 효율적으로 활용한다.	① - ② - ③ - ④ - ⑤
구성원들의 능력과 성향을 파악해 효율적으로 업무를 배분한다.	① - ② - ③ - ④ - ⑤
효과적 인·물적 자원관리를 통해 맡은 일을 무리없이 잘 마무리한다.	① - ② - ③ - ④ - ⑤

[척도 해설]

1	2	3	4	5
행동 증거가 거의 드러나지 않음	행동 증거가 미약하게 드러남	행동 증거가 어느 정도 드러남	행동 증거가 명확하게 드러남	뛰어난 수준의 행동 증거가 드러남
[관찰 기록] [총평] 				

※ 기업 및 기관마다 상이할 수 있음

상황 면접

(1) 면접 과정

면접안내 입실 후 면접관이 면접에 대한 간단한 안내를 한다.

도입 질문 주요 면접 질문이 지원자에게 제공된다. 지원자는 상황질문지를 검토하거나 면접관에게 질문을 제공받는다.

추가 질문 지원자의 상황인식과 판단, 결과 및 대응에 대한 의도를 듣고 기준을 충족시키는지 파악할 수 있다.

(2) 예시

[상황 면접의 질문 및 평가지 예시]

지원분야	유관부서협업	지원자		면접관	(인)
정의	타부서의 업무협조요청 등에 적극적으로 협력하고 갈등 상황이 발생하지 않도록 이해관계를 조율하며 관련부서의 협업을 효과적으로 이끌어낸다.				

주질문
당신은 생산관리팀의 팀원으로 생산팀이 기한에 맞춰 효율적으로 제품을 생산할 수 있도록 관리하는 역할을 맡고 있습니다. 3개월 뒤 제품 A를 정상적으로 출시하기 위해 생산팀의 생산계획을 수립한 상황입니다. 그러나 원가가 곧 실적으로 이어지는 구매팀에서는 최대한 원가를 줄여 전반적 단가를 낮추려고 원가절감을 위한 제안을 하였으나 연구개발팀에서는 구매팀이 제안한 방식으로 제품을 생산할 경우 대부분이 구매팀의 실적으로 산정될 것이므로 제대로 확인도 해보지 않은 채 적합하지 않은 방식이라고 판단하고 있습니다. 당신은 어떻게 하겠습니까?

세부질문
[상황 및 과제] 이 상황의 핵심적인 이슈는 무엇이라고 생각합니까? [역할] 역할을 더 잘 수행하기 위해 어떤 점을 고려해야 했으며 그렇게 생각한 이유는 무엇입니까? [행동] 당면한 과제를 해결하기 위해 어떤 조치를 취했으며 그 이유는 무엇인지 구체적으로 이야기해주세요. [결과] 결과는 어떻게 될 것이라고 예상하며, 그 이유는 무엇입니까?

기대행동	평점
유관부서와의 관계, 유관부서들의 이해관계를 명확하게 인식하고 있다.	① - ② - ③ - ④ - ⑤
유관부서와의 발생 가능한 갈등요인을 적절하게 설명하고 있다.	① - ② - ③ - ④ - ⑤
유관부서와의 협력관계를 유지하기 위한 적극적인 노력을 기울인다.	① - ② - ③ - ④ - ⑤

[척도 해설]

1	2	3	4	5
행동 증거가 거의 드러나지 않음	행동 증거가 미약하게 드러남	행동 증거가 어느 정도 드러남	행동 증거가 명확하게 드러남	뛰어난 수준의 행동 증거가 드러남
[관찰 기록] [총평] 				

※ 기업 및 기관마다 상이할 수 있음

발표 면접

(1) 면접 과정

입실 후 면접관이 발표 면접에 대한 간략한 안내를 한다. 지원자는 과제 검토 및 발표 준비시간을 갖는다.

과제 주제와 관련하여 정해진 시간동안 발표를 실시하며 면접관들은 평가요소에 근거하여 가점 및 감점요소를 평가한다.

발표가 끝난 후 정해진 시간 동안 발표 내용과 관련하여 질의응답 시간을 갖는다.

(2) 발표 면접 과제 예시

[신입사원 조기 이직 문제]
※ 지원자는 아래에 제시된 자료를 검토한 뒤, 신입사원 조기 이직의 원인을 크게 3가지로 정리하고 이에 대한 구체적인 개선안을 도출하여 발표해 주시기 바랍니다.
※ 본 과제에 정해진 정답은 없으나 논리적 근거를 들어 개선안을 작성해 주십시오.

- A기업은 동종업계 유사기업들과 비교해 볼 때, 비교적 높은 재무안정성을 유지하고 있으며 업무강도가 그리 높지 않은 것으로 외부에 알려져 있음
- 최근 조사결과, 동종업계 유사기업들과 연봉을 비교해 보았을 때 연봉 수준도 그리 나쁘지 않은 편이라는 것이 확인되었음
- 그러나 지난 3년간 1~2년차 직원들의 이직률이 계속해서 증가하고 있는 추세이며, 경영진 회의에서 최우선 해결과제 중 하나로 거론되었음
- 이에 따라 인사팀에서 현재 1~2년차 사원들을 대상으로 개선되어야 하는 A기업의 조직문화에 대한 설문조사를 실시한 결과, '상명하복식의 의사소통'이 36.7%로 1위를 차지했음

- 이러한 설문조사와 함께, 신입사원 조기 이직에 대한 원인을 분석한 결과 파랑새 증후군, 셀프홀릭 증후군, 피터 팬 증후군 등 3가지로 분류할 수 있었음

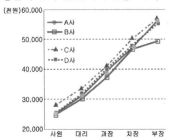

〈동종업계 유사기업들과의 연봉 비교〉

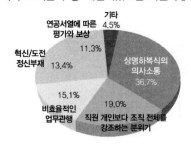

〈우리 회사 조직문화 중 개선되었으면 하는 것〉

〈신입사원 조기 이직의 원인〉

- 파랑새 증후군
 – 현재의 직장보다 더 좋은 직장이 있을 것이라는 막연한 기대감으로 끊임없이 새로운 직장을 탐색함
 – 학력 수준과 맞지 않는 '하향지원', 전공과 적성을 고려하지 않고 일단 취업하고 보자는 '묻지마 지원'이 파랑새 증후군을 초래함
- 셀프홀릭 증후군 : 본인의 역량에 비해 가치가 낮은 일을 주로 하면서 갈등을 느낌
- 피터팬 증후군
 – 기성세대의 문화를 무조건 수용하기보다는 자유로움과 변화를 추구함
 – 상명하복, 엄격한 규율 등 기성세대가 당연시하는 관행에 거부감을 가지며 직장에 답답함을 느낌

※ 기업 및 기관마다 상이할 수 있음

① **준비전략** : 발표면접의 시작은 과제 안내문과 과제 상황, 과제 자료 등을 정확하게 이해하는 것에서 출발한다. 과제 안내문을 침착하게 읽고 제시된 주제 및 문제와 관련된 상황의 맥락을 파악한 후 과제를 검토한다. 제시된 기사나 그래프 등을 충분히 활용하여 주어진 문제를 해결할 수 있는 해결책이나 대안을 제시하며, 발표를 할 때에는 명확하고 자신 있는 태도로 전달할 수 있도록 한다.
 ※ 기업 및 기관마다 상이할 수 있음

② **과제안내문** : 과제 및 면접에 대한 안내 자료이다.

③ **과제 상황** : 제시된 주제 및 문제와 관련된 상황이다. 구체적인 과제의 맥락을 파악한 후, 과제를 검토할 수 있도록 한다.

④ **과제 자료** : 제시된 주제 및 문제와 관련된 신문기사, 그래프 등이 제시된다. 지원자는 자료를 검토하고 활용하여 주어진 문제를 해결 또는 대안을 선택해야 한다.

토론 면접

(1) 면접 과정

면접안내 입실 후 면접관이 토론 면접에 대한 전반적인 과정을 안내한다. 지원자는 정해진 곳에 착석한다.

토론 과제 주제와 관련하여 정해진 시간동안 토론을 하며 본격적인 면접 전에 과제 검토 및 토론 준비시간은 갖는다.

마무리 (5분 이내) 면접 종류 전 지원자들은 도출한 결론에 대해 첨언하고 마무리를 짓는다.

(2) 토론 면접 과제 예시

[Workshop 장소 선정]

※ 지원자들은 아래에 제시된 자료를 검토한 뒤 조 구성원들과 협의하여 내년 워크숍 장소로 적당한 곳을 후보지들 중에서 선택하고 그 이유를 설득력 있게 제시하시오.

※ 지원자들은 자신의 아이디어가 선정될 수 있도록 노력하는 것뿐만 아니라, 합리적이고 효과적인 최종 결론 도출을 위해 다른 지원자 간의 의견을 조정해주시기 바랍니다.

※ 평가를 위해 일부 자료를 각색되었습니다.

- A 기업은 매년 같은 장소로 워크숍을 다녀왔으나 내년부터는 다른 곳으로 갈 예정임
- 장소선정은 직원들의 의견을 반영하여 직원들도 즐겁고 만족할 만한 장소를 선정하고자 함

〈A 기업의 워크숍 시행 목적(1박 2일 일정)〉
- 회사 비전의 공유를 통한 조직문화 정착
- 사내 구성원 간의 커뮤니케이션 증진
- 개인과 조직의 발전을 위한 구성원들의 동기부여

〈워크숍이란?〉

- 기업에서 실시하는 워크숍은 기업의 이익 또는 문제해결을 위하여 회사업무와 관련된 전문적인 기술이나 아이디어를 직원들과 함께 공유하며 검토하는 회의 형식의 행사
- 워크숍 진행을 통해 구성원들은 자신의 생각을 표현할 기회를 제공 받게 되며 이를 바탕으로 건강한 조직문화를 구현하는 데 도움이 됨
- 워크숍 교육의 목적
  - 직원들의 아이디어나 의견을 모아 긍정적인 결과를 도출
  - 기업 구성원으로서 서로 단합과 친목을 도모
  - 구성원들의 적극적인 활동을 통한 매너리즘 타파
  - 조직 내에서의 소속감을 갖게 되어 자신의 업무에 활력 증진
  - 새로운 기술이나 신제품에 대한 프레젠테이션 준비
- 워크숍 효과
  - 조직 내 갈등과 스트레스 해소 및 직원들의 동기 부여
  - 조직의 목표달성을 위한 도전정신과 열정 향상
  - 자기능력의 자각 및 학습을 통한 능력 향상
  - 공동 활동 속에서 협력을 통한 조직력 강화

〈작년 워크숍 만족도 조사결과(A기업 직원 50여 명 대상)〉

- 워크숍에서 유익했던 점
  - 작년 워크숍에서 가장 유익하고 인상 깊었던 시간은 조별토론 시간인 것으로 나타남
  - 향후 다양하고 전문적인 안건을 바탕으로 심도있는 조별토론을 할 수 있도록 노력할 필요가 있음

- 향후 워크숍 진행 시 바라는 점
  - 가장 많은 응답자가 향후 워크숍 테마로 레저스포츠를 꼽음
  - 향후 워크숍에는 보다 다양한 레저활동 및 체육활동을 진행할 필요가 있음

※ 기업 및 기관마다 상이할 수 있음

① **과제안내문** : 과제 및 면접에 대한 안내 자료이다.

② **과제 상황** : 제시된 주제 및 문제와 관련된 상황이다. 구체적인 과제의 맥락을 파악한 후, 과제를 검토할 수 있도록 한다.

③ **과제 자료** : 제시된 주제 및 문제와 관련된 신문기사, 그래프 등이 제시된다. 지원자는 자료를 검토하고 활용하여 주어진 문제를 해결 또는 대안을 선택해야 한다.

기출동형문제

PART 04

CHAPTER

✦ 기출동형문제

기출동형문제

모듈형과 휴노형, 혼합형 문제에 대비할 수 있도록 구성하였습니다.

기출동형문제

[01 ~ 02] 다음은 국민건강보험공단의 '공·사 의료보험' 연계 방안에 관한 연구결과 보고서의 일부이다. 글을 읽고 물음에 답하시오.

국민건강보험과 민간의료보험을 함께 분석할 수 있도록 공·사 의료보험을 연계하고 실태조사 체계를 마련하는 연구가 진행됐다.

양 보험을 단계별로 자료를 연계해 건강보험과 민간보험이 서로 미치는 영향을 효과적으로 파악하고 활용하는 것이 그 목적이다.

국민건강보험공단은 서울대학교 산학협력단에 '공·사 의료보험 실태조사 체계마련 및 운영방안 연구'를 의뢰해 진행하고 그 결과를 지난 17일 공개했다.

보고서는 공·사 의료보험의 관리기관과 소관 부처가 상이해 연계가 부족하며 국민건강보험과 민간의료보험의 보장영역에 대한 포괄적 검토 기전과 비급여 관리 체계가 부재한 점을 지적했다.

건강보험의 적정 보장률 도출을 위해서는 상호작용하는 민간보험의 자료가 (㉠)돼야 하나 연계된 자료를 (㉡)할 수 있는 통로는 한국의료패널뿐인 상황이다.

아울러 민간의료보험 청구와 지급에 대한 전산 자료 구축이 어려운 점을 지적했다. 민간의료보험의 경우 건강보험과 달리 피보험자가 요양기관에 진료비를 먼저 수납하고, 사후에 피보험자의 수작업 청구에 따라 민간의료보험이 피보험자에게 보험금을 지급하는 방식으로, 수작업으로 일부 DB만 구축되고 있기 때문이다.

보고서는 민간의료보험의 자료를 모으는 방법으로 ▲민간의료보험 자료 축적의 상설화 ▲신용정보원 자료 수집 ▲보험개발원 자료 수집 ▲한국의료패널 설문에 민간의료보험 관련 자료 수집 등을 제시했다.

공·사 의료보험 자료 간 연계를 위해서는 4가지 단계적 추진 방안이 필요하다고 설명했다. ▲공·사 의료보험 자료 간 연계 전 단계 ▲민간의료보험 가입자 정보 연계 ▲민간의료보험 지급 건 연계 ▲민간의료보험 자료의 전산화 후 자료의 연계 등이다.

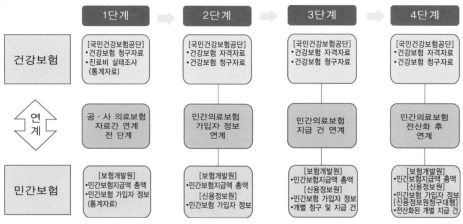

먼저 연계 전 국민건강보험공단이 보유하고 있는 건강보험 청구 자료와 건강보험환자 진료비 실태조사 통계 자료, 보험개발원의 민간의료보험 지급보험금 총액 자료 및 민간의료보험 가입자 통계 자료를 연계 없이 각각 수집해 활용하는 것이 첫 단계라고 설명했다.

두 번째로 보험개발원 또는 신용정보원이 국민건강보험공단에 민간의료보험 가입자 정보를 제공하고, 건강보험공단에서는 이를 건강보험/의료급여 자격 자료와 연계한다.

세 번째로 민간의료보험 지급 건을 연계한 뒤 마지막으로 민간의료보험 청구 및 지급 건을 전산화하고 이를 건강보험 자료와 연계하는 방안이다.

마지막 단계에서는 민간의료보험에 대한 청구를 요양기관이 대신하고 제3의 청구대행기관을 활용함으로써 하나의 민간의료보험 DB를 구축하는 형태가 된다.

보고서는 이를 위한 시스템을 구축하기 위해서는 타 기관과 충분한 협의를 거친 뒤 연계 가능한 정보 범위를 정하고, 연계정보의 레이아웃을 확정하며 어떤 형태로 연계정보를 제공받을 수 있는지 등 연계 기반 조건에 대한 충분한 검토가 필요하다고 설명했다.

고려할 요인으로는 상호호환성 및 표준화와 관련한 기술적 요인, 주관기관 및 유관기관 권한 관계에 대한 조직 및 관리적 요인, 법적 틀이 제대로 갖춰져 있는지에 대한 법 제도 및 정치적 요인이 꼽혔다.

이러한 단계를 거쳐 공·사 의료보험의 연계가 진행될 시 보건복지부와 금융위원회가 자료를 다방면으로 활용할 수 있을 것으로 예상된다.

보고서는 연구를 통해 네 가지 정책 제언을 도출했다고 밝혔다. ▲비급여 항목 및 비용 관리를 위한 기반 마련 ▲요양기관에서 민간의료보험회사에 전자적 형태로 진료비 계산서 등의 서류를 전송하고 전문 중계기관을 통해 해당 전송 업무를 위탁하는 방안 장기적 검토 ▲정부가 민간의료보험과 관련된 인센티브를 제공하고, 관련 자료를 보건부가 (ⓒ)하여 이를 활용하는 호주의 사례 참고 ▲공·사 의료보험 연계 및 실태조사 방안에 지불제도 개편 등의 영향을 반영

01

모듈형 ★★☆☆☆

보고서를 바탕으로 공단 직원은 회의를 진행하였다. 가장 적절하지 않은 발언을 한 사람은?

① 박 대리 : 국민건강보험공단과 보험개발원, 신용정보원의 업무를 전산시스템으로 통합하여 관리하는 방안이 필요하다.

② 김 주임 : 보험금 청구와 지급에 대한 전산화 작업은 건강보험보다는 민간의료보험이 더 시급하다.

③ 남 과장 : 공·사 의료보험 자료 간 연계의 최종 단계는 민간의료보험에 대한 청구를 건강보험공단이 수행하는 것이다.

④ 이 팀장 : 주관기관 간에 합의가 이루어져도 관련 법에서 연계기반을 제약하는 조건이 있는지 살펴봐야 한다.

⑤ 안 대리 : 정부가 민간의료보험과 관련된 인센티브를 제공하는 호주의 사례를 분석해볼 필요가 있다.

[문제출제유형] 보고서 지문의 이해 ───────────────────────────

| 정답해설 |

> 보고서는 공·사 의료보험 자료 간 연계를 위해서는 4가지 단계적 추진 방안이 필요하다고 설명한다. 최종 단계는 민간의료보험에 대한 청구를 요양기관이 대신하고 제3의 청구대행기관을 활용함으로써 하나의 민간의료보험 DB를 구축하는 형태가 된다. 남 과장은 공·사 의료보험 자료 간 연계의 최종 단계를 '민간의료보험에 대한 청구를 건강 보험공단이 수행하는 것'이라고 보았으므로 적절하지 않게 발언하였다.

| 오답풀이 |

① 보고서는 공·사 의료보험의 관리기관과 소관부처가 상이해 연계가 부족하며 국민건강보험과 민간의료보험의 보장영역에 대한 포괄적 검토 기전과 비급여 관리 체계가 부재한 점을 지적한다.

② 보고서에서는 민간의료보험의 경우 건강보험과 달리 피보험자가 요양기관에 진료비를 먼저 수납하고, 사후에 피보험자의 수작업 청구에 따라 민간의료보험이 피보험자에게 보험금을 지급하는 방식을 지적하고 있다.

④ 보고서에서는 시스템 구축 및 연계 시 고려할 요인으로 법적 틀이 제대로 갖춰져 있는지에 대한 법 제도 및 정치적 요인을 제시하고 있다.

⑤ 보도자료의 제일 마지막에는 정부가 민간의료보험과 관련된 인센티브를 제공하고 이를 활용하는 호주의 사례가 언급되어 있다.

답 ③

02

㉠, ㉡, ㉢에 공통으로 들어갈 말과 같은 의미로 쓰인 문장은?

① 쾌적한 주거환경을 유지하기 위해서는 집안을 <u>정리</u>하는 습관을 들여야 한다.

② 4차 산업 혁명 시대를 이끌어갈 역량으로 인문학적 사고가 <u>제시</u>되고 있다.

③ 1개월간의 <u>누적</u> 데이터 사용량을 분석해 본 결과 전월보다 10% 더 증가하였다.

④ 예산 확보 문제를 해결하기 위해서는 성과에 대한 증빙이 <u>전제</u>되어야 한다.

⑤ 정보화 사회에서는 새로운 정보의 <u>확보</u>가 중요하다.

02

모듈형

[문제출제유형] 문맥 파악 및 공통 어휘 추론 ─────────────

| 정답해설 |

확보는 확실하게 가지고 있다는 '갖춤', '보유'의 의미로 쓰인다. ㉠ 건강보험의 적정 보장률을 도출하기 위해 민간보험의 자료가 확보되어야 하며, ㉡ 연계된 자료를 확보할 수 있는 통로는 한국의료패널 뿐인 상황이다. ㉢ 관련 자료를 보건부가 확보하여 활용하는 호주의 사례를 참고할 수 있다.

답 ⑤

03

휴노형 ★★★☆☆

다음 글의 내용이 참일 때, 우수사원으로 반드시 표창받는 사람의 수는?

지난 1년간의 평가에 의거하여, 우수사원 표창을 하고자 한다. 세 개의 부서에서 갑, 을, 병, 정, 무 다섯 명을 표창 대상자로 추천했는데, 각 부서는 근무평점이 높은 순서로 추천하였다. 이들 중 갑, 을, 병은 같은 부서 소속이고 갑의 근무평점이 가장 높다. 추천된 사람 중에서 아래 네 가지 조건 중 적어도 두 가지를 충족하는 사람만 우수사원으로 표창을 받는다.

- 소속 부서에서 가장 높은 근무평점을 받아야 한다.
- 근무한 날짜가 250일 이상이어야 한다.
- 직원 교육자료 집필에 참여한 적이 있으면서, 직원 연수교육에 3회 이상 참석하여야 한다.
- 정부출연연구소에서 활동한 사람은 그 활동 보고서가 인사부서에 공식 자료로 등록되어야 한다.

지난 1년 동안 이들의 활동 내역은 다음과 같다.

- 250일 이상을 근무한 사람은 을, 병, 정이다.
- 갑, 병, 무 세 명 중에서 250일 이상을 근무한 사람은 모두 자신의 정부출연연구소 활동 보고서가 인사부서에 공식 자료로 등록되었다.
- 만약 갑이 직원 교육자료 집필에 참여하지 않았거나 무가 직원 교육자료 집필에 참여하지 않았다면, 다섯 명의 후보 중에서 근무한 날짜의 수가 250일 이상인 사람은 한 명도 없다.
- 정부출연연구소에서 활동한 적이 없는 사람은 모두 직원 연수교육에 1회 또는 2회만 참석했다.
- 그리고 다섯 명의 후보 모두 직원 연수교육에 3회 이상 참석했다.

① 1명
② 2명
③ 3명
④ 4명
⑤ 5명

문제출제유형 논리 추론 ──────────────────────────────

│ 정답해설 │

지문에 제시된 우수사원으로 표창받기 위한 조건을 다음과 같이 정리할 수 있다.

㉮ : 소속 부서에서 가장 높은 근무평점

㉯ : 근무한 날짜가 250일 이상

㉰ : 직원 교육자료 집필에 참여하고 직원 연수교육에 3회 이상 참석

㉱ : 정부출연연구소에서 활동한 사람은 그 활동 보고서가 인사부서 공식자료로 등록

조건과 지문의 진술을 통해 각 조건에 해당하는 후보를 다음과 같이 추론할 수 있다.

조건 ㉮ : 갑, 을, 병이 같은 부서 소속이고 갑의 근무평점이 가장 높다. 이때 세 부서가 근무평점 순으로 추천하므로 정, 무는 나머지 2개 부서 소속이고 각 부서에서 가장 높은 근무평점을 받았음을 알 수 있다. 따라서 조건을 충족하는 후보는 갑, 정, 무다.

조건 ㉯ : 250일 이상을 근무해야 조건이 충족되므로 조건을 충족하는 후보는 을, 병, 정이다.

조건 ㉰ : 250일 이상을 근무한 사람이 있으므로 갑과 무는 모두 직원 교육자료 집필에 참여하였다. 다섯 명의 후보 모두 직원 연수교육에 3회 이상 참석했으므로 조건을 충족하는 후보는 갑, 무다.

조건 ㉱ : 다섯 명의 후보 모두 직원 연수교육에 3회 이상 참석했으므로 이들 모두가 정부출연연구소에서 활동한 적이 있다. 여기서 250일 이상을 근무하여 활동 보고서가 인사부서에 공식 자료로 등록된 사람은 병이므로 조건을 충족하는 후보는 병이다.

이를 다음과 같이 표로 정리할 수 있다.

구분		최고평점	250일	집필 + 연수	자료 등록
부서 1	갑	O	×	O	×
	을	×	O		×
	병	×	O		O
부서 2	정	O	O		×
부서 3	무	O	×	O	×

을을 제외한 4명은 두 가지 조건을 충족하므로, 우수 직원으로 반드시 표창받는다.

답 ④

04

귀하는 ○○국제협력단의 회의 담당자이다. 귀사의 〈통역경비 산정기준〉과 아래의 〈상황〉을 근거로 판단할 때, 귀사가 A시에서 개최한 설명회에 쓴 총 통역경비는?

〈통역경비 산정기준〉

통역경비는 통역료와 출장비(교통비, 이동보상비)의 합으로 산정한다.

■ 통역료(통역사 1인당)

구분	기본요금(3시간까지)	추가요금(3시간 초과 시)
영어, 아랍어, 독일어	50,00원	10,00원/시간
베트남어, 인도네시아어	60,00원	150,00원/시간

■ 출장비(통역사 1인당)

– 교통비는 왕복으로 실비 지급

– 이동보상비는 이동 시간당 10,00원 지급

〈상황〉

귀사는 2019년 3월 9일 A시에서 설명회를 개최하였다. 통역은 영어와 인도네시아어로 진행되었고, 영어 통역사 2명과 인도네시아어 통역사 2명이 통역하였다. 설명회에서 통역사 1인당 영어 통역은 4시간, 인도네시아어 통역은 2시간 진행되었다. A시까지는 편도로 2시간이 소요되며, 개인당 교통비는 왕복으로 10,00원이 들었다.

---

① 244만 원

② 276만 원

③ 288만 원

④ 296만 원

⑤ 326만 원

[문제출제유형] 소요 경비 계산 ───────────────────────

| 정답해설 |

통역료는 통역사 1인 기준으로 영어 통역은 총 4시간 진행하였으므로 기본요금 50.00원에 추가요금 10.00원을 합쳐 60.00원을 지급해야 한다. 인도네시아어 통역사에게는 2시간 진행하였으므로 기본요금 60.00원만 지급한다.

- 영어, 인도네시아 언어별로 2명에게 통역을 맡겼으므로
  (60.00 + 60.00) × 2 = 2,40.00원
- 출장비의 경우 통역사 1인 기준 교통비는 왕복실비인
  10.00원으로 4회 책정되므로 40.00원
- 이동보상비는 이동 시간당 10.00원 지급하므로 왕복 4시간을 이동하였으므로
  10.00 × 4 × 4 = 160.00원

총 출장비는 교통비와 이동보상비를 합한 560.00원
총 통역경비는 2,40.00 + 560.00 = 2,960.00원

답 ④

05

귀하는 OO 공단의 홍보 담당자인 L 사원이다. 아래의 자료를 근거로 판단할 때, L 사원이 선택할 4월의 광고수단은?

- 주어진 예산은 월 3천만 원이며, L 사원은 월별 공고효과가 가장 큰 광고수단 하나만을 선택한다.
- 광고비용이 예산을 초과하면 해당 광고수단은 선택하지 않는다.
- 광고효과는 아래와 같이 계산한다.

$$광고효과 = \frac{총\ 광고\ 횟수 \times 회당\ 광고노출자\ 수}{광고비용}$$

- 광고수단은 한 달 단위로 선택된다.

〈표〉

광고수단	광고 횟수	회당 광고노출자 수	월 광고비용(천 원)
TV	월 3회	10만 명	30,00
버스	일 1회	10만 명	20,00
KTX	일 70회	1만 명	35,00
지하철	일 60회	2천 명	25,00
포털사이트	일 50회	5천 명	30,00

① TV

② 버스

③ KTX

④ 지하철

⑤ 포털사이트

(문제출제유형) 수리 추론(광고비용) ─────────────

| 정답해설 |

L 사원에게 주어진 예산은 월 3천만 원이며, 이를 초과할 경우 광고수단은 선택하지 않는다. 따라서 월 광고비용이 3,50만 원인 KTX는 배제된다.

조건에 따라 광고수단은 한 달 단위로 선택되며 4월의 광고비용을 계산해야 하므로 모든 광고수단은 30일을 기준으로 한다. 조건에 따른 광고 효과 공식을 대입하면 아래와 같이 광고 효과를 산출할 수 있다.

구분	광고횟수(회/월)	회당 광고노출자 수(만 명)	월 광고비용(천 원)	광고효과
TV	3	10	30,00	0.01
버스	30	10	20,00	0.015
KTX	2,10	1	35,00	0.06
지하철	1,80	0.2	25,00	0.0144
포털사이트	1,50	0.5	30,00	0.025

따라서 L 사원은 예산 초과로 배제된 KTX를 제외하고, 월별 광고효과가 가장 좋은 포털사이트를 선택한다.

답 ⑤

[06 ～ 07] 다음은 ○○직속 4차 산업혁명 위원회의 연구보고서이다. 글을 읽고 물음에 답하시오.

① 온라인을 통한 통신, 금융, 상거래 등은 우리에게 편리함을 주지만 보안상의 문제도 안고 있는데, 이런 문제를 해결하기 위하여 암호 기술이 동원된다. 예를 들어 전자 화폐의 일종인 비트코인은 해시 함수를 이용하여 화폐 거래의 안전성을 유지한다. 해시 함수란 입력 데이터 x에 대응하는 하나의 결과 값을 일정한 길이의 문자열로 표시하는 수학적 함수이다. 그리고 입력 데이터 x에 대하여 해시 함수 H를 적용한 수식 $H(x)=k$라 할 때, k를 해시 값이라 한다. 이때 해시 값은 입력 데이터의 내용에 미세한 변화만 있어도 크게 달라진다. 현재 여러 해시 함수가 이용되고 있는데, 해시 값을 표시하는 문자열의 길이는 각 해시 함수마다 다를 수 있지만 특정 해시 함수에서의 그 길이는 고정되어 있다.

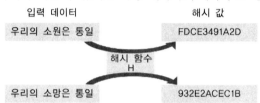

[해시 함수의 입·출력 동작의 예]

② 이러한 특성을 갖고 있기 때문에 해시 함수는 데이터의 내용이 변경되었는지 여부를 확인하는 데 이용된다. 가령, 상호 간에 동일한 해시 함수를 사용한다고 할 때, 전자 문서와 그 문서의 해시 값을 함께 전송하면 상대방은 수신한 전자 문서에 동일한 해시 함수를 적용하여 결과 값을 얻은 뒤 전송받은 해시 값과 비교함으로써 문서가 변경되었는지 확인할 수 있다.

③ 그런데 해시 함수가 ㉠ 일방향성과 ㉡ 충돌회피성을 만족시키면 암호 기술로도 활용된다. 일방향성이란 주어진 해시 값에 대응하는 입력 데이터의 복원이 불가능하다는 것을 말한다. 특정 해시값 k가 주어졌을 때 $H(x)=k$를 만족시키는 x를 계산하는 것이 매우 어렵다는 것이다. 그리고 충돌회피성이란 특정 해시 값을 갖는 서로 다른 데이터를 찾아내는 것이 현실적으로 불가능하다는 것을 의미한다. 서로 다른 데이터 x, y에 대해서 $H(x)$와 $H(y)$가 각각 도출한 값이 동일하면 이것을 충돌이라 하고, 이때의 x와 y를 충돌쌍이라 한다. 충돌회피성은 이러한 충돌쌍을 찾는 것이 현재 사용할 수 있는 모든 컴퓨터의 계산 능력을 동원하더라도 그것을 완료하기가 사실상 불가능하다는 것이다.

④

[가] 해시 함수는 온라인 경매에도 이용될 수 있다. 예를 들어 ○○ 온라인 경매 사이트에서 일방향성과 충돌회피성을 만족시키는 해시 함수 G가 모든 경매 참여자와 운영자에게 공개되어 있다고 하자. 이때 각 입찰 참여자는 자신의 입찰가를 감추기 위해 논스*의 해시 값과 입찰가에 논스를 더한 것의 해시 값을 함께 게시판에 게시한다. 해시 값 게시 기한이 지난 후 각 참여자는 본인의 입찰가와 논스를 운영자에게 전송하고 운영자는 최고 입찰가를 제출한 사람을 낙찰자로 선정한다. 이로써 온라인 경매 진행 시 발생할 수 있는 다양한 보안상의 문제를 해결할 수 있다.

※ 논스 : 입찰가를 추측할 수 없게 하기 위해 입찰가에 더해지는 임의의 숫자

06

윗글의 ㉠과 ㉡에 대하여 추론한 내용으로 가장 적절한 것은?

① ㉠을 지닌 특정 해시 함수를 전자 문서 x, y에 각각 적용하여 도출한 해시 값으로부터 x, y를 복원할 수 없다.

② 입력 데이터 x, y에 특정 해시 함수를 적용하여 도출한 문자열의 길이가 같은 것은 해시 함수의 ㉠ 때문이다.

③ ㉡을 지닌 특정 해시 함수를 전자 문서 x, y에 각각 적용하여 도출한 해시 값의 문자열의 길이는 서로 다르다.

④ 입력 데이터 x, y에 특정 해시 함수를 적용하여 도출한 해시 값이 같은 것은 해시 함수의 ㉡ 때문이다.

⑤ 입력 데이터 x, y에 대해 ㉠과 ㉡을 지닌 서로 다른 해시 함수를 적용하였을 때 도출한 결과값이 같으면 이를 충돌이라고 한다.

06

문제출제유형 기술 추론 ―――――――――――――――――――――――

| 정답해설 |

> ③ 문단의 ㉠과 ㉡을 다음과 같이 정리할 수 있다.
>
> | ㉠ 일방향성 | ㉡ 충돌회피성 |
> | --- | --- |
> | • 개념 : 주어진 해시 값에 대응하는 입력 데이터의 복원이 불가능
• 특정 해시 값 K가 주어졌을 때 $H(x) = k$를 만족시키는 x를 계산하는 것이 매우 어려움 | • 특정 해시 값을 갖는 서로 다른 데이터를 찾아내는 것이 현실적으로 불가능
• $H(y)$가 각각 도출한 값이 동일하면 이것을 충돌이라 하고, 이때의 x와 y를 충돌쌍이라고 함 → 충돌회피성은 이러한 충돌쌍을 찾는 것이 불가능 |
>
> ㉠의 개념은 '해시 값을 통해 입력 데이터의 복원이 불가능'하다는 것이므로 ①과 같이 특정 해시 함수의 해시 값을 안다고 해도 입력 데이터 x와 y를 복원하는 것은 불가능하다.

| 오답풀이 |

② ① 문단에서 "특정 해시 함수에서의 그 길이는 고정되어 있다."라는 내용은 이유를 제시하지 않은 채 해시 함수의 특징을 서술한 것으로 ㉠과는 관련이 없다.

③ ㉡은 문자열의 길이와는 관련이 없다.

④ ㉡은 특정 해시 값을 갖는 서로 다른 데이터를 찾아내는 것이 현실적으로 불가능하다는 것을 말한다. 즉 입력 데이터 x, y에 특정 해시 함수를 적용하여 도출한 결과 값은 동일하지 않다는 것이다.

⑤ ③ 문단의 충돌 개념은 ㉠과는 관련이 없고 ㉡에만 해당한다.

답 ①

07

[가]에 따라 〈보기〉의 사례를 이해한 내용으로 가장 적절한 것은?

〈보기〉

온라인 미술품 경매 사이트에 회화 작품 △△이 출품되어 A와 B만이 경매에 참여하였다. A, B의 입찰가와 해시 값은 다음과 같다. 단, 입찰 참여자는 논스를 임의로 선택한다.

입찰 참여자	입찰가	논스의 해시 값	'입찰가＋논스'의 해시 값
A	a	r	m
B	b	s	n

---

① A는 a, r, m 모두를 게시 기한 내에 운영자에게 전송해야 한다.

② 운영자는 해시 값을 게시하는 기한이 마감되기 전에 최고가 입찰자를 알 수 없다.

③ m과 n이 같으면 r과 s가 다르더라도 A와 B의 입찰가가 같다는 것을 의미한다.

④ A와 B 가운데 누가 높은 가격으로 입찰하였는지는 r과 s를 비교하여 정할 수 있다.

⑤ B가 게시판의 m과 r을 통해 A의 입찰가 a를 알아낼 수도 있으므로 게시판은 비공개로 운영되어야 한다.

문제출제유형 기술 추론 ─────────────────────────────────

| 정답해설 |

[가]를 바탕으로 〈보기〉의 사례에 적용하여 경매의 과정을 정리할 수 있다.

④ 문단	게시판에 입찰자의 입찰 내용 게시 : 논스의 해시 값 '입찰가 +논스'의 해시 값
〈보기〉	A는 'r'과 'm'을, B는 's'와 'n'을 운영자에게 보냄

→ 게시 기한 마감

입찰자가 자신의 '입찰가'와 '논스'를 운영자에게 전송
A는 자신의 'a'와 논스를, B는 자신의 'b'와 논스를 각각 운영자에게 전송

→

운영자가 최고 입찰자를 낙찰자로 선정

운영자가 최고가 입찰자를 낙찰자로 선정하기 위해서는 입찰자들의 입찰가를 알아야 한다. 게시 기한이 마감되고 난 후, 입찰 참여자가 자신의 입찰가와 논스를 운영자에게 보내주어야만 운영자가 해시 함수 G를 사용하여 각 입찰 참여자들의 입찰가를 알 수 있다. 따라서 운영자가 최고가 입찰자를 알게 되는 시점은 입찰자들이 자신의 입찰가와 논스를 보내고 난 후의 시점이다.

| 오답풀이 |

① A는 게시 기한 내에 r, m만 운영자에게 전송하면 된다. a는 게시 기한 후에 운영자에게 전송하는 것이다.

③ m과 n이 같다는 것은 A와 B의 입찰가+논스의 해시 값이 같다는 것을 의미한다. 그러나 이는 ③ 문단에서 설명한 충돌에 해당한다. 한편 [가]에서는 이 온라인 경매 사이트에서 일방향성과 충돌회피성을 만족시키는 해시 함수 G를 사용하고 있으므로 ③의 조건 자체가 성립하지 않는다.

④ r과 s는 모두 입찰가와는 직접적인 관련이 없는 논스의 해시 값이다. 운영자가 최고 입찰가를 파악하기 위해서는 결국 입찰가를 보고 판단해야 하는데 ④는 입찰가와는 관련이 없는 정보를 기준으로 정한다고 하였으므로 적절하지 않다.

⑤ [가]의 입찰 참여자는 자신의 입찰가를 감추기 위해 '논스의 해시 값과 입찰가에 논스를 더한 것의 해시 값'을 함께 게시판에 게시한다는 내용과 모순되므로 적절하지 않다.

답 ②

08

모둘형 ★★★☆☆

다음 글을 바탕으로 2가지 기호로 이루어진 기호 집합에 대해 이해한 내용으로 적절하기 않은 것은?

1 디지털 통신 시스템은 송신기, 채널, 수신기로 구성되며, 전송할 데이터를 빠르고 정확하게 전달하기 위해 부호화 과정을 거쳐 전송한다. 영상, 문자 등의 데이터는 기호 집합에 있는 기호들의 조합이다. 예를 들어 기호 집합 {a, b, c, d, e, f}에서 기호들을 조합한 add, cab, beef 등이 데이터이다. 정보량은 어떤 기호가 발생했다는 것을 알았을 때 얻는 정보의 크기이다. 어떤 기호 집합에서 특정 기호의 발생 확률이 높으면 그 기호의 정보량은 적고, 발생 확률이 낮으면 그 기호의 정보량은 많다. 기호 집합의 평균 정보량*을 기호 집합의 엔트로피라고 하는데 모든 기호들이 동일한 발생 확률을 가질 때 그 기호 집합의 엔트로피는 최댓값을 갖는다.

2 송신기에서는 소스 부호화, 채널 부호화, 선 부호화를 거쳐 기호를 부호로 변환한다. 소스 부호화는 데이터를 압축하기 위해 기호를 0과 1로 이루어진 부호로 변환하는 과정이다. 어떤 기호가 110과 같은 부호로 변환되었을 때 0 또는 1을 비트라고 하며 이 부호의 비트 수는 3이다. 이때 기호 집합의 엔트로피는 기호 집합에 있는 기호를 부호로 표현하는 데 필요한 평균 비트 수의 최솟값이다. 전송된 부호를 수신기에서 원래의 기호로 복원하려면 부호들의 평균 비트 수가 기호 집합의 엔트로피보다 크거나 같아야 한다. 기호 집합을 엔트로피에 최대한 가까운 평균 비트 수를 갖는 부호들로 변환하는 것을 엔트로피 부호화라 한다. 그중 하나인 '허프만 부호화'에서는 발생 확률이 높은 기호에는 비트 수가 적은 부호를, 발생 확률이 낮은 기호에는 비트 수가 많은 부호를 할당한다.

3 채널 부호화는 오류를 검출하고 정정하기 위하여 부호에 잉여 정보를 추가하는 과정이다. 송신기에서 부호를 전송하면 채널의 잡음으로 인해 오류가 발생하는데 이 문제를 해결하기 위해 잉여 정보를 덧붙여 전송한다. 채널 부호화 중 하나인 '삼중 반복 부호화'는 0과 1을 각각 00과 111로 부호화한다. 이때 수신기에서는 수신한 부호에 0이 과반수인 경우에는 0으로 판단하고, 1이 과반수인 경우에는 1로 판단한다. 즉 수신기에서 수신된 부호가 00, 01, 010, 10 중 하나라면 0으로 판단하고, 그 외에는 1로 판단한다. 이렇게 하면 00을 전송했을 때 하나의 비트에서 오류가 생겨 01을 수신해도 0으로 판단하므로 오류는 정정된다. 채널 부호화를 하기 전 부호의 비트 수를, 채널 부호화를 한 후 부호의 비트 수로 나눈 것을 부호율이라 한다. 삼중 반복 부호화의 부호율은 약 0.33이다.

4 채널 부호화를 거친 부호들을 채널을 통해 전송하려면 부호들을 전기 신호로 변환해야 한다. 0 또는 1에 해당하는 전기 신호의 전압을 결정하는 과정이 선 부호화이다. 전압의 결정 방법은 선 부호화 방식에 따라 다르다. 선 부호화 중 하나인 '차동 부호화'는 부호의 비트가 0이면 전압을 유지하고 1이면 전압을 변화시킨다. 차동 부호화를 시작할 때는 기준 신호가 필요하다. 예를 들어 차동 부호화 직전의 기준 신호가 양(+)의 전압이라면 부호 0110은 '양, 음, 양, 양'의 전압을 갖는 전기 신호로 변환된다. 수신기에서는 송신기와 동일한 기준 신호를 사용하여, 전압의 변화가 있으면 1로 판단하고 변화가 없으면 0으로 판단한다.

* 평균 정보량 : 각 기호의 발생 확률과 정보량을 서로 곱하여 모두 더한 것

① S 연구원 : 기호들의 발생 확률이 모두 1/2인 경우, 각 기호의 정보량은 동일하다.

② K 연구원 : 기호들의 발생 확률이 각각 1/4, 3/4인 경우의 평균 정보량이 최댓값이다.

③ P 연구원 : 기호들의 발생 확률이 각각 1/4, 3/4인 경우, 기호의 정보량이 더 많은 것은 발생 확률이 1/4인 기호이다.

④ L 연구원 : 기호들의 발생 확률이 모두 1/2인 경우, 기호를 부호화하는 데 필요한 평균 비트 수의 최솟값이 최대가 된다.

⑤ Y 연구원 : 기호들의 발생 확률이 각각 1/4, 3/4인 기호 집합의 엔트로피는 발생 확률이 각각 3/4, 1/4인 기호 집합의 엔트로피와 같다.

08

문제출제유형 정보 처리

| 정답해설 |

> ② 문단의 "기호 집합의 평균 정보량을 기호 집합의 엔트로피라고 하는데 모든 기호들이 동일한 발생 확률을 가질 때 그 기호 집합의 엔트로피는 최댓값을 갖는다."에서 기호 집합의 평균 정보량인 기호 집합의 엔트로피가 최댓값을 가지려면 기호들의 발생 확률이 같아야 함을 알 수 있다. 그런데 K 연구원의 조건에서는 기호들의 발생 확률이 1/4과 3/4으로 서로 다르게 제시되어 있다. 따라서 이 경우는 평균 정보량이 최댓값이라고 이해하는 것은 적절하지 않다.

| 오답풀이 |

① ① 문단의 "어떤 기호 집합에서 특정 기호의 발생 확률이 높으면 그 기호의 정보량은 적고, 발생 확률이 낮으면 그 기호의 정보량은 많다."에서는 발생 확률과 정보량의 반비례 관계만 설명하고 있는 것 같지만, 이 부분은 S 연구원의 이해 적절성을 판단할 수 있는 근거가 된다. {A, B}라는 기호 집합에서 두 가지 기호의 발생 확률이 모두 1/2이라면 이때 발생하는 각 기호의 정보량은 동일한 것이다. 발생 확률에 따라 정보량이 많아지기도 하고 적어지기도 하니까 발생 확률이 같다는 것은 정보량이 동일함을 의미하는 것이다.

③ ① 문단의 "어떤 기호 집합에서 특정 기호의 발생 확률이 높으면 그 기호의 정보량은 적고, 발생 확률이 낮으면 그 기호의 정보량은 많다."에서 기호의 발생 확률과 기호의 정보량이 반비례 관계에 있음을 확인할 수 있다. 따라서 기호의 정보량이 더 많은 것은 발생 확률이 더 낮은 것, 즉 발생 확률이 1/4인 기호이다.

④ ② 문단의 "기호 집합의 엔트로피는 기호 집합에 있는 기호를 부호로 표현하는 데 필요한 평균 비트 수의 최솟값이다."를 통해 L 연구원의 핵심 포인트 중 "기호를 부호화하는 데 필요한 평균 비트 수의 최솟값"이 곧 기호 집합의 엔트로피라는 것을 알 수 있다. 또한 ① 문단에서 "모든 기호들이 동일한 발생 확률을 가질 때 그 기호 집합의 엔트로피는 최댓값을 갖는다."를 통해 L 연구원의 이해가 적절하다는 것을 알 수 있다.

⑤ ① 문단의 "기호 집합의 평균 정보량을 기호 집합의 엔트로피라고 하는데"와 각주에 제시된 평균 정보량을 종합해 보면, 기호 집합의 엔트로피는 각 기호의 발생 확률과 정보량을 서로 곱하여 모두 더한 값이다. 그리고 ① 문단에서는 "어떤 기호 집합에서 특정 기호의 발생 확률이 높으면 그 기호의 정보량은 적고, 발생 확률이 낮으면 그 기호의 정보량은 많다."라고 설명하고 있다. 이 내용들을 모두 종합할 때 Y 연구원은 적절히 이해하였다.

답 ②

09

다음은 OO시설관리공단 홍보마케팅부서의 보고서이다. 이를 바탕으로 공단의 당면과제를 도출한 것으로 가장 적절하지 않은 의견은?

[4차 산업혁명 도래에 따른 공단 미래 대응 방안]

1. 공단의 현수준에 대한 진단

- 시(市) 대행사업 체제로 인한 사업수행 및 예산운용상의 자율성에 한계
  - 자원(예산, 인력 등) 운용 한계, 성과 재고를 위한 동기부여(보상 등) 미흡
- 노동집약적이고 다양한 관리 구조로 운영됨
  - 조직 규모 비대화 및 상호 연관성 없는 백화점식(다양한) 사업 운영
- 공공분야 시민참여 증대, 대시민 서비스 질적 향상 및 안전에 대한 요구도 증가
  - 공공기관 고유의 보수적 사고와 태도로 사회적 변화에 대응력 한계
- 공익성과 수익성을 동시에 창출해야 하는 시대적 요구 직면
- 4차 산업혁명 시대, 각 사업별로 미칠 파장에 대한 정확한 예측이 어려움

2. SWOT 분석을 통한 현황 파악

내부환경 / 외부환경	강점 Strengths	약점 Weaknesses
	− IoT 기술적용이 용이한 플랫폼 보유 ☞ O2O 시장에서 오프라인플랫폼 보유 − 시설물 유지관리 노하우 및 기술력 − 신기술 도입에 대한 경영진의 의지	− 대행사업 체제로 자율성 한계 ☞ 사업수행, 예산운용 등 − 노동집약적 관리 구조 운영 − 시대적 변화에 대응력 미흡
기회 Opportunities • 공공시설에 대한 시민참여 수요 증가 • 민관협치 조례 제정, '협치서울협약' 선언 등으로 협업 환경 조성	**공격적 전략　SO** ✓ 신기술을 통한 사업운영 효율화 ✓ 온 · 오프라인 플랫폼 구축	**개선 전략　WO** ✓ 디지털기술의 제도적 환경 개선 ✓ 디지털 거버넌스 추진
위협 Threats • 변화의 방향, 예측이 어려움 • 사물인터넷 연결 등에 따른 보안(개인정보유출), 해킹문제 잔존 • 관련 법적 · 제도적 사항 미비 • 공공서비스 및 '시민안전' 수요 증가 • 공익성과 수익성의 동시 창출 요구	**다각화 전략　ST** ✓ 디지털기술 전문인력 확보 ✓ 갈등 조정 코디네이터 활용	**방어적 전략　WT** ✓ 디지털기술 구현을 위한 직원 역량 강화

① 박 과장 : 과학기술혁명이 몰고 올 기회와 위협 앞에 조직구조 및 시스템 변화가 시급하며, 전문 인력 채용 및 대비책 마련이 불가피하다.

② 이 대리 : 과학기술과 사회문화적 변화에 따른 제도적 보완으로 시(市) 주무부서와의 협력이 요구된다.

③ 허 주임 : 의회 조례개정 등을 통한 제도적 환경개선이 필요하며, 시대적 변화를 준비하기 위해 직원 개개인의 능동적인 동참이 요구된다.

④ 남 주임 : 지출 절감을 통한 시(市) 예산 기여 및 시민만족도 재고를 위해 기존 보유하고 있는 기술의 유지관리가 요구된다.

⑤ 안 차장 : 빅데이터 분석결과를 토대로 시민행정수요를 디자인하고 현장에 접목할 수 있는 역량이 필요하다.

09 　　　　　　　　　　　　　　　　　　　　　　　　　　　 모듈형

문제출제유형 조직 이해(SWOT 분석) ───────────────────────────────

| 정답해설 |

4차 산업혁명 도래에 따른 대응 방안 보고서에는 현 수준에 대한 진단과 이를 통한 SWOT 분석이 제시되어 있다. 이때, 남 주임은 "지출 절감을 통한 시(市) 예산 기여 및 시민만족도 재고를 위해 기존 보유하고 있는 기술의 유지관리가 요구된다."고 하였다. 예산 기여에 대한 타당성은 인정되나, 공단의 SWOT분석을 보면 강점(S)으로 신기술 도입에 대한 경영진의 의지가 있으며 약점(W)으로 시대적 변화에 대응력이 미흡함이 나타난다. 이에 기존 보유하고 있는 기술의 유지관리보다는 공격적 전략(SO)으로 신기술을 통한 사업운영 효율화가 요구된다.

| 오답풀이 |

① 박 과장은 "과학기술혁명이 몰고 올 기회와 위협 앞에 조직구조 및 시스템 변화가 시급하며, 전문 인력 채용 및 대비책 마련이 불가피하다."고 했다. 노동집약적인 현재의 구조와 시대적 변화의 대응력 미흡에 대한 대책으로 타당하다.

② 이 대리는 "과학기술과 사회문화적 변화에 따른 제도적 보완으로 시(市) 주무부서와의 협력이 요구된다."고 했다. '협치서울협약 선언' 등으로 협업 환경 조성을 위해 타당성이 인정된다.

③ 허 주임은 "의회 조례개정 등을 통한 제도적 환경개선이 필요하며, 시대적 변화를 준비하기 위해 직원 개개인의 능동적인 동참이 요구된다."고 했다. 이 대리와 마찬가지로 타당성이 인정된다.

⑤ 안 차장은 "빅데이터 분석결과를 토대로 시민행정수요를 디자인하고 현장에 접목할 수 있는 역량이 필요하다."고 했다. 공공시설에 대한 시민참여 수요가 증가하고 변화의 방향과 예측이 어려운 상황에서 타당성이 인정된다.

답 ④

010

위 자료와 〈보기〉를 읽고 추론한 내용으로 적절하지 않은 것은?

〈보기〉

철골은 매우 높은 강도를 지닌 건축 재료로, 규격화된 직선의 형태로 제작된다. 철근 콘크리트 대신 철골을 사용하여 기둥을 만들면 더 가는 기둥으로도 간격을 더욱 벌려 세울 수 있어 훨씬 넓은 공간 구현이 가능하다. 하지만 산화되어 녹이 슨다는 단점이 있어 내식성 페인트를 칠하거나 콘크리트를 덧입히는 등 산화 방지 조치를 하여 사용한다.

베를린 신국립미술관은 철골의 기술적 장점을 미학적으로 승화시킨 건축물이다. 거대한 평면 지붕은 여덟 개의 십자형 기둥만이 떠받치고 있고, 지붕과 지면 사이에는 가벼운 유리벽이 사면을 둘러싸고 있다. 최소한의 설비 외에는 어떠한 것도 천장에 닿아 있지 않고 내부 공간이 텅 비어 있어 지붕은 공중에 떠 있는 느낌을 준다. 미술관 내부에 들어가면 넓은 공간 속에서 개방감을 느끼게 된다.

① 강 대리 : 베를린 신국립미술관의 기둥에는 산화 방지 조치가 되어 있겠군.

② 김 주임 : 휘어진 곡선 모양의 기둥을 세우려 할 때는 대체로 철골은 재료로 쓰지 않겠군.

③ 박 사원 : 베를린 신국립미술관은 철골을, 킴벨 미술관은 프리스트레스트 콘크리트를 활용하여 개방감을 구현하였겠군.

④ 이 팀장 : 가는 기둥들이 넓은 간격으로 늘어선 건물을 지을 때 기둥의 재료로는 철골보다 철근 콘크리트가 더 적합하겠군.

⑤ 전 대리 : 베를린 신국립미술관의 지붕과 사보아 주택의 건물이 공중에 떠 있는 느낌을 주는 것은 벽이 아닌 기둥이 구조적으로 중요한 역할을 하고 있기 때문이겠군.

010

혼합형

문제출제유형 〈보기〉를 바탕으로 한 종합적 추론

| 정답해설 |

> 〈보기〉에는 또 다른 건축 재료로서의 철골의 특징(장단점)을 설명한 다음, 철골을 건축 재료로 건축한 사례인 '베를린 신국립미술관'의 건축적 특징과 미학적 특징을 설명하고 있다.
> 이 팀장은 '가는 기둥들이 넓은 간격으로 늘어선 건물을 지을 때 기둥의 재료로는 철골보다 철근 콘크리트가 더 적합하겠다'고 말하고 있다. 〈보기〉에서는 '철근 콘크리트 대신 철골을 사용하여 기둥을 만들면 더 가는 기둥으로도 간격을 더욱 벌려 세울 수 있다'고 했으므로 이 팀장은 정반대로 이해하였다.

| 오답풀이 |

① 〈보기〉의 둘째 문단을 통해 '베를린 신국립미술관'의 기둥은 철골을 사용하고 있다는 것을 알 수 있다. 또한 〈보기〉의 첫 문단 마지막에서는 철골은 녹이 슬기 때문에 산화 방지 조치를 해야 한다고 했으므로 강 대리의 추론은 적절하다.

② 〈보기〉의 첫 문장에서 철골은 직선의 형태로 제작된다고 설명하고 있다. ② 문단에서는 '콘크리트가 철근 콘크리트로 발전함에 따라 형태 면에서 더욱 다양하고 자유로운 표현이 가능해졌다'고 설명하고 있다. 이를 통해 휘어진 곡선 모양의 기둥을 세우려 할 때에는 철골이 아니라 철근 콘크리트를 사용할 것임을 알 수 있으므로 김 주임은 적절히 추론하였다

③ 〈보기〉에서는 '베를린 신국립미술관'이 철골을 이용하여 개방감을 구현했다고 설명하고 있다. ⑤ 문단의 "킴벨 미술관은 개방감을 주기 위하여 기둥 사이를 30m 이상 벌리고 프리스트레스트 콘크리트 구조를 활용하였기에 구현"했다고 되어 있으므로 박 사원의 추론은 적절하다.

⑤ 〈보기〉의 "거대한 평면 지붕은 여덟 개의 십자형 철골 기둥만이 떠받치고 있고"와 "최소한의 설비 외에는 어떠한 것도 천장에 닿아 있지 않고 내부 공간이 텅 비어 있어 지붕은 공중에 떠 있는 느낌을 준다"에서 철골 기둥이 '최소한의 설비'에 해당하는 것이며, 지붕이 공중에 떠 있는 느낌을 주는 이유가 됨을 알 수 있다. 또한 ④ 문단에서는 "사보아 주택은 기둥만으로 건물 본체의 하중을 지탱하도록 설계되어 건물이 공중에 떠 있는 듯한 느낌을 준다"고 제시되어 있으므로 전 대리의 추론은 적절하다.

답 ④

정답 및 해설

PART

05

CHAPTER

정답 및 해설

각 영역의 문제에 대한 자세한 해설을 달아 문제를 완벽하게 분석할 수 있도록 하였습니다.

의사소통능력

1	2	3	4	5	6	7	8	9	10
④	④	②	②	④	④	①	③	③	②
11	12	13	14	15	16	17	18	19	20
⑤	④	④	③	③	④	②	④	③	①
21	22	23	24	25	26	27	28	29	30
①	④	④	③	④	①	③	⑤	④	④
31	32	33	34	35	36	37	38	39	40
②	④	④	④	③	③	②	④	④	③
41	42	43	44	45	46	47	48	49	50
④	②	③	②	③	②	④	③	②	③

1 ④

전문용어의 사용은 그 언어를 사용하는 집단 구성원들 사이에서는 이해를 촉진시킬 수 있지만, 조직 밖의 사람들에게 사용하였을 경우에는 문제를 야기할 우려가 있다.

2 ④

제시된 글은 비즈니스 레터이다.
① 기안서
② 설명서
③ 자기소개서

3 ②

기획안의 작성도 중요하나 발표 시 문서의 내용을 간결하고 효과적으로 전달하는 것이 무엇보다 중요하다.

4 ②

차상위(次上位) … 특정 기준에 따라 위에서 두 번째에 해당하는 등급이나 위치를 이르는 말이다.

---

5 ④

제시된 내용은 사용하는 언어에 의해 사고 능력이 결정된다는 언어결정론자의 입장을 보여준 글이다.
따라서 ㉣은 언어적 표현이 경험에서 비롯된다는 경험결정론의 입장이므로 통일성을 해치는 문장이 된다.

---

6 ④

④ **대기만성**(大器晚成) : 큰 그릇을 만드는 데는 시간이 오래 걸린다는 뜻으로, 크게 될 사람은 늦게 이루어짐을 이르는 말이다.
① **박학다식**(博學多識) : 학식이 넓고 아는 것이 많음을 이르는 말이다.
② **시시비비**(是是非非) : 여러 가지의 잘잘못을 이르는 말이다.
③ **외유내강**(外柔內剛) : 겉으로는 부드럽고 순하게 보이나 속은 곧고 굳셈을 이르는 말이다.

---

7 ①

Daniel의 마지막 문장에서 sales report를 가져다 달라고 부탁했다.
"Thank you. Also, please reserve a room at the Plaza Hotel from November 5 to 16. And <u>would you please bring me the quarterly sales report after lunch?</u> I have to make some presentation material for the conference."

「Daniel : 11월에 시카고에 방문해야만 합니다.
 Hein : 11월 15일에 개최되는 US 마케팅 회의에 참석하시는 건가요?
 Daniel : 네. 그리고 그곳에 있는 고객 몇 분을 방문하려 합니다.
 Hein : 지금 바로 비행기표 예약을 할까요?
 Daniel : 네, 11월 5일 대한 항공으로 예약해주세요.
 Hein : 알겠습니다. 여행사에 연락해서 가급적 빨리 비행 일정을 확인하도록 하겠습니다.
 Daniel : 고마워요. 그리고 11월 5일부터 16일까지 Plaza 호텔 객실 예약도 해주세요. <u>그리고 점심시간 후에 분기 별 영업 보고서를 가져다주실 수 있나요?</u> 회의 때 쓸 몇 가지 발표 자료를 만들어야 합니다.
 Hein : 알겠습니다. 그리고 시카고에서 만나실 고객의 목록을 만들어 놓겠습니다.」

의사소통능력
수리능력
문제해결능력
자기개발능력
자원관리능력
대인관계능력
정보능력
기술능력
조직이해능력
직업윤리

8   ③

위 글은 직장 내에서의 의사소통의 부재로 인하여 팀까지 해체된 사례이다. 이는 김 팀장과 직원들 사이의 적절한 의사소통이 있었다면 부하직원들의 사표라는 극단적 처세를 방지할 수 있었을 것이다. 의사소통은 직장생활에서 자신의 업무뿐 아니라 팀의 업무에도 치명적인 영향을 미친다는 것을 보여주는 사례이다.

---

9   ③

불합격된 제품의 등급을 처리하거나 불합격 결과를 알려주기 위해서 또한 그에 따른 처리 방법 결정을 통보하기 위해 해당 업체에 결과를 유연하게 전달할 수 있는 의사소통능력이 필요하다.

---

10   ②

김 씨는 메모를 하는 습관을 길러 자신의 부족함을 메우고 자신만의 데이터베이스를 구축하여 모두에게 인정을 받게 되었다.

---

11   ⑤

글의 전반부에서는 비은행 금융회사의 득세에도 불구하고 여전히 은행이 가진 유동성 공급의 중요성을 언급한다. 또한 글로벌 금융위기를 겪으며 제기된 비대칭정보 문제를 언급하며, 금융시스템 안정을 위해서 필요한 은행의 건전성을 간접적으로 강조하고 있다. 후반부에서는 수익성이 함께 뒷받침되지 않을 경우의 부작용을 직접적으로 언급하며, 은행의 수익성은 한 나라의 경제 전반을 뒤흔들 수 있는 중요한 과제임을 강조한다. 따라서, 후반부가 시작되는 첫 문장은 건전성과 아울러 수익성도 중요하다는 화제를 제시하는 ⑤가 가장 적절하며 자칫 수익성만 강조하게 되면 국가 경제 전반에 영향을 줄 수 있는 불건전한 은행의 문제점이 드러날 수 있으므로 '적정 수준'이라는 문구를 포함시켜야 한다.

---

12   ④

광물들은 차등 응력이 가해지는 방향과 수직인 방향으로 배열된다고 했으므로, 광물들이 차등 응력이 가해지는 방향과 동일한 방향으로 배열된다는 것은 적절하지 않다.

13 ④

자주 사용하는 표현은 섞어서 사용하지 않고 자신의 의견을 잘 전달하는 것이 중요하다.

---

14 ③

제시문은 부패방지평가 보고대회가 개최됨을 알리고 행사준비관련 협조사항을 통보받기 위하여 쓴 문서이다.

의사소통능력

수리능력

문제해결능력

자기개발능력

자원관리능력

대인관계능력

정보능력

기술능력

조직이해능력

직업윤리

15 ③

1. 문서의 목적 이해하기

↓

2. 문서의 작성 배경과 주제를 파악하기

↓

3. 문서에 쓰여진 정보를 밝혀내고, 문서가 제시하고 있는 현안문제를 파악하기

↓

4. 문서를 통해 상대방의 욕구와 의도 및 내게 요구되는 행동에 관한 내용을 분석하기

↓

5. 문서에서 이해한 목적 달성을 위해 취해야 할 행동을 생각하고 결정하기

↓

6. 상대방의 의도를 도표나 그림 등으로 메모하여 요약, 정리해보기

---

16 ④

제시문은 라디오 대담 상황으로, 진행자와 전문가의 대담을 통해 '정당행위'의 개념과 배상 책임 면제에 관한 법리를 쉽게 설명해 주고 있다. 전문가는 마지막 말에서 추가적인 정보를 제시하고 있지만 그것을 통해 진행자의 오해를 바로잡고 있는 것은 아니다.

17 ②

다른 내용들은 주어진 행사 보고서를 통해 확인할 수 없다. 하지만 행사를 진행했을 때 얻을 수 있는 기대효과는 '이 운동을 알리고, 기후변화에 대한 인식을 확산하며 탄소 배출량을 감축시키기 위해'라고 본문에 제시되어 있다.

---

18 ④

3문단을 보면, 비보완적 방식 가운데 결합 방식과 분리 방식은 서로 다른 평가 기준에서도 브랜드 평가 점수를 비교하고 있음을 알 수 있다.

---

19 ③

제1조에 을(乙)은 갑(甲)에게 계약금 → 중도금 → 잔금 순으로 지불하도록 규정되어 있다.
① 제1조에 중도금은 지불일이 정해져 있으나, 제5조에 '중도금 약정이 없는 경우'가 있을 수 있음이 명시되어 있다.
② 제4조에 명시되어 있다.
④ 제5조의 규정으로, 을(乙)이 갑(甲)에게 중도금을 지불하기 전까지는 을(乙), 갑(甲) 중 어느 일방이 본 계약을 해제할 수 있다. 단, 중도금 약정이 없는 경우에는 잔금을 지불하기 전까지 계약을 해제할 수 있다.
⑤ 제6조에 명시되어 있다.

---

20 ①

인슐린의 기능은 혈액으로부터 포도당을 흡수하여 세포로 이동시켜 혈액에서의 포도당의 농도를 낮추는 것인데, 인슐린의 기능이 저하될 경우 이러한 기능을 수행할 수 없기 때문에 혈액에서의 포도당 농도가 높아지게 된다.

---

21 ①

㉠에서 화자인 작가는 청자인 교수와 공유하는 경험, 즉 처음 프로그램을 시작할 때에 대해 언급한다. 작가가 그것이 사실인지, 아닌지를 따지고 있다는 것은 ㉠을 잘못 해석한 것이다. 그리고 경험 얘기는 교수와 경쟁하려는 의식을 드러내려는 것도 아니다.

22 ④

제시문은 전통 복식 문화 전시회 개최를 알리는 글로써 사실 정보를 객관적으로 전달하는 글이다.

---

23 ④

모시는 동작의 대상은 '할머니'가 아니라 '어머니'이다. '모시다'라는 특수 어휘를 사용하여 행위가 미치는 대상을 높여 표현하고 있다.

---

24 ③

공문서는 외부로 전달되는 문서인 만큼 누가, 언제, 어디서, 무엇을, 어떻게 했는지가 드러나도록 작성하며, 간결체보다는 서술식으로 작성하는 것이 좋다.
④ 날짜는 연도와 월일을 반드시 함께 기입해야 한다.

---

25 ④

김 씨는 연단에서 발표를 할 때 말하기 불안 증세를 보이고 있다. 이를 극복하기 위해서는 완벽한 준비, 상황에 익숙해지기, 청자 분석 등이 필요하다. 다른 내용과 달리 해당 글에서 ③과 같은 신체 비언어적 표현에 관해 언급하는 내용은 확인할 수 없다. 따라서 '몸동작이 부자연스럽다'는 것은 알 수 없다. 또한 발표 시에 목소리가 '작아진다'고 하였으므로 '목소리 톤이 좋다'는 내용도 적절하지 않다.

---

26 ①

기획서는 무엇을 위한 기획서인지 핵심 메시지가 정확히 도출되어야 하며, 상대에게 어필하여 상대가 채택하게끔 설득력을 갖추고 있어야 한다. 글의 내용이 한 눈에 파악되도록 구성하여야 하며, 핵심내용의 표현에 많은 신경을 기울여야 한다. 개요 부분에서는 기획하고자 하는 도서에 대한 내용을 간결하게 추려 나타내어야 한다. 즉, 1. 개요의 내용으로는 '국가직무능력표준에 대한 이해와 정확한 학습방법을 위한 도서 출간 기획'이 적당하다.

---

27 ③

호칭 사용 시 Vice President, Mr. CHONG이라고 불려야 한다.

의사소통능력

수리능력

문제해결능력

자기개발능력

자원관리능력

대인관계능력

정보능력

기술능력

조직이해능력

직업윤리

28 ⑤

2015년 우리나라에서 지급된 산업재해 보험급여는 약 4조 원가량이라고 제시되어 있지만 선진국의 지급 비용은 얼마인지 보고서 내용에서는 찾을 수 없다.

① 우리나라에서 산업재해 근로자를 위한 사회복귀 시스템을 실시한 지는 17년이 되었다.
② 선진국 산재지정병원에서는 의료재활뿐만 아니라 심리, 직업재활 프로그램을 동시에 받을 수 있다.
③ 외래재활전문센터는 입원이 필요하지 않은 환자들의 접근성을 위해 도심에 위치하고 있다.
④ 산업재해 근로자들이 직장으로 복귀하면서 보험급여 지급에 대한 사회적 비용을 줄일 수 있고 새로운 경제적 가치를 창조하며 근로자 한 사람의 자립과 만족을 유도할 수 있다.

---

29 ④

최태욱 한국경영학회 회장은 인사말과 시상식을 하러 두 번 강단에 나온다.

---

30 ④

공문서의 요건
㉠ 적법한 권한을 가지는 행정청이 작성한 문서
㉡ 타당성과 적법성을 가지며, 공익에 적합한 내용의 문서
㉢ 법령이 정한 형식과 절차를 갖춘 문서

---

31 ②

조언하기는 지나치게 상대방의 문제를 본인이 해결해 주고자 하는 것이다. 제시문에서 A 씨는 친구가 자신과 서로 공감하면서 맞장구를 쳐주기 바란 의도였지만 친구는 조언하기를 사용한 것이다. A 씨는 무시당한 느낌이 들고 이런 식으로 대화가 계속되면 결국 친구에게 마음의 문을 닫아버리게 될 것이다.

---

32 ④

일부 제품에서 표시·광고하고 있는 사항이 실제와 다른 것이며 G사와 H사의 경우 제품의 흡수성이 좋은 것으로 확인되었기 때문에 모든 제품이라고 단정하면 안 된다.

33 ④

공문서는 시행일자 뒤에 수신처에서 문서를 보존할 기간을 기입하여야 하며, 행정기관이 아닌 경우 기재하지 않아도 된다. 보존기간의 표시는 영구, 준영구, 10년, 5년, 3년, 1년 등을 사용한다.

---

34 ④

B전자는 세계 스마트폰 시장 1등이며, 최근 중저가폰의 판매량이 40%로 나타났지만 B전자의 주력으로 판매하는 폰이 저가폰인지는 알 수 없다.

---

35 ③

제16조 (반품) 조항 4에 의하면, 반품에 따른 환불은 반품 상품이 판매자에게 도착되고 반품사유 및 반품배송비 부담자가 확인된 이후에 현금결제의 경우에는 3영업일 이내에 Smile Cash로 환불되고, 카드 결제의 경우 즉시 결제가 취소된다고 하였으므로 적절하지 않다.

---

36 ③

부의 - 賻儀

---

37 ②

회의의 화제는 에너지 절약에 관한 것이므로 의사소통 상황에 맞게 의견을 개진한다면 에너지 절약의 측면에서 말을 해야 한다. 여기서 병근은 화제에 대한 걱정만을 하고 있고 의사소통 상황에 맞게 의견을 개진한다고 보기는 어렵다.

---

38 ④

제시문은 정보를 제공하기 위한 문서이다. 설명서나 안내서, 보도자료 등 정보 제공이 목적인 문서는 내용이 정확해야 하며 신속해야 한다.
① 명령이나 지시를 내려야 하는 문서 작성 시 유의할 사항이다.
② 요청이나 확인이 필요한 문서 작성 시 유의할 사항이다.
③ 공무집행을 위한 정부기관 문서 작성 시 유의할 사항이다.
⑤ 아이디어를 바탕으로 기획하는 문서 작성 시 유의할 사항이다.

의사소통능력

수리능력

문제해결능력

자기개발능력

자원관리능력

대인관계능력

정보능력

기술능력

조직이해능력

직업윤리

39 ④

의사표현의 종류에는 상황이나 사태와 관련하여 공식적으로 말하기, 의례적으로 말하기, 친교적으로 말하기로 구분할 수 있으며, 구체적으로는 대화, 토론, 보고, 연설, 인터뷰, 낭독, 구연, 소개하기, 전화하기, 안내하기 등이 있다.

④ 친구들끼리 사적인 대화도 의사표현에 포함된다.

---

40 ③

의료 서비스 시장에서는 의료 행위를 하기 위한 자격이 필요하고, 환자가 만족할 만한 수준의 병원을 설립하는 데 비용이 많이 들어 의사와 병원의 수가 적어 소비자의 선택의 폭이 좁다고 하였다.

---

41 ④

유념 … 잊거나 소홀히 하지 않도록 마음속에 깊이 간직하여 생각함을 이르는 말이다.

④ **실념** : 생각에서 없어져 사라지거나 잊음, 정념(正念)을 이르는 말이다.

① **각심** : 잊지 않도록 마음에 깊이 새겨둠을 이르는 말이다.

② **명기** : 마음에 새기어 기억하여 둠을 이르는 말이다.

③ **처심** : 마음에 새겨두고 잊지 아니함을 이르는 말이다.

⑤ **강기** : 오래도록 잊지 아니하고 잘 기억함을 이르는 말이다.

---

42 ②

제시문은 과시소비의 경각심에 대해 이야기하고 있다. 乙은 디드로 효과, 즉 하나의 마케팅 사례를 이야기하고 있다.

---

43 ③

관찰(觀察)은 사물이나 현상을 주의하여 자세히 살펴보는 것을 이르는 말로, '이 과정에서 소비자는 쇼윈도와 쇼윈도의 구성물들을 감상한다'는 부분에서 꼼꼼하게 관찰한다는 것을 유추할 수 있다.

44 ②

외래어 표기법에 따르면, '아울렛'은 틀린 표기이며, '아웃렛'이 올바른 외래어 표기이므로 규정에 맞게 쓰인 문장이다.

① 의미가 명확하지 않고 모호하므로 다음과 같이 수정하여야 한다.
→ '팀장은 직원들과 함께 한 자리에서 회사의 인사 정책에 대하여 ~' 또는 '팀장은 직원들을 비롯한 회사의 인사 정책에 대하여 ~'

③ '~와'는 대등한 구를 연결하여야 하므로 다음과 같이 수정하여야 한다.
→ '평화를 수호하고 인권을 보장하는 일' 또는 '평화 수호와 인권 보장'

④ 굳이 피동형을 쓸 이유가 없는 불필요한 피동형이므로 다음과 같이 수정하여야 한다.
→ '원래 그 동굴은 원주민들이 발견한 것이 아니다.'

⑤ 일본어 번역 투이므로 다음과 같이 수정하여야 한다.
→ '앞으로 치러질 선거에서 금품 ~'

---

45 ③

제2조 제1항 제1호에 의하면 종이승차권은 운행정보 등 운송에 필요한 사항을 KTX 리무진 승차권용 전용 용지에 인쇄한 승차권을 말한다.

---

46 ②

- 관점 A – 객관적인 정보에 의해서 결정
- 관점 B – 객관적 요소뿐 아니라 주관적 인지와 평가에 좌우
- 관점 C – 개인의 심리적 과정과 속한 집단의 문화적 배경에도 의존
- ㉠ 관점 B는 객관적인 요소에 영향을 받는다.
- ㉡ 관점 B는 주관적 인지와 평가, 관점 C는 문화적 배경
- ㉢ 민주화 수준이 높은 사회는 개인이 속한 집단의 문화적 배경에 해당하므로 관점 C에 해당하며, 관점 A는 사회 구성원들이 기후변화의 위험에 더 민감한 태도를 보인다는 것을 설명할 수 없다.

---

47 ④

"소득이 늘면서 유행에 목을 매다보니 남보다 한 발짝이라도 빨리 가고 싶은 욕망이 생기고 그것이 유행의 주기를 앞당기는 것이다."에서 보듯이 유행과 소비자들의 복잡한 욕구가 서로 얽혀 유행 풍조를 앞당기고 있다고 할 수 있다.

의사소통능력

수리능력

문제해결능력

자기개발능력

자원관리능력

대인관계능력

정보능력

기술능력

조직이해능력

직업윤리

48 ③

'상선약수'는 최상의 선은 물과 같다는 말이다. 필자는 물과 같이 '다투지 않는 경쟁'을 시장경제의 동력으로 보고 이를 '상선약수'에 비유하고 있다.

① **무위자연**(無爲自然) : 인위적인 손길이 가해지지 않은 자연을 가리키며, 자연을 거스르지 않고 순응하는 태도를 의미하기도 한다.

② **산고수장**(山高水長) : 산은 높이 솟고 강은 길게 흐른다는 뜻으로, 인자나 군자의 덕행이 높고 한없이 오래 전하여 내려오는 것을 의미한다.

④ **수어지교**(水魚之交) : 노자의 사상이 아닌 단순 한자성어이며, 아주 친밀하여 떨어질 수 없는 사이를 비유적으로 이른다.

---

49 ②

공동의 온도에 따른 복사에너지량에 대해서는 글에 제시되지 않았다.

---

50 ③

토크빌은 시민들의 정치적 결사가 소수자들이 다수의 횡포를 견제할 수 있는 수단으로 온전히 가능하기 위해서는 도덕의 권위에 호소해야 한다고 보았다.

수리능력

1	2	3	4	5	6	7	8	9	10
②	④	③	②	③	①	③	②	④	④
11	12	13	14	15	16	17	18	19	20
③	②	③	③	②	④	④	②	②	①
21	22	23	24	25	26	27	28	29	30
④	②	②	①	②	③	②	⑤	⑤	②
31	32	33	34	35	36	37	38	39	40
④	④	④	③	①	①	②	①	④	①
41	42	43	44	45	46	47	48	49	50
③	①	④	④	③	①	①	②	②	③

1 ②

앞의 두 수를 더하면 다음 값이 나오는 규칙이다.
따라서 13 + 21 = 34

2 ④

홀수 번째는 ×2 + 1, 짝수 번째는 ×2 − 1의 규칙을 갖는다.
따라서 9 × 2 − 1 = 17

3 ③

+1, +2, +3, +1, +2, +3 … 의 규칙을 갖는다.
따라서 19 + 1 = 20

4 ②

$A : \dfrac{831}{1{,}872} = 0.44391\cdots$

$B : 0.44392$

---

5 ③

$A : \dfrac{22}{20} + \dfrac{1}{5} + \dfrac{1}{10} = \dfrac{7}{5}$

$B : \dfrac{9}{13} + \dfrac{75}{195} + \dfrac{21}{65} = \dfrac{7}{5}$

---

6 ①

$A : 1700 \times \dfrac{3}{20} + 33 = 288$

$B : 2^2 + 3^3 + 4^4 = 287$

---

7 ③

- $1 \times 2^4 + 1 \times 2^3 + 1 \times 2^2 + 0 \times 2^1 + 0 \times 2^0 = 28$
- $2 \times 5^3 + 1 \times 5^2 + 0 \times 5^1 + 0 \times 5^0 = 275$

$\therefore \ 275 - 28 = 247$

---

8 ②

- $10x > 50$
- $10x - 50 < 40$

$\therefore \ 5 < x < 9$

따라서 x의 최솟값은 6이다.

9 ④

$$\begin{cases} 5x - 15 > 0 & \cdots \ \text{㉠} \\ (x-2)(x-4) < 0 & \cdots \ \text{㉡} \end{cases}$$

㉠을 정리하면, $x > 3$가 된다. $\cdots$ ①

㉡을 통해, $x = 2, 4$이므로 $2 < x < 4$ $\cdots$ ②

①과 ②를 종합해볼 때, $3 < x < 4$ $\therefore$ $\alpha = 3, \beta = 4$

따라서 $\alpha + \beta = 3 + 4 = 7$이다.

---

10 ④

일의 자리 수를 x라 하면,

$10x + 3 = 2(3 \times 10 + x) - 1$, $x = 7$

따라서 자연수는 37이다.

---

11 ③

걷는 속도를 분당 x라 하면

$30 \times 0.5 + 20 \times x = 17$

$\therefore x = 0.1 km$

---

12 ②

- $A = 5^3 = 125$
- $B = 5^2 = 25$
- $C = 6 \times 5^2 = 150$
- $\therefore A + B + C = 300$

---

13 ③

수조 B에서 분당 감소되는 물의 높이를 x라 하면,

$40 - (25 \times 0.6) = 30 - (25 \times x)$

$\therefore x = 0.2 cm$

의사소통능력

수리능력

문제해결능력

자기개발능력

자원관리능력

대인관계능력

정보능력

기술능력

조직이해능력

직업윤리

14 ③

처음 9개의 공 중에 흰 공을 뽑을 확률 $= \dfrac{5}{9}$

두 번째 검은 공을 뽑을 확률 $= \dfrac{4}{8}$

$\therefore \ \dfrac{5}{9} \times \dfrac{4}{8} = \dfrac{5}{18}$

---

15 ②

13명에게 똑같은 개수대로 나누어주려면,
- 단팥빵은 $26 \div 13 = 2$개씩 나누어줄 수 있다.
- 피자빵은 $40 \div 13 = 3$개씩 나누어주고 1개가 남는다.
- 치즈크래커는 $70 \div 13 = 5$개씩 나누어주고 5개가 남는다.

따라서 피자빵은 1개가 남고, 치즈크래커는 5개가 남는다.

---

16 ④

갑이 보유 현금으로 자동차 할부금을 상환하면, 감소하는 자산만큼 부채도 감소하므로 순자산은 변동이 없다.
① 아파트는 요구불 예금보다 유동성이 낮다.
② 주식은 요구불 예금보다 안전성이 낮다.
③ 채권의 투자 수익에는 이자와 시세 차익이 있다.

---

17 ④

1980년까지는 초등학교 졸업자인 범죄자의 비중이 가장 컸으나 이후부터는 고등학교 졸업자인 범죄자의 비중이 가장 크게 나타나고 있음을 알 수 있다.
① 1985년 이후부터는 중학교 졸업자와 고등학교 졸업자인 범죄자 비중이 매 시기 50%를 넘고 있다.
② 해당 시기의 전체 범죄자의 수가 증가하여, 초등학교 졸업자인 범죄자의 비중은 낮아졌으나 그 수는 지속 증가하였다.
③ 해당 시기의 전체 범죄자의 수가 증가하여, 비중은 약 3배가 조금 못 되게 증가하였으나 그 수는 55,711명에서 251,765명으로 약 4.5배 이상 증가하였다.
⑤ 2000년에는 이전 시기보다 4천 명 이상 증가하였다.

18 ②

직장, 동창회, 친목 단체는 이익 사회에 해당하며, 이들 집단에서 소속감을 가장 강하게 느낀다고 응답한 비율은 남성이 더 높다.

---

19 ②

2016년 대비 2017년 1분위의 월평균 교육비는 증가하였으나 월평균 소비 지출액에서 교육비가 차지하는 비율(7.8%)은 변하지 않았다. 이는 1분위의 월평균 소비 지출액이 증가했기 때문이다.

---

20 ①

연도	2018년	2019년	2020년
국가별 생산량 차이	910,870	930,394	1,000,416

증감률을 구하는 방식은 $\dfrac{비교대상 - 기준}{기준} \times 100$ 이다.

$\dfrac{1,000,416 - 910,870}{910,870} \times 100 = 9.8(\%)$ 이다.

---

21 ④

ⓐ 설문 조사에 참여한 장노년층과 농어민의 수가 제시되어 있지 않으므로 이용자 수는 알 수 없다.
ⓒ 스마트폰 이용 활성화를 위한 대책으로 경제적 지원이 가장 효과적인 취약 계층은 저소득층이다.

의사소통능력

수리능력

문제해결능력

자기개발능력

자원관리능력

대인관계능력

정보능력

기술능력

조직이해능력

직업윤리

22 ②

연도＼구분	문서 작업량	오류 문서	발견율
2011	277	131	47.3
2012	197	150	76.0
2013	296	137	46.3
2014	492	167	33.9
2015	623	240	38.5
2016	391	204	67.7
2017	692	305	44.0
2018	496	231	46.6
2019	653	239	36.6
2020	620	246	39.7
계	4,737	2,050	476.6

작업자	사원	외주거래처	컴퓨터	프리랜서	합계
문서작업량	150	300	80	90	620
오류 문서	49	172	10	15	246
발견율	32.6	57.3	12.5	16.6	

① 2011 ~ 2020년까지 문서작업량은 대략 473건이다.
③ 오류문서가 제일 많이 발견된 2017년의 발견율은 44%로 문서작업량이 적은 2012년 발견율이 더 높다.
④ 오류 문서 발견율이 제일 적은 작업자는 컴퓨터이다.
⑤ 오류문서를 검토를 많이 한 외주거래처의 발견율이 제일 높다.

---

23 ②

200,078 − 195,543 = 4,535백만 원

24 ①

103,567 ÷ 12,727 = 8.13배

---

25 ②

① 2017년 : 1,101,596 ÷ 8,486 = 약 129명
② 2018년 : 1,168,460 ÷ 8,642 = 약 135명
③ 2019년 : 964,830 ÷ 8,148 = 약 118명
④ 2020년 : 1,078,490 ÷ 8,756 = 약 123명

---

26 ③

KAL 항공사의 2020년 항공기 1대당 운항 거리는 8,905,408 ÷ 11,104 = 802로, 2021년 한 해 동안 9,451,570km의 거리를 운항하기 위해서는 9,451,570 ÷ 802 = 11,785대의 항공기가 필요하다. 따라서 KAL 항공사는 11,785 − 11,104 = 681대의 항공기를 증편해야 한다.

---

27 ②

$$\frac{598,360,000,000}{8,493,000} = 70,453(원)$$

---

28 ⑤

행사에 참여하는 총 인원은 대학생 597명(193명 + 174명 + 230명)에 담당자 세 명, 600명이다. 여기에 10%의 여유인원을 수용해야 하므로 최소 660명을 수용할 수 있는 곳이 적절하다.

---

29 ⑤

공통책자는 ○○물산 설명회에 참여하는 대학생 인원의 5% 여유분을 포함한다고 하였으므로 597권(참여 대학생 인원) + 30권(10% 여유분 단, 반올림) = 627권을 준비해야 한다. 계열에 따른 책자는 15권씩 더 제작한다고 하였으므로 인문계열은 208권, 사회계열은 189권, 공학계열은 245권을 준비해야 한다. 따라서 甲이 제작해야 하는 홍보책자는 모두 1,269권이 된다.

의사소통능력

수리능력

문제해결능력

자기개발능력

자원관리능력

대인관계능력

정보능력

기술능력

조직이해능력

직업윤리

30 ②

중량이나 크기 중에 하나만 기준을 초과하여도 초과한 기준에 해당하는 요금을 적용한다고 하였으므로, 보람이에게 보내는 택배는 10kg지만 130cm로 크기 기준을 초과하였으므로 요금은 8,000원이 된다. 또한 설희에게 보내는 택배는 60cm이지만 4kg으로 중량기준을 초과하였으므로 요금은 6,000원이 된다. 따라서 미영이가 택배를 보내는 데 드는 비용은 14,000원이다.

---

31 ④

(가) : 1880 − 533 − 573 = 774
(나) : 1740 − 495 − 508 = 737
따라서 둘의 차이는 37명이다.

---

32 ④

④ 50대 인구 10만 명당 사망자 수가 가장 많은 해는 2010년으로 전년대비 사망자 수 증가율은 6.2%이다.
① 2017년 전체 사망자 수는 4,111 + 424 = 4,535(명)이고 2019년 전체 사망자 수는 4,075 + 474 = 4,549(명)이다.
② 2013년과 2019년에는 전년대비 감소하였다.
③ 2018년과 2020년에는 각각 7.95배, 7.43배 차이가 난다.
⑤ 2008년 증가율은 13.7%이고, 2010년 증가율은 15.4%이다.
　※ 전년대비 증가율 ＝ (후년 ÷ 전년 − 1) × 100(%)

---

33 ④

①②③은 제시된 자료를 통해 알 수 있다.
④는 2019년 쓰레기 처리현황을 알 수 없으므로 확인이 불가하다.

---

34 ③

㉠ 산업용 도로 4km의 건설비 = (300 ÷ 60) × 4 = 20억 원
㉡ 산업관광용 도로 5km의 건설비 = (400 ÷ 100) × 5 = 20억 원
∴ 20 + 20 = 40억 원

35 ①

$23329 \div 2838 ≒ 8.22$배

---

36 ①

$\dfrac{58.9}{47.9} ≒ 1.2$배

의사소통능력

수리능력

문제해결능력

자기개발능력

자원관리능력

대인관계능력

정보능력

기술능력

조직이해능력

직업윤리

---

37 ②

• 승객의 3년 평균 = 270(만 명)
• 직원의 3년 평균 ≒ 8.7(만 명)

---

38 ①

$66 \div 34 ≒ 1.9$배

---

39 ④

① 전월 대비 6월의 합격자 수 증가량 : 11명
② 전월 대비 7월의 합격자 수 증가량 : 21명
③ 전월 대비 8월의 합격자 수 증가량 : − 2명
④ 전월 대비 9월의 합격자 수 증가량 : 22명

---

40 ①

월별 주가지수는

• 1월 주가지수 $= \dfrac{60+50}{60+50} \times 100 = 100.0$

• 2월 주가지수 $= \dfrac{60+40}{60+50} \times 100 ≒ 90.9$

• 3월 주가지수 $= \dfrac{63+57}{60+50} \times 100 ≒ 109.1$

• 4월 주가지수 $= \dfrac{59+45}{60+50} \times 100 ≒ 94.5$

• 5월 주가지수 $= \dfrac{62+39}{60+50} \times 100 ≒ 91.8$

• 6월 주가지수 $= \dfrac{54+48}{60+50} \times 100 = 92.7$

∴ 주가지수의 최솟값은 90.9(2월)이다.

41 ③

③ 2016, 2017, 2019년에는 '의료급여 적용인구 ÷ 건강보험 적용인구(직장 + 지역) × 100'의 결과가 3%에 못 미치는 결과를 보이고 있다.

① 36,899 ÷ (36,899 + 14,042) × 100 = 72.4%이다.

② 직장 가입자는 증가 추세, 지역 가입자는 감소 추세이나 둘을 합한 가입자 수는 매년 꾸준히 증가하고 있음을 알 수 있다.

④ 피부양자(세대원) ÷ 가입자(세대주) = 부양률이 되는 것을 확인할 수 있으므로 올바른 판단이다.

⑤ 부양률을 의미하며, 매년 직장 가입자의 부양률이 지역 가입자의 부양률보다 크게 나타나 있다.

---

42 ①

각 연도의 건강보험 적용인구에 대한 부양률을 구해 보면 다음과 같다.

• 2013년 : (19,620+9,482) ÷ (12,664+7,041) = 1.48

• 2020년 : (20,069+7,501) ÷ (16,830+6,541) = 1.18

따라서 (1.18−1.48) ÷ 1.48 × 100 = 약 −20%의 감소율을 보이고 있음을 알 수 있다.

---

43 ④

㉠ 영상 분야의 예산은 40.85(억 원), 비율은 19(%)이므로, 40.85 : 19 = (가) : (다)

  • (다) = 100 − (19 + 24 + 31 + 11) = 15%

  • 40.85 × 15 = 19 × (가),   ∴ 출판 분야의 예산 (가) = 32.25(억 원)

㉡ 위와 동일하게 광고 분야의 예산을 구하면, 40.85 : 19 = (나) : 31

  • 40.85 × 31 = 19 × (나),   ∴ 광고 분야의 예산 (나) = 66.65(억 원)

㉢ 예산의 총합 (라)는 32.25 + 40.85 + 51.6 + 66.65 + 23.65 = 215(억 원)

---

44 ④

① 제시된 자료만으로는 남성과 여성의 경제 활동 참여 의지의 많고 적음을 비교할 수는 없다.

② 59세 이후 남성의 경제 활동 참가율 감소폭이 여성의 경제 활동 참가율 감소폭보다 크다.

③ 각 연령대별 남성과 여성의 노동 가능 인구를 알 수 없기 때문에 비율만 가지고 여성의 경제 활동 인구의 증가가 남성의 경제 활동 인구의 증가보다 많다고 하는 것은 옳지 않다.

45 ③

① 국민들이 권력이나 돈을 이용해 분쟁을 해결하려는 것을 볼 때 준법 의식이 약하다는 것을 알 수 있다.

② 권력이 법보다 분쟁 해결 수단으로 많이 사용되고, 권력이 있는 사람이 처벌받지 않는 경향이 있다는 것은 법보다 권력이 우선함을 의미한다.

④ 악법도 법이라는 사고는 법을 준수해야 한다는 시각이므로 자료의 결과와 모순된다.

---

46 ①

농외소득이 증가하는 이유는 농업 이외의 경제 활동을 통해서 소득을 올리는 겸업 인구가 증가하고 있음을 나타낸다.

---

47 ①

A와 B는 공급 증대를 통해, C와 D는 수요 억제를 통한 부동산 가격 안정화 정책이다. A는 재건축 규제를 완화하는 것이므로 정부보다는 시장 기능을 중시하고 있다.

---

48 ②

괄호를 채우면,

구분 응시생	정답 문항 수	오답 문항 수	풀지 않은 문항 수	점수(점)
A	19	1	0	93
B	18	2	0	86
C	17	1	2	83
D	(17)	2	1	(81)
E	(17)	3	0	(79)
F	16	1	3	78
G	16	(2)	(2)	76
H	(15)	(0)	(5)	75
I	15	(2)	(3)	71
J	(14)	(3)	(3)	64

의사소통능력

수리능력

문제해결능력

자기개발능력

자원관리능력

대인관계능력

정보능력

기술능력

조직이해능력

직업윤리

ⓒ 응시생 I의 오답 문항수는 2개이며 풀지 않은 문항수는 3개이다.

② 응시생 J의 총 점수는 64점이므로 정답 문항의 점수는 64 이상이 되어야 한다. 따라서 5 × 13 = 65 이
지만 틀린 문항이 하나 있을 경우 −2점으로 63, 즉 64이 도출되지 않는다. 따라서 정답문항의 개수는
14개가 되며, 오답 문항수는 3개, 풀지 않은 문항수는 3개가 된다.

---

49 ②

금융보험업의 경우는 52 ÷ 327 × 100 = 15.9%이며, 전기가스업은 9 ÷ 59 × 100 = 15.3%이다.

① 각 업종의 기업이 어떤 분야의 4차 산업 기술을 활용하고 있는지를 알 근거는 없다.

③ 1,014개로 제시되어 있으며, 1,993개와의 차이는 복수응답에 의한 차이이다.

④ 5G 모바일, 빅데이터, 클라우드이다.

⑤ 부동산업이 3 ÷ 246 × 100 = 1.2%로 가장 낮은 비중을 보이며, 운수·창고업은 22 ÷ 715 × 100 = 3.1%이다.

---

50 ③

㉠ 종사자 규모 변동에 따른 사업체 수의 증감은 두 해 모두 규모가 커질수록 적어지는 동일한 추이를 보이
고 있으며, 종사자 수 역시 사업체의 규모가 커짐에 따라 증가 → 감소 → 증가의 동일한 패턴을 보이고
있음을 알 수 있다. (X)

㉡ 구성비는 해당 수치를 전체 수치로 나누어 백분율로 나타낸 값을 의미하는데 주어진 기여율은 그러한 백
분율 산식에 의한 수치와 다르다. 기여율은 '해당 항목의 전년대비 증감분 ÷ 전체 수치의 전년대비 증감
분 × 100'의 산식에 의해 계산된 수치이다. (X)

㉢ 종사자 수를 사업체 수로 나누어 보면 두 해 모두 종사자 규모가 큰 사업체일수록 평균 종사자 수가 커
지는 것을 확인할 수 있다. (O)

㉣ 모든 규모의 사업체에서 전년보다 종사자 수가 더 많아졌음을 확인할 수 있다. (O)

1	2	3	4	5	6	7	8	9	10
②	①	④	①	③	②	③	①	④	②
11	12	13	14	15	16	17	18	19	20
②	④	①	①	①	③	④	③	②	②
21	22	23	24	25	26	27	28	29	30
④	②	③	①	④	④	③	④	④	②
31	32	33	34	35	36	37	38	39	40
①	③	②	⑤	④	③	③	③	④	④
41	42	43	44	45	46	47	48	49	50
④	④	④	③	①	②	②	③	⑤	③

1 ②

ⓜ에 의해 정희와 정수를 맞은편으로 고정시켜놓고 나머지 자리를 배치하면,
ⓣⓡ에 의해 준서와 진영이는 마주보고 있고, 명수와 미영이도 마주보게 된다.
① 미영이는 명수와 마주보고 있다.
② 진영이는 준서와 마주보고 있다.
③ 정희의 바로 옆에는 명수가 올 수 있다.
④ 성우의 바로 옆에는 준서가 올 수 있다.

2 ①

명제를 종합해보면,
진우, 병서, 은영, 유정, 준수 순으로 먼저 등교했다.

3 ④

명제를 종합해보면,
B, A, C, D, E 순으로 빠르게 달리고 있다.

---

4 ①

명제를 종합해보면,
강두, 강주, 강우, 강수 순으로 시력이 좋다.

---

5 ③

명제를 종합해보면,
을, 정, 갑, 병, 무 순으로 먼저 태어났다.

---

6 ②

조건을 정리하면,
'우연 → 인연 → 만남 → 화합 → 성공'
따라서 결론인 '시작은 성공이다'가 되려면
② '시작은 우연이다'가 필요하다.

---

7 ③

조건을 정리하면,
'자유 → 개인 → 도전', '목적 → 성취 → 행운'
따라서 결론인 '자유는 행운이다'가 되려면
③ '도전은 목적이다'가 필요하다.

8 ①

조건을 정리하면,

'사회 → 결합 → 반복 → 생활', '현재 → 하나'

따라서 결론인 '사회는 하나이다'가 되려면

① '생활은 현재이다'가 필요하다.

---

9 ④

조건을 정리하면,

'계획 → 부지런', '바쁜 → 노력하는 → 목표가 있는 → 웃을 수 있는'

따라서 결론인 '계획적인 사람은 웃을 수 있는 사람이다'가 되려면

④ '부지런한 사람은 바쁜 사람이다'가 필요하다.

---

10 ②

조건을 정리하면,

'감사하는 → 박수 받는 → 준비하는 → 시도하는 → 개방적인'

따라서 결론인 '감사하는 사람은 매력적인 사람이다'가 되려면

② '개방적인 사람은 매력적인 사람이다'가 필요하다.

---

11 ②

① 복사기를 같이 쓴다고 해서 같은 층에 있는 것은 아니다. 영업부가 경리부처럼 위층의 복사기를 쓸 수도 있다.

③ 인사부가 2층의 복사기를 쓰고 있다고 해서 인사부의 위치가 2층인지는 알 수 없다.

④ 제시된 조건으로 기획부의 위치는 알 수 없다.

---

12 ④

'어떤'이라는 범위에 피타고라스가 포함되지 않을 수 있으므로 주어진 전제만으로 피타고라스가 천재인지 아닌지는 알 수 없다.

의사소통능력

수리능력

문제해결능력

자기개발능력

자원관리능력

대인관계능력

정보능력

기술능력

조직이해능력

직업윤리

13 ①

'모든 변호사는 논리적이다'의 대우는 '논리적이지 않으면 변호사가 아니다'

따라서 '어떤 작가 → 논리적이지 않음 → 변호사가 아님'이 성립된다.

---

14 ①

각 방송국별로 중계방송을 하는 경우는 K, M, S라 표기하고 중계방송을 하지 않는 경우를 ~ 로 나타내면 위의 논증은 다음과 같다.

~ M → K, ~ (K and S) → M

~ M → K의 대우인 ~ K → M이 성립하면서 ~ (K and S) = ~ K or ~ S가 성립해야 하므로, M이 성립하기 위해서는 ~ (~ S) = S가 추가적으로 필요하다.

---

15 ①

주식, 채권은 직접 금융 시장에서 자금을 조달하며, 주식은 수익성이 높으며, 저축과 채권은 주식보다는 안정성이 높다.

---

16 ③

12,000원의 요금에 무료 이용권을 사용하면 차액 2,000원을 지불해야 하므로 아들의 8,000원과 함께 1만 원의 추가 요금을 지불해야 한다.

① 올바른 Travel카드로 중국 비자 수수료 청구 할인을 받을 수 있는 것은 연 1회로 제한되어 있다.

② 1만 원 미만 승차권 교환 시 잔액은 환불되지 않는다.

④ 3가지 이용권 중 희망하는 것을 제공받는다고 언급되어 있으므로 구매한 책의 권수에 따라 이용권을 많이 제공받는 것이 아니다.

⑤ 카드 등록 해당 월에는 중국 비자 수수료 할인 서비스가 제공되지 않으며 등록 익월부터 적용된다.

---

17 ④

고객은 많은 문제를 풀어보기를 원하므로 우선적으로 예상문제의 수가 많은 것을 찾아야 한다.

18 ③

고객의 요구인 20,000원 가격선과 예상문제의 수가 많은 도서는 문제완성이 된다.

---

19 ②

먼저 아래 표를 항목별로 가중치를 부여하여 계산하면,

구분	1/4 분기	2/4 분기	3/4 분기	4/4 분기
유용성	$8 \times \dfrac{4}{10} = 3.2$	$8 \times \dfrac{4}{10} = 3.2$	$10 \times \dfrac{4}{10} = 4.0$	$8 \times \dfrac{4}{10} = 3.2$
안전성	$8 \times \dfrac{4}{10} = 3.2$	$6 \times \dfrac{4}{10} = 2.4$	$8 \times \dfrac{4}{10} = 3.2$	$8 \times \dfrac{4}{10} = 3.2$
서비스 만족도	$6 \times \dfrac{2}{10} = 1.2$	$8 \times \dfrac{2}{10} = 1.6$	$10 \times \dfrac{2}{10} = 2.0$	$8 \times \dfrac{2}{10} = 1.6$
합계	7.6	7.2	9.2	8
성과평가 등급	C	C	A	B
성과급 지급액	80만 원	80만 원	110만 원	90만 원

성과평가 등급이 A이면 직전분기 차감액의 50%를 가산하여 지급한다고 하였으므로, 3/4분기의 성과급은 직전분기 차감액 20만 원의 50%인 10만 원을 가산하여 지급한다.

∴ 80 + 80 + 110 + 90 = 360(만 원)

---

20 ②

텔레비전 속에서 보이는 폭력이 아동과 청소년의 범죄행위를 유발시킬 가능성이 크다는 연구결과로 보아 ②가 직접적 근거가 될 수 있다.

---

21 ④

연도별 실업률 평균

2000	2001	2002	2003	2004	2005	2006	2007	2008	2009	2010
4.4	4.0	3.3	3.6	3.7	3.7	3.5	3.2	3.2	3.6	3.7

2011	2012	2013	2014	2015	2016	2017	2018	2019	2020	
3.4	3.2	3.1	3.5	3.6	3.7	3.8	3.8	3.8	4.0	

의사소통능력

수리능력

문제해결능력

자기개발능력

자원관리능력

대인관계능력

정보능력

기술능력

조직이해능력

직업윤리

ⓘ 2006년 평균 실업률은 3.5이고 2020년은 4.0으로 증가하였다.
ⓛ 실업률 평균은 2000년대가 2020년보다 높다.
ⓒ 2000년대가 성별 간의 격차가 제일 크다.
ⓔ 2008년에서 2009년으로 넘어갈 때 실업률이 0.4로 기간 중에 제일 크게 증가하였다.
ⓜ 2014년 실업률 성별 간의 차이는 0%이다.

---

22 ②

작품 밑에 참인 글귀를 적는 진수와 상민이 그렸다면, 진수일 경우 진수가 그리지 않았으므로 진수는 그림을 그린 것이 아니고 상민일 경우 문제의 조건에 맞으므로 상민이 그린 것이 된다.

---

23 ③

ⓘ A가 진실을 말한 경우
  부정행위를 한 사람은 B가 되는 이 경우 C는 진실을 말한 것이 되어 조건에 어긋난다.
ⓛ B가 진실을 말한 경우
  • 부정행위를 한 사람이 A일 경우, C는 진실을 말한 것이 되어 조건에 어긋난다.
  • 부정행위를 한 사람이 C일 경우, A과 C가 모두 거짓말을 하게 되어 문제의 조건이 모두 성립한다.
ⓒ C가 진실을 말한 경우
  • 부정행위를 한 사람이 A일 경우, B가 진실을 말한 것이 되어 문제의 조건에 어긋난다.
  • 부정행위를 한 사람이 B일 경우, A이 진실을 말한 것이 되어 조건에 어긋난다.
∴ 그러므로 부정행위를 한 지원자는 C이다.

---

24 ①

약속장소에 도착한 순서는 E – D – A – B – C 순이고, 제시된 사실에 따르면 C가 가장 늦게 도착하긴 했지만 약속시간에 늦었는지는 알 수 없다.

---

25 ④

장승이 처음 질문에 "그렇다."라고 대답하면 그 대답은 진실이므로 다음 질문에 대한 대답은 반드시 거짓이 되고, "아니다."라고 대답하면 그 대답은 거짓이므로 다음 질문에 대한 대답은 반드시 진실이 된다. 장승이 처음 질문에 무엇이라 대답하든 나그네는 다음 질문의 대답이 진실인지 거짓인지 알 수 있으므로 마을로 가는 길이 어느 쪽 길인지 알 수 있게 된다.

의사소통능력

수리능력

문제해결능력

자기개발능력

자원관리능력

대인관계능력

정보능력

기술능력

조직이해능력

직업윤리

26 ④

B의 진술이 거짓이라면 C와 D는 거짓말쟁이가 아니므로 진실을 말한 사람이 두 사람이 되므로 진실을 얘기하고 있는 사람이 한 명 뿐이라는 단서와 모순이 생기므로 B의 진술이 진실이다. B의 진술이 진실이고 모두의 진술이 거짓이므로 A의 거짓진술에 의해 B는 범인이 아니며, C의 거짓진술에 의해 A도 범인이 아니다. D의 거짓진술에 의해 범인은 D가 된다.

27 ③

명제를 종합해보면,
을 > 갑 > 무 > 병 > 정 순으로 성적이 좋다.

28 ④

제시된 조건을 통해 외판원들의 판매실적을 유추하면 A > B, D > C이다. 또한 F > E > A, E > B > D임을 알 수 있다. 결과적으로 F > E > A > B > D > C가 된다.
① 외판원 C의 실적은 꼴지이다.
② B의 실적보다 안 좋은 외판원은 2명이다.
③ 두 번째로 실적이 좋은 외판원은 E이다.

29 ④

조류경보 발령을 위해서는 이전 단계인 조류주의보 시보다 최대 10배의 남조류세포 수 증식이 필요하지만, 조류대발생경보 발령을 위해서는 이전 단계인 조류경보 시보다 200배 이상의 남조류세포 수 증식이 필요할 수 있다.
① C유역은 남조류세포뿐만 아니라 클로로필a의 농도도 조류대발생경보의 조건을 충족하지 못하므로 올바르지 않은 설명이다.
② 조류예보 발령의 근거 기준은 2회 채취 시의 결과이다.
③ 해제경보는 조류주의보 수준보다 낮은 결과 수치가 나와야 발령이 가능하다.

30 ②

D유역과 B유역 모두 조류주의보 단계에 해당된다. 또한 1차와 2차 수질검사 자료만으로 D유역의 수질이 B유역보다 양호하다고 판단할 수는 없다.

① 그래프에서 제시된 수치를 보면 A, B, C, D유역이 각각 조류대발생경보, 조류주의보, 조류경보, 조류주의보 상태임을 알 수 있다.

③ 수영이나 낚시가 금지되는 것은 조류대발생경보 시이므로 A유역 1곳에 해당된다.

④ A유역은 조류대발생경보 지역이므로 수면관리자의 흡착제 살포를 통한 조류제거 작업이 요구된다.

---

31 ①

조건에 따르면 영업과 사무 분야의 일은 A가 하는 것이 아니고, 관리는 B가 하는 것이 아니므로 'A – 관리, B – 사무, C – 영업, D – 전산'의 일을 하게 된다.

---

32 ③

조건을 그림으로 도식화해보면 다음과 같은 사실을 알 수 있다.

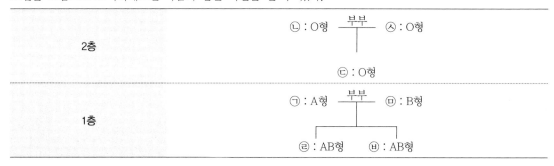

---

33 ②

2층에 사는 (내), (사), (대를 제외한 (개), (라), (매), (배)가 1층에 산다.

34 ⑤

광역버스는 광역버스의 1자리의 고유숫자 → 출발지 권역 → 1 ~ 2자리 일련번호(0 ~ 99)로 구성되어 있고, 총 3 ~ 4자리이다.

⑤ 버스 번호가 1553이므로 광역버스의 고유번호는 1, 출발지 권역 5, 일련번호 53이므로 강북구가 아닌 동작, 관악, 금천에서 출발하는 53번 버스라는 것이다.

① 출발지 권역이 1이므로 서울은 도봉, 강북, 성북, 노원이 가능하고, 경기도는 의정부, 양주, 포천 등이 가능하다. 도착지 권역은 2이므로 동대문, 중랑, 성동, 광진이 가능하고, 경기도는 구리와 남양주가 가능하다. 일련번호는 0 이므로 0번 버스이다.

② 출발지 권역이 1이므로 서울은 도봉, 강북, 성북, 노원이 가능하고, 경기도는 의정부, 양주, 포천 등이 가능하다. 도착지 권역 역시 1이므로 출발지 권역과 같다. 일련번호는 28 이므로 28번 버스이다.

③ 출발지 권역이 7이므로 서울은 은평, 마포, 서대문이 가능하고, 경기도는 파주, 고양 등이 가능하다. 도착지 권역은 1이므로 1이므로 서울은 도봉, 강북, 성북, 노원이 가능하고, 경기도는 의정부, 양주, 포천이 가능하다. 일련번호는 0이므로 0번 버스이다.

④ 순환하는 권역 번호는 0이므로 종로, 용산, 중구 안에서 순환하여야 한다. 일련번호는 2이므로 2번 버스이다.

---

35 ④

A에서 선희가 1등을 했다는 게 참이고, 재석이가 3등을 했다는 게 거짓이라면, B에서 도영이가 2등 했다는 것은 참이고, 선희가 3등 했다는 것은 거짓이 된다. 또한 C에서 성덕이가 1등이 된다는 것은 참이 되고, 도영이가 4등이 된다는 것은 거짓이 된다. 하지만 1등이 선희와 성덕이가 되므로 모순이 된다. 따라서 A에서 선희가 1등을 했다는 게 거짓이고, 재석이가 3등을 했다는 게 참이 된다. B에서 도영이가 2등 했다는 게 참이 되고, 선희가 3등이라는 게 거짓, C에서 도영이가 4등이라는 게 거짓, 성덕이가 1등이라는 게 참이 되므로 1등 성덕, 2등 도영, 3등 재석, 4등 선희 순이다.

---

36 ③

주어진 조건을 p, q, r, s로 놓으면

p : 농구를 잘한다. q : 축구를 잘한다.

r : 배구를 잘한다. s : 당구를 잘한다.

이므로 조건을 이용하야 나타내면

$q \rightarrow \sim p$, $\sim r \rightarrow \sim s$

이때, 대우명제도 참이므로 $p \rightarrow \sim q$, $s \rightarrow r$이다.

의사소통능력

수리능력

문제해결능력

자기개발능력

자원관리능력

대인관계능력

정보능력

기술능력

조직이해능력

직업윤리

그런데 "농구를 잘하면 배구도 잘한다." 즉 $p \to r$가 참이 되게 해야 하므로 $p \to \sim q$와 $s \to r$을 연결해 주는 문장이 필요하다. 따라서, $\sim q \to s$ 또는 $\sim s \to q$가 필요하므로

③ 축구를 잘하지 못하면 당구를 잘한다.

---

37 ③

다른 기능은 고려하지 않는다고 했으므로 제시된 세 개 항목에만 가중치를 부여하여 점수화한다. 각 제품의 점수를 환산하여 총점을 구하면 다음과 같다.

구분	A	B	C	D
크기	$153.2 \times 76.1 \times 7.6$	$154.4 \times 76 \times 7.8$	$154.4 \times 75.8 \times 6.9$	$139.2 \times 68.5 \times 8.9$
무게	171g	181g	165g	150g
RAM	4GB	3GB	4GB	3GB
저장 공간	64GB	64GB	32GB	32GB
카메라	16Mp	16Mp	8Mp	16Mp
배터리	3,000mAh	3,000mAh	3,000mAh	3,000mAh
가격	653,000원	616,000원	599,000원	549,000원
가중치 부여	$20 \times 1.3 + 18 \times 1.2 + 20 \times 1.1 = 69.6$	$20 \times 1.3 + 16 \times 1.2 + 20 \times 1.1 = 67.2$	$18 \times 1.3 + 18 \times 1.2 + 8 \times 1.1 = 53.8$	$18 \times 1.3 + 20 \times 1.2 + 20 \times 1.1 = 69.4$

따라서 가장 가중치 점수가 높은 것은 A제품이며, 가장 낮은 것은 C제품이므로 정답은 A제품과 C제품이 된다.

---

38 ③

① 면각 일정의 법칙이 무엇인지 확인할 수 있다.

② 원자들의 규칙적인 배열 상태가 외부로 반영된 것이 결정면이므로, 이에 따라 결정의 면각이 일정하다는 것을 확인할 수 있다.

④ 결정면의 성장 속도에 따라 결정면의 크기가 달라진다는 것을 확인할 수 있다.

39 ④

방음벽의 효과를 높이기 위해서는 소음저감장치가 추가로 필요함을 밝히고 있으며, 대표적인 소음저감장치로서 흡음형과 간섭형을 각각 설명하고 있다.

---

40 ④

을, 병, 정만 고려한 경우 배탈이 나지 않은 을과 정은 생선회를 먹지 않았으며, 배탈이 난 병은 생선회를 먹었다. 여기서 생선회가 배탈의 원인임을 짐작할 수 있다.

① 을과 정만 고려한 경우 배탈을 나지 않은 을은 냉면을 먹었다.
② 갑, 을, 정만 고려한 경우 갑은 배탈의 원인이 생수, 냉면, 생선회 중 하나임을 알려주는데 이는 유용한 정보가 될 수 없으며, 냉면은 배탈의 원인이 되지 않음을 알 수 있다.
③ 갑, 병, 정만 고려한 경우 배탈이 나지 않은 정은 생수를 먹었다.

---

41 ④

을항공사의 경우 58kg까지 허용되며 무항공사의 경우 화물용 가방 2개의 총 무게가 20 × 2 = 40kg, 기내 반입용 가방 1개의 최대 허용 무게가 16kg이므로 총 56kg까지 허용되어 을항공사와 무항공사도 이용이 가능하다.

① 기내 반입용 가방의 개수를 2개까지 허용하는 항공사는 갑, 병항공사밖에 없다.
② 155cm 2개는 화물용으로, 118cm 1개는 기내 반입용으로 운송 가능한 곳은 무항공사이다.
③ 을항공사는 총 허용 무게가 23 + 23 + 12 = 58kg이며, 병항공사는 20 + 12 + 12 = 44kg이다.
⑤ 2개를 기내에 반입할 수 있는 항공사는 갑항공사와 병항공사이나 모두 12kg까지로 제한을 두고 있다.

---

42 ④

자기 공명 방식의 효율을 높이는 방법은 위 글에 나타나 있지 않다.

---

43 ④

(나) - 2는 표절 개념에 대한 학생들의 인식도가 높음을 나타내고 있다. (다)에서는 표절 검사 시스템을 통해 표절이 줄어들 수 있음을 보여주고 있다. 이러한 자료에서 학생들이 표절에 대한 인식이 부족하다고 할 근거를 찾기 어려우며, 그 이유를 파악할 수도 없다.

의사소통능력

수리능력

문제해결능력

자기개발능력

자원관리능력

대인관계능력

정보능력

기술능력

조직이해능력

직업윤리

44 ③

(내)에서는 전국적으로 보육 시설의 정원이 남음에도 많은 지역에 부모들이 아이들을 맡길 보육 시설을 찾지 못해 어려움을 겪고 있다는 문제점을 제시하고 있다. 그리고 (대)에서는 일본의 경우 보육 시설의 교육 프로그램이 우수해 부모들의 보육 시설에 대한 만족도가 높다고 하고 있다. (내)와 (대) 모두 우리나라 국공립 및 사회복지법인 보육 시설의 교육 프로그램의 질이 저하되어 있다는 문제점을 제시하고 있지 않다.

---

45 ①

NoSQL 데이터베이스 시스템에서는 데이터의 속성을 표시하는 기준을 '기준 = '과 같이 표시하고 그에 해당하는 정보를 함께 기록하며, 해당 행에 자유롭게 그 정보를 추가할 수 있다. 따라서 'ㄱ 씨의 취미는 독서이다'와 같은 정보는 '취미 = 독서'의 형태로 'ㄱ 씨'와 관련된 정보를 다른 행의 마지막 부분에 추가할 수 있다.

---

46 ②

㉠에서 A와 C는 취미가 운동이기 때문에 반드시 수출 업무를 좋아하는 B와 함께 TF팀이 구성되어야 함을 알 수 있다. 그러므로 ④는 정답에서 제외된다.

㉡에서 A, B, D는 짝수 연차이므로 홀수 인원으로 TF팀이 구성될 수 없다. 그러므로 ③은 정답에서 제외된다.

㉢에서 A, B는 남직원이므로 둘만으로 TF팀이 구성될 수 없다. 그러므로 ①은 정답에서 제외된다.

따라서 정답은 ②이다.

47 ②

팀장별 순위에 대한 가중치는 모두 동일하다고 했으므로 1 ~ 4순위까지를 각각 4, 3, 2, 1점씩 부여하여 점수를 산정해 보면 다음과 같다.

- 갑 : 2 + 4 + 1 + 2 = 9
- 을 : 4 + 3 + 4 + 1 = 12
- 병 : 1 + 1 + 3 + 4 = 9
- 정 : 3 + 2 + 2 + 3 = 10

따라서 〈보기〉의 설명을 살펴보면 다음과 같다.

㉠ '을' 또는 '정' 중 한 명이 입사를 포기하면 '갑'과 '병'이 동점자이나 A팀장이 부여한 순위가 높은 '갑'이 채용되게 된다.

㉡ A팀장이 '을'과 '정'의 순위를 바꿨다면, 네 명의 순위에 따른 점수는 다음과 같아지므로 바꾸기 전과 동일하게 '을'과 '정'이 채용된다.

- 갑 : 2 + 4 + 1 + 2 = 9
- 을 : 3 + 3 + 4 + 1 = 11
- 병 : 1 + 1 + 3 + 4 = 9
- 정 : 4 + 2 + 2 + 3 = 11

㉢ 이 경우 네 명의 순위에 따른 점수는 다음과 같아지므로 '정'은 채용되지 못한다.

- 갑 : 2 + 1 + 1 + 2 = 6
- 을 : 4 + 3 + 4 + 1 = 12
- 병 : 1 + 4 + 3 + 4 = 12
- 정 : 3 + 2 + 2 + 3 = 10

---

48 ③

문법반은 월, 화, 목요일에 강좌 개설이 가능하므로 월요일에도 가능 표시가 되어야 한다.

---

49 ⑤

3 ~ 4월에 문법반은 월, 수, 금 밤 8시에 중급반 강좌가 개설되었었다. 따라서 5 ~ 6월에는 월, 화, 목 밤 9시로 시간을 옮겨 고급반으로 진행되어야 한다.

① 회화반B는 화, 목, 금요일 개설 가능하므로 수정될 필요가 없다.

② 3 ~ 4월에 독해반이 고급이었으므로 입문반이 올바른 강좌이다.

③ 3 ~ 4월에 한자반은 초급이었으므로 5 ~ 6월에는 중급 강좌가 적절하며 월, 수, 금이 가능한 요일이다.

④ 비즈니스반은 월, 목이 가능하며, 회화반A는 매일 가능하므로 적절하다.

의사소통능력

수리능력

문제해결능력

자기개발능력

자원관리능력

대인관계능력

정보능력

기술능력

조직이해능력

직업윤리

50 ③

주어진 평가 방법에 의해 각 팀별 총점을 산출해 보면 다음과 같다.

평가 항목(가중치)	A팀	B팀	C팀	D팀
팀 성적(0.3)	65	80	75	85
연간 경기 횟수(0.2)	90	95	85	90
사회공헌활동(0.3)	95	75	85	80
지역 인지도(0.2)	95	85	95	85
총점	84.5 + 108 + 123.5 + 114 = 430점	104 + 114 + 97.5 + 102 = 417.5점	97.5 + 102 + 110.5 + 114 = 424점	110.5 + 108 + 104 + 102 = 424.5점

따라서 총점은 A − D − C − B 순이다.

㉠ 내년에는 A팀과 D팀이 매주 일요일 시립 야구장을 사용하게 된다.

㉢ 상위 3개 팀에게만 주어지는 자격이므로 올바른 설명이다.

㉡, ㉣ 다음 표에서와 같이 총점이 달라지므로 ㉣만 올바른 설명이 된다.

〈팀 성적과 연간 경기 횟수 가중치 상호 변경〉

평가 항목(가중치)	A팀	B팀	C팀	D팀
팀 성적(0.2)	65	80	75	85
연간 경기 횟수(0.3)	90	95	85	90
사회공헌활동(0.3)	95	75	85	80
지역 인지도(0.2)	95	85	95	85
총점	78 + 117 + 123.5 + 114 = 432.5점	96 + 123.5 + 97.5 + 102 = 419점	90 + 110.5 + 110.5 + 114 = 425점	102 + 117 + 104 + 102 = 425점

→ 지원금이 삭감되는 4위는 B팀으로 바뀌지 않는다.

〈지역 인지도 점수가 모두 동일할 경우〉

평가 항목(가중치)	A팀	B팀	C팀	D팀
팀 성적(0.3)	65	80	75	85
연간 경기 횟수(0.2)	90	95	85	90
사회공헌활동(0.3)	95	75	85	80
총점	84.5 + 108 + 123.5 = 316점	104 + 114 + 97.5 = 315.5점	97.5 + 102 + 110.5 = 310점	110.5 + 108 + 104 = 322.5점

→ 네 개 팀의 총점은 D − A − B − C 순으로 4개 팀의 순위가 모두 바뀌게 된다.

자기개발능력

1	2	3	4	5	6	7	8	9	10
④	①	①	③	②	④	①	①	③	④
11	12	13	14	15	16	17	18	19	20
③	④	③	④	③	④	④	②	④	④
21	22	23	24	25	26	27	28	29	30
④	④	④	⑤	②	③	③	④	①	②
31	32	33	34	35					
②	③	③	③	④					

의사소통능력

수리능력

문제해결능력

자기개발능력

자원관리능력

대인관계능력

정보능력

기술능력

조직이해능력

직업윤리

1 **④**

준기는 주변 친구들과 같이 자신을 개발하기 위해 시간을 투자하는 것이 아닌 단지 용돈을 벌기 위해 아르바이트를 할 생각을 가지고 있다.

※ 자기개발 실패요인

ㄱ 인간의 욕구와 감정이 작용하기 때문이다.

ㄴ 제한적으로 사고하기 때문이다.

ㄷ 문화적인 장애에 부딪히기 때문이다.

ㄹ 자기개발 방법을 잘 모르기 때문이다.

2 ①

제시된 글은 노인학교에 대한 내용으로, 삶의 질 추구와 관련이 있다.

※ **경력개발의 필요성**

　㉠ **환경변화**

　　• 지식정보의 빠른 변화

　　• 인력난 심화

　　• 삶의 질 추구

　　• 중견사원 이직증가

　㉡ **조직요구**

　　• 경영전략 변화

　　• 승진적체

　　• 직무환경 변화

　　• 능력주의 문화

　㉢ **개인요구**

　　• 발달단계에 따른 가치관 · 신념 변화

　　• 전문성 축적 및 성장 요구 증가

　　• 개인의 고용시장 가치 증대

---

3 ①

워라밸은 일과 삶의 균형을 뜻하는 영어 'Work And Life Balance'의 발음을 우리말로 줄여 만든 신조어이다.

---

4 ③

최근의 소비문화는 상품의 주요 기능을 선택 기준으로 삼는 '기능적 소비'에서 상품의 이미지나 상징성을 소비하는 '기호적 소비'로 변하고 있다. 어떤 브랜드의 상품을 구입하는가 하는 점이 그 사람의 사회적 위치를 대변할 수 있고, 사람의 심리와 인격도 브랜드가 될 수 있는 시대가 된 것이다.

5 ②

4가지 영역의 넓이는 우리가 살면서 계속 변화한다. 만약, 내가 상대방에게 마음을 열고 나의 마음속 깊은 이야기들을 하기 시작한다면 내 마음의 숨겨진 영역은 줄어드는 동시에 열린 공간은 늘어간다.

※ 조해리의 창

	내가 아는 나	내가 모르는 나
타인이 아는 나	공개된 자아	눈 먼 자아
타인이 모르는 나	숨겨진 자아	아무도 모르는 자아

㉠ **공개된 자아** : 나와 상대방 모두 아는 내 모습
㉡ **숨겨진 자아** : 상대방은 모르고 나만 아는 내 모습
㉢ **눈 먼 자아** : 나는 모르고 상대방만 아는 내 모습
㉣ **아무도 모르는 자아** : 나와 상대방 모두 모르는 내 모습

---

6 ④

Independent는 숨겨진 자아에 해당한다.

※ **숨겨진 자아에 속하는 성격**
㉠ Accepting(솔직한)
㉡ Self – Assertive(주장이 강한)
㉢ Powerful(강력한)
㉣ Cheerful(유쾌한)

---

7 ①

총명한, 적극적인, 믿을 수 있는 성격은 '공개된 자아'에 해당한다.

---

8 ①

L 씨는 자신의 흥미와 적성을 제대로 파악하지 못했으므로 출판사 편집부에서 모든 것이 불만이 되어 버린 것이다. 직장생활을 잘 하기 위해서는 자신의 흥미와 적성을 개발하는 노력이 필요하다.

의사소통능력

수리능력

문제해결능력

자기개발능력

자원관리능력

대인관계능력

정보능력

기술능력

조직이해능력

직업윤리

9 ③

M 사원은 적성과 직무에 대한 고민을 하며 사직서를 제출하려고 했다. 조직의 분위기나 사람과의 관계를 강조하기 보다는 적성과 직무에 초점을 맞추어야 한다.

---

10 ④

직장인 K 씨는 자기관리가 부족하다. 자기관리란 자신을 이해하고, 목표를 성취하기 위하여 자신의 행동 및 업무수행을 관리하고 조정하는 것이다.

---

11 ③

경력관리는 규칙적으로 지속적으로 이루어져야 하며, 잘못된 정보나 이에 대한 이해가 부족하여 경력 목표를 잘못 설정하는 경우가 있으므로 계속적이고 적극적인 경력관리를 통해 이를 수정해 나가야 한다. 또한 환경이나 조직의 변화에 따라 새로운 미션을 수립하고 새로운 경력이동 경로를 만들어가야 한다.

---

12 ④

두 가지 업무가 중첩될 경우 본인 스스로 의사결정을 하지 못하므로 상사에게 우선순위를 정해 달라고 하여 업무를 처리하는 것이 옳다.

---

13 ③

자기관리는 비전과 목표정립 – 자신의 역할과 능력분석 및 과제발견 – 일정수립 – 시행 – 피드백으로 구성된다. 신입사원 L 씨는 비전을 세웠기 때문에 그 이후의 프로세스를 밟으면 된다.

---

14 ④

자기개발은 주변 사람들과 긍정적인 인간관계를 형성하기 위해 필요하다. 자기관리 자체가 긍정적인 인간관계를 형성하는 것이라고 말할 정도로 자기개발에 있어서 대인관계는 매우 중요하다. 자신의 내면을 관리하고 자신의 시간을 관리하며, 자신의 생산성을 높이는 모든 일이 원만한 인간관계의 형성과 유지의 기반이 된다.

15 ③

경력개발은 자신의 경력목표와 전략을 수립하고 실행하며 피드백을 하는 과정이다.

---

16 ④

자신의 흥미, 장점, 가치, 라이프스타일 등을 충분히 이해하지 못하면 자신에게 필요한 것이 무엇인지를 알 수 없게 된다.

---

17 ④

매번 같은 실수를 반복하는 것은 깊이 있는 성찰 없이 지나가기 때문이다. K 씨는 자신의 실수를 반성적으로 성찰하는 것이 필요하다.

---

18 ②

자기관리 절차는 비전 및 목적정립 – 과제발견 – 일정수립 – 수행 – 반성 및 피드백의 프로세스이다. 그 중 과제발견은 현재 자신의 역할 및 능력을 검토하고, 할 일을 조정하여 자신이 수행해야 될 역할들을 도출하고 역할에 상응하는 활동목표를 설정한다. ①③④⑤는 과제발견에 대한 설명이며, ②는 반성 및 피드백에 대한 설명이다.

---

19 ④

자기관리는 자기관리절차를 통하여 이루어진 결과를 지속적으로 반성하고 피드백하여야 이루어질 수 있다.

---

20 ④

성찰의 목적은 과거를 바탕으로 좀 더 나은 미래를 성취하기 위함에 있다.

---

21 ④

자기개발은 자신의 능력, 적성 및 특성 등에 있어서 강점과 약점을 찾고 확인하여 강점을 강화시키고, 약점을 관리하여 성장을 위한 기회로 활용하는 것으로 자신의 목표성취를 위하여 스스로를 관리하며 개발해 나가는 능력을 말한다.

의사소통능력

수리능력

문제해결능력

자기개발능력

자원관리능력

대인관계능력

정보능력

기술능력

조직이해능력

직업윤리

22 ④

자아인식은 자신의 직업흥미, 적성, 장점과 단점을 분석하고 인식하는 것이며 자기개발의 첫 단계가 된다.

---

23 ④

장기목표는 5 ~ 20년, 단기목표는 1 ~ 3년이 적절하다.

---

24 ⑤

회사의 사회적이고 조직적 문제이지만, 조직 내 구성원으로써 자기 성찰을 통해 앞으로의 대안을 검토할 수는 있다. ①②③④는 성찰에 관한 설명이다. 단, ⑤ 경력 계획을 수립하는 것은 대안을 제시하기 위해 하는 과정이 아니다.

---

25 ②

다른 사람이 보는 자신과 자신이 생각하는 모습이 다르다는 것은 자신을 객관적으로 파악하지 못했기 때문이다. 자신을 객관적으로 인식하기 위해서는 다른 사람의 의견과 표준화된 검사 도구를 사용할 필요가 있다.

---

26 ③

표준화된 검사 도구를 사용하면 자신의 진로를 설계하고, 직업을 구하며, 자신에게 맞는 일을 찾아가는 데 도움이 된다. 자신의 흥미와 적성을 잘 알지 못하는 경우 표준화된 검사 도구를 이용하면 자신의 직업, 흥미, 적성을 알 수 있고 다른 사람과 비교해 볼 수도 있다.

---

27 ③

동일한 일을 하는 직장인이라도 일에 대한 흥미나 적성이 다르면 업무에 대한 태도가 바뀌게 마련이다. 위 사례를 보면 S 씨는 자신에게 맞는 흥미와 적성을 개발하는 것이 중요하다.

28 ④

일과 생활의 균형(Work Life Balance)은 최근 관심이 증가하고 있으나 기업의 경영적 측면에서 비용 대비 가시적 효과가 바로 나타나지 않아 망설이는 기업도 있다.

---

29 ①

L 씨는 스케줄 조정과 거리 등 외부적인 요인으로 인해 자기개발에 실패하였다.

---

30 ②

업무수행 성과에 영향을 미치는 요인
㉠ 자원
㉡ 업무지침
㉢ 지식이나 기술 등의 개인의 능력
㉣ 상사 및 동료의 지원

---

31 ②

거절의 의사결정은 빠를수록 좋다. 오래 지체될수록 상대는 긍정의 대답을 기대하게 되며, 이렇게 되면 의사결정자는 거절을 하기가 어려워지기 때문이다.

---

32 ③

경력초기는 조직에 입사하여 조직에 적응하고 승진하기 위하여 조직의 분위기를 파악하고 규칙과 규범을 익히는 시기를 말한다.

---

33 ③

A 씨의 결심은 직무, 지식 및 환경에 대한 정보를 기초로 자신이 하고 싶은 일이 무엇인지, 이를 달성하기 위해서는 어떤 능력이나 자질을 개발해야 하는지에 대하여 단계별 목표를 설정하는 단계인 경력목표 설정에 해당한다.

의사소통능력

수리능력

문제해결능력

자기개발능력

자원관리능력

대인관계능력

정보능력

기술능력

조직이해능력

직업윤리

34 ③

직장인 J 씨가 투잡을 선택한 이유는 경제적 원인이 가장 크다. 최근 평생직장이라는 개념이 무너지고 경기 침체가 지속되면서 경제적으로 불안감을 느낀 20 ～ 30대 사람들이 투잡을 선택하고 있다.

---

35 ④

④ 환경탐색에 해당한다.

※ **자기탐색의 방법**
　ⓐ 자기 인식 관련 워크샵 참여
　ⓑ 평가기관의 전문가 면담
　ⓒ 표준화된 검사
　ⓓ 일기 등을 통한 성찰과정

자원관리능력

1	2	3	4	5	6	7	8	9	10
②	②	①	④	②	④	④	③	①	④
11	12	13	14	15	16	17	18	19	20
①	③	④	①	①	④	③	⑤	④	①
21	22	23	24	25	26	27	28	29	30
②	④	③	③	④	②	③	③	①	②
31	32	33	34	35	36	37	38	39	40
④	④	③	④	④	④	④	③	④	④
41	42	43	44	45	46	47	48	49	50
④	⑤	③	②	①	②	③	③	④	⑤

1 ②

제시된 내용은 예산과 비용에 대한 설명이다. 이와 관련된 자원관리능력은 예산관리능력이다.

---

2 ②

제시된 내용은 '공정 보상의 원칙'에 해당한다.

※ 합리적인 인사관리의 원칙
  ㉠ **적재적소 배치의 원리** : 해당 직무 수행에 가장 적합한 인재를 배치
  ㉡ **공정 보상의 원칙** : 근로자의 인권을 존중하고 공헌도에 따라 노동의 대가를 공정하게 지급
  ㉢ **공정 인사의 원칙** : 직무 배당, 승진, 상벌, 근무 성적의 평가, 임금 등을 공정하게 처리
  ㉣ **종업원 안정의 원칙** : 직장에서의 신분 보장, 계속해서 근무할 수 있다는 믿음으로 근로자의 안정된 회사 생활 보장
  ㉤ **창의력 계발의 원칙** : 근로자가 창의력을 발휘할 수 있도록 새로운 제안·건의 등의 기회를 마련하고 적절한 보상을 지급
  ㉥ **단결의 원칙** : 직장 내에서 구성원들이 소외감을 갖지 않도록 배려하고, 서로 협동·단결할 수 있도록 유지

3 ①

A 씨는 설거지 없이 처리하기 쉽다는 이유로 일회용품만 사용 중이다.

---

4 ④

ⓘ **직접비용** : 주로 활동의 결과로서 생기는 비용
　예 재료비, 원료와 장비, 시설비, 여행비 및 잡비, 인건비 등
ⓒ **간접비용** : 직접 생산에 관여하지 않는 비용
　예 보험료, 건물관리비, 광고비, 통신비, 사무비품비, 각종 공과금 등

---

5 ②

제시된 내용은 자신에게 주어진 시간 중 60%는 계획된 행동을 하여야 한다고 보는 60 : 40 규칙이다.

---

6 ④

시간의 특성
ⓘ 시간은 공평하게 주어진다.
ⓒ 시간은 똑같은 속도로 흐른다.
ⓒ 시간의 흐름은 멈추게 할 수 없다.
ⓔ 시간은 꾸거나 저축할 수 없다.
ⓜ 시간은 사용하기에 따라 가치가 달라진다.

---

7 ④

ⓘⓒⓒⓔ 모두 옳은 설명이다.

8 ③

민수와 명기는 구체적이지 않은 목표를 세워 SMART법칙에 부합하지 못한다.

※ **SMART법칙** … 목표를 어떻게 설정하고 그 목표를 성공적으로 달성하기 위해 꼭 필요한 필수 요건들을 S.M.A.R.T. 5개 철자에 따라 제시한 것이다.

　ⓙ Specific(구체적으로) : 목표를 구체적으로 작성한다.

　ⓛ Measurable(측정 가능하도록) : 수치화, 객관화시켜서 측정 가능한 척도를 세운다.

　ⓒ Action Oriented(행동 지향적으로) : 사고 및 생각에 그치는 것이 아니라 행동을 중심으로 목표를 세운다.

　ⓔ Realistic(현실성 있게) : 실현 가능한 목표를 세운다.

　ⓜ Time Limited(시간적 제약이 있게) : 목표를 설정함에 있어 제한 시간을 둔다.

---

9 ①

㉠은 제1사분면에 해당하는 것으로, 가장 긴급하고 중요한 일이다.

---

10 ④

긴급하지 않지만 중요한 일은 2사분면에 해당한다. 자기개발은 긴급하지 않지만 중요한 일에 해당한다.

---

11 ①

영화 관람으로 얻는 편익은 10,000원이고 기회비용은 3,000원이므로, 합리적인 선택이다.

---

12 ③

정해진 기한 내에 인적, 물적, 금전적 자원 한도 내에서 작업이 완료되는 경우에 해당 과제에 대한 평가가 좋게 이루어진다.

---

13 ④

전반적인 계획을 세우고 이를 구체화 하는 것은 과제 수행의 사전에 진행되는 사항이다.

의사소통능력

수리능력

문제해결능력

자기개발능력

자원관리능력

대인관계능력

정보능력

기술능력

조직이해능력

직업윤리

14 ①

책정비용이 실제비용보다 작을 경우 제품의 경쟁력을 잃게 된다.

---

15 ①

과업세부도를 활용하면 과제에 필요한 활동이나 과업을 파악할 수 있고, 이를 비용과 매치시켜 놓음으로써 어떤 항목에 얼마만큼의 비용이 소요되었는지를 정확하게 파악할 수 있다.

---

16 ④

예산집행실적은 예산계획에 차질이 없도록 집행하기 위해서 작성하는 것으로 예산항목의 지출이 초과되어 곤란함을 겪게 되는 것을 방지할 수 있다.

---

17 ③

김 팀장은 자원관리에 어려움을 겪고 있는 상황이다. ①④⑤의 경우는 크게 잘못된 내용은 아니나, 해당 지문 전체를 대변하는 내용은 아니다. ② 또한, 지문의 내용과는 거리가 멀다.

---

18 ⑤

우선 각각의 필요한 부대시설은 개별 연락을 달라는 문구가 있으므로 추가로 필요한 부대시설에 관한 질문은 해야 한다. 그리고 U기업 교육담당자가 제시하고 있는 정보를 종합해 보면 인원과 교육제외 날짜를 제외하고는 다른 정보를 알 수 없다. 따라서 그 외 교육 시작 시각, 교육 진행시간에 대한 정보가 필요하다. 이러한 정보를 수집하면 가능한 강의실은 A강당, B강당 그리고 나눔방이다. A강당, B강당, 나눔방의 차이점은 책상/의자의 이동여부와 따라 달라지기 때문에 책상이나 의자의 이동이 필요한지에 대한 질문도 같이 제공되어 있어야 한다. 하지만 개별 PC이용이 가능한 채움방은 인원으로 인해 자연스럽게 이용 가능 강의실에서 제외되기 때문에 ⑤는 질문하지 않아도 된다.

19 ④

물품출납 및 운영카드를 활용하면 보유하고 있는 물품의 상태 및 활용이 쉽고, 물품의 상태를 지속해서 점검함으로써 효과적으로 관리할 수 있다. 보유하고 있는 물품의 종류 및 양을 확인함으로써 활용할 때 참고할 수 있다. 그리고 분실의 위험을 줄일 수 있다는 장점이 있다. 하지만 운영카드를 활용하면 수기로 작성하여야 하므로 번거롭고 일이 많아진다는 단점이 있다. 반면 물품관리 프로그램을 이용할 경우 자료를 쉽고 빠르게 입력할 수 있다는 장점이 있다.

20 ①

구분	시간당 요금	구성원 수	이용시간(요금)	칠판 대여	커피	총 금액
A팀	4,500	3	3(13,500)	2,000	6,000	48,500
B팀	2,000	7	4(14,000)	2,000		58,000
C팀	3,000	8	2(24,000)		16,000	64,000
D팀	6,000	3	2(18,000)	2,000		38,000
E팀	4,000	5	2(20,000)		10,000	50,000

21 ②

각 도로별 연비와 거리를 바탕으로 연료를 조사해 보면 다음과 같다.

	회사	가	나	다	라	마
회사	−	4	8			4
가	4	−			4	5
나	8		−	4		5
다			4	−	8	3
라		4		8	−	
마	4	5	5	3		−

회사 > 가 > 라 > 다 > 나 > 마 > 회사순으로 가면 총 29L의 기름을 사용한다. 따라서 총 29,000원의 연료비가 들것이다.

의사소통능력

수리능력

문제해결능력

자기개발능력

자원관리능력

대인관계능력

정보능력

기술능력

조직이해능력

직업윤리

22 ④

우선순위를 정하는 시간 관리 및 예산관리 매트릭스 등 도구는 일의 양과 질이 아니라, 일의 중요성과 시급성이라는 두 가지 척도를 가진다.

---

23 ③

위 표를 정리하면 아래와 같이 합계점이 나온다.

구분	AS서비스	내구성	승차감	가격	디자인	브랜드가치	합계
A	7	8	4	8	5	7	39
B	8	7	6	7	5	8	41
C	5	5	7	6	8	4	35
D	6	5	6	7	7	8	39
E	7	7	4	9	6	7	40
합계	33	32	27	37	31	34	194

- 6대의 점수에서 가장 낮은 점을 맞은 곳은 C사(35점)이고, 점수가 가장 높은 곳은 B사(41점)이기 때문에 진구에 말은 옳다고 할 수 있다.
- 승차감 항목을 제거한 각 회사의 점수는 A사(35점), B사(35점), C사(28점), D사(33점), E사(36점) 이므로 가장 높은 점수를 받은 회사는 E사 이므로 1등이 바뀌게 된다. 따라서 소라의 말은 틀리다고 볼 수 있다.
- 가격과 A/S 만을 따지고 본다면 E사(16점)가 가장 높으므로 E사를 선택하는 게 바람직하다.

---

24 ③

㉠ 융통성을 제외한 나머지 부분의 점수의 합은 동률을 이루는 상황이므로 B 사원보다 융통성 점수가 높아야 총점에서 C 사원이 B 사원 보다 높은 점수를 받을 수 있다. 따라서 10점을 맞아야 한다.

㉡ D 사원은 작업속도 부분에서 10점을 받더라도 총점이 38점이 나오기 때문에 상여금을 받을 수 있지만 진급하지는 못한다.

㉢ A 사원과 B 사원의 융통성 부분의 점수가 바뀐다면 A 사원은 1점이 증가하고 B 사원은 1점이 감소하기 때문에 A 사원과 B 사원은 동점인 상황이 된다.

㉣ 표에서 괄호부분의 점수를 모두 10점을 준다 하더라도 A 사원(34점), B 사원(36점), C 사원(37점), D 사원(38점), E 사원(39점) 이므로 E 사원이 진급을 하지만 총점이 40점을 넘은 것은 아니다.

25 ④

총인원이 80명이므로 대강당을 예약해야 한다. 예약시간은 9시간이므로 기본시간 10시간을 넘지 않기 때문에 추가적이 금액이 생기지는 않는다. 또한 부대시설을 사용할 예정이지만 부대시설 사용금액은 당일 지급이기 때문에 예약 시에 예약금에 포함되지 않는다. 따라서 예약금은 대강당 기본 대관료 120만 원의 50%인 60만 원이 예약금이다. 그리고 예약을 9일 전에 취소했다면 예약금의 20%를 위약금으로 지급해야 하기 때문에 예약금의 80%만 돌려받을 수 있어 48만 원만 돌려받을 수 있다.

26 ②

12월 달력에 휴가일을 표시하면 다음과 같다.

일	월	화	수	목	금	토
		1	2	3	4	5
6	7	8	9	10	11	12
13	14	15	16	17	18	19
20	21	22	23	24	25	26
27	28	29	30	31		

따라서 남현우 씨가 31일에 휴가를 사용해도 24일 목요일은 전원이 근무하는 날이 될 수 있다.

27 ③

경비를 계산하면 숙박 80만 원, 비행기 왕복 200만 원, 기타 경비 600,000엔(600만 원)이 사용됐기 때문에 총 경비는 880만 원이 사용되었다. 각 개인당 220만 원씩 부담하면 되기 때문에 이 과장은 김 대리에게 10만 원을 주었고, 박 사원은 이 과장에게 140만 원을 주었고, 최 대리는 김 대리에게 20만 원을 주었다고 볼 수 있다.

28 ③

	월	화	수	목	금
밥	잡곡밥	백미밥	ⓒ 흑미밥	백미밥	짜장밥
국	미역국	된장국	김칫국	육개장	ⓜ 북엇국
김치	배추김치	배추김치	깍두기	배추김치/깍두기	배추김치/깍두기
기타 반찬	계란찜/장조림	ⓛ 계란찜/장조림	호박전	김치전	잡채
후식	ⓞ 식혜	수정과	숭늉/식혜	ⓔ 숭늉/식혜	단호박 샐러드

의사소통능력

수리능력

문제해결능력

자기개발능력

자원관리능력

대인관계능력

정보능력

기술능력

조직이해능력

직업윤리

29 ①

파주 : $50 + 50 + 80 = 180$
인천 : $50 + 100 + 70 = 220$
철원 : $80 + 70 + 100 = 250$
구리 : $70 + 70 + 50 = 190$

---

30 ②

파주 : $(50 \times 800) + (50 \times 300) + (80 \times 400) = 40,000 + 15,000 + 32,000 = 87,000$
인천 : $(50 \times 500) + (100 \times 400) + (70 \times 300) = 25,000 + 40,000 + 21,000 = 86,000$
철원 : $(80 \times 500) + (100 \times 800) + (70 \times 300) = 40,000 + 80,000 + 21,000 = 141,000$
구리 : $(50 \times 500) + (70 \times 800) + (70 \times 400) = 25,000 + 56,000 + 28,000 = 109,000$

---

31 ④

A는 도로, B는 해운, C는 철도, D는 항공이다. 항공은 도로보다 기종점 비용이 비싸다. 해운은 항공보다 평균 속도가 느리다. 항공은 철도보다 기상 조건의 영향을 많이 받는다.

---

32 ④

편익이 비용보다 클 때는 가로등 설치량을 늘려나가야 한다. 따라서 이 마을에서 가로등의 최적 설치량은 3개이며, 이때 마을 전체 가구가 누리는 총 만족감은 240만 원이다.

---

33 ③

J 씨와 K 씨가 각각 직장을 그만두고 A 식당을 인수하는 것이 J 씨에게는 합리적인 선택이, K 씨에게는 비합리적 선택이 되기 위해서는 은행 예금의 연간 이자율이 10%보다 높고, 15%보다는 낮아야 한다.

34 ④

총 운송비는 선적·하역비 등이 포함된 기종점 비용과 이동 거리가 늘어나면서 증가하는 주행 비용으로 구성된다. 따라서 총 운송비는 '기종점 비용 + 단위 거리당 주행비용 × 거리'로 계산할 수 있다. 이와 같이 계산하면 ㈎ 지점까지의 총 운송비는 A 13,000원, B 11,000원, C 11,500원으로 B가 가장 저렴하다. ㈏ 지점까지의 총 운송비는 A 25,000원, B 20,000원, C 19,000원으로 C가 가장 저렴하다.

의사소통능력

35 ④

C 지점으로 공장을 이전할 경우 제품 1단위당 운송비가 4,000원 증가하지만, 세금 감면을 통해 5,000원의 이익을 얻을 수 있으므로 1,000원의 초과 이익을 얻을 수 있다.

수리능력

문제해결능력

36 ④

1시간 더 일할 때, 추가되는 편익은 5,000원으로 일정하고, 추가되는 비용은 점차 증가한다. 순편익은 2시간 일할 때 최대(5,000원)가 되므로 갑은 2시간만 일하는 것이 합리적이다.

자기개발능력

자원관리능력

37 ④

① 자원 개발형의 사례에 해당한다.
② 비용절감을 위해서는 중국이 일본에 비해 임금 수준이 낮아 생산비를 절감할 수 있기 때문에 중국에 공장을 설립하여야 한다.
③ 습득형의 사례에 해당한다.

대인관계능력

정보능력

기술능력

조직이해능력

직업윤리

38 ③

소셜미디어 시대에는 개인들이 트위터 등 새로운 매체를 통해 광범위하게 소통할 수 있으며, 이러한 점 때문에 한 개인의 사적 콘텐츠가 사회적으로 큰 파급력을 가질 수 있다.

39 ④

POS(Point of Sales)시스템은 상품에 붙어 있는 바코드(Bar Code)를 읽어 판매와 동시에 상품별로 판매비율 측정이 가능하여 효율적 재고 관리가 가능하다. EDI(Electronic Data Interchange)는 문서, 납품서, 청구서 등 상거래에 필요한 각종 서식을 표준화하여 통신표준에 따라 처리하는 시스템으로 업무처리 시간을 단축하며 비용절감을 이룰 수 있다.

---

40 ④

변호사가 자신의 아들이 대학에 진학하지 못하였다고 해서 지위 불일치가 생기는 것은 아니다.

---

41 ④

A상품은 수요의 가격 탄력성이 영(0)이며, B상품은 비탄력적, C상품은 1, D상품은 탄력적이다. 가격을 올렸을 때 매출액이 늘었으므로, 가격을 내리면 오히려 매출액이 줄어들 가능성이 높다.

---

42 ⑤

솜 인형의 실제 무게는 18파운드이며, 주어진 산식으로 부피 무게를 계산해 보아야 한다. 부피 무게는 28 × 10 × 10 ÷ 166 = 17파운드가 되어 실제 무게보다 가벼운 경우가 된다. 그러나 28inch는 28 × 2.54 = 약 71cm가 되어 50cm를 초과하므로, A배송사에서는 (18 + 17) × 0.6 = 21파운드의 무게를 적용하게 된다. 따라서 솜 인형의 운송비는 19,000원이 된다.

---

43 ③

급여, 전기요금(수도광열비), 전화요금(통신비), 집세(임차료)계정으로 판매비와 관리비이다. 따라서 판매비와 관리비 합계 금액은 600,000 + 50,000 + 30,000 + 100,000 = 780,000(원)

---

44 ②

8 ~ 9일, 15 ~ 16일 모두 "국"실은 모두 예약이 완료되었다. 워크숍 인원이 15 ~ 18명이라고 했으므로 "매"실 또는 "난"실을 추천해주는 것이 좋다. 8 ~ 9일에는 "난"실, 15 ~ 16일에는 "매"실의 예약이 가능하다.

45 ①

8 ~ 9일로 예약하겠다고 했으므로 예약 가능한 방은 "난"실이다. 1월은 성수기이지만 비수기 가격으로 해주기로 했으므로 비수기 주말 가격인 기본 30만 원에 추가 3만 원으로 안내해야 한다.

---

46 ②

각 공급처로부터 두 물품을 함께 구매할 경우(나)와 개별 구매할 경우(가)의 총 구매 가격을 표로 정리해 보면 다음과 같다. 구매 수량은 각각 400개 이상이어야 한다.

공급처	물품	세트당 포함수량(개)	세트 가격	(가)	(나)
A업체	경품1	100	85만 원	340만 원	5,025,500원 (5% 할인)
	경품2	60	27만 원	189만 원	
B업체	경품1	110	90만 원	360만 원	5,082,500원 (5% 할인)
	경품2	80	35만 원	175만 원	
C업체	경품1	90	80만 원	400만 원	5,120,000원 (20% 할인)
	경품2	130	60만 원	240만 원	

의사소통능력

수리능력

문제해결능력

자기개발능력

자원관리능력

대인관계능력

정보능력

기술능력

조직이해능력

직업윤리

---

47 ③

C업체가 경품1의 세트당 가격을 5만 원 인하하면 총 판매 가격이 4,920,000원이 되어 가장 낮은 가격에 물품을 제공하는 공급처가 된다.

① 경품1의 세트당 포함 수량이 100개가 되면 세트 수량이 5개에서 4개로 줄어들어 판매가격이 80만 원 낮아지나, 할인 적용이 되지 않아 최종 판매가는 오히려 비싸진다.

② 경품2의 세트당 가격을 2만 원 인하하면 총 판매가격이 5,056,000원이 되어 A업체보다 여전히 비싸다.

48 ③

'거리 = 속력 × 시간'을 이용하여 체류 시간을 감안한 총 소요 시간을 다음과 같이 표로 정리해 볼 수 있다. 이동 시간은 왕복이므로 2번 계산한다.

활동	이동 수단	거리	속력	목적지 체류 시간	총 소요 시간
배드민턴	자전거	5km	15km/h	2시간	2시간 + 20분 + 20분 = 2시간 40분
영화 관람	도보	1km	4km/h	2시간 30분	2시간 30분 + 15분 + 15분 = 3시간
북 카페 방문	자가용	15km	50km/h	2시간	2시간 + 18분 + 18분 = 2시간 36분
전시관 방문	도보	2km	4km/h	2시간	2시간 + 30분 + 30분 = 3시간

따라서 북 카페를 방문하고 돌아오는 것이 2시간 36분으로 소요 시간이 가장 짧다.

---

49 ④

정은 홍보자료 작성 업무가 23일에 예정되어 있으며 이는 3일이 소요되는 업무이므로 25일에 월차 휴가를 사용하는 것은 바람직하지 않다.

---

50 ⑤

넷째 주에는 을의 매출 부진 원인 분석 업무, 정의 대외 홍보자료 작성 업무, 갑의 부서 인사고과 업무가 예정되어 있다. 따라서 출장자로 가장 적합한 두 명의 직원은 병과 무가 된다.

대인관계능력

1	2	3	4	5	6	7	8	9	10
④	①	①	③	④	③	②	①	④	②
11	12	13	14	15	16	17	18	19	20
③	④	②	④	④	④	④	③	①	④
21	22	23	24	25	26	27	28	29	30
⑤	②	②	②	③	④	①	④	④	③
31	32	33	34	35					
②	④	②	③	④					

1   ④

객관적인 결정을 내려야 한다.

※ 효과적인 **팀**의 특성

ㄱ 팀의 사명과 목표를 명확하게 기술한다.

ㄴ 창조적으로 운영된다.

ㄷ 결과에 초점을 맞춘다.

ㄹ 역할과 책임을 명료화시킨다.

ㅁ 조직화가 잘 되어 있다.

ㅂ 개인의 강점을 활용한다.

ㅅ 리더십 역량을 공유하며 구성원 상호 간에 지원을 아끼지 않는다.

ㅇ 팀 풍토를 발전시킨다.

ㅈ 의견의 불일치를 건설적으로 해결한다.

ㅊ 개방적으로 의사소통한다.

ㅋ 객관적인 결정을 내린다.

ㅌ 팀 자체의 효과성을 평가한다.

2 ①

①은 순응형에 해당한다.

※ 멤버십 유형

　㉠ 소외형

　　• **자아상** : 자립적인 사람

　　• **동료가 자신을 보는 시각** : 부정적인 사람

　　• **자신이 조직을 보는 시각** : 불공정하고 문제가 있음

　㉡ 순응형

　　• **자아상** : 조직을 믿고 헌신하는 사람

　　• **동료가 자신을 보는 시각** : 아이디어가 없는 사람

　　• **자신이 조직을 보는 시각** : 획일적인 문화

　㉢ 실무형

　　• **자아상** : 규정에 따라 행동하는 사람

　　• **동료가 자신을 보는 시각** : 평범한 수완으로 업무를 수행하는 사람

　　• **자신이 조직을 보는 시각** : 리더와 부하간의 비인간적 풍토

　㉣ 수동형

　　• **자아상** : 지시를 받아서 행동하는 사람

　　• **동료가 자신을 보는 시각** : 제 몫을 하지 못 하는 사람

---

3 ①

제시된 내용은 코칭에 관한 설명이다.

② **팀워크** : 팀 구성원이 공동의 목적을 달성하기 위해 상호 관계성을 가지고 협력하여 일을 해나가는 것

③ **리더십** : 조직의 공통된 목적을 달성하기 위하여 개인이 조직원들에게 영향을 미치는 과정

④ **멤버십** : 조직의 구성원으로서의 자격과 지위를 갖는 것

---

4 ③

임파워먼트는 조직성원들을 신뢰하고 그들의 잠재력을 믿으며 그 잠재력의 개발을 통해 High Performance 조직이 되도록 하는 일련의 행위이다.

5 ④

먼저 다른 사람의 말을 경청하고 어떻게 반응할 것인가를 결정한다.

---

6 ③

협상전략의 종류
- ㉠ **협력전략** : 협상 참여자들이 협동과 통합으로 문제를 해결하고자 하는 협력적 문제해결전략이다.
- ㉡ **유화전략** : 양보전략으로 상대방이 제시하는 것을 일방적으로 수용하여 협상의 가능성을 높이려는 전략이다. 순응전략, 화해전략, 수용전략이라고도 한다.
- ㉢ **회피전략** : 무행동전략으로 협상으로부터 철수하는 철수전략이다. 협상을 피하거나 잠정적으로 중단한다.
- ㉣ **강압전략** : 경쟁전략으로 자신이 상대방보다 힘에 있어서 우위를 점유하고 있을 때 자신의 이익을 극대화 하기 위한 공격적 전략이다.

---

7 ②

② **연결전략** : 직위나 전문성, 외모 등을 활용하여 협상을 용이하게 하는 전략이다.
① **권위전략** : 갈등을 야기한 사람과 관리자를 연결시킴으로서 협상을 용이하게 하는 전략이다.
③ **상대방 이해 전략** : 상대방에 대한 이해를 바탕으로 갈등해결을 용이하게 하는 전략이다.
④ **사회적 입증 전략** : 과학적인 논리보다 동료나 사람들의 행동에 의해서 상대방을 설득하는 전략이다.

---

8 ①

①은 오히려 고객의 불만을 더 자극할 수 있다. 거만형 고객은 잘난 체하며 남을 업신여길 수 있으므로 정중하게 대하고, 과시욕을 뽐내도록 내버려두는 것이 적절한 대응방안이다.

---

9 ④

① **감량경영** : 경제불황을 극복하기 위하여 경영규모를 축소시키는 경영
② **품질경영** : 최고경영자의 리더십 아래 품질을 경영의 최우선 과제로 하는 것
③ **다각경영** : 제품이나 시장, 또는 그 쌍방의 새로운 분야로 진출하여 기업의 성장을 꾀하는 경영

의사소통능력

수리능력

문제해결능력

자기개발능력

자원관리능력

대인관계능력

정보능력

기술능력

조직이해능력

직업윤리

10 ②

리더십과 팔로워십은 개념과 역할은 다르나 상호보완적이고 필수적인 관계이다.

---

11 ③

멤버십의 특성

㉠ **소외형**

- 자립적인 사람
- 일부러 반대 의견 제시
- 조직의 양심

㉡ **순응형**

- 기쁜 마음으로 과업 수행
- 팀플레이를 좋아함
- 리더나 조직을 믿고 헌신

㉢ **수동형**

- 판단, 사고를 리더에게 의존
- 지시가 있어야만 행동

---

12 ④

M과 K 사이의 갈등이 있음을 발견하게 되었으므로 즉각적으로 개입을 하여 중재를 하고 이를 해결하는 것이 리더의 대처방법이다.

---

13 ②

'내가'라는 자아의식의 과잉은 팀워크를 저해하는 대표적인 요인이 될 수 있다. 팀워크는 팀 구성원이 공동의 목적을 달성하기 위해 상호 관계성을 가지고 서로 협력하여 일을 해나가는 것인 만큼 자아의식이 강하거나 자기중심적인 이기주의는 반드시 지양해야 할 요소가 된다.

14 ④

변혁적 리더십은 조직구성원들로 하여금 리더에 대한 신뢰를 갖게 하는 카리스마는 물론, 조직변화의 필요성을 감지하고 그러한 변화를 이끌어 낼 수 있는 새로운 비전을 제시할 수 있는 능력이 요구되는 리더십이다.

---

15 ④

팀장인 K 씨는 U 씨에게 팀의 생산성에 영향을 미치는 내용을 상세히 설명하고 이 문제와 관련하여 해결책을 스스로 강구하도록 격려하여야 한다.

---

16 ④

외적인 동기유발제는 일시적으로 효과를 낼 수는 있으나 그 효과가 오래가지는 못한다. 조직원들이 지속적으로 자신의 잠재력을 발휘하도록 만들기 위해서는 외적인 동기유발 그 이상의 것을 제공해야 한다.

---

17 ④

코칭은 명령을 내리거나 지시를 내리는 것보다 많은 시간이 걸리고 인내가 필요한 활동이다.

---

18 ③

임파워먼트는 권한 위임을 의미한다. 직원들에게 일정 권한을 위임함으로서 훨씬 수월하게 성공의 목표를 이룰 수 있을 뿐 아니라 존경받는 리더로 거듭날 수 있다. 권한 위임을 받은 직원은 자신의 능력을 인정받아 권한을 위임받았다고 인식하는 순간부터 업무효율성이 증가하게 된다.

---

19 ①

갈등을 확인할 수 있는 단서
㉠ 지나치게 감정적으로 논평과 제안을 하는 것
㉡ 타인의 의견발표가 끝나기도 전에 타인의 의견에 대해 공격하는 것
㉢ 핵심을 이해하지 못한 채 서로 비난하는 것
㉣ 편을 가르고 타협하기를 거부하는 것
㉤ 개인적인 수준에서 미묘한 방식으로 서로를 공격하는 것

의사소통능력

수리능력

문제해결능력

자기개발능력

자원관리능력

대인관계능력

정보능력

기술능력

조직이해능력

직업윤리

20 ④

바람직한 리더에게는 위험을 회피하기보다 계산된 위험을 취하는 진취적인 자세가 필요하다. 위험을 회피하는 것은 리더가 아닌 관리자의 모습으로, 조직을 이끌어 갈 수 있는 바람직한 방법이 되지 못한다.
① 새로운 상황을 창조하며 오늘보다는 내일에 초점을 맞춘다.
② 어떻게 할까보다는 무엇을 할까를 생각한다.
③ 사람을 관리하기보다 사람의 마음에 불을 지핀다.

---

21 ⑤

갈등의 진행과정은 '의견 불일치 – 대결국면 – 격화 국면 – 진정 국면 – 갈등의 해소'의 단계를 거친다.

---

22 ②

갈등을 피하거나 타협으로 예방하려는 것은 문제를 근본적으로 해결하기에 한계가 있으므로 갈등에 관련된 모든 사람들의 의견을 받아 본질적인 해결책을 얻는 방법이 윈 – 윈 갈등 관리법이다.

---

23 ②

팀원들의 서로 다른 성향과 특성으로 인해 빚어지는 갈등과 마찰 등을 나타내므로 이는 격동기에 해당한다.
① 형성기 : 팀원들은 예측할 수 있는 행동에 대한 안내와 지침이 필요하다. 때문에 팀장(리더)에게 의지한다.
③ 규범기 : 공동체 형성과 팀의 문제해결에 집중할 수 있다.
④ 성취기 : 팀이 이룰 수 있는 최적의 단계이다.

---

24 ②

① 의사소통 차원의 협상 : 이해당사자들이 자신들의 욕구를 충족시키기 위해 상대로부터 최선의 것을 얻어내기 위해 상대를 설득하는 커뮤니케이션 과정이다.
③ 지식과 노력 차원의 협상 : 자신이 얻고자 하는 것을 가진 사람의 호의를 쟁취하기 위한 것에 관한 지식이며 노력의 분야이다.
④ 의사결정 차원의 협상 : 둘 이상의 이해당사자들이 여러 대안들 가운데 이해당사자들 모두가 수용 가능한 대안을 찾기 위한 의사결정과정이다.

25 ③

협상의 과정은 협상시작 → 상호이해 → 실질이해 → 해결대안 → 합의문서의 순으로 구분된다. 협상시작에서는 협상당사자들 사이에 상호 친근감을 쌓고 상대방의 협상의지를 확인한다. 상호이해단계에서는 갈등문제의 진행상황과 현재의 상황 점검 및 협상을 위한 협상대상 안건을 결정한다. 실질이해의 단계에서는 주장하는 것과 실제로 원하는 것을 구분하여 실제로 원하는 것을 찾고 이해관계를 분석한다. 해결대안단계에서는 개발한 안건을 평가하고 최선의 대안을 합의하고 대안 이행을 위한 실행계획을 수립한다. 마지막으로 합의문서 단계에서는 합의문을 작성하고 재점검 후 서명을 하며 종료된다.

---

26 ④

주차유도 원서비스, 상품게시판 예약서비스 등은 사전서비스에 해당한다.

---

27 ①

상대방에 대한 이해를 바탕으로 갈등해결을 용이하게 하는 전략을 상대방 이해 전략이라 한다.

---

28 ④

서비스의 품질에 대한 정의에 해당한다.

---

29 ④

거만형에 해당하는 손님이므로 정중하게 대하고, 손님의 과시욕이 채워지도록 내버려 두는 것이 좋다. 책임자를 불러 오는 것은 의심이 많은 고객에 대한 응대방법이다.

---

30 ③

고객 불만 처리 프로세스
경청 → 감사와 공감표시 → 사과 → 해결약속 → 정보파악 → 신속처리 → 처리확인과 사과 → 피드백

의사소통능력

수리능력

문제해결능력

자기개발능력

자원관리능력

대인관계능력

정보능력

기술능력

조직이해능력

직업윤리

31 ②

②와 같은 경우는 협상 시 상대방 관심 분야의 전문가를 투입함으로써 설득력을 높일 수 있는 매우 효과적인 전략으로 볼 수 있다.
① 협상의 통제권을 잃을까 두려워하는 것
③ 준비되기도 전에 협상을 시작하는 것
④ 잘못된 사람과의 협상

---

32 ④

고객만족을 측정하는 데 있어 오류를 범할 수 있는 유형
㉠ 고객이 원하는 것을 알고 있다고 생각한다.
㉡ 적절한 측정 프로세스 없이 조사를 시작한다.
㉢ 비전문가로부터 도움을 얻는다.
㉣ 포괄적인 가치만을 질문한다.
㉤ 중요도척도를 오용한다.
㉥ 모든 고객이 동일 수준의 서비스를 원하고 필요하다고 생각한다.

---

33 ②

의심형 고객은 분명한 증거나 근거를 제시하여 스스로 확신을 갖도록 유도하여야 하며, 책임자로 하여금 응대하게 하는 것이 좋다.

---

34 ③

리츠칼튼 호텔은 고객이 무언가를 물어보기 전에 고객이 원하는 것에 먼저 다가가는 것을 서비스 정신으로 삼고 있다. 기존 고객의 데이터베이스를 공유하여 고객이 원하는 서비스를 미리 제공할 수 있는 것이다.

---

35 ④

팀제에서는 팀장이 되지 못한 기존 조직의 간부사원들의 사기가 저하될 수 있는 문제점이 있다.

정보능력

1	2	3	4	5	6	7	8	9	10
②	④	③	⑤	④	③	④	③	②	④
11	12	13	14	15	16	17	18	19	20
③	②	③	②	④	②	④	①	③	③
21	22	23	24	25	26	27	28	29	30
①	③	②	①	④	③	①	②	④	④
31	32	33	34	35	36	37	38	39	40
③	①	③	④	③	④	④	④	②	①
41	42	43	44	45					
⑤	④	②	②	④					

의사소통능력

수리능력

문제해결능력

자기개발능력

자원관리능력

대인관계능력

정보능력

기술능력

조직이해능력

직업윤리

1 ②

네티켓(Netiquette)은 네트워크(Network)와 에티켓(Etiquette)의 합성어이다.

2 ④

제시된 내용은 지적재산권에 대한 설명으로, 이와 관련된 문제로 저작권 침해가 있다.

※ 인터넷의 역기능

ㄱ 불건전 정보의 유통

ㄴ 개인 정보 유출

ㄷ 사이버 성폭력

ㄹ 사이버 언어폭력

ㅁ 언어 훼손

ㅂ 인터넷 중독

ㅅ 불건전한 교제

ㅇ 저작권 침해

3 ③

개인정보 유출방지 방법

㉠ 회원가입 시 이용 약관을 읽는다.

㉡ 이용 목적에 부합하는 정보를 요구하는지 확인한다.

㉢ 비밀번호는 정기적으로 교체한다.

㉣ 정체불명의 사이트는 멀리한다.

㉤ 가입 해지 시 정보 파기 여부를 확인한다.

㉥ 남들이 쉽게 유추할 수 있는 비밀번호는 자제한다.

---

4 ⑤

코드 부여 안내에 따르면 적절한 코드는 다음과 같다.

제조 연월 200619 – 국가와 공장라인 코드 4C – 제품 코드 04 – 상세코드 001 – 1112번째 품목 01112

따라서 2006194C04001101112가 된다.

---

5 ④

03002이므로 oz 1TB이다.

---

6 ③

2018년 9월 7일 제조 : 180907

한국 제4공장 : 1D

xs2 2TB : 02003

13698번째 품목 : 13698

7 ④

파일(File)은 서로 연관된 레코드들의 집합으로 프로그램 구성의 기본 단위이다.

※ **필드**(Field) ⋯ 항목(Item) 이라고도 하며, 하나의 수치 또는 일련의 문자열로 구성되는 자료처리의 최소 단위이다.

---

8 ③

인터넷 디스크는 웹 서버에 대용량의 저장 기능을 갖추고 사용자가 개인용 PC의 하드디스크와 같은 기능을 인터넷을 통하여 이용할 수 있게 하는 서비스이다. 초기에는 대용량의 파일 작업을 하는 사람들을 위하여 웹 디스크가 구축되었는데 추후 일반인들도 이용이 가능하게 된 것이다. 그러면서 인터넷 디스크, 웹 디스크, 웹하드, 파일박스 등 다양한 용어가 생겨나기 시작하였고 현재 가장 많이 사용하는 용어가 웹하드이다.

---

9 ②

메신저의 장점으로는 컴퓨터로 작업을 하면서 메시지를 주고받을 수 있다.

---

10 ④

시사보도자료는 저작권법의 보호대상에서 제외하고 있다.

---

11 ③

개인정보보호법에 따르면 누구든지 불특정 다수가 이용하는 목욕실, 화장실, 발한실, 탈의실 등 개인의 사생활을 현저히 침해할 우려가 있는 장소의 내부를 볼 수 있도록 영상정보처리기기를 설치·운영하여서는 아니 된다고 규정하고 있다.

---

12 ②

F4 – 주소 입력줄, 히스토리 창 열기

의사소통능력

수리능력

문제해결능력

자기개발능력

자원관리능력

대인관계능력

정보능력

기술능력

조직이해능력

직업윤리

13 ③

의심 가는 메일은 열어보지 않고 삭제해야 한다.

---

14 ②

절단 검색은 지정한 검색어를 포함한 문자열을 가진 자료를 모두 검색하는 것으로, 단어의 어미변화 다양성을 간단하게 축약한다. 일반적으로 *나 %를 많이 사용하며, 특정한 문자열로 시작하는 정보를 찾는지, 특정한 문자열로 끝나는 정보를 찾는지에 따라 후방절단, 전방절단으로 분류한다.

---

15 ④

검색엔진이 제시하는 결과물의 가중치를 너무 신뢰하여서는 안된다. 검색엔진 나름대로의 정확성이 높다고 판단되는 데이터를 화면의 상단에 표시하지만 실제 그렇지 않은 경우가 많기 때문에 사용자가 직접 보면서 검색한 자료를 판단하여야 한다.

---

16 ②

연산자 OR에 해당하는 기호는 ' | '이며 두 단어 중에서 하나만 포함되어 있어도 검색해서 결과값으로 보여준다.

---

17 ④

파일관리시스템은 한 번에 한 개의 파일에 대해서 생성, 유지, 검색을 할 수 있는 소프트웨어이다.

---

18 ①

작업 표시줄 및 시작 메뉴 속성
㉠ 작업표시줄의 모양
㉡ 화면에서의 작업 표시줄 위치
㉢ 작업 표시줄 단추
㉣ 알림 영역 사용자 지정
㉤ 시작 메뉴 사용자 지정
㉥ 도구 모음

19 ③

F11을 누르는 것은 별도의 차트시트에 기본 차트가 작성되는 것이므로 [ALT + F1]을 눌러야 데이터가 있는 워크시트에 기본 차트가 작성된다.

---

20 ③

= COUNTIF를 입력 후 범위를 지정하면 지정한 범위 내에서 중복값을 찾는다.
ⓐ COUNT함수 : 숫자가 입력된 셀의 개수를 구하는 함수
ⓑ COUNTIF함수 : 조건에 맞는 셀의 개수를 구하는 함수
'철'을 포함한 셀을 구해야 하므로 조건을 구하는 COUNTIF함수를 사용하여야 한다.
A2행으로부터 한 칸씩 내려가며 '철'을 포함한 셀을 찾아야 하므로 A2만 사용한다.

---

21 ①

[인덱스 서비스]는 빠른 속도로 전체 텍스트를 검색할 수 있도록 문서를 찾고, 색인화 하는 서비스로 시스템의 속도는 오히려 조금 줄어들게 되지만 검색 속도는 빨라지는 장점이 있다. [인덱스 서비스]를 설치한다고 하여 시스템 속도가 빨라진다라고 표현하기는 어렵다.

---

22 ③

그림판의 기능으로 삽입한 도형은 [색 채우기] 도구로 다른 색으로 변경할 수 있지만 선택한 영역의 색은 [색 채우기] 도구가 비활성화 된다.

---

23 ②

표준 BCD 코드는 영문 소문자를 표현할 수 없다.

의사소통능력

수리능력

문제해결능력

자기개발능력

자원관리능력

대인관계능력

정보능력

기술능력

조직이해능력

직업윤리

24 ①

'72'를 누르면 김예지, 전주희, 박윤진, 우민희 4명이 뜬다.

② 'ㅅ'을 누르면 3명이 뜬다.

③ '3707'을 누르면 2명이 뜬다.

④ '3'을 누르면 2명을 제외한 모든 사람이 나온다.

⑤ 'ㅅㅎㅈ'을 누르면 2명이 뜬다.

---

25 ④

Ctrl + Shift + ;(세미콜론)키를 누르면 지금 시간이 입력된다.

오늘의 날짜는 Ctrl + ;(세미콜론) 키를 눌러야 한다.

---

26 ③

[계열 옵션] 탭에서 '계열 겹치기' 값을 입력하거나 막대 바를 이동시키면 된다.

---

27 ①

LOOKUP은 LOOKUP(찾는 값, 범위 1, 범위 2)로 작성하여 구한다.

VLOOKUP은 범위에서 찾을 값에 해당하는 열을 찾은 후 열 번호에 해당하는 셀의 값을 구하며, HLOOKUP은 범위에서 찾을 값에 해당하는 행을 찾은 후 행 번호에 해당하는 셀의 값을 구한다.

---

28 ②

실수인 경우 채우기 핸들을 이용한 [연속 데이터 채우기]의 결과는 일의 자리 숫자가 1씩 증가한다.

15.1 → 16.1 → 17.1 → 18.1

---

29 ④

[B3:B5] 영역을 선택하면 워크시트의 이름 상자 '품__명'이라는 이름이 표시되며, 이름은 공백을 가질 수 없다.

30 ④

'거래처별 제품목록'이라는 제목은 '거래처명'에 대한 그룹 머리글 영역이 아니라 페이지 머리글이다.

---

31 ③

정보분석의 절차

분석과제의 발생 → 과제(요구)의 분석 → 조사항목의 선정 → 관련 정보의 수집 → 기존 및 신규 자료의 조사 → 수집정보의 분류 → 항목별 분석 → 종합 · 결론 → 활용 · 정리

---

32 ①

1차 정보를 분석하고 압축 · 가공하여 2차 정보를 작성하게 된다.

---

33 ③

예의를 갖추기 위한 인사말 등은 자세히 표기할 필요는 없다.

---

34 ④

직무편람은 부서별 또는 개인별로 그 소관업무에 대한 업무계획 관련 업무 현황 기타 참고자료 등을 체계적으로 정리하여 활용하는 업무 현황 철 또는 업무 참고 철을 말한다.

---

35 ③

'같은 종류의 주제나 활동', '어떤 주제나 활동에 관한 발생사실'이라는 부분을 통하여 주제별로 문서정리를 해야 함을 알 수 있다.

---

36 ④

색인카드로 정보를 관리하는 경우에 해당한다.

※ **디지털 파일로 정보를 관리하는 경우** … 정보의 수정, 변경이 용이하다. 검색기능을 활용하여 정보를 쉽게 찾을 수 있다.

의사소통능력

수리능력

문제해결능력

자기개발능력

자원관리능력

대인관계능력

정보능력

기술능력

조직이해능력

직업윤리

37 ④

정적인 물건으로는 컴퓨터, 자가용, 집 등이 해당된다.

---

38 ④

운영체제를 설치하지 않으면 컴퓨터의 기능을 사용할 수 없다.

---

39 ②

스프레드시트는 계산프로그램으로 워드프로세서 기능 이외에도 수치나 공식을 입력하여 그 값을 계산하고 계산 결과를 표나 차트로 나타낼 수 있는 프로그램으로, Excel이 대표적이다.

---

40 ①

Mirror Site … 다른 사이트의 정보를 거울처럼 그대로 복사하는 사이트를 말한다. 유명한 정보 사이트들은 네트워크에서의 빈번한 트래픽으로 인하여 접속이 안 되고 속도가 저하되는데 이를 방지하고 네트워크의 이용 효율을 향상시키기 위해 미러 사이트를 사용한다.

---

41 ⑤

오류 문자는 'AVENGORS'이며, 오류 발생 위치는 'JINIANWAVE'이다.
두 값에서 일치하는 알파벳의 개수는 A, V, E, N 4개이다.
따라서 시스템 상태 판단 기준 '3 < 일치하는 알파벳의 개수 ≤ 4'에 의해 Final code는 'Hockey'가 된다.

---

42 ④

오류 문자는 'QUESMAB'이며, 오류 발생 위치는 'ANDIEGOS'이다.
두 값에서 일치하는 알파벳의 개수는 E, S, A 3개이다.
따라서 시스템 상태 판단 기준 '2 < 일치하는 알파벳의 개수 ≤ 3'에 의해 Final code는 'Aceraceae'가 된다.

43 ②

재고목록에 BB − 37 − KOR − 3B − 1502가 있는 것으로 보아 한국에서 생산된 것들 중 3공장 B라인에서 생산된 것도 있다.

---

44 ②

① 일본에서 생산된 제품은 8개이다.
③ 창고에 있는 데스크톱pc는 6개이다.
④ 2015년에 생산된 제품은 9개이다.
⑤ 창고에 있는 MP3는 3개이다.

---

45 ④

DCOUNT는 조건을 만족하는 개수를 구하는 함수로, [A1:D6]영역에서 '차종'이 '세단'이거나 '연식'이 2014보다 큰 레코드의 수는 4가 된다. 조건 영역은 [A8:B10]이 되며, 조건이 서로 다른 행에 입력되어 있으므로 OR 조건이 된다.

의사소통능력

수리능력

문제해결능력

자기개발능력

자원관리능력

대인관계능력

정보능력

기술능력

조직이해능력

직업윤리

기술능력

1	2	3	4	5	6	7	8	9	10
②	③	②	②	③	④	②	③	③	②
11	12	13	14	15	16	17	18	19	20
①	④	③	②	③	②	③	④	②	④
21	22	23	24	25	26	27	28	29	30
②	①	③	③	③	③	①	①	②	③
31	32	33	34	35	36	37	38	39	40
③	②	④	③	①	③	④	②	①	②
41	42	43	44	45	46	47	48	49	50
③	③	③	④	①	④	②	③	②	④

1 ②

준영이는 군대에서 E − learning을 통해 학점을 이수하고 있다.

---

2 ③

기술혁신의 특징
㉠ 기술혁신은 그 과정 자체가 매우 불확실하고 장기간의 시간을 필요로 한다.
㉡ 기술혁신은 지식 집약적인 활동이다.
㉢ 혁신 과정의 불확실성과 모호함은 기업 내에서 많은 논쟁과 갈등을 유발할 수 있다.
㉣ 기술혁신은 조직의 경계를 넘나드는 특성을 갖고 있다.

---

3 ②

제시된 내용은 생체 보안 기술로, 정보가 쉽게 유출될 수 없는 특징을 가지고 있다.

4 ②

네트워크 혁명의 3가지 법칙

㉠ **무어의 법칙** : 컴퓨터의 파워가 18개월마다 2배씩 증가한다는 법칙을 말한다.

㉡ **메트칼피의 법칙** : 네트워크의 가치는 사용자 수의 제곱에 비례한다는 법칙을 말한다.

㉢ **카오의 법칙** : 창조성은 네트워크에 접속되어 있는 다양한 지수함수로 비례한다는 법칙을 말한다.

---

5 ③

산업 재해의 기본적 원인

㉠ **교육적 원인** : 안전 지식의 불충분, 안전 수칙의 오해, 경험이나 훈련의 불충분과 작업관리자의 작업 방법의 교육 불충분, 유해 위험 작업 교육 불충분 등

㉡ **기술적 원인** : 건물·기계 장치의 설계 불량, 노후화, 구조물의 불안정, 재료의 부적합, 생산 공정의 부적당, 점검·정비·보존의 불량 등

㉢ **작업 관리상 원인** : 안전 관리 조직의 결함, 안전 수칙 미제정, 작업 준비 불충분, 인원배치 및 작업 지시 부적당 등

---

6 ④

OJT(On the Job Training)의 특징

㉠ 업무수행이 중단되는 일이 없다.

㉡ 지도자와 피교육자 사이에 친밀감을 조성한다.

㉢ 기업의 필요에 합치되는 교육훈련을 할 수 있다.

㉣ 지도자의 높은 자질이 요구된다.

---

7 ②

W4 / L4

Q(2, 1) : A1 / C(4, 4) : B3 / T(1, 3) : B2

의사소통능력

수리능력

문제해결능력

자기개발능력

자원관리능력

대인관계능력

정보능력

기술능력

조직이해능력

직업윤리

8 ③

W6 / L5

Q(1, 4) : B2 / T(3, 2) : A3 / C(4, 3) : B1

---

9 ③

W5 / L4

D(5, 3) : P / Q(4, 1) : L / E(1, 2) : L

---

10 ②

W5 / L5

D(3, 2) : L / Q(4, 4) : L / E(1, 3) : P

---

11 ①

㉠ 1번과 3번 기계를 180도 회전시킨다.
㉡ 3번과 4번 기계를 180도 회전시킨다.

---

12 ④

3번과 4번 기계를 180도 회전시키면 된다.

---

13 ③

㉠ 2번과 3번 기계를 180도 회전시킨다.
㉡ 3번과 4번 기계를 180도 회전시킨다.
㉢ 1번과 3번 기계를 180도 회전시킨다.

14 ②

ㄱ 1번과 3번 기계를 180도 회전시킨다.

ㄴ 3번과 4번 기계를 180도 회전시킨다.

---

15 ③

ㄱ 1번과 2번 기계를 180도 회전시킨다.

ㄴ 3번과 4번 기계를 180도 회전시킨다.

---

16 ②

ㄱ 1번 기계와 3번 기계를 오른쪽으로 180도 회전시킨다.

ㄴ 3번 기계와 4번 기계를 오른쪽으로 180도 회전시킨다.

ㄷ 2번 기계와 3번 기계의 작동상태를 다른 상태로 바꾼다.

　(운전 → 정지, 정지 → 운전)

---

17 ③

ㄱ 2번 기계와 3번 기계를 오른쪽 방향으로 180도 회전시킨다.

ㄴ 3번 기계와 4번 기계를 오른쪽 방향으로 180도 회전시킨다.

ㄷ 2번 기계와 3번 기계의 작동상태를 다른 상태로 바꾼다.

　(운전 → 정지, 정지 → 운전)

---

18 ④

ㄱ 3번 기계와 4번 기계를 오른쪽으로 180도 회전한다.

ㄴ 모든 기계의 작동상태를 다른 상태로 바꾼다.(운전 → 정지, 정지 → 운전)

ㄷ 2번 기계와 3번 기계의 작동상태를 다른 상태로 바꾼다.(운전 → 정지, 정지 → 운전)

의사소통능력

수리능력

문제해결능력

자기개발능력

자원관리능력

대인관계능력

정보능력

기술능력

조직이해능력

직업윤리

19 ②

⊙ 2번 기계와 3번 기계를 오른쪽으로 180도 회전한다.
ⓒ 3번 기계와 4번 기계를 오른쪽으로 180도 회전한다.
ⓒ 1번 기계와 3번 기계를 오른쪽으로 180도 회전한다.

---

20 ④

⊙ 2번 기계와 3번 기계를 오른쪽으로 180도 회전한다.
ⓒ 1번 기계와 4번 기계의 작동상태를 다른 상태로 바꾼다. (운전 → 정지, 정지 → 운전)

---

21 ②

■, ◇을 누르면 다음과 같은 순서로 변화하게 된다.

+	÷	×
÷	×	×
−	+	+
×	−	+

(첫 번째 ⇒ 두 번째 ⇒ 세 번째)

---

22 ①

▫, ◆, ○을 누르면 다음과 같은 순서로 변화하게 된다.

×	÷	÷	+
÷	+	÷	+
×	÷	×	×
÷	+	+	+

(첫 번째 ⇒ 두 번째 ⇒ 세 번째 ⇒ 네 번째)

23 ③

■, ◇, ●을 누르면 다음과 같은 순서로 변화하게 된다.

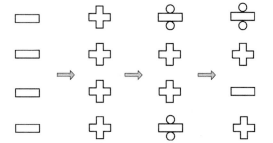

---

24 ③

카메라의 전원을 *끄고*, 렌즈를 분리한 후 재결합한다. 동일한 메시지가 나오는 경우 가까운 서비스 센터로 문의하도록 한다.

---

25 ③

메모리 카드 오류 시 대처방법
㉠ 전원을 껐다가 다시 켠다.
㉡ 메모리 카드를 뺐다가 다시 넣는다.
㉢ 메모리 카드를 포맷한다.

---

26 ③

잠금/전원 버튼을 8초 이상 누를 경우 자동 전원 리셋되며, 작동하지 않을 경우 15초 이상 누르면 전원이 꺼집니다. 제품의 전원을 끈 후 다시 켤 때는 약 5초 정도 경과 후 켜 주세요. 그래도 변함이 없다면 배터리를 충분히 충전시킨 후 사용해 보거나 고객상담실로 문의 후 가까운 서비스센터에서 제품확인을 받으세요.

---

27 ①

고객상담실로 문의 후 가까운 서비스센터에서 제품 확인을 받으세요.

의사소통능력

수리능력

문제해결능력

자기개발능력

자원관리능력

대인관계능력

정보능력

기술능력

조직이해능력

직업윤리

28 ①

한글편집팀은 1, 편집기획팀은 2, 디자인팀은 3을 나타낸다.

---

29 ②

잘 살펴보면 팀장은 0, 대리는 1, 사원은 2를 나타낸다.

---

30 ③

절전 기능이 설정되어 있습니다. 제품 문을 열거나 취소 버튼을 누른 후 사용하세요.

---

31 ③

제품 문에 덮개 등 이물질이 끼어 있는지 확인한 후 제품 문을 잘 닫고 눌러 보세요. 혹시 잠금장치 기능이 설정되어 있을 수 있습니다. 취소버튼을 4초간 누르면 잠금 기능이 해제됩니다.

---

32 ②

문서가 인쇄되지 않을 경우 B항목을 확인해야 한다.

---

33 ④

④는 인쇄 출력 품질이 떨어졌을 때 확인해야 할 사항이다.

---

34 ③

인쇄 속도가 느릴 경우
㉠ 인쇄 대기열의 오류 문서를 취소하도록 한다.
㉡ 하드디스크의 사용 가능한 공간의 양을 늘려 보도록 한다.

35 ①

가장 먼저 데이터를 백업하여야 한다.

---

36 ③

나사를 조이거나 풀 때는 나사의 크기에 맞는 드라이버를 사용해야 한다. 사이즈가 맞지 않으면 나사 머리의 홈이 으스러지는 경우가 발생하기 때문이다.

---

37 ④

타이틀을 선택한 후 복사할 저장 데이터의 체크 빅스에 체크 표시를 한 후 복사를 선택하면 복사가 시작된다.

---

38 ②

보온은 12시간 이내로 하는 것이 좋습니다.

---

39 ①

쌀은 반드시 계량컵을 사용하여 정확히 계량하여 넣으며, 물의 양은 내솥을 평평한 곳에 놓고 내솥의 물 높이에 맞춘다.

---

40 ②

압력패킹의 수명은 약 12개월이다.

---

41 ③

Er2 표시가 나타나는 경우 서비스센터로 문의하여야 한다.

의사소통능력

수리능력

문제해결능력

자기개발능력

자원관리능력

대인관계능력

정보능력

기술능력

조직이해능력

직업윤리

42 ③

취사 중 다른 버튼 조작을 하지 말아야 하며, 압력패킹은 항상 깨끗이 손질하여 증기압력이 새지 않도록 해야 한다.

---

43 ③

만일 손이나 옷에 토너가 묻은 경우에는 즉시 차가운 물로 씻어내야 한다. 따뜻한 물로 씻으면 얼룩이 남을 수도 있다.

---

44 ④

번호를 다이얼해도 송신할 수 없는 경우 확인사항

㉠ 문서가 올바르게 놓였는지 확인한다.

㉡ 상대방 기기에 용지가 있는지 확인한다.

㉢ 상대방이 통화 중인지 확인한다.

---

45 ①

용지가 자주 걸리거나 주름이 생기는 경우 해결방법

㉠ 용지를 올바르게 놓는다.

㉡ 들어있는 용지에 맞추어 용지 크기를 설정한다.

㉢ 매뉴얼에 설명된 적합한 용지를 사용한다.

㉣ 습기가 없는 새 용지로 교체한다.

---

46 ④

탈수 시 진동, 소음이 요란한 경우 조치방법

㉠ 세탁물을 고르게 펴 준다.

㉡ 바닥을 단단하고 수평인 곳에 설치하고 수평상태를 확인하여 끄덕거림이 없도록 한다.

㉢ 운송용 고정볼트를 제거한다.

47 ②

전원이 들어오지 않을 경우 조치사항

㉠ 세탁기의 전원 버튼을 누른다.

㉡ 전원플러그를 끼워 준다.

㉢ 누전차단기를 on으로 한다.

---

48 ③

세탁통 문 아래쪽으로 물이 흘러나올 경우 조치사항으로는 세탁통 문의 유리와 그에 접하는 고무에 이물질이 있는지 확인을 하고 이물질이 있는 경우 깨끗한 천으로 닦아 이물질을 제거해 주어야 한다.

---

49 ②

외형의 안전화는 위험 부분을 기계 안에 내장시키거나 덮개를 설치해 주는 것이고, 기능의 안전화는 기계를 정지시키거나 방호 장치를 작동하여 사고를 예방할 수 있도록 하는 것이다.

---

50 ④

운동의 양이 많을수록 장수 연령이 높아지는 그래프를 찾아야 한다. 영양제 섭취 양은 장수에 미치는 영향이 없으므로 섭취 집단과 비 섭취 집단의 차이가 거의 없어야 한다.

의사소통능력

수리능력

문제해결능력

자기개발능력

자원관리능력

대인관계능력

정보능력

기술능력

조직이해능력

직업윤리

조직이해능력

1	2	3	4	5	6	7	8	9	10
④	②	②	④	①	①	①	④	④	③
11	12	13	14	15	16	17	18	19	20
④	②	②	③	②	④	④	③	④	②
21	22	23	24	25	26	27	28	29	30
②	⑤	④	④	③	③	④	④	①	③
31	32	33	34	35	36	37	38	39	40
①	①	②	①	②	③	④	②	④	③
41	42	43	44	45					
④	③	④	③	④					

1 ④

① 경영활동에 요구되는 돈·경영의 방향과 범위 한정
② 조직의 목적을 달성하기 위한 전략, 관리, 운영활동
③ 두 사람 이상이 공동의 목표를 달성하기 위해 의식적으로 구성된 상호작용과 조정을 행하는 기관

2 ②

조직의 유형

기준	구분	예
공식성	공식 조직	정부, 행정 기관, 회사, 학교, 협동조합
	비공식 조직	인간관계에 따라 형성된 자발적 조직
영리성	영리 조직	사기업
	비영리 조직	정부조직, 병원, 대학, 시민단체
조직규모	소규모조직	가족 소유의 상점
	대규모 조직	대기업

3 ②

② **인사팀** : 인력수급계획 및 관리, 직무 및 정원의 조정 종합, 노사관리, 상벌관리 등
① **총무팀** : 소모품의 구입과 관리, 사무실 임차 및 관리, 차량 및 통신시설의 운영 등
③ **영업팀** : 판매 계획, 시장조사, 광고, 선전, 계약, 재고 조절 등
④ **기획팀** : 경영계획 및 전략 수립, 전사기획업무 종합 및 조정 등

---

4 ④

비공식조직의 역기능

㉠ 비공식집단은 파벌 집단을 조성함으로써 조직의 분열을 조장할 수 있다.
㉡ 비공식집단이 조직목표에 불만이 있을 때 자기나름대로의 목표를 세워 공식조직의 목표에 도전하거나 대항하여 조직을 저해할 수노 있다.
㉢ 비공식집단은 조직 내의 어떤 구성원이 비공식집단의 세력을 배경으로 하거나 정실적인 접촉을 통하여 개인적 이익을 도모하는 데 이용될 가능성이 있다.
㉣ 비공식집단은 근거 없는 헛소문이나 거짓 정보를 만들어 유포시키는 역기능을 할 수도 있다.

---

5 ①

조직의 <u>구조</u>는 조직 내의 부문 사이에 형성된 관계로 조직목표를 달성하기 위한 조직구성원들의 상호작용을 보여준다. 이는 결정권의 집중정도, 명령계통, 최고 경영자의 통제, 규칙과 규제의 정도에 따라 달라지며 구성원들의 업무나 권한이 분명하게 정의된 기계적 조직과 의사결정권이 하부구성원들에게 많이 위임되고 업무가 고정적이지 않은 유기적 조직으로 구분될 수 있다. <u>조직도</u>는 이를 쉽게 파악할 수 있다. 구성원들의 임무, 수행하는 과업, 일하는 장소 등을 파악하는 데 용이하다. 한편 조직이 지속되게 되면 조직구성원들 간 생활양식이나 가치를 공유하게 되는데 이를 조직의 <u>문화</u>라고 한다. 이는 조직구성원들의 사고와 행동에 영향을 미치며 일체감과 정체성을 부여하고 조직이 안정적으로 유지되게 한다. 최근 이에 대한 중요성이 부각되면서 긍정적인 방향으로 조성하기 위한 경영층의 노력이 이루어지고 있다.

의사소통능력

수리능력

문제해결능력

자기개발능력

자원관리능력

대인관계능력

정보능력

기술능력

조직이해능력

직업윤리

6 ①

경영자의 역할

㉠ **대인적 역할**
- 조직을 대표
- 조직을 리드
- 조직의 상징

㉡ **정보적 역할**
- 외부환경 모니터
- 변화를 전달
- 정보를 전달

㉢ **의사결정적 역할**
- 문제 조정
- 대외 협상

---

7 ①

업무수행 시트 작성

㉠ **간트 차트** : 단계별로 업무의 시작과 끝 시간을 바 형식으로 표현
㉡ **워크 플로 차트** : 일의 흐름을 동적으로 보여줌
㉢ **체크리스트** : 수행수준 달성을 자가 점검

---

8 ④

경조사비는 접대비에 해당하므로 접대비지출품의서나 지출결의서를 작성하고 30만 원을 초과하였으므로 결재권자는 대표이사에게 있다. 또한 누구에게도 전결되지 않았다.

---

9 ④

거래처 식대이므로 접대비지출품의서나 지출결의서를 작성하고 30만 원 이하이므로 최종 결재는 본부장이 한다. 본부장이 최종 결재를 하고 본부장 란에는 전결을 표시한다.

10 ③

사내외 교육은 교육훈련비 명목으로 기안서나 지출결의서를 작성해야 하며 기안서는 팀장이, 지출결의서는 대표이사가 결재를 한다.

---

11 ④

해외출장비는 교통비에 해당하며, 출장계획서의 경우 팀장, 출장비신청서의 경우 대표이사에게 결재권이 있다.

---

12 ②

법인카드를 사용하려고 하므로 법인카드신청서를 작성하고 그 금액이 300,000원이므로 50만 원 이하는 팀장에게 결재권이 있다.

---

13 ②

조직을 가로로 구분하는 것을 직급이라 하며, 업무를 배정하면 조직을 세로로 구분하게 된다.

---

14 ③

전략변화는 조직의 경영과 관계되며 조직의 목적을 달성하고 효율성을 높이기 위해 조직구조, 경영방식, 각종 시스템 등을 개선하는 것을 말한다.

---

15 ②

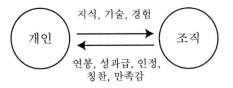

의사소통능력

수리능력

문제해결능력

자기개발능력

자원관리능력

대인관계능력

정보능력

기술능력

조직이해능력

직업윤리

16 ④

조직구성원으로서 가져야 할 상식

㉠ 공동의 목표에 대한 인식

㉡ 조직의 가치관을 공유

㉢ 구성원 서로에 대한 배려와 존중

㉣ 넉넉한 업무분장의 자세

---

17 ④

경영의 구성요소로는 자금, 경영목적, 전략, 인적자원이 해당된다.

---

18 ③

브레인스토밍이란 여러 사람이 한 가지의 문제를 놓고 아이디어를 비판 없이 제시하여 그 중에서 최선책을 찾는 방법으로 아이디어는 많이 나올수록 좋다.

---

19 ④

의사결정의 단점

㉠ 경영자층 위주로 의사결정이 이루어질 수 있다.

㉡ 내 의견이 반영될 수 있는 기회가 적다.

㉢ 의견이 불일치하는 경우 의사결정을 내리는 시간이 오래 소요된다.

---

20 ②

업무시간을 단축하게 되면 직원 채용에 대한 시간, 비용, 인건비가 증가하게 된다.

---

21 ②

차별화 전략은 조직의 생산품이나 서비스를 차별화하여 고객에게 가치 있고 독특하게 인식되도록 하는 전략으로 이를 활용하기 위해서는 연구개발, 광고를 통하여 기술, 품질, 서비스, 브랜드이미지를 개선할 필요가 있다.

22 ⑤

프로슈머 마케팅은 단순히 제품이나 서비스를 구매하는 입장에 그치지 않고, 직접 제품 개발을 요구하거나 아이디어를 제공하는 등 생산에 영향을 미치는 적극적인 소비자를 의미한다.

① **코즈 마케팅** : 상호 이익을 위하여 기업이나 브랜드를 사회적 명분이나 이슈에 전략적으로 연계시키는 것

② **니치 마케팅** : 이미 시장에 마니아들이 형성되어 있지만 대중적으로 사람들에게 널리 알려지지 않은 틈새를 이용하는 마케팅

③ **플래그십 마케팅** : 시장에서 성공을 거둔 특정 상품 브랜드를 중심으로 마케팅 활동을 집중하는 것

④ **노이즈마케팅** : 각종 이슈를 요란스럽게 치장해 구설수에 오르도록 하거나, 화젯거리를 만들어 소비자들의 이목을 집중시켜 인지도를 늘리는 마케팅 기법

---

23 ④

조직목표에 영향을 미치는 내적요인으로는 조직리더의 결단이나 태도변화, 조직 내 권력구조 변화, 목표형성 과정 변화 등이 있으며, 외적요인으로는 경쟁업체의 변화, 조직차원의 변화, 경제정책의 변화 등이 있다.

---

24 ④

유기적 조직은 비공식적인 상호의사소통이 원활히 이루어지며, 규제나 통제의 정도가 낮아 변화에 따라 쉽게 변할 수 있는 특징을 가진다. 엄격한 위계질서가 존재하는 조직은 기계적 조직에 해당한다.

---

25 ③

조직구조에 영향을 미치는 요인으로는 전략, 규모, 기술, 환경이 해당된다.

---

26 ③

팀은 다른 집단과 비교하면 자율성을 가지고 스스로 관리하는 경향이 강하다.

---

27 ④

어떤 업무는 구매에서 출고와 같이 일련의 과정을 거치는 반면, 어떤 업무는 상대적으로 독립되어 이루어지기도 한다. 연구, 개발 등과 같은 업무는 자율적이고 재량권이 많은 반면, 조립, 생산 등과 같은 업무는 주어진 절차에 따라 이루어지는 경우도 있다.

의사소통능력

수리능력

문제해결능력

자기개발능력

자원관리능력

대인관계능력

정보능력

기술능력

조직이해능력

직업윤리

28 ④

조직 내 갈등관리를 위해 갖추어야 할 사항

㉠ 협력적인 태도

㉡ 상대를 이해하기 위한 커뮤니케이션

㉢ 서로 많은 정보를 공유하며 정확한 요구사항 파악

㉣ 문제 해결을 위한 다양한 방법 연구

㉤ 상대에게 도움이 되는 아이디어 제안

㉥ 자신의 자원 활용 방안 고취

---

29 ①

조직구성원들의 고유 가치에도 동기부여를 함으로써 종업원들의 조직에 대한 근로의욕 및 조직에 대한 몰입도를 높일 수 있는 역할을 수행한다.

---

30 ③

성장과 변화에 대응하는 동태적 균형을 추구한다.

---

31 ①

정서적 몰입은 조직 구성원이 조직에 대해 정서적 애착 및 일체감을 가지고 동일시하는 몰입 차원이다.

※ **조직몰입의 종류**

㉠ **지속적 몰입** : 현 조직을 떠나 다른 조직으로 이동할 때 발생하는 비용 때문에 현 조직에서의 구성원으로서 자격을 지속적으로 유지하려는 심리적 상태에 따른 몰입 차원을 의미한다.

㉡ **규범적 몰입** : 종업원의 조직에 머물러 있어야 한다는 의무감에 기초한 몰입의 차원을 의미한다.

㉢ **정서적 몰입** : 조직 구성원이 조직에 대해 정서적 애착과 일체감을 가지고 동일시하는 몰입 차원이다.

32 ①

스트레스 유발 원인

㉠ 복잡한 인간관계

㉡ 욕구좌절

㉢ 압박감

㉣ 고립

㉤ 갈등

㉥ 힘든 선택

㉦ 냉혹함

㉧ 고도의 능력과 책임을 요구하는 힘든 업무와 과도한 근무시간

---

33 ②

직무 스트레스의 관리방안

㉠ 목표설정(Goal Setting)

㉡ 역할분석(Role Analysis)

㉢ 직무재설계(Job Redesign)

㉣ 참여적 관리(Participative Management)

㉤ 사회적 지원(Social Support)

㉥ 경력개발(Career Development)

㉦ 유동적 작업일정 계획 및 탄력적 근무 시간제(Flexible Work Schedule)

㉧ 의사소통의 원활화 및 구성원 지원 프로그램

---

34 ①

관리의 대상이 전반적인 경영관리가 아닌 공장관리 및 생산관리 등에 한정되어 있다.

---

35 ②

포도주에 대한 상식이 있으면 대화에 유용하다.

의사소통능력

수리능력

문제해결능력

자기개발능력

자원관리능력

대인관계능력

정보능력

기술능력

조직이해능력

직업윤리

36 ③

영국인들에게 생계를 유지하기 위해서 무슨 일을 하는지 묻는 것은 실례이다.

---

37 ④

환경이 안정적이거나 일상적인 기술, 조직의 내부 효율성을 중요시하며 기업의 규모가 작을 때에는 업무의 내용이 유사하고 관련성이 있는 것들을 결합해서 (B)와 같이 기능적 조직구조 형태를 이룬다. 반면, 급변하는 환경변화에 효과적으로 대응하고 제품, 지역, 고객별 차이에 신속하게 적용하기 위해서는 (A)와 같이 분권화된 의사결정이 가능한 사업별 조직구조 형태를 이룰 필요가 있다. 사업별 조직구조는 개별 제품, 서비스, 제품그룹, 주요 프로젝트나 프로그램 등에 따라 조직화된다. 즉, 그림과 같이 제품에 따라 조직이 구성되고 각 사업별 구조 아래 생산, 판매, 회계 등의 역할이 이루어진다.

---

38 ②

작업상의 안전과 건강을 담당하는 조직이 모두 관리이사 산하로 편제될 경우, 기술이사 산하에는 전문기술실만 남게 된다고 볼 수 있어, 2실이 아닌 1실이 있게 된다.
① 관리이사 추가로 모두 4명의 이사가 된다.
③ 이사장 직속 기구가 되어 이사장에게 직접 보고를 하는 조직이 된다.
④ 직업건강실, 건설안전실, 서비스안전실이 관리이사 산하 조직이 된다.

---

39 ④

문화충격에 대비하기 위하여 가장 중요한 것은 자신이 속한 문화를 기준으로 다른 문화를 평가하지 말고 자신의 정체성은 유지하되 다른 문화를 경험하는 데 개방적이고 적극적인 자세를 취하여야 한다.

---

40 ③

이문화 커뮤니케이션은 언어적 커뮤니케이션과 비언어적 커뮤니케이션으로 구분할 수 있다. 언어적 커뮤니케이션은 언어를 사용하여 의사소통을 하는 것을 말하며, 비언어적 커뮤니케이션은 타문화의 가치관, 생활양식, 행동규범의 이해에 기반을 두고 있다.

41 ④

공동 숙박에 의해 숙박비를 지출하지 않은 인원에 대해서는 1일 숙박당 20,000원을 지급할 수 있다고 규정하고 있으므로 처음 지급된 4만 원의 숙박비에서 2만 원을 제외한 나머지 2만 원을 회사에 반납하여야 한다.
① '철도운임에 갈음하여 전철요금을 지급할 수 있다.'고 규정하고 있으므로 전철요금이 더 비싸도 철도운임 대신 전철요금이 지급된다.
② 부득이한 경우에도 숙박비 상한액의 10분의 3을 넘지 아니하는 범위에서 추가로 지급할 수 있다고 규정하고 있으므로 숙박비 상한액 5만 원의 10분의 3인 1만 5천 원이 추가되어 6만 5천 원만 지급하는 것이므로 3만 5천 원은 자비로 지불한 것이 된다.
③ 공용차량을 이용한 출장일수는 일비의 2분의 1이 지급되므로 70,000 × 3 + 35,000 × 2 = 28만 원이 일비로 지급된다.

---

42 ③

임직원 행동강령에서는 '그 밖에 지역관할 행동강령책임관이 공정한 직무수행이 어려운 관계에 있다고 정한 자가 직무관련자인 경우'라고 규정하고 있으므로 지역관할 행동강령책임관의 판단으로 결정할 수 있다.
① '지역관할 행동강령책임관이 그 권한의 범위에서 그 임직원의 직무를 일시적으로 재배정할 수 있는 경우에는 그 직무를 재배정하고 본사 행동강령책임관에게 보고하지 아니할 수 있다.'고 규정하고 있다.
② 규정되어 있는 '사적인 접촉'은 어떠한 경우에도 사전에 보고되어야 하며, 보고받는 자가 부재 시에는 사후에 반드시 보고하도록 규정하고 있다.
④ 여행을 가는 경우는 사적인 접촉에 해당되며, 직무관련자가 대학 동창인 것은 부득이한 사유에 해당한다. 따라서 이 경우 사무소장에게 보고를 한 후 여행에 참여할 수 있으며 정보 누설 등의 금지 원칙을 준수하여야 한다.

---

43 ④

미흡한 품질관리 시스템을 보완하여 약점을 최소화하고 고객서비스에 부응하는 전략이므로 적절한 WT전략이라고 볼 수 있다.
① 교육을 통한 조직문화 체질 개선 대책 마련(W)
② 산업 변화(T)에 부응하는 정비기술력 개발(S)
③ 직원들의 관행적 사고 개선(W)을 통해 고객과의 신뢰체제 유지 및 확대(S)

의사소통능력

수리능력

문제해결능력

자기개발능력

자원관리능력

대인관계능력

정보능력

기술능력

조직이해능력

직업윤리

44 ③

건설 근로 경험이 많은 우수 일용직 근로자를 선발하여 효율성을 높이게 되면 인력 운용에 따른 비용을 절감할 수 있고 이는 곧 전체적인 가격 경쟁력을 확보하는 방안으로 이용될 수 있으므로 적절한 ST전략이 될 수 있다.

① 새로운 건축공법(S) 홍보 강화를 통한 분양률 제고 모색(T)

② 금융권의 협조(O)를 통한 분양 신청자 유인(T)

④ 일용직 근로자 수급 경험(S)을 살려 인원 이탈에 따른 피해 최소화(W)

---

45 ④

대리 직급 시에 있었던 휴직과 포상 내역은 모두 과장 직급의 경력평정에 포함되지 않으므로 과장 1년의 근무만 적용되어 $0.5 \times 12 = 6$점이 된다.

① 당해직급에 적용되는 것이므로 과장 직책인 자는 과장 직급의 근무경력으로만 근무평정이 이루어진다.

② 4년 차인 경우, 3년간은 월 0.5점씩 가산되어 18점이 되며, 4년째에는 $0.4 \times 12 = 4.8$점이 되어 도합 22.8점이 되므로 23점이 될 수 없다.

③ $0.5 \times 24 + 2 = 14$점이 된다.

⑤ 경력평정 점수가 30점 만점인 것은 '평가에 의한' 것이며, 자격증 취득의 경우 '가산점'이 부여되므로 30점을 넘을 수 있다.

직업윤리

1	2	3	4	5	6	7	8	9	10
③	④	②	③	②	③	④	②	③	②
11	12	13	14	15	16	17	18	19	20
③	③	④	③	④	①	③	④	③	①
21	22	23	24	25	26	27	28	29	30
④	③	③	③	④	①	③	④	②	④
31	32	33	34	35					
②	③	③	③	①					

1 ③

스스로 자진해서 하는 근면은 직업에서 행복을 찾고 자신을 발전시킬 수 있는 원동력이 된다.

---

2 ④

① 봉사
② 준법
③ 예절

---

3 ②

② **문화지체 현상** : 급속히 발전하는 물질문화와 비교적 완만하게 변하는 비물질문화간에 변동속도의 차이에서 생겨나는 사회적 부조화 현상이다.

① **아노미 현상** : 급격한 사회변동의 과정에서 종래의 규범이 약화 내지 쓸모 없게 되고 아직 새로운 규범의 체계가 확립되지 않아서 규범이 혼란한 상태 또는 규범이 없는 상태로 된 사회 현상이다.

③ **코쿠닝 현상** : 청소년범죄, 이혼의 급증 등 전통적 가치체계가 상실된 현대에 가족의 소중함을 되찾고 이를 결속력으로 해소하려는 현상이다.

④ **사회촉진 현상** : 혼자서 했을 때보다 주위의 여러 사람이 함께 함으로 인해 개인의 작업능률 및 수행능력이 더 높아지는 현상이다.

의사소통능력

수리능력

문제해결능력

자기개발능력

자원관리능력

대인관계능력

정보능력

기술능력

조직이해능력

직업윤리

4 ③

제시된 내용은 준법에 대한 설명이다.

---

5 ②

V(Value) : 서비스는 고객에게 가치를 제공하는 것

---

6 ③

악수 예절

㉠ 악수를 하는 동안에는 상대에게 집중하는 의미로 반드시 눈을 맞추고 미소를 짓는다.

㉡ 악수를 할 때는 오른손을 사용하고, 너무 강하게 쥐어짜듯이 잡지 않는다.

㉢ 악수는 힘 있게 해야 하지만 상대의 뼈를 부수듯이 손을 잡지 말아야 한다.

㉣ 악수는 서로의 이름을 말하고 간단한 인사 몇 마디를 주고받는 정도의 시간 안에 끝내야 한다.

---

7 ④

소개 예절

㉠ 나이 어린 사람을 연장자에게 소개한다.

㉡ 내가 속해 있는 회사의 관계자를 타 회사의 관계자에게 소개한다.

㉢ 신참자를 고참자에게 소개한다.

㉣ 동료임원을 고객, 손님에게 소개한다.

㉤ 비임원을 임원에게 소개한다.

㉥ 소개받는 사람의 별칭은 그 이름이 비즈니스에서 사용되는 것이 아니라면 사용하지 않는다.

㉦ 반드시 성과 이름을 함께 말한다.

㉧ 상대방이 항상 사용하는 경우라면, Dr. 또는 Ph.D. 등의 칭호를 함께 언급한다.

㉨ 정부 고관의 직급명은 퇴직한 경우라도 항상 사용한다.

㉩ 천천히 그리고 명확하게 말한다.

㉪ 각각의 관심사와 최근의 성과에 대하여 간단한 언급을 한다.

8 ②

전화걸기 예절

㉠ 전화를 걸기 전에 먼저 준비를 한다. 정보를 얻기 위해 전화를 하는 경우라면 얻고자 하는 내용을 미리 메모하도록 한다.

㉡ 전화를 건 이유를 숙지하고 이와 관련하여 대화를 나눌 수 있도록 준비한다.

㉢ 전화는 정상적인 업무가 이루어지고 있는 근무 시간에 걸도록 한다.

㉣ 당신이 통화를 원하는 상대와 통화할 수 없을 경우에 대비하여 비서나 다른 사람에게 메시지를 남길 수 있도록 준비한다.

㉤ 전화는 직접 걸도록 한다.

㉥ 전화를 해달라는 메시지를 받았다면 가능한 한 48시간 안에 답해주도록 한다.

---

9 ③

E - mail 답하기

㉠ 원래 E - Mail의 내용과 관련된 일관성 있는 답을 하도록 한다.

㉡ 다른 비즈니스 서신에서와 마찬가지로 화가 난 감정의 표현을 보내는 것은 피한다.

㉢ 답장이 어디로, 누구에게로 보내는지 주의한다.

---

10 ②

직장에서 여성은 업무를 담당하던 과거와는 달리 여성과 남성이 대등한 동반자 관계로 동등한 역할과 능력 발휘를 한다는 인식을 가질 필요가 있다.

---

11 ③

예절교육과 어울리는 용어는 매너가 가장 적합하다.

의사소통능력

수리능력

문제해결능력

자기개발능력

자원관리능력

대인관계능력

정보능력

기술능력

조직이해능력

직업윤리

12 ③

제스처 예절

㉠ 외부 방문객이 화장실의 위치를 물어볼 땐 한 손을 펴고 방향을 향해 팔을 뻗어 안내한다.

㉡ 사람을 가리킬 때는 방향과 달리 두 손을 들고 가리킨다.

㉢ 인사를 할 때는 목과 어깨 그리고 등이 일자가 되도록 인사한다.

㉣ 악수할 때는 손끝만 잡지 않는다. 손끝만 잡는 경우 상대방에게 불쾌감을 줄 수 있다.

13 ④

영업부장의 말대로 하면 법을 위반하는 행위이므로 이에 대한 대답이 먼저 나와야 한다.

14 ③

도움이 필요한 사람을 무시하고 가는 것은 윤리에 어긋나는 행위이므로 회사에 양해를 구한 후 도와줘야 한다.

15 ④

B 씨는 선박자격증 시험 유형이 바뀌는 것을 알고 있기 때문에 이를 고객에게 알려야 한다.

16 ①

직업윤리의 덕목

㉠ **소명의식** : 자신이 맡은 일을 하늘에 의해 맡겨진 일이라고 생각하는 태도

㉡ **천직의식** : 자신의 일이 자신의 능력에 맞는다 여기고 열성을 가지고 성실히 임하는 태도

㉢ **직분의식** : 자신이 하고 있는 일이 사회나 기업을 위해 중요한 역할을 하고 있다고 믿는 태도

㉣ **책임의식** : 직업에 대한 사회적 역할과 책무를 충실히 수행하고 책임을 다하는 태도

㉤ **전문가의식** : 자신의 일이 누구나 할 수 있는 것이 아니라 해당분야의 지식을 바탕으로 가능한 것이라 믿는 태도

㉥ **봉사의식** : 직업활동을 통해 다른사람과 공동체에 대해 봉사하는 정신을 갖춘 태도

17 ③

직업은 생활에 필요한 경제적 보상을 제공하고, 평생에 걸쳐 물질적인 보수 외에 만족감과 명예 등 자아실현의 중요한 기반이 되는 것이다. 그러므로 직업은 경제적 보상, 자발적 의사, 장기적 지속성이 갖추어져야 한다.

---

18 ④

복잡하고 까다로운 절차로 인하여 부패가 생겨난다. 행정절차는 단순하고 투명할수록 좋다. 부패는 개인적 일탈의 문제와 더불어 구조적 산물이다. 즉 우리의 공공부문의 부패는 과거의 역사적 누적의 결과이며, 왜곡되어 있는 국가구조의 결과물로서, 부정적인 정치적, 경제적, 사회적 요소들의 결합체라고 할 수 있다. 또한 부패문제에 대한 관대화 경향은 일반 국민들이 부패문제에 대하여 적극적인 관심을 지니지 못하도록 하였을 뿐만 아니라, 부패문제를 특별한 것으로 인식하지 못하도록 하여, 결국 부패의 악순환에서 벗어나지 못하도록 하였다. 따라서 사소한 부패에도 엄중하게 대응하며 정부의 노력 뿐 아니라 개인들의 의식 개선이 필요하다.

---

19 ③

제시된 상황은 직업윤리와 개인윤리가 충돌하는 대표적 상황이라고 할 수 있다. 직무에 따르는 업무적 책임사항은 반드시 근무일에만 적용된다고 판단하는 것은 올바르지 않으며, 불가피한 경우 휴일에도 직무상 수행 업무가 발생할 수 있음을 감안하는 것이 바람직한 직업윤리의식일 것이다. 따라서 이러한 경우 직업윤리를 우선시하는 것이 바람직하다.

---

20 ①

메일의 제목은 수신자가 빨리 읽고 제대로 응답할 수 있도록 제목만 읽고도 어떤 내용인지 알 수 있도록 하는 것이 적절하다.

② 다른 사람을 대신해서 전화를 받았을 때는 본인이 담당자가 아님을 밝히고 담당자와 언제 통화가 가능한지 알려주거나 답신을 요청하는 메모를 남기는 것이 적절하다.

③ 전화를 받을 때는 자신을 먼저 밝히는 것이 적절하다.

④ 업무 시간에는 개인적인 업무는 지양하고, 업무에 집중하도록 한다.

⑤ 업무를 주고받는 메일의 경우 올바른 맞춤법과 표기에 따르는 것이 좋고, 상대에게 혼동을 줄 수 있는 감정 표현은 피하는 것이 좋다. 인터넷 특유의 언어 사용이나 이모티콘 역시 최소한으로 사용하는 것이 적절하다.

의사소통능력

수리능력

문제해결능력

자기개발능력

자원관리능력

대인관계능력

정보능력

기술능력

조직이해능력

직업윤리

21 ④

직업윤리의 5대 원칙

㉠ **객관성의 원칙** : 업무의 공공성을 바탕으로 공사구분을 명확히 하고, 모든 것을 숨김없이 투명하게 처리하는 원칙을 말한다.

㉡ **고객중심의 원칙** : 고객에 대한 봉사를 최우선으로 생각하고 현장중심, 실천중심으로 일하는 원칙을 말한다.

㉢ **전문성의 원칙** : 자기업무에 전문가로서의 능력과 의식을 가지고 책임을 다하며, 능력을 연마하는 원칙을 말한다.

㉣ **정직과 신용의 원칙** : 업무와 관련된 모든 것을 숨김없이 정직하게 수행하고, 본분과 약속을 지켜 신뢰를 유지하는 원칙을 말한다.

㉤ **공정경쟁의 원칙** : 법규를 준수하고, 경쟁원리에 따라 공정하게 행동하는 원칙을 말한다.

---

22 ③

①②④ 스스로 자진해서 하는 근면
③ 외부로부터 강요당한 근면

---

23 ③

직장에서 듣기 싫은 말 특징

㉠ 그렇게 해서 월급 받겠어.

㉡ 시키면 시키는 대로 해라.

㉢ 내가 사원일 때는 더한 일도 했어.

㉣ 내일 아침까지 해 놔.

㉤ 야. 너 이리와 봐.

㉥ 이거 확실해? 증거 가져와 봐.

㉦ 이번 실수는 두고두고 보겠어.

㉧ 머리가 나쁘면 몸으로라도 때워.

㉨ 요새 한가하지, 일 좀 줄까?

㉩ 자넨 성질 때문에 잘 되긴 글렀어.

24 ③

직장 내 인간관계 및 분위기를 저해하는 요인

㉠ 이중적인 태도

㉡ 군사문화의 잔재

㉢ 반말문화

㉣ 비합리적인 차별

---

25 ④

명함에 부가 정보는 상대방과의 만남이 끝난 후에 적는 것이 적절하다.

---

26 ①

'성희롱'이란 업무·고용 그 밖의 관계에서 국가기관 등 종사자·사용자 또는 근로자가 상대방에게 업무 등과 관련하여 성적 언동 등으로 상대방에게 성적 굴욕감 및 혐오감을 느끼게 하는 행위를 말한다. 이에 해당하는 예시는 ①이다.

② 커피 심부름은 여성 비하적 행동이나 성적 언동은 아니기 때문에 직장 내 성희롱에 해당하지 않는다.

③④⑤ '여성에게는 가사나 내조, 양육'을 강조하는 행위는 여성 비하적 행동이나 성적 언동이 아니기 때문에 직장 내 성희롱에 해당하지 않는다.

---

27 ③

장기적으로 생각하며, 나에게 이익이 되는 일보다는 옳은 일을 해야 한다.

---

28 ④

윤리적 인간은 자신의 이익보다는 공동의 이익을 우선하는 사람을 말한다.

---

29 ②

K 씨가 직장에서 사적으로 자신의 주식을 살펴려고 컴퓨터를 사용하고 업무시간에 개인적인 용무를 보는 행위는 직업윤리에 어긋난다.

의사소통능력

수리능력

문제해결능력

자기개발능력

자원관리능력

대인관계능력

정보능력

기술능력

조직이해능력

직업윤리

30 ④

'봉사'는 고객에게 서비스 정신을 발휘하는 행동 등 자신보다 남을 위하는 것이며, '준법'은 법을 지키는 일뿐만 아니라 규정 준수나 약속 지키기 등을 포함한 민주 시민으로서 기본적으로 지켜야 할 의무이자 생활 자세이다. 제시된 행동수칙에서는 사내 규정이나 약속 등 강제하는 규율이 있는 것에 해당하는 것이 준법, 직원 스스로가 의지를 가지고 고객을 위해 행동하는 자발적인 것이 봉사의 의미로 볼 수 있다.

---

31 ②

사례를 보면 성실하게 사회생활을 하면 반드시 성공을 하게 되며, 성실에는 근면한 태도와 정직한 태도가 모두 관련이 된다는 것을 알 수 있다.

---

32 ③

근무 중 개인적인 일은 하면 안 된다.

---

33 ③

고객접점 서비스는 곱셈의 법칙을 적용하여 고객이 여러 번의 결정적 순간에서 단 한 명에게 0점의 서비스를 받는다면 모든 서비스가 0점이 되어버린다.

---

34 ③

③ 직장탈퇴적 인간관계 유형에 해당한다. 직장인의 인간관계 유형으로는 직장중심적 인간관계와 직장탈퇴적 인간관계로 분류할 수 있으며, 직장중심적 인간관계는 직장동료들과의 인간관계를 중시하며 삶의 중요한 영역으로 생각하나 직장탈퇴적 인간관계는 직장에 대한 소속감과 만족도가 낮아 직장 외의 인간관계를 더욱 중시하는 경향을 가지고 있다.

---

35 ①

인사를 생략해도 되는 경우는 양손에 무거운 짐을 들고 있을 때이다.

서원각과 함께

꿈의 날개를 펴라

기업체 시리즈

근로복지공단

한국가스기술공사

한국조폐공사

소상공인시장진흥공단

온라인강의와
함께 공부하자!

공무원 | 자격증 | NCS | 부사관·장교

네이버 검색창과 유튜브에 소정미디어를 검색해보세요.
다양한 강의로 학습에 도움을 받아보세요.